놀이꾼의 상상력

상상 연구 총서 01

놀이꾼의 상상력

지은이 / 김상환·김범준·김재희·성기현·이솔·이지영·천현득·최근정·현영종
펴낸이 / 강동권
펴낸곳 / (주)이학사

1판 1쇄 발행 / 2025년 6월 30일

등록 / 1996년 2월 2일 (신고번호 제1996-000015호)
주소 / 서울시 종로구 율곡로13가길 19-5(연건동 304) 우03081
전화 / 02-720-4572 · 팩스 / 02-6919-1668
홈페이지 / ehaksa.kr
이메일 / ehaksa1996@gmail.com
인스타그램 / www.instagram.com/ehaksa_
페이스북 facebook.com/ehaksa · 엑스 / x.com/ehaksa

ⓒ (주)크레버스, 2025, Printed in Seoul, Korea.

ISBN 978-89-6147-478-8 04100
      978-89-6147-477-1 04100(세트)

이 책의 저작권은 (주)크레버스가 가지고 있습니다.
저작권법에 의해 보호를 받는 저작물이므로 이 책 내용의 일부 또는 전부를 재사용하려면
(주)크레버스와 (주)이학사 양측의 동의를 얻어야 합니다.

* 책값은 뒤표지에 표시되어 있습니다.

김상환·김범준·김재희·성기현
이솔·이지영·천현득·최근정·현영종

놀이꾼의 상상력

상상 연구 총서 01

이학사

상상 연구 총서 발간사

　세상이 가파른 변화의 국면에 접어들었다. 악화일로에 있는 기후 환경의 변화는 인류 문명의 존속을 위협하는 가장 커다란 도전으로 다가오고 있다. 매체 환경의 변화로 구텐베르크 은하계가 동영상 은하계로 빨려 들어가는 장대한 광경이 연출되는가 하면, 이제 인공지능과 로봇으로 대변되는 기술 환경의 변화가 짙은 새벽안개처럼 경탄과 경악이 뒤섞인 분위기를 자아내고 있다.
　지구촌의 지정학적 환경도 마찬가지다. 제2차 세계대전 이후의 국제질서가 재편되는 와중에 혼돈이 거듭되고 있다. 우리는 이것을 대서양 중심의 국제질서가 태평양 중심의 국제질서로 이행하는 과정으로, 따라서 19세기에 정초된 지리정치학의 재편으로 볼 수도 있을 것이다. 이런 여러 겹의 환경 변화 속에서 우리나라는 다행히 역사의 비운을 딛고 일어서 일정한 자신감을 되찾았다. 그러나 여전히 냉전의 그늘을 완전히 벗어나지 못한 채 출산율 저하를 비롯한 여러 난제를 떠안게 되었다.
　우리가 (주)크레버스의 지원에 힘입어 수년간의 서사 연구를 마무리하고 다시 상상 연구를 시작하게 된 배경에는 이런 현실의 격변에 대응하자는 마음가짐도 크게 작용했다. 변화의 시대일수록, 마주친 도전이 전혀 새로울수록 우리에게 필요한 것이 창의적 상상력임은 더 말할 나위가 없다. 그러나 창의성이나 상상력은 귀에 걸면 귀걸이, 목에 걸면 목걸이가 되는 애매한 용어다. 매력적이나 막상 다가가면 실체가 사라지는 개념, 대중을 사로잡되 정작 분석하면 테두리가 없는 개념이다.

이런 이유에서 창의성은 종종 마술적 주문의 구호가 되었을지언정, 학문의 장으로는 오랫동안 발을 들여놓지 못했다. 마찬가지로 상상은 철학과 심리학 양쪽에서 똑같이 소외된 주제였다. 20세기 철학은 개념의 논리를 따르는 대신 상상의 논리를 배제했다. 누구에게나 타당한 보편성을 찾으려는 가운데 상상을 주관적이고 개인적인 심리의 한 부분으로 치부했다. 20세기 심리학은 행동을 중심에 두는 대신 상상을 신화의 영역으로 돌렸다. 엄밀한 이론적 관찰이 불가능하다는 이유로 사적인 내면성의 영역에 가두어버렸다.

그러나 일반성보다는 독특성을 구하고 평균적 규격보다는 파격적 개성을 높이 사는 시기가 다가옴에 따라 창의성과 상상력은 점점 더 비중을 더해가는 주제로 부상하게 되었다. 창의 심리학에 이어 상상의 철학이 기존 학문의 경계들 사이를 비집고 일정한 주소지를 할당받았다. 그러나 그곳을 찾아가보면 여전히 썰렁한 느낌이다. 아직 토지정리 사업조차 채 끝나지 않은 듯한 인상인데, 이렇게 발전이 더딘 이유 중에는 용어 자체의 애매함도 큰 몫을 차지할 것이다. 사실 상상의 개념도槪念圖 자체부터가 아직도 준비되지 않은 실정이다.

　서양 사상사에서 상상은 표상, 심상, 허상, 가상, 이상과 조금씩 겹치는 개념이다. 이때 표상은 감각적 데이터의 재현이고, 외부 대상에 대한 지각을 전제한다. 심상은 기억에 저장된 경험, 혹은 회상을 통해 재생되는 경험이다. 허상은 실재 대상과 다르거나 실재하지 않는 대상을 생산하는 허구의 능력을 전제한다. 가상은 착오와 믿음이 합쳐진 개념으로, 허위의 지각을 참된 것으로 받아들일 때 성립한다. 이상은 기존의 경험을 분석, 설명, 평가하는 기준이자 미래의 희망을 안내하는 모델이다.

　상상은 이런 의미의 표상, 심상, 허상, 가상, 이상이 태어나고 활력을 유지하는 과정에 모두 개입한다. 그리고 그 과정에서 새로운 자식을 낳는다. 흉내와 가장假裝, 도식과 상징, 은유와 유비, 허구적 서사, 가설과 전략, 도취와 환상 같은 것들이 대표적이다. 이렇게만 놓고 보더라도 상상력은 분석의 칼을 댈수록 수많은 얼굴을 지니게 되는 메두사 같은 개념인가 하면, 어떤 근원적 인식능력으로서 다른 특수한 인식능력들 — 감각, 지성, 기억 같은 능력들 — 이 자라나는 공통의 뿌리 같기도 하다.

　이는 상상이 의식보다 심층적인 차원에서 시작된다는 점을 돌아볼 때 더욱 수긍이 가는 가설이다. 사실 정신분석은 상상이 그 본질에서 무의식의 과정임을 밝혀냈다. 놀이학의 영향 아래 현대 미학은 어린이의 가장 놀이 속에 펼쳐지는 육화된 상상에 초점을 맞추고, 이를 통해 예술적 현상 일반을 설명하기에 이르렀다. 동물학은 상상력이 곤충의 더듬이가 진화한 형태임을 일깨웠다. 게다가 배우의 연기는 물론 사회적 인간의 역할놀이 일반이 곤충의 신비한 의태擬態 현상과 본능적 변장술에서 기원한다는 가설까지 생각해볼 수 있다.

우리는 이런 놀라운 발견 앞에서 다음과 같은 두 가지 과제를 떠올리게 된다. 하나는 상상의 논리를 존중하는 철학에 확고한 형식을 부여하는 과제다. 우리는 이런 철학을 인게니움ingenium의 철학으로 명명해본 적이 있다. 인게니움은 상상력을 핵심으로 지성과 기억 그리고 감각이 하나의 체계를 이루는 육화된 정신을 말한다. 다른 하나는 이 새로운 정신철학에 실체를 부여하기 위해서 주변 학문 — 가령 심리학, 동물학, 서사학, 놀이학, 동물학, 예술학, 교육학 같은 학문 — 과 같이 가는 일이다. 인게니움의 철학은 이 시대의 요구에 부응하는 초학제 연구의 구심점이 되어야 한다.

우리는 그 어느 때보다 달라진 조건에 맞춰 새로운 규칙을 수립하고 참신한 목표를 계획하는 능력이 요구되는 시대를 살고 있다. 특히 인공지능이 인간의 지적 노동을 대신하게 될 날이 코앞인데, 이런 때일수록 기계적 사고로 환원되지 않는 인간 고유의 상상력을 깊이 천착해볼 필요가 있다. 이것이 인간과 기계가 공존할 수 있는 조건 중의 하나이기 때문이다. 하지만 인공지능의 일상화 못지않게 무거운 우리 시대의 화두는 동서 문화의 화해에 있을 것이다. 이것이야말로 21세기 지구촌이 평화로운 질서를 이루는 데 필수적인 근본 조건이기 때문이다.

동양과 서양이 갈등의 국면을 지나 서로 손잡고 공동의 운명을 개척하는 국면으로 나아가기 위해서는 양쪽의 전통이 공존할 제3의 정신적 평면이 탄생해야 한다. 우리나라는 동서고금의 문화가 끊임없이 교차하는 지정학적 위치에 자리한 만큼, 이런 세계사적 과제를 감당할 중요한 거점이 될 때라야 비로소 자신의 고유한 문화적 정체성을 확신할 수 있는 독특한 팔자의 국가인지 모른다. 철학이 한류의 또 다른 원천이 될 가능성도 여기 말고는 다른 데서 찾기 어려울 것이다.

우리가 서사 연구 총서에 이어 기획한 상상 연구 총서가 이런 여러 가지 역사적 현실의 요구에 부응하는 글들로 하나둘 채워지길 기대하며, 끝으로 동서 통합형 세계시민 육성의 기초를 다진다는 장기적인 목표 아래 아무런 조건 없이 우리의 작업에 지속적인 후원을 약속해주신 (주)크레버스 김영화 회장님께 깊이 감사드린다.

2025년 4월

김상환

차례

5 상상 연구 총서 발간사

13 서론 상상력이란 무엇인가?:
    그 다양한 유형과 역할들에 대하여 — 김상환

69 1부 상상력 이론

71 철학과 상상력: 사르트르를 중심으로 — 이솔
97 과학과 상상력 — 김범준
123 기술적 상상력과 발명의 사유 — 김재희
149 미적 경험과 상상력 — 성기현

175 2부 정보화 시대의 상상력

177 인공지능은 상상하는가? — 천현득
205 디지털 시대의 영화적 상상력 — 이지영
231 상상하는 지성과 픽션 — 현영종
251 교육의 상상: 학습 체계로의 진화 — 최근정

275	**3부 게임과 상상력**
277	놀이꾼의 상상력 — 김상환
319	비디오게임 시대, 놀이를 어떻게 정의할 것인가? — 성기현
345	게임의 규칙 — 현영종
365	게임: 가상 세계를 플레이하는 학습 시스템 — 최근정
387	미주
403	참고 문헌

서론
상상력이란 무엇인가?:
그 다양한 유형과 역할에 대하여

김상환

"위대한 것, 좀더 나은 것에 대한 감각에 기초한
상상력이 없었다면 인간은 목적, 가치, 의미가 자리하는
가설적 허구의 공간에, 따라서 문화가 펼쳐질 이상적 지평에
발을 들여놓지 못했을 것이다. 멀고 아득한 저편을 향한
희망도, 미래를 향한 꿈과 열광도 품을 수 없었을 것이고,
따라서 역사의 진보나 퇴보도 없었을 것이다."

김상환은 서울대학교 철학과 명예교수로 현대철학의 다양한 통찰을 바탕으로 지금의 우리 모습과 시대를 진단하는 글을 써왔으며, 현대철학의 흐름을 체계적으로 재구성하는 연구에 매진하고 있다. 지은 책으로 《내러티브 총서》 시리즈(공저, 2021-2023)와 『김수영에서 김수영으로』(공저, 2022), 『왜 칸트인가』(2019), 『근대적 세계관의 형성: 데카르트와 헤겔』(2018), 『김수영과 『논어』』(2018), 『니체 프로이트 맑스 이후』(2013) 등이 있고, 옮긴 책으로 『차이와 반복』(2004) 등이 있다.

칸트를 따라 묻고 대답하기

상상력은 인간 삶에서 중요한 위치를 차지한다. 지각에 활력을 불어넣고 경험을 확장하며 발견의 모험을 이끌어가는 능력이 상상력이다. 이런 상상력이 없었다면 문화의 세계는 열리지 않았을 것이다. 하지만 상상은 그 의미가 의외로 복잡하여 한두 줄로 정의하기 어렵다. 일단 수준부터 여럿이다. 소수의 천재가 보여주는 고도의 상상이 있다면, 아이의 놀이를 통해 나타나는 육화된 상상이 있다. 그리고 그 중간에는 일상생활과 맞물린 보통 사람의 상상이 자리한다.

상상은 보통 시청각적 이미지를 중심으로 펼쳐진다. 그러나 이미지보다는 정념이나 욕망이 상상의 원동력일 때가 있다. 상상은 믿음이나 희망과 유사한 양상을 보이기도 한다. 모두 현존하지 않는 대상으로 향하기 때문이다. 그 밖에도 예술, 과학, 도덕은 각기 서로 다른 성격의 상상력을 요구한다. 상상은 인간의 거의 모든 활동에 개입하므로 그 유형부터 깔끔하게 분류하기 어렵다. 수많은 형태의 상상들 사이에서 공통의 특성을 찾는 일도 쉽지 않은 과제다.[1]

이런 사실을 염두에 두면서 우리는 상상의 몇 가지 유형을 돌아보고자 한다. 문제는 방법인데, 우리는 주로 칸트에 의존할 것이다. 칸트는 상상력에 심오한 의미를 부여했을 뿐만 아니라 누구보다 자세하게 상상력의 기능을 분류하고 설명한 철학자다. 칸트의 세 비판서, 특히 『순수이성비판』과 『판단력비판』을 읽어가면서 상상이 우리 삶에서 어떤 역할을 하는지 점검해보자.[2] 물론 이런 방법적 선택에는 장단점이 따른다.

우리는 이 책 3부에 실린 「놀이꾼의 상상력」이라는 글에서 아이의 장난감 놀이를 모델로 하는 상상 이론을 소개했다. 육체나 무의식에 뿌리내린 상상력에 초점을 맞춘다는 게 최근의 연구 추세다. 그러나 칸트는 그 반대의 방향으로 나아간다. 다양한 유형의 상상력을 다루지만, 갈수록 높은 수준의 상상력을 소개한다. 그리고 마침내 허구적 이상과 유희하는 상상력을 가리킨다. 이것은 삶의 세계 전체가 한눈에 들어올 수 있도록 원근법적 구도를 수립하는 가설적 상상력이다.

그러나 어떤 경우든 칸트는 상상력을 현시presentation의 능력으로 정의한다. 현시한다는 것은 보여주는 일, 직관하게 만들어주는 일이다. 그런데 현시에는 두 가지가 있다. 하나는 지금 현재하지 않는 대상, 부재하는 대상을 나타나게 하는 일이다.[3] 가령 과거의 기억을 떠올린다든지 미래에 일어날 일을 그려보는 일이 여기에 속한다. 다른 하나는 추상적인 것을 감성화하는 일, 감성화하여 눈앞에 제시하는 일이다. 가령 아이에게 덧셈 뺄셈을 설명하기 위해 교사는 손가락을 접었다 폈다 하거나 여러 특수한 사례를 든다.

어떤 경우든 현시한다는 것은 이미지화하는 일, 나아가 "장면화sujectio ad adspectum"하는 일이다(V351). 현시에 해당하는 독일어 Darstellung 자체가 전시한다, 무대 위에서 상연한다는 뜻을 지닌다. 상상력은 부재하는 대상이나 추상적 대상에 가시성을 부여하여 감성의 차원에서 나타나게 하는 능력이다. 이때 추상적 대상으로는 지성의 개념과 이성의 이념이 있다. 칸트철학에서 상상력은 이런 추상적 대상을 이미지화하기 위해 감성적 직관과 추상적 사유 사이에 자리한다.

다시 말해서 상상력은 일종의 매개자로서 지성의 개념이나 이성의 이념을 감성적 직관과 연결한다. 상상력이 개념을 직관에 현시하는 일, 칸트는 그것을 도식화schematization라 한다. 하지만 상상력이 이념을 현시할 때는 상징화symbolization라 한다(V351). 이때 도식이란 다이어그램 같은 개념도를 말한다. 상징은 서로 다른 체계를 횡단하는 유비적 도식에 해당한다. 게다가 칸트가 상징화를 도식화로 서술하는 대목도 종종 있으므로 칸트적 의미의 상상력은 크게 도식화의 능력으로 요약될 수 있다.

상상력은 『순수이성비판』에서는 주로 지성의 개념을, 반면 『실천이성비판』과 『판단력비판』에서는 주로 이성의 이념을 도식화한다. 그러나 어떤 경우든 도식화는 현시 — 보여주기show 혹은 장면화mise en scène — 의 작업이다. 그런 한에서 상상력은 마침내 "가능한 직관들의 임의적 형식의 창시자"(V240)로 밝혀진다. '가능한 직관들의 임의적 형식의 창시자', 칸트가 마지막 시기에 도달한 이 공식은 그다운 상상력 개념의 독창성을 집약한다. 직관 형식의 자유로운 창시는 단순한 현시(나타나게 하기) 이상의 능력이기 때문이다. 그것은 현전성의 형식(나타남의 평면) 자체를 창시하는 능력이라 할 수 있다.[4]

근원적 상상력: 가설적 허구의 공간을 수립하기

칸트철학에서 상상력이 직관 형식의 창시자로서 그 정체성을 드러내는 것은 이념들 — 무한성, 총체성, 자유 같은 이념들 — 과 관계할 때다. 우리가 칸트의 상상력 이론에서 가장 주목하고 싶은 것은 이런 이념적 상상력이 인간성의 근본 소질로서 등장하는 대목이다. 그 소질 덕분에 인간은 자연적 세계도 심리적 세계도 아닌 제3의 세계로서 가설적 허구의 공간을 열 수 있었다. 인간의 문화는 이념적 상상력이 기획 투사하는 그런 가설적 허구의 공간 안에서 펼쳐진다.

이런 점에서 우리는 상상력이 인간의 삶에서 차지하는 원초적 위상을 고려하지 않을 수 없다. 사실『순수이성비판』에는 상상력을 다른 인식능력들의 공통된 뿌리로 취급하는 대목이 몇 차례 나온다. 이런 원천적 상상력에 대해서 칸트는 말을 아끼므로 그것의 본성이나 역할에 대해 다양한 추측과 해석이 나왔다. 우리로서는『판단력비판』에 가서야 그 모습을 분명히 드러내는 이념적 상상력이 이 문제를 푸는 결정적인 열쇠라고 본다. 이 점을 염두에 두면서 일단『순수이성비판』에 나오는 관련 대목부터 읽어보자.

> 인간 인식에 두 줄기가 있는데, 그것들은 아마도 하나의 공통의, 그러나 우리에게 알려지지 않은 뿌리로부터 생겨난 것으로 감성과 지성이 그것이다(A15).

> 종합 일반은 단지 상상력의 작용 결과에 불과한 것으로, 이런 상상력은 영혼의 맹목적이되 필요 불가결한 기능이다. 이 기능이 없다면 우리는 아무런 인식도 가지지 못할 터이지만, 그것에

대해서는 드물게 어쩌다 한 번 의식할 뿐이다(A78).

첫 번째 인용문은 감성과 지성을 나무의 줄기에 비유한다. 그리고 두 줄기가 뻗어 나왔을 공통의 뿌리가 있음을 주장한다. 아직 미지의 상태에 놓인 그 뿌리는 무엇인가? 전후 맥락을 살펴볼 때 상상력임을 짐작할 수 있다. 이 점을 말해주는 대목 중의 하나가 두 번째 인용문이다. 이 문장은 종합을 실행하는 모든 인식능력이 상상력에 기초함을 암시한다. 즉 상상력은 모종의 종합을 전제하는 인식에 대하여 '맹목적이되 필요 불가결한 기능'이다. 칸트 이후 이런 대목에 커다란 의미를 부여한 철학자들이 있는데, 가령 청년기 헤겔은 이렇게 말한다.

[칸트의] 생산적 상상력은 최초의 것이며 근원적인 것으로서, 이로부터 주관적인 자아와 객관적인 세계가 필연적으로 이분화된 현상으로 나누어지는 유일한 즉자존재로 인식되지 않으면 안 된다. 근원적이며 양면적인 동일성에 해당하는 이 상상력은 이성 자체 이외의 아무것도 아니다. 이 동일성은 한편으로는 주관 일반이 되고, 다른 한편으로는 객관이 되며, 근원적으로 양자이다. 다만 이 이성은 경험적인 의식의 영역에 나타나는 이성일 뿐이다.[5]

헤겔은 칸트의 상상력에서 자신이 말하는 이성의 원형을 본다. 이때 이성은 주체와 객체가 분열되기 이전의 통일성(절대자) 속에서 사유하고 존재하는 능력이되, 그로부터 주체와 객체가 갈라져 나오는 출발점이다. 주체와 객체의 분열, 그것은 헤겔이 극복하고자 했던 근대 문화의 근본 한계다. 근대 문화 속에서 상실된 존재론적 통일성을 회복하되 근대성의 조건에 맞게 회복하자는 게 헤겔 철학의 과제다. 헤겔 이후에는 하이데거가 칸트의 상상력 개념에 주목했다. 그리고 자신이 제기한 '존재와 시간'의 문제가 거기서 본격 예상되었음을 강조했다. 칸트가 상상력의 역할을 '시간적 도식화'에서 찾기 때문인데, 이 점은 우리가 잠시 후 만날 주제다.

물론 『순수이성비판』에는 상상력이 감성, 지성, 이성 등과 같은 여러 인식능력 중의 하나로 기술되는 경우가 많다. 이런 경우 상상력은 다른 인식능력과 구별되는 자기만의 특수한 기능 — 가령 부재하는 대상의 재생, 도식의 생산 같은 기능 — 을 지닌다. 그러므로 우리는 칸트에게서 두 종류의 상상력을 구별해야 할 것이다. 하나는 마음이 분화하기 이전, 그 분화의 출발점에 있는 근원적 상상력이다. 다른 하나는 거기에서 가지처럼 뻗어 나온 파생적 상상력이다.

하나의 용어가 이렇게 근원과 파생의 위치를 동시에 차지하는 것은 종종 있는 일이다. 가령 영어에서 남자를 가리키는 man은 남자와 여자를 모두 포괄하는 인간을 뜻하기도 한다. 이런 이중의 지위를 설명하기 위해 언어학자 야콥슨은 무표無標 개념을 도입했다. 반대 짝이 있는 기호를 유표marked 기호, 두 항을 모두 포괄하는 기호는 무표non-marked 기호라 하자는 것이다. 철학에는 이런 무표 기호가 많다. 가령 노장 철학이나 하이데거가 말하는 무無는 '있음'과 대립하는 '없음'이 아니다. 그것은 그 둘의 분화가 일어나기 이전의 사태, 모든 구별이 나타나기 이전의 존재론적 사태를 가리킨다.

칸트철학에서도 상상력은 무표성을 띨 때가 있다. 다른 인식능력들과 구별될 때가 많지만, 능력 분화 이전의 공동 원천으로 등장하기도 한다. 『순수이성비판』에서 — 인식론의 맥락에서 — 파생적 상상력은 지성의 통제 아래 놓인다. 상상력은 여기서 지성이 내감을 자극하여 생기는 이차적인 능력으로 서술되기도 한다. 반면 근원적 상상력은 미지의 상태에 놓여 있거나 '드물게 어쩌다 한 번' 의식되는 능력이다.

헤겔에 동조하자면 칸트철학에서 상상력은 인간 지성의 유한성에서 비롯하는 문제를 해결하는 위치에 있다. 지성의 사고는 이항대립의 논리에 따른다. 직관과 개념, 자발성과 수동성, 필연과 자유, 쾌락과 덕성, 유한과 무한 등 수많은 이분법에 의존한다. 상상력은 그런 다양한 이분법이 만드는 대립을 해소하는 능력이다. 따라서 넘어서야 할 이항대립의 성격에 따라 상상력이 맡는 역할 — 현시와 도식화의 역할 — 도 형태를 달리하게 된다. 가령 종합, 구상構像, 유희, 조율, 정향, 계획, 창조, 유비 등 서로 다른 기능을 수행한다.

그러나 앞에서 강조한 것처럼 이것들보다 중요한 상상력의 기능은 직관 형식의 임의적 창시자로서 가설적 허구의 공간을 여는 데 있다. 이것이 우리가 생각하는 근원적 상상력의 역할이다. 문제는 이런 근원적 상상력이 언제, 그리고 어떻게 드러나는가 하는 데 있다. 우리가 볼 때 근원적 상상력은 파생적 상상력 — 지성의 개념에 구속된 상상력 — 이 좌절을 겪을 때, 그 좌절을 통해 다시 일어서야 할 때 모습을 드러낸다. 그때가 아름다움이나 숭고를 체험할 때인데, 이것은 『판단력비판』에 가서야 만나는 주제다.

**종합하는 상상력:
맥락을 살리거나 좌표를 수립하기**

칸트 이전에 상상력에 가장 폭넓은 역할을 부여한 철학자는 흄일 것이다. 흄의 경험론에서 인간의 모든 사고는 관념연합이라는 종합의 법칙에 따르는데, 크게 기억과 상상으로 나뉜다. 과거의 관념들을 불러와 종합하는 능력이 기억이라면, 현재의 관념들을 종합하는 일은 모두 상상력의 몫이다. 판단이든 허구적 공상이든 현재에 진행되는 관념 종합은 모두 상상이라 불린다. 대부분의 심리적 과정을 상상으로 간주하는 이런 관점은 인공지능의 사고를 설명하는 데 적합해 보인다. 기계적 의식에게는 시간성이 큰 의미가 없기 때문이다.

흄처럼 칸트도 상상력을 종합의 능력으로 볼 때가 있다. 그러나 흄과 달리 칸트는 상상력을 경험적인 것과 선험적인 것으로 나눈다. 경험적 상상력은 연상 법칙에 따라 부재하는 대상을 직관에 제시한다. 이런 경험적 상상력은 '재생적 상상력'이라 불린다. 이것은 흄이 말하는 기억에 가깝다. 반면 선험적 상상력은 '순수 상상력' 혹은 '생산적 상상력'이라 불린다(B152). 이는 그것이 경험 자체를 가능하게 만들기 위해 무엇인가를 새롭게 이루어내기 때문이다. 즉 순수 상상력은 종합을 행하고 도식을 산출하되 관념연합 법칙과는 다른 규칙을 따른다.[6]

칸트 이후 상상력에 가장 심오한 의미를 부여한 철학자는 셸링이다. 이 낭만주의자에게 진정한 의미의 상상력은 칸트가 신에게만 가능하다고 본 '지적 직관'과 동의어다. 즉 상상은 세계를 창조하고 유지하는 존재론적 활동 자체다. 셸링은 독일어 동사 sich einbilden(상상하다)의 숨은 뜻을 살려 이런 의미의 상상을 설명한다. 즉 상상은 절대자의 이념이 시간 속에 다양한 형태로 기입되어 분열하는가 하면 다시 하나로 합쳐지는 과정, sich-in-eins-bilden(하나로 구성하기)의 활동이다. 이는 또한 모든 생성소멸을 단일한 전체의 이미지 — '영원의 상하相下'에 해당하는 이미지Bild — 속에서 관조하는 일이기도 하다.[7]

칸트는 언제나 신의 '직관적 지성'과 인간의 '논변적 지성'을 날카롭게 대립시켰다.[8] 그러나 독일 관념론은 칸트가 신과 인간 사이에 그은 경계를 허물면서 시작한다. 주객 분열 이전의 원초적 통일성을 회복해야 한다는 명분 아래 지적 직관 — 존재의 생성과 일치하는 직관 — 의 가능성을 추구한 것이다. 셸링의 상상 개념이나 헤겔의 이성 개념은 그런 노력의 산물이다. 우리는 칸트에게서도 희미하나마 그런 낭만주의적 향수의 흔적을 찾을 수 있다.『순수이성비판』에서 근원적 상상력을 암시하는 구절들이 그런 대목에 속한다.

우리는 앞에서 그런 대목을 두 군데 살펴보았는데, 이번에는 다른 곳을 돌아보자. 그것은 「연역」 부분에서 상상력의 종합을 설명하는 대목이다. 칸트적 의미의 '연역'은 감성(수용성)과 지성(자발성)의 협업 가능성을 증명하는 일이다. 즉 감성적 직관에 지성의 개념이 적용되고, 개념적 판단에 감성적 직관이 복종할 수 있음을 해명하는 문제다. 칸트는 감성적 직관과 지성의 개념 사이에 상상력을 놓아 둘을 매개하도록 만든다. 이때 감성, 상상력, 지성은 모두 종합의 능

력으로 정의된다. 이 점에서 세 능력은 영혼의 근원적 자발성을 공유한다.9

첫 번째 단계에서 실현되는 자발성, 그것은 감성의 직관에 개입하는 포착의 종합이다. 이때 포착apprehension은 이질적인 자료들을 대강 훑어 하나로 엮어내는 작업이다. 두 번째 단계에서 드러나는 자발성, 그것은 상상에 동반되는 재생의 종합이다. 이때 재생re-production은 앞에서 포착된 자료를 뒤에서 포착된 자료에 계속 합쳐 일정한 전체를 구성하는 작업이다. 세 번째 단계의 자발성은 지성의 판단에 수반되는 재인의 종합이다. 이때 재인recognition은 유사한 사태를 다른 시공간적 상황 속에서 식별하거나 예측하는 일이며, 결국 복수의 사태를 오가며 개념적 동일성을 파악하는 능력이다.

『순수이성비판』 재판 연역에서 칸트는 자발성의 기원을 — 그가 '통각'이라 부르는 — 코기토('나는 생각한다')에서 찾는다. 하지만 헤겔이나 하이데거 같은 철학자에게 그 코기토는 칸트가 다른 인식능력의 뿌리로 암시한 근원적 상상력에 근거한다. 근원적 상상력은 통각에서 시작하는 자발성의 원천일 뿐만 아니라 자발성과 수용성이 똑같이 연유하는 공통의 원천이다. 이런 관점에서 해석한다면 주객 분열 이전의 통일성에 머무는 근원적 상상력은 세 가지 종합의 형식으로 분화하여 그 자발성을 실현하는 셈이다. 초판 연역의 한 대목은 이런 해석을 뒷받침한다.

그러므로 [직관에 의한] 포착의 종합은 [상상력에 의한] 재생의 종합과 불가분 결합되어 있다. 게다가 재생의 종합은 모든 인식

— 경험적 인식뿐만 아니라 선험적인 순수 인식 — 일반의 가능성을 떠받치는 초월론적 근거를 이룬다. 그러므로 상상력의 재생적 종합은 영혼Gemüt의 초월론적 작용 가운데 하나다(A102).

여기서 상상력은 인식 일반의 가능성을 떠받치는 '초월론적 근거'로 등장한다. 그러나 이곳에서 '영혼의 초월론적 작용'으로 정의되는 상상력은 재판 연역에서 '지성의 초월론적 작용'으로 수정된다. 여기서 상상력은 지성이 내감을 자극하여 파생하는 하위 능력으로 다시 정의된다. 상상력은 그 자체로 존재하는 자율적 능력이 아니라 지성이 스스로 변해서 된 것이다. 그러나 거꾸로 상상력이 스스로 지성으로 변하거나 그 이상의 기능을 감당할 수 있다. 이는 『순수이성비판』 초판 연역에서 암시되었고, 『판단력비판』에 가면 실제로 일어나는 일이다.

20세기 후반 들뢰즈는 칸트의 종합 이론을 변형하여 자신의 논리학으로 삼았다.[10] 그것은 표상의 생성을 설명하는 논리학이다. 이 새로운 종합의 논리학에서 포착은 연결connection로, 재생은 연접conjunction으로, 재인은 이접disjunction으로 명명된다. 그리고 이 3단계 종합 각각에는 계열화, 좌표화, 분지화의 기능이 할당된다. 이때 계열화serialization는 파편적인 자료를 하나의 계열로 묶어나가는 종합이다. 좌표화coordination는 이질적인 계열들을 하나의 구도 속에 통합하여 일정한 전체를 생산하는 종합이다. 그리고 분지화ramification는 그렇게 생산된 전체에 부분들 간의 관계를 수립하는 종합이다.

칸트와 들뢰즈를 참조하면서 덧붙이자면 상상력이 수행하는 종합 — 전체를 형성하는 재생적 종합이나 연접적 종합 — 은 현재의 단편적 경험에 배후의 맥락을 만드는 일이다. 한 대상이 지니는 의미, 기능, 가치는 그것이 속한 전체 속에 놓고 조망할 때 비로소 명확히 드러난다. 모든 발견술과 해석학은 하나의 사실에 숨은 의미를 찾기 위해 그것이 놓인 배후의 맥락을 찾는 노력으로 귀착한다. 베르그손이 지각에 수반되는 기억의 중요성을 강조한 이유도 여기에 있다. 즉 우리가 주의를 기울여 관련된 기억을 회복할수록 현재의 지각은 엄밀해지고 깊이를 더한다.¹¹

이는 살아난 잠재적 기억이 현재의 경험에 배경을 만들고 원근법적 구도를 수립하기 때문에 생기는 효과다. 역사가 인간의 삶에서 필수불가결한 요소인 이유도 여기에 있다. 역사를 깊이 알수록 우리는 현행의 상황을 해석하거나 평가할 좌표를 쉽게 찾을 수 있다. 그리고 그런 좌표를 발견할 때 우리는 현재 경험의 독특성을 개념화하여 마침내 특정 상황을 넘어서는 보편적 판단의 원리로 나아갈 수 있게 된다.

도식화하는 상상력:
개념도를 그리기 혹은 상징적 기호를 고안하기

물론 맥락을 제공하거나 좌표를 수립하는 일이 꼭 과거의 기억에 의존할 필요는 없다. 서로 다른 경험 사이의 은유적 유사성이나 환유적 인접성을 발견할 수 있다면, 이것도 좋은 방법이다. 칸트는 이와 유사한 역할 — 유비의 역할 — 을 상상력에 부여할 때가 있지만, 『순수이성비판』 도식론에서는 조금 다른 것을 주문한다. 그것은 개념과 합치하는 그림, 다시 말해서 개념도diagram를 그리는 일이다. 개념도는 추상적 개념을 시각적으로 풀어주는 그림, 그것을 직관할 수 있도록 감성화하는 그림이다.

우리는 종종 보이지 않는 것을 보이게 만들기 위해 그림에 의존한다. 가령 시간은 보이지 않지만, 공간상의 직선을 이용하면 전후 관계를 파악하기 쉬워진다. 기하학의 작도는 그런 작업에 속한다. 피타고라스 정리를 설명하기 위해 임의로 그린 직각삼각형은 세상의 모든 직각삼각형을 대표한다. 따라서 그것은 직관할 수 있는 특수한 도형이되 개념적 보편성을 지닌다. 특수성과 보편성, 구체성과 추상성을 동시에 가진다는 것이 개념도의 특징이다. 기계장치의 기능과 작동 방식을 설명하는 표, 신규 사업의 계획을 설명하는 다이어그램도 개념도의 사례다.

칸트는 개념도 대신 도식scheme이란 용어를 쓴다. 어원적 의미의 도식은 전체의 윤곽을 표시하는 그림이다. 하지만 칸트는 이 용어에 새로운 의미를 부여한다. 도식은 이제 개념에 일치하는 시간 이미지를 뜻한다. 가령 실체 개념에 부합하는 시간 이미지는 항구적인 지속이다. 반면 현존 개념은 정해진 시간 내의 지속을 도식으로 한다.[12] 이처럼 칸트의 도식은 시간의 형식에 따라 그린 개념도를 가리킨다. 그런데 이것은 경험적 세계에 나타나는 이러저러한 이미지가 아니다. 그것은 모든 경험적 이미지가 현상하기 위해 의식 속에 먼저 그려져야 하는 그림으로 경험적 직관과 무관한 순수 상상력의 산물이다.

순수 상상력이 무엇인지는 기하학의 작도를 돌아보면 쉽게 알 수 있다. 기하학자는 삼각형의 내각이 180도임을 한눈에 보여주기 위해 도형의 위(꼭짓점)와 아래(밑변)에 평행선을 그어 세 각이 합쳐지도록 작도한다. 이런 작도를 끌고 가는 상상력은 경험적 직관에 의존하지 않는다. 그것은 경험 이전에 상상력이 지성과 감성을 오가며 펼치는 그림이다. 하지만 칸트가 말하는 도식은 공간적 구성물이 아니라 시간적 구성물이다. 그것은 특정 개념에 맞는 시간 이미지 —"규칙에 따르는 시간의 선험적 규정들"(A145) — 이고, 이런 이미지를 생산하는 것이 순수 상상력의 일이다.

그렇다면 상상력은 왜 그런 일을 하는가? 감성의 직관(수용성)과 지성의 개념(자발성)을 만나게 하기 위해서다. 직관의 내용은 이미 언제나 시간성을 띠고 나타난다. 상상력은 개념을 도식화하여 시간성을 띠게 만든다. 이로써 서로 이질적이던 직관과 개념은 시간성이라는 공통분모를 통해 서로 어울리게 된다. 개념이 직관에 적용되고 직관은 개념을 따르게 된다. 칸트는 상상력의 이런 도식화 기능을 "인간 영혼 깊은 곳에 숨어 있는 기술"(A141)이라 했다.

이는 상상력이 영혼의 심층에 자리하는 근본 기능임을 다시 한번 암시한다. 즉 상상력은 영혼의 무의식적 바탕에 숨어서 지성의 개념들을 부단히 시간화한다. 이런 시간화의 기술은 지성의 판단에 대해 허락과 제한이라는 이중의 의미를 지닌다. 즉 도식은 지성의 사고에 시간성을 부여하여 감성과 만나게 하고, 이로써 실재성(객관적 타당성)을 띠도록 허락한다. 그러나 도식은 지성의 사고를 시간성의 한계 안에 가둔다는 점에서는 제한적이다. 도식화를 거치지 않은 지성의 개념은 어떠한 적용 대상도 갖지 못하는 개념, 공허하고 추상적인 개념에 불과하다.

이 점에서 시간적 도식화는 인간 경험의 존재론적 굴레가 된다. 또한 이 점에서 인간의 지성은 시간을 초월한 신의 지성과 대조를 이룬다. 시간성은, 그리고 시간적 규정을 생산하는 상상력은 인간 지성의 유한성을 말해주는 결정적인 징표다. 즉 인간은 유한하므로 상상한다. 인간은 유한하므로 감성과 지성의 이분법에 봉착하고, 그 이분법을 벗어나기 위해 시간성의 제약 내에서 대상과 관계할 권리를 얻는다. 하이데거가 '존재와 시간'이라는 자신의 문제가 이미 칸트에 의해 예고되었다고 말하는 이유는 여기에 있다.[13]

칸트는 도식을 순수 "상상력의 약자"(A142)라 칭하기도 했다. 여기서 '약자monogram'는 압축 문자를 가리키는데, 좀더 넓게는 상징적 기호를 뜻한다. 칸트에게 엄밀한 의미의 도식은 시간 이미지이지만, 그런 이미지 구성 능력의 연장선 위에서 인간은 상징적 기호를 사용할 수 있을 것이다. 이 점과 관련하여 돌아볼 만한 것은 데카르트의 청년기 저작 『정신지도규칙』의 제목에 등장하는 정신, 즉 인게니움ingenium 개념이다. 인게니움은 세 가지 뜻을 포함한다. 천부적 재능, 발명의 능력, 상상력 중심의 심리 체계가 그것이다.

데카르트는 이 저작에서 보편수리학mathesis universalis의 주체를 순수 지성이 아니라 인게니움으로 보았다. 인게니움은 상상력을 중심으로 감성, 지성, 기억이 통합된 정신이다. 데카르트는 수학적 사고를 끌고 가는 능력은 순수 지성이 아니라 '상상력의 도움을 받는 지성'임을 강조했다. 형이상학이 문제일 때는 감성이나 상상력에서 벗어난 순수 지성에 의지해야 하지만, 시공간적 표상을 전제하는 수리과학의 영역에서는 상상력의 역할이 필수적이라는 것이다.

데카르트의 해석기하학을 염두에 두면 두 가지 이유를 들 수 있다. 첫째, 작도를 핵심으로 하는 기하학은 창의적 공간 표상에 의존한다. 물론 그 공간 표상은 상상력의 역할이다. 둘째, 대수에서 사용하는 상징적 부호는 공간적 크기나 비례 관계를 압축적으로 표시하기 위해 고안된 약자다. 왜 이런 약자를 고안하는가? 공간적 표상이 번잡해질 수 있기 때문이다. 대수적 부호는 상상력의 효율적 사용을 위한 모노그램이다. 기하학적 작도와 대수적 부호는 모두 창의적 상상력의 발명이다.[14]

따라서 데카르트의 수리-자연학을 끌고 가는 상상력은 세 가지 평면을 지난다. 첫 번째 것은 감각을 통해 물체를 경험하는 평면이다. 두 번째 것은 경험된 물체를 도형화하는 기하학적 작도의 평면이다. 세 번째 것은 기하학적 크기나 관계를 대수적 상징을 통해 표시하여 계산 가능한 공식을 만드는 평면이다. 데카르트의 해석기하학은 이런 세 가지 평면을 횡단하는 상상력에 의존한다.[15]

심미적 상상력: 정서적 보편성의 체험과 전달

데카르트가 상징적 코드나 약호略號를 발명하는 정신적 능력을 인게니움이라 했다면, 이 단어는 칸트의 『판단력비판』에도 등장한다. 하지만 여기서 인게니움은 과학자가 아니라 예술가의 창의적 능력을 가리킨다. 이제 문제는 수학적 천재가 아니라 예술적 천재의 상상력이다. 인게니움은 자연의 법칙을 찾는 능력이 아니라 예술적 상상의 법칙을 새롭게 수립하는 능력이 된다. 이때 상상력은 지성의 통제에서 벗어나 좀더 자유롭고 주도적인 역할을 맡게 된다. 그러나 칸트는 천재의 상상력을 다루기 전에 예술적 감상자의 상상력을 분석한다.

칸트는 이를 '취미판단의 분석'이라 한다. 취미판단은 미美를 대상으로 하는 판단, 아름다움을 음미하는 판단, 즉 심미적 판단을 말한다. 심미적 판단은 이론적 판단이나 도덕적 판단과 비교할 때 커다란 차이를 보여준다. 칸트는 그 차이를 일단 '반성적'이란 말로 집약한다. 이때 반성은 두 가지 의미를 지닌다. 하나는 새로운 개념의 발견을 위해 주체가 자기로 돌아가 암중모색한다는 뜻이다. 다른 하나는 마음의 상태 — 인식능력들 사이의 조화나 불화 상태 — 에 대한 정서적 자기의식(쾌나 불쾌)을 의미한다.

첫째 의미의 반성은 기존의 개념으로 분류할 수 없는 독특한 사실과 마주칠 때 일어난다. 이론적 판단이나 실천적 판단은 이미 통용되는 원리에 의존하여 눈앞의 사태를 규정 — 분류, 환원, 평가 — 한다. 하지만 심미적 사태는 진부함에서 벗어나 있다. 그러므로 기존의 분류법을 초과하기 쉽고, 틀에 박힌 해석에 저항한다. 따라서 판단은 그 튀는 사태에 어울릴 새로운 개념을 찾는 방향으로 나아간다. 이것이 고안, 발견의 의미를 지니는 반성이다. 칸트는 심미적 판단 이외에 목적론적 판단을 반성적 판단의 사례로 꼽는다. 목적론적 판단은 살아 있는 전체(유기체)의 구심점(목적)을 찾는 판단이다.

둘째 의미의 반성은 경험(판단)의 주관적 조건이나 여기에 수반하는 정서적 의식을 말한다. 칸트철학에서 경험의 조건은 언제나 인식능력들 사이의 일치(조화) 가능성에 있다. 그런데 그 일치 가능성의 조건으로는 객관적인 것과 주관적인 것이 공존한다. 객관적 조건은 앞서 언급된 도식화다. 상상력이 지성의 개념을 도식화할 때 인식능력들은 하나의 회로를 이루며 현실적인 경험을 생산한다. 객관적 타당성을 지닌 표상이 발생하는 것이다. 하지만 동일한 표상에 참여하면서 인식능력들은 서로 도울 수도 있고 싸울 수도 있다.

인식능력들이 서로 돕고 촉진할 때 주체 내면에는 쾌감이 발생한다. 반면 서로 방해하고 갈등할 때는 불쾌감이 분비된다. 이런 쾌-불쾌의 감정으로 주체에게 의식되는 마음의 상태가 경험(판단)의 주관적 조건이다. 말하자면 야구장의 투수가 강력한 직구를 던지기 위해 신체 기관들을 사용하는 기술이 있다. 그것이 효율적 동작의 객관적 조건이다. 그러나 신체 동작의 주관적 조건도 있는데, 그것이 선수가 자신의 신체 상태에 대해 느끼는 감정이다. 아무리 뛰어난 기량의 선수라도 해도 컨디션이 좋지 않으면 승리하기 어렵다.

목적론적 판단은 첫 번째 의미의 반성 — 새로운 개념의 발견으로 나아가는 반성 — 만을 수반한다.[16] 그러나 심미적 판단은 여기에 더하여 두 번째 의미의 반성 — 마음의 상태에 대한 주관적 반성 — 도 포함한다. 이때 반성은 쾌나 불쾌의 감정에 의해 인도된다. 마음의 상태에 대한 이런 내적 감정은 외부 대상을 인식할 때 느끼는 감정과 구별되어야 한다. 인식의 결과로 성립하는 감정은 대상의 상태를 규정한다. 그러나 심미적 판단에 수반되는 감정은 주체의 상태를 규정한다.[17]

상상력과 지성의 조화로운 유희는 그것을 의식하는 마음에 내적인 쾌감을 유발하고, 이 쾌감은 다시 두 능력 간의 유희에 활력을 가져온다. 칸트의 취미판단 분석은 궁극적으로 하나의 목적으로 수렴하는데, 그 목적은 바로 심미적 판단에 수반되는 쾌감의 보편성을 입증하는 일이다. 그 심미적 쾌감은 한 개인의 주관적인 감정이되 보편적으로 전달 가능한 감정이라는 것이다. 왜 보편적인가?

아름다움을 경험할 때는 누구나 똑같은 마음의 상태에 빠지기 때문이다. 아름다움을 감상하는 주체의 내면에서는 언제나 상상력과 지성, 그리고 그 밖의 모든 인식능력이 활력적인 유희를 벌이고, 그에 따라 누구나 자기 내면에서 발생하는 쾌감을 느낄 수밖에 없다. 그것은 주관적인 나의 감정이되 보편적인 우리의 감정이다. 칸트는 바로 이 점을 질, 양, 관계, 양태라는 네 가지 범주의 관점에서 분석하는데, 간략히 정리하면 다음과 같다.

심미적 판단은 양의 관점에서 볼 때는 '개념 없는 보편성'을, 양태의 관점에서 볼 때는 '개념 없는 필연성'을 띤다. 즉 아름다움을 음미하는 주체의 내면에서 분비하는 쾌감은 모든 주체가 동의할 수밖에 없는 상호주관적 보편성과 필연적 전달 가능성을 띠는 것이다. 하지만 이 감성적 보편성과 필연성은 개념을 통해 설명할 수 없다. 상상력이 주도하는 심미적 판단은 지성이 주도하는 이론적 판단과 달리 개념과는 무관한 감성적 보편성과 필연성을 구현한다. 그렇다면 그런 감성적 보편성과 필연성을 띠는 심미적 쾌감은 정확히 어떤 감정인가?

이 점을 설명하는 것이 질의 관점과 관계의 관점에서 접근하는 분석이다. 질의 관점에서 보면 심미적 판단은 '무관심한 만족감'을 낳는다. 이것이 아름다움의 경험에 수반되는 쾌감의 성격이다. 하지만 이것은 예외적이고 역설적이기까지 한 쾌감이다. 왜냐하면 쾌감은 보통 어떤 관심이 충족될 때 일어나기 때문이다. 가령 세속적 삶에서 권력이나 부는 커다란 기쁨의 원천이다. 하지만 그것은 그것에 관심이 없는 사람에게는 진정한 기쁨을 줄 수 없다. 평소의 관심을 끄는 것만이 우리에게 만족감을 선물할 수 있다. 그런데 아름다움은 예외다. 그것은 그것을 경험하는 사람이면 누구에게나 이유 없이 좋고 즐거운 감정을 유발한다.

심미적 경험에서는 대상의 실재 여부에 관한 관심도 사라진다. 선악에 관한 판단도 유보된다. 왜 좋은지 설명할 이유를 찾기 어렵다는 의미에서 아름다움이 주는 쾌감은 '무관심한 만족감'이다. 그것은 까닭 없는 즐거움, 모든 충족 이유를 떠나 있는 즐거움이다. 이런 무조건적인 즐거움은 ― 언젠가 하이데거가 잘 설명한 것처럼 ― 활력적인 생명력의 경험과 맞물린 감정이다.[18] 칸트는 관계의 관점에서 심미적 판단의 특징을 '목적 없는 합목적성'이라 하는데, 바로 이 공식이 그런 생동하는 마음의 상태를 가리킨다.

자유로운 유희:
개념 없는 도식화와 자율화하는 상상력

칸트에게 합목적성은 유기체나 살아 있는 전체를 정의하는 개념이다. 즉 서로 이질적인 부분들은 단일한 목적을 향할 때 비로소 하나로 통합되어 자립적인 전체를 이루게 된다. 그러나 분명한 목적을 중심으로 조직된 전체일수록 안과 밖이 분명하게 나뉘는 전체, 닫힌 전체가 된다. 여기서는 규칙이 엄격하고 부분들의 위치나 기능이 고정된다. 칸트가 말하는 '목적 없는 합목적성'은 이런 닫힌 전체가 아니라 열린 전체다.

여기서는 목적이 먼저 오는 게 아니라 나중에 온다. 목적은 부분들 간의 자유로운 유희 속에서 그때그때 새롭게 설정된다. 이런 전체에 목적이 있다면, 그것은 전체보다는 부분들 간의 자유로운 유희 가능성 자체를 보존하는 데 있다. 자유로운 유희 가능성 속에서 부분들은 부단히 위치를 바꾸고 외부를 흡수할 새로운 간격을 만든다. 끊임없이 달라지는 부분들의 관계 속에서 전체는 바깥으로 열리고 그 구심점은 계속 이동하거나 복수화된다.

이것이 '목적 없는 합목적성'이다. 그것은 처음부터 아무런 목적이 없다는 것을 말하지 않는다. 다만 고정된 목적을 찾을 수 없을 정도로 여러 목적이 명멸해가고, 그래서 시작도 끝도 찾을 수 없을 만큼 무한히 깊어지는 중간만이 있을 뿐이다. '목적 없는 합목적성'은 이런 역동적인 전체가 보여주는 형식적 활력을 가리킨다. 칸트는 상상력이 주도하는 심미적 경험 속에서 마음이 생동력 넘치는 상태에 도달한다는 점을 설명하기 위해 이런 표현을 고안했다.

그런데 문제는 '어떻게'에 있다. 어떻게 그런 생동하는 상태에 도달하는가? 이런 물음에 답하는 용어가 '자유로운 유희'다. 칸트의 취미판단 분석에는 '인식능력들의 자유로운 유희', '마음의 힘들 사이의 유희', '상상력과 지성의 자유로운 유희', '표상들의 주관적 유희' 같은 표현들이 빈번하게 등장한다. 이런 모든 유희의 주인공은 상상력이다. 상상력이 이끌어가는 자유로운 유희는 한편으로는 '목적 없는 합목적성'(살아 있는 마음의 상태)을, 다른 한편으로는 '무관심한 만족감'(보편적이고 필연적인 정서)을 빚어낸다.

'무관심한 만족감'이란 자기 이외 것에 무관심한 만족감, 오로지 자기 자신에게만 관심을 두는 만족감이다. 이와 마찬가지로 '목적 없는 합목적성'은 자기 외부의 목적에서 벗어나 오로지 자기 자신 안에 목적을 두는 합목적성이다. 자기 합목적성을 띠는 전체, 그것은 자기를 보존하고 확장하기 위해 존재하는 전체다. 그러나 여기서 문제는 목적 없는 합목적성이다. 그것은 하나의 목적에 고정되지 않아 끊임없이 형태를 바꾸어가며 자기를 유지하는 전체다. 그런 유기적이되 유동적인 전체에 도달한 마음의 상태에서 '무관심한 만족감'이 발생하는데, 이 만족감은 스스로 자기를 지속해가는 쾌감, 즉 '자신 안에 원인성을 가지는 쾌감'이다.[19]

아름다운 대상에 한 번 꽂히면 눈을 떼기 어렵다. 시선이 계속 거기에 머물게 된다. 거듭 강화되는 즐거움 때문이다. 인식능력의 자유로운 유희가 분비하는 쾌감은 스스로 지속하는 자기원인적인 쾌감이 되고, 그런 쾌감을 생산하는 활력적인 조화('목적 없는 합목적성')는 자기 원인적인 조화에 이른다. 자기 원인적이고 자가발전의 상태에 도달한 조화에 이를 때, 그것을 의식한 데서 오는 주체의 내면적 만족감도 똑같이 자기 지속적인 쾌감이 된다. 그렇다면 이런 자기 지속적인 쾌감이 발생할 때까지 상상력은 어떤 일을 하는가?

『순수이성비판』에서 — 즉 인식과 관련된 문맥에서 — 상상력은 지성에 구속된다. 직관의 내용을 개념적 판단에 부합하도록 예비하는 일, 그것이 순수 상상력의 종합이자 도식화다. 기하학적 작도와 마찬가지로 도식화는 상상력이 때로 경험적 직관에 의존하지 않는 현시 능력, 다시 말해서 "선험적 직관의 능력"(V190)일 수 있음을 암시한다. 좀더 과격하게 표현하자면 상상력은 "가능한 직관들의 임의적 형식들의 창시자"(V240)가 될 수 있다. 하지만 『순수이성비판』에서 그 창시의 능력은 충분히 드러나지 않는다. 상상력의 역할이 지성에 봉사하는 데 그치기 때문이다.

상상력이 지성의 굴레에서 벗어나 본연의 정체성을 드러내는 것은 『판단력비판』에 와서다. 심미적 경험 속에서 상상력은 인식능력들의 자유로운 유희를 선도하면서 감추어져 있던 자신의 잠재력을 충분히 발휘하기 시작한다. 상상력의 지위가 올라가고 자율적 재량의 범위가 커지는 것이다. 상상력은 심지어 "개념 없는 도식화"(V287)로 나아갈 만큼 커다란 자유를 누린다. 물론 이 표현은 상상력의 활동이 어떠한 개념도 전제하지 않게 되었음을 말하지 않는다.

엄밀히 말해서 "개념 없는 도식화"는 한편으로 어떤 고정된 개념이 아닌, "지성의 무규정적인 개념의 현시"(V244)를 말한다. 그것은 관념연합의 법칙에서 벗어난 은유적 상상력이나 유비적 상상력의 활동이다. 다른 한편 이런 유비적 상상력은 이성과 관계하는 상상력이다(V314, V317). 즉 서로 다른 집합에 속한 개념들 사이에서 도식을 생산하기 위해 상상력은 이제 지성의 차원을 뛰어넘어 이성의 이념에 호소해야 한다.

이런 개념 없는 도식화는 무언극에 비유할 수 있다. 무언극이 진행됨에 따라 배우의 몸짓은 보이지 않는 것들 — 가령 벽, 창문, 의자 같은 것들 — 이 관객의 시선에 나타나게 만든다. 상상력이 주도하는 자유로운 유희는 이런 무언극의 몸짓처럼 부재하는 — 따라서 무규정적인 — 개념이 나타나도록 현시한다. 그것은 지성의 차원을 떠나 있는데, 마치 지성이 옆에 있는 듯한 장면을 연출한다. 이는 상상력이 지성의 역할을 흡수하고, 말하자면 지성을 자신의 분신으로 만들기 때문에 일어나는 일이다. 이때 상상력은 단순히 현시하는 능력을 넘어 현전화하는 능력, 혹은 새로운 현시의 규칙을 수립하는 능력에 도달한다.[20]

그렇다면 '개념 없는 도식화'가 일어나는 두 경우를 엄밀히 나누자면, 그 차이는 어디에서 비롯하는 것일까? 첫 번째 경우 — 지성의 무규정적인 개념을 현시하는 경우 — 는 아름다운 대상(자연, 예술 작품)을 음미하는 감상자의 상상력을 가리킨다. 두 번째 경우 — 이성의 이념을 현시하는 경우 — 는 작품을 창조하는 예술적 천재의 상상력을 말한다. 천재가 이념 — 자유, 무한성, 총체성 같은 이념 — 을 현시하는 능력, 칸트는 그것을 정신, 즉 인게니움이라 부른다. 그리고 인게니움을 통해 천재가 작품 속에 실현하는 표상을 '감성적 이념aesthetic idea'이라 명명한다. 그리고 이런 감성적 이념을 생산하는 천재의 상상력을 '창조적 상상력'이라 한다.

이제 나는 이 원리[=천재의 인게니움과 창조적 상상력]가 감성적 이념을 현시하는 능력 이외의 아무것도 아님을 주장한다. 그런데 나는 감성적 이념이란 말로 그토록 많은 것을 사고하도록 유발하지만 어떠한 특정한 개념도 그것에 맞을 수 없고, 따라서 어떠한 언어도 그것에 온전히 닿을 수 없는 그런 상상력의 표상을 뜻한다(V313-314).[21]

**천재와 숭고 체험:
지상의 척도를 넘어서는 이념적 감수성**

칸트의 천재는 플라톤의 시인과 유사하다. 플라톤에게 시인은 신탁 예언자나 점술가와 마찬가지로 신들림enthousiasmos 속에서 말하는 사람이다. 이들은 초월적 영감에 휩싸여 말할 때 자신이 말하는 것의 본성이 무엇인지 모른다. 황홀경에 빠지지 않을 때, 그래서 단지 전문적인 기예나 지식만으로 무언가 해보려 한다면, 시인은 탁월한 작품을 생산할 수 없다. 위대한 작품은 신의 작품이고, 시인은 단지 초인적인 힘의 통역자나 대변자에 불과하다.[22] 이런 설명은 시인의 무지에 대한 비판으로 이어진다. 멋지게 말하지만, 아무것도 모르면서 말한다는 것이다.

칸트도 천재의 특징을 무의식적 재능으로 본다. 즉 천재의 능력은 남에게 전달하거나 배울 수 없다. 다만 그 작품이 다른 예술가에게 어떤 이상적 사례로서 영감을 줄 뿐이다. 그러나 칸트는 천부적 재능으로만 위대한 예술을 설명할 수 없다고 보았다. 이 점에서 칸트는 영감 시학의 전통과 기술 시학의 전통을 종합하는 아리스토텔레스-호라티우스의 노선에 있다.[23] 이들에 따르면 천재는 훈육을 통해 기술과 취미의 능력을 획득할 때 진정한 예술가로서 완성된다.

천재를 통해 분출하는 이념적 상상력은 취미에 의해 통제될 때 비로소 계승 가능한 문화적 업적을 낳는다.[24]

칸트는 이런 관점에서 천재와 취미가 상충할 때는 천재의 날개를 꺾는 편이 옳다고 보았다. 즉 천재는 신들린 주체처럼 세상 저편의 차원, 이념의 차원을 이편으로 전달한다. 하지만 심미적 교양이 받쳐주지 못한다면, 천재의 상상력은 세상 사람이 해독할 수 없는 암호가 되고, 광신의 언어처럼 불가해한 방언으로 그친다. 천재는 심미적 교양의 제약 아래에서만 세상 저편의 이념을 타인에게 전달 가능한 방식으로 현시할 수 있다.[25]

위에서 언급한 '감성적 이념'은 천재의 창조적 상상력이 생산한 상징적 도식이다. 다양한 체계를 가로지르는 그 상징적 도식은 어떠한 개념으로도 잡을 수 없고 어떠한 언어로도 닿을 수 없을 만큼 수많은 생각을 불러일으킨다. 광대한 시야를 열어놓는 것이다. 그런 벅찬 영감은 이념이 천재의 무의식적 상상력을 통해 문화의 세계로 침투하면서 일으키는 효과다. 천재는 평범한 심미적 주체와 달리 세상 저편의 이념과 관계하여 그에 부합하는 감성적 표현(상징적 표상)을 창조하는 예외적 주체다.

그러나 이념에 빙의된 예외적 주체가 아니라 평범한 교양의 주체가 감성의 차원에서 이념의 부름을 받는 길은 없는가?『판단력비판』에서 그 길은 자연의 숭고를 체험할 때 열린다. 숭고란 상상력이 감당할 수 없는 막대한 크기(수학적 숭고)나 위력(역학적 숭고)을 말한다. 수천억 개의 은하수로 이루진 우주의 크기나 광풍 속에 포효하는 바다의 위력은 우리의 상상력을 초과한다. 상상력은 도무지 포착할 수도, 끌어안을 수도 없는 무한정한 규모에 압도당한다.

그 결과는 불쾌의 체험이다. 인식능력들 사이의 조화는 깨지고, 자연과 영혼 사이의 합목적적 일치도 무너지기 때문이다. 영혼은 고장난 기계처럼 자기 조율에 실패하고 극단의 무력감에 빠진다. 그러나 곧 반전이 일어난다. 어디선가 들려오기 시작하는 목소리 때문이다. 그것은 "감각의 모든 척도"를 뛰어넘어 자연을 다시 포착하라는 "이성의 목소리"(V254)다. 상상력은 그 목소리에 부응한다. 그리고 이성이 빌려주는 상위의 척도, 다시 말해서 총체성, 무한성, 자유 같은 이념들에 기대어 숭고한 자연을 다시 현시한다.

이념을 척도로 하는 상상력, 그 이념적 상상력은 다양한 계열의 개념들을 은유적으로 횡단하고 유비적으로 묶어내는 가운데 숭고한 자연을 다시 도식화한다. 그러나 상상력의 거듭된 도식화의 시도 속에서 정작 현시되는 것은 자연이라기보다 오히려 그것이 일깨운 우리 안의 이념이다. 숭고의 체험 속에서 상상력은 마침내 "자연을 이념들의 도식으로 취급"(V265)한다. 물론 숭고 체험 속에 들리는 이성의 목소리는 "초감성적 직관"(V255)의 길로 나아가라는 명령이므로 유한한 인간에게는 불가능한 요구다. 따라서 자연을 도식으로 이념들을 현시하려는 상상력의 시도는 기껏해야 부분적으로밖에 성공할 수 없다.

본성상 초감성적인 이념을 대상으로 하는 상상력의 현시는 부정의 방식으로만 성공할 수 있는 소극적 현시에 불과하다.[26] 그러나 그 부분적 성공에도 불구하고, 설령 그것이 전적인 실패로 끝나더라도, 숭고에 마음을 빼앗긴 주체는 커다란 만족감을 느끼게 된다. 불쾌의 감정 못지않게 유쾌의 감정이 찾아오는 것이다. 왜냐하면 난국을 통과하면서 보기 드문 "자기 확장의 경험"(V249)을 얻기 때문이다. 이성의 불가능한 요구를 만족시키기 위해 상상력은 지상의 척도를 버려야 했고, 천상의 척도에 발맞추는 가운데 마음 전체가 상향적 변형을 겪어야 했다.

이런 점을 의식할 때 주체는 자기 안에서 "초감성적 능력의 감정"(V250)에 휩싸인다. 마음이 웅장해지는 것이다. 칸트는 이것을 "이념들에 대한 마음의 감수성"(V265)이라 했다. 그리고 그 이념적 감수성을 "인간 안의 도덕적 감정"(V266)으로 해석했다. 즉 아름다움은 판단 주체에게 '무관심한 만족감'을 낳지만, 숭고는 도덕적 감정을 낳는다. 이것은 『실천이성비판』에서 도덕적 실천의 주관적 조건으로 언급된 '도덕법칙에 대한 존경'과 유사한 감정이다. 그 존경의 감정은 타인과 더불어 이 땅 위에 도덕법칙을 실현해야 한다는 소명의식(사명감)으로 심화한다.[27]

그러나 숭고 체험 속에 드러나는 이념적 감수성을 도덕적 감수성으로만 볼 필요는 없다. 그 이념적 감수성을 통해 나타나는 것은 도덕적 감수성이기에 앞서 상상력이 지닌 본연의 정체성이기 때문이다. 그 상상력의 정체성은 "개념 없는 도식화"(V287) 혹은 "가능한 직관들의 임의적 형식들의 창시자"(V240)로 정식화되는 자기 주도적 현시 능력, 다시 말해서 현전화의 능력에 있다. 이 점에서 숭고 분석은 천재 분석과 더불어 칸트 상상력 이론의 중요한 전환점이다. 이 지점부터 상상력은 이념적 상상력으로, 다시 말해서 체계적인 가설적 허구의 창시자로 등장한다.

이념적 상상력: 목적 설계와 가설적 허구의 전략

숭고 체험은 처음에 인간이 자연 앞에서 한없이 작아지는 경험이었다. 그러나 상상력이 막대한 크기의 자연을 도식으로 이성의 이념들을 현시하자마자 자연이 작아지기 시작한다. 한없이 크고 위대한 것, 그래서 진정으로 숭고한 것은 이제 자연이 아니라 상상력이 소극적인 방식으로 표현하는 우리 안의 이념들이다(V250, V262). 우리 안의 이념들, 특히 자유의 이념과 그것이 환기하는 도덕적 소명의식에 비하면 자연의 모든 위력은 저만치 상대화된다. 이 세상의 모든 가치는 그 앞에서 단숨에 가벼워진다.

가령 엄청난 재산과 권력, 심지어 생명조차도 우리 안에서 자각된 소명의식 앞에서는 미미한 것으로 전락한다. 자연의 숭고는 우리 안의 숭고를 일깨우는 계기에 불과하다. 우리 안의 숭고, 그것은 "우리 주관 안에 있는 인간성의 이념에 대한 감정"(V257)이다. 그러나 다시 강조하자면 그 인간성의 이념에 대한 감정을 반드시 "도덕적 감정의 소질"(V265)과 동일시할 필요는 없다. 그것을 좀더 폭넓은 관점에서 재해석할 여지는 칸트 문헌 자체 안에서도 얼마든지 찾을 수 있기 때문이다.

가령 칸트는 숭고에 해당하는 사례로 도덕적 소명의식 외에 열광enthusiasm을 든다. 이념적 감수성은 감성적 차원의 모든 장애를 뛰어넘는 내면적 역량인데, 열광은 이런 초월의 역량이 드러나는 정념이라는 것이다. 보통 사람에게도 열광은 "그것이 없다면 이 세상에서 위대한 것은 아무것도 이루어질 수 없다고 생각되는 것"(V272)에 속한다. 열광은 곧 위대함에 대한 감각이다. 칸트는 이런 열광을 '좋음의 이념'과 결부된 정서로 간주한다. 즉 열광을 통해 드러나는 이념적 감수성은 상위 가치에 대한 감수성이다.

칸트는 열광의 사례로 두 가지를 든다. 하나는 유대인이 자기 민족의 종교에 대해 느꼈던 열광(V274)이고, 다른 하나는 프랑스혁명을 바라보면서 유럽인이 느꼈던 열광이다.[28] 전자는 무한성 — 우상 숭배 금지 계명이 암시하는 초감성적 무한성 — 의 이념에 대한 감수성에서, 후자는 역사의 진보에 대한 보편적 공감에서 온다. 이런 사례는 이미 이념적 감수성으로 집약되는 인간성의 근본 소질이 도덕적 소질보다 외연이 큼을 말해준다. 즉 그것은 도덕과 종교를 포함한 역사-문화적 세계 전체를 열어가는 상향적 충동이자 그에 따른 창의적 상상의 능력이다.

우리는 그것을 이념적 상상력이라 불러왔다. 이념적 상상력은 이성의 인도를 받는 상상력으로, 물리적 세계(객관성)와 심리적 세계(주관성)를 동시에 넘어서는 제3의 세계를 개척하는 능력이다. 이때 제3의 세계는 의미의 세계이자 가치의 세계, 혹은 목적의 세계다. 의미, 가치, 목적은 물리적 세계뿐만 아니라 심리적 세계와도 구별되는 어떤 이상적 세계에 속한다. 이런 이상적 세계는 인간 고유의 이념적 상상력을 통해 비로소 탄생, 진화하면서 광활한 문화의 질서를 떠받쳐왔다.

이 점을 상세히 설명하는 대목이 『판단력비판』 2부에서 개진되는 '목적론적 판단 분석'이다. 칸트는 여기서 이념적 상상력을 협소한 도덕적 해석의 굴레를 넘어 역사-문화적 차원 일반의 가능 조건으로 설명한다. 그리고 인간성의 근본 소질을 이루는 이념적 상상력을 가설적 허구와 기투의 능력으로 정의한다. 그런데 이런 정의의 출발점에 놓인 것은 '자연의 주인'으로 불려온 인간이다. 인간은 왜 자연의 주인이라 불릴 만한가?

칸트는 지구상에서 인간만이 가치의 개념을 지닌다는 사실에서 그 이유를 찾는다(V449). 인간은 가치 지향적 존재다. 가치는 우리가 단순히 표상하고 마는 대상이 아니다. 그것은 무엇보다 우리가 희망하고 추구하는 대상이다. 희망과 추구의 대상, 그것을 우리는 목적이나 목표라 부른다. 인간은 지구상에서 가치를 지향하고 목적을 수립하는 유일한 존재다(V431). 목적을 수립하고 그 실현의 절차를 계획하는 일, 특히 기존의 조건을 넘어서는 상위의 목적을 설계하고 이를 통해 미래의 비전을 제시하는 일, 이런 일을 요즘에는 전략적 사고라 한다. 하지만 칸트는 목적론적 판단이라 했다.

칸트는 인간 문화의 위대한 업적이 대부분 목적 지향과 미래 설계 능력을 통해 성취되었다고 본다. 그런데 목적 지향과 미래 설계 능력 — 칸트가 '유능함'이라 정의하는 능력 — 은 우리 안의 이념적 상상력에 뿌리내린다. 위대한 것, 좀더 나은 것에 대한 감각에 기초한 상상력이 없었다면 인간은 목적, 가치, 의미가 자리하는 가설적 허구의 공간에, 따라서 문화가 펼쳐질 이상적 지평에 발을 들여놓지 못했을 것이다. 멀고 아득한 저편을 향한 희망도, 미래를 향한 꿈과 열광도 품을 수 없었을 것이고, 따라서 역사의 진보나 퇴보도 없었을 것이다.

우리는 이제까지 인간성의 근본 소질인 이런 이념적 상상력을

『판단력비판』을 중심으로 풀이해보았다. 하지만 이미『순수이성비판』에서 칸트는 이념을 인식의 지평 바깥에 놓인, 그러나 모든 인식의 방향선들이 하나로 수렴하는 "허초점focus imaginarius"으로 정의했다(A644). 이 허초점은 "이념의 상상된 대상"(A670)에 불과하므로 일종의 "환상"(A645)에 해당한다. 그러나 현재 주어진 경험을 넘어서 미지의 영역으로 지식을 확장하기 위해, 또 다양한 이론에 체계적인 통일성을 부여하기 위해 우리는 불가피하게 어떤 가상의 초점을 설정해야 한다. 그것은 화가들이 재현 공간을 구조화하기 위해 어림하는 원근법적 소실점과 같다.

칸트는 사유의 원근법적 소실점에 해당하는 이념들 — 신, 우주, 영혼 같은 이념들 — 을 "발견적 허구heuristic fictions"라 부른다(A771). 게다가 이런 발견적 허구를 통해 인간의 사유를 최대한 확장하고 체계화하는 작업을 비판철학이 감당해야 할 최고의 과제로 간주한다(위와 같음). 이런 대목에서 우리가 강조하고 싶은 점은 비판철학이 이런 과제를 수행할 때 상상력이 맡아야 할 주도적 역할이다. 그 역할은 물론 제3의 세계인 허구의 지평을 여는 일이다. 그러나 조건이 있다. "상상력은 도취하지 말아야 하고, 이성의 엄중한 감시 아래에서 [허구를] 지어내야 한다."(A770, 강조는 원문)

이성의 감시 아래 깨어 있는 상상력, 다시 말해 이념적 감수성을 통해 살아나는 상상력만이 자기도취의 환상에서 벗어나 모든 물음이 시작하는 듯한 원근법적 소실점에 도달하고, 새로운 발견을 안내하는 상위의 차원에 눈뜰 수 있다. 그런데 미지 영역에 대한 탐구를 안내하는 발견적 허구는 보통 가설이라 불린다. 그러므로 칸트는 이념적 상상력이 허구적 가설을 구성하고 체계적으로 전개할 때 취하는 형식적 특성에 대해 말한다(「초월론적 방법론」 1장 3절). 그것이 가정법as if의 논리다. 칸트는 어떻게 이념적 상상력이 가정법의 논리에 따라 인간에게 허락될 수 있는 이상적 세계상(체계)을 그릴 수 있는지 여러 가지 사례를 들어 상세히 설명한다(「초월론적 변증론 부록」).

그런데 이념적 상상력이 가정법의 논리를 통해 생산하는 가설적 허구의 체계는 비판서마다 달라진다. 『순수이성비판』에서 그것은 신, 영혼, 우주의 이념을 허초점으로 하는 조화로운 자연의 체계다. 『실천이성비판』에서는 최고선을 허초점으로 가시화되는 이상적 윤리의 체계다. 『판단력비판』에서는 두 비판서가 제시한 두 가지 가설적 체계가 역사의 진보를 전제로 통합된다. 그 결과 자연이 인간의 문화를 위해 존재하고, 인간의 문화는 윤리의 왕국 속에서 완성되는 이상적 세계상이 수립된다.

칸트철학에서 이념적 상상력은 인간성의 근본 소질로서 이론, 실천, 문화에 일정한 방향, 원근법, 목표를 부여하는 가설적 허구 수립의 능력이다. 이 능력을 통해 인간은 무의미한 자연에 의미와 가치가 숨쉬게 만든다. 그리고 이것들이 제기하는 '우리는 무엇을 희망할 수 있는가?'라는 물음에 대안을 제시한다. 이념적 상상력이 생산하는 가설적 허구, 다시 말해서 주어진 경험의 방향선들을 따라 그 배후에 시야를 여는 허구는 인간의 삶에 위대함에 대한 감각을 불어넣는 활력소이자 이편의 세계에 저편의 향기를 살려내는 이스트라 할 수 있다.

이 책의 내용

이 책은 서론을 제외하고 총 세 개의 부로 구성되어 있다. 1부는 철학, 과학, 미학, 기술 등 다양한 분야에서 제기된 상상력에 대한 통찰을 검토하며, 상상력의 본질과 기능을 탐구한다. 2부는 정보화 시대 상상력의 특성과 그 변화 양상을 분석한다. 마지막으로 3부에서는 게임과 상상력의 관계를 고찰한다. 각 부는 해당 주제와 관련된 네 편의 글로 이루어져 있으며, 개별 글의 주요 내용을 순서대로 간략히 소개하면 다음과 같다.

서론 상상력이란 무엇인가?:
그 다양한 유형과 역할들에 대하여 (김상환)

상상력은 인간 문화 형성의 근간이 된다. 이러한 상상력에 관한 철학적 논의를 심화한 대표적인 사상가로 우리는 칸트를 꼽을 수 있다. 그는 상상력을 근원적 상상력과 파생적 상상력으로 구분하였다. 근원적 상상력은 마음이 분화되기 전 자발성과 수용성의 공통된 근원이며, 단편적 경험에 전체적 맥락을 부여하는 종합의 능력으로 드러난다. 반면에 파생적 상상력은 부재하거나 추상적인 대상을 감성적으로 형상화하는 능력으로, 감성과 지성 사이에서 작동하며 도식화 능력으로 요약된다.

파생적 상상력이 한계 상황에 도달할 때 근원적 상상력의 작용이 드러난다. 특히 근원적 상상력은 예술 창작 및 수용 과정에서 발휘되며, 심미적 체험, 천재의 예술 창작, 숭고 체험에서 중요한 역할을 한다. 이러한 과정에서 상상력은 지성의 통제를 벗어나 자율성을 획득하고, 개념 없는 도식화와 이념적 감수성을 산출하게 된다. 이념과 관계할 때 상상력은 직관 형식의 창시자로서 가설적 허구의 공간을 개방하며, 인간은 역사와 문화가 펼쳐질 이상적 지평에 발을 들여놓을 수 있게 된다. 즉 이념적 상상력은 인간성의 근본 소질인 것이다. 그 소질 덕분에 인간은 자연적 세계도 심리적 세계도 아닌 제3의 세계로서 가설적 허구의 공간을 열 수 있다. 인간의 문화는 이념적 상상력이 기획 투사하는 그런 가설적 허구의 공간 안에서 펼쳐지는 것이다.

칸트철학에서 이념적 상상력은 인간의 근원적 능력으로서, 이론적·실천적·문화적 활동에 특정한 방향성과 관점을 부여하며 목표를 설정하는 가설적 허구를 창출하는 힘이다. 이러한 능력을 통해 인간은 본래 무의미한 자연에 의미와 가치를 부여하고, '우리는 무엇을 희망할 수 있는가?'라는 근본적인 물음에 대한 응답을 모색한다.

I부 상상력 이론

철학과 상상력: 사르트르를 중심으로 (이솔)

서양철학은 오랫동안 상상력을 지성에 비해 열등한 하위 인식 능력으로 간주해왔으며, 상상력을 전면적인 주제로 다룬 연구를 찾아보기는 쉽지 않다. 그러나 사르트르는 이러한 상상력을 자신의 철학의 주요 대상으로 삼았다. 그는 현상학적 기술을 통해 상상력이 무엇인지 분석하며 네 가지 특성을 제시했다. 첫째, 이미지는 외부 사물의 단순한 표상이 아니라 의식의 활동 방식이다. 둘째, 상상은 준準관찰quasi-observation 현상이다. 상상을 통해 분명 관찰의 태도를 취할 수 있지만, 이때 이뤄지는 관찰은 실제 지각을 통한 관찰과 구분된다. 상상에서의 관찰은 실제 관찰과 달리 정확히 '우리가 원하는 만큼' 이루어질 따름이다. 따라서 우리는 상상 대상을 관찰한다고 해서 그로부터 어떠한 지식의 확장도 이뤄낼 수 없다. 셋째, 상상은 대상을 무無로 정립한다. 대상을 존재하지 않는 것으로 정립하거나, 그것을 지금 여기에 부재하는 것으로 혹은 다른 곳에 존재하는 것으로 정립할 수 있다. 혹은 대상을 존재자로 정립하지 않고 중립화할 수도 있다. 넷째, 상상 의식은 자발성의 의식이다. 사르트르는 의식의 다른 모든 활동에서는 발견하지 못했던 근본적인 자발성을 상상력에서 발견한다. 상상의 본질은 현실을 넘어 대상을 창조하고 이를 존립하는 자발성에 있는 것이다. 이러한 상상력 개념은 인간 존재를 새롭게 정의하는 데 기여한다. 인간은 단순한 사유 실체가 아니라, 실재적 조건을 넘어 미래를 형성하는 존재로 이해되어야 한다. 상상력은 선택을 통해 자아를 구축하는 과정에서 작용하며, 인간의 본질적 자유를 드러낸다. 결과적으로 사르트르의 상상력 이론은 실존주의의 핵심 주장과 공명하는 것이다.

과학과 상상력(김범준)

과학자는 상상력을 통해 지각된 현실을 넘어설 수 있으며, 이로부터 새로운 탐구를 이어나간다. 과학적 탐구는 "만약 –라면?"이라는 상상의 질문에서 시작되며, 우리가 어떤 질문을 던질지는 우리가 어떤 세계관을 가지고 있는지에 따라 결정된다. 즉- 세계관이 상상의 범위를 정한다. 그런데 시간의 흐름에 따라 세계관은 변화를 겪게 되며, 상식도 바뀌게 된다. 그로부터 세계를 향한 상상과 질문도 변화를 겪게 된다. 우주를 향한 고대 인도인과 그리스인의 상상의 사례를 통해 우리는 어떤 세계관을 수용하냐에 따라 세계를 향한 질문과 상상 역시 달라진다는 것을 확인하게 된다. 프톨레마이오스, 코페르니쿠스, 튀코 브라헤, 케플러, 갈릴레이, 뉴턴 등의 과학자들도 특정 세계관을 수용하면서 이를 도약대로 삼아 우주에 관한 상상을 이어나갈 수 있었으며, 그에 따라 과학을 통해 해명해야 하는 과제 역시 달라졌음을 확인할 수 있다. 그뿐만 아니라 상상력은 과학적 탐구에서 사고실험을 수행하는 데 필수적인 역할을 한다. 사고실험은 실제 실험이 불가능한 상황에서도 가설을 수립한 뒤 그에 따른 논리적 결론을 도출하고, 이를 초기 가정과 대조하여 정합성을 검토하는 방식으로 진행된다. 갈릴레이는 사고실험을 통해 낙하 속도와 관성의 법칙을 발견했으며, 뉴턴은 포탄의 운동과 달의 공전이 동일한 물리법칙에 의존한다는 사실을 규명했다. 즉 과학은 상상력을 동원한 사고실험을 통해 세계와 우주에 대한 체계적이고 정합적인 이해를 발전시켜왔다. 과학적 상상력은 단순한 공상이 아니라, 논리적 사고와 검증 과정을 거쳐 실체적 진리에 도달하는 중요한 원동력이다.

기술적 상상력과 발명의 사유(김재희)

빌렘 플루서는 일찍이 1980년대 디지털 미디어의 도래와 함께 인류가 문자 시대에서 기술적 이미지 시대로 진입했다고 진단하였다. 그는 기술적 이미지에 대한 새로운 문해력으로서 '기술적 상상력'의 중요성을 강조하며, 이를 기술의 도구적 활용 능력과 연결하였다. 반면에 시몽동과 라투르는 기술을 인간의 통제하에 있는 투명한 도구로 간주하는 기존의 통념을 비판하며, 기술적 상상력의 인간 중심주의를 초과하는 특성과 발명 및 통제의 예측 불가능성을 강조한다. 기술적 상상력은 단순히 특정 기술의 도구적 활용 능력에 국한되어서는 안 되며, 마치 예술이나 과학에서 상상력이 창조적 역할을 수행하듯, 기술적 상상력 또한 창조적 역량을 지니는 것으로 이해되어야 한다. 기술적 상상력은 우리가 거주하는 세계와 삶의 방식을 실질적으로 변화시키는 능력으로 작용하고 있기 때문이다. 기술은 단순한 물질적 도구나 기계장치가 아니라 이질적인 행위소 또는 행위자들이 연결된 하나의 집합체로서 기능한다. 따라서 기술은 예측 불가능한 잠재력을 지니며, 안정적이고 고정된 객체로 환원될 수 없는 새로운 존재론적 양상을 드러낸다. 기술적 상상력은 이질적인 요소들 간의 간극을 조정하고 연결함으로써 새로운 존재론적 가능성을 창출하는 데 기여한다. 이러한 논의는 인간을 '호모 파베르homo faber'로 이해하는 전통적 관점에서 벗어나, '호모 파브리카투스homo fabricatus'로 재정립하는 것을 시사한다. 이는 인간과 기술의 관계를 새롭게 구성하는 것이며, 기술에 대한 상상력은 단순한 적응 능력이 아니라 세계와 인간 존재 자체를 재구성하는 핵심 요소로 이해되어야 한다.

미적 경험과 상상력(성기현)

미적 경험은 예술, 자연, 또는 일상적 사물과 현상에서 아름다움, 조화 등을 인식하고 감정적으로 반응하는 주관적이고 심미적인 체험을 기본적으로 의미한다. 그런데 이러한 미적 경험은 단순히 개인적 차원에만 국한되는 것이 아니라 사회적 차원으로 확장되며, 정치적·실천적 함의를 내포할 수 있다.

칸트는 미적 경험의 성립 조건을 분석하며 무관심성의 태도를 그 전제로 삼았다. 미적 대상은 감각적·도덕적 관심의 대상이 아니다. 또한 미적 대상은 규정판단을 초월하여, 특정 개념의 적용만으로는 미적 대상에 관한 완벽한 이해가 이뤄질 수 없다. 그리하여 상상력은 지성의 규제에서 벗어나 자발적으로 활동하게 되고, 활성화된 상상력은 다양한 연상을 불러일으킨다. 지성은 그 연상들에 부합하는 개념을 제안함으로써 반성판단을 형성한다. 이때 지성과 상상력은 자유롭게 유희하며 조화를 이루게 되는데, 칸트는 이를 미美로 규정하였다.

실러는 미적 경험이 개인적 예술 감상의 차원을 넘어 인간학과 정치로 확장될 수 있음을 논의하였다. 그는 미적 경험이 인간과 공동체의 개선에 기여할 가능성을 제시하며, 미적 교육을 통한 유희충동의 형성을 강조하였다. 이를 통해 감각충동sensuous drive과 형식충동formal drive 사이의 갈등은 극복되고, 궁극적으로 미적 인간이 탄생할 수 있다. 더 나아가 물리적 인간physical man과 이성적 인간rational man 사이의 갈등이 해소됨으로써 미적 국가의 가능성도 모색될 수 있다.

랑시에르는 감각계의 분할distribution of the sensible이 인종적 · 계층적 · 계급적 · 문화적 · 지적 위계를 형성한다고 보았다. 미적 경험은 평등의 태도를 취하는 것과 밀접한 연관이 있으며, 이를 통해 우리는 기존의 감각계 분할이 상정하고 있는 위계를 무력화할 수 있게 된다. 미적 경험은 기존의 위계를 해체하고 새로운 분할의 가능성을 상상할 수 있도록 한다는 점에서 해방적 성격을 지닌 것이다.

2부 정보화 시대의 상상력

인공지능은 상상하는가?(천현득)

생성형 인공지능은 최근 빠르게 발전하며 글쓰기, 그림 그리기, 작곡, 디자인 등 창의적 영역에서도 놀라운 성과를 보이고 있다. 현대 인공지능의 발전을 이끈 주요 기계학습 모형으로는 합성곱 신경망(CNN), 생성적 적대 신경망(GAN), 트랜스포머 기반 대형 언어 모형(LLM) 등이 있다. 이들은 구조와 적용 영역에서는 차이가 있지만, 모두 선천적 지식 없이 대규모 데이터를 기반으로 학습한다는 공통점을 가진다. 이러한 방식으로 학습하는 기계를 경험주의 기계라고 할 수 있다. 경험주의 기계가 지능을 모방하거나 구현하는 것처럼 보이기도 하는데, 그렇다면 그것은 상상력이나 창의성 또한 모방하거나 구현할 수 있는가? 능력 심리학faculty psychology에 의하면 상상력이란 심상이든 명제이든 탈-1인칭-관점적 표상, 탈-현재적 표상, 또는 반-사실적 표상을 생성하고 산출하는 능력이다. 이러한 상상은 지각과 행동과 마찬가지로 활동으로 이해될 수 있다. 그런데 이러한 활동들은 주체로부터 비롯한 것이어야 한다. 소설 속에 1인칭을 벗어난 반사실적 상황에 관한 묘사들이 많다고 해서 소설 자체가 상상을 하는 것이 아니다. 상상이란 결국 행위 주체를 필요로 하는 것이다. 만일 인공지능이 행위 주체가 아니라면 관점의 탈출이라는 의미에서 상상력을 가질 수 없는 것이다.

행위는 단순한 움직임이나 행동이 아니다. 어떤 움직임이나 거동이 행위가 되기 위해서는 그 행동을 의도했거나, 그 행위의 원인을 주체 자신 안에 가지거나, 또는 환경과의 상호작용에서 숙달된 대처skilled coping를 할 수 있어야 한다. 인공지능은 행위성을 결여하고 있어서 주체로 간주되기 어렵다. 특히 언어 모형은 외부 세계에서 주어지는 프롬프트에 따라 텍스트를 생성할 뿐 가상 세계 내에서 어떠한 행위를 하는 모형도 아니다. 그뿐만 아니라 그것은 진리 민감성을 결여하고 있고, 일관성 없는 출력을 생성한다는 점에서 언어 행위자도 될 수 없다. 그러므로 인공지능은 행위자나 언어 행위자로서의 역할을 할 수 없으며, 상상력의 주체가 될 수 없다.

그러나 인공지능 자체가 상상력을 가진다고 보기는 어렵더라도 인공지능은 인간의 상상력을 확장하는 도구로서 기능할 수 있다. 도시와 하우저의 연구는 생성형 인공지능이 창의성과 유용성을 전반적으로 향상시키고 긍정적인 감정 반응을 유도하는 데 기여할 수 있음을 보여주었다. 반면에 그것이 창의력 증진에 도움이 되지 못하는 사례도 존재하므로 이러한 한계를 극복하기 위해 생성형 인공지능을 창의적으로 활용하려는 노력이 필요하다.

디지털 시대의 영화적 상상력(이지영)

　모바일 네트워크 기술은 디지털 혁명을 가속화하며 영화의 존재 방식을 근본적으로 변화시켰다. 과거 아날로그 시대 영화는 필름이라는 물질적 기반과 불가분의 관계를 맺는 것으로 이해되었으며, 이때 필름 이미지는 객관적 물질의 재현으로 간주되었다. 하지만 최근 물리적 필름은 점차 사라지고 있으며, 이미지는 어떤 대상이 특정 시공간에 '거기에 있었음'을 증명하지도 않는다. 또한 새로운 물적 기반으로서 디지털 디스플레이 기술을 통해 오늘날의 영화의 본성이 무엇인지 밝혀내려는 시도도 충분하지 못하다. 매체의 물질적 기반은 표현의 가능성과 한계를 규정하지만, 그것이 예술작품의 본질을 결정하는 것은 아니기 때문이다.

　들뢰즈의 이미지론과 배치 개념은 디지털 영화의 본질을 고찰하는 데 중요한 실마리를 제공한다. 들뢰즈는 영화의 물적 기반을 이루는 것이 무엇인가에 천착하지 않고, 영화가 관객에게 전달하는 것이 무엇인가를 고찰한다. 그리하여 영화가 관객에게 전달하는 핵심 요소로 이미지를 강조하였다. 그는 이미지가 더이상 실재를 단순히 재현하는 것이 아니라, 그 자체로 실재성을 지닌다고 보았다. 특히 지속의 부분으로서의 운동-이미지는 끊임없이 변화하며, 전체의 질적 변화를 표현하고 사유를 촉발하는 기호로 작용한다.

　우리는 들뢰즈의 배치 개념을 활용하여 오늘날 영화가 처한 상황을 분석해볼 수 있다. 뉴미디어 디지털 기술 발전에 의해 매체 간 융합이 활성화되었고, 정보 공유의 범위는 비약적으로 확대되었다. 그 결과 뉴미디어는 복잡한 네트워크를 형성하고 있다. 이러한 네트워크 속에서 다양한 요소의 배치에 의해 예상치 못한 연결들과 새로운 실재가 생성된다. 인간의 신체, 모바일 기술, 스크린, 영상 등은 상호작용하며, 각 요소의 배치는 맥락에 따라 작품의 의미를 유동적으로 변화시키고 다양한 해석과 변형을 가능하게 한다. 디지털 환경에서 관객은 단순한 수용자가 아니라, 댓글 작성, 영상 재편집 등의 재맥락화 과정을 통해 작품을 변형하고 새로운 배치를 창출하는 주체가 된다. 이 과정에서 창작자와 수용자의 경계는 모호해지고, 관객은 다중적이고 집단적인 관계를 형성한다. 결국 디지털 환경 속 영화는 유동적이고 상호작용적인 미학적 경험을 제공하며, 관객과 작품은 새로운 관계를 형성한다.

상상하는 지성과 픽션(현영종)

상상력의 본성에 관한 논의는 전통적으로 두 가지 관점에서 이루어져왔다. 하나는 창의성을 강조하는 낭만주의 전통이고, 다른 하나는 인식능력에 초점을 맞춘 아리스토텔레스 전통이다. 현대사회에서는 창의적 상상력이 중시되지만, 인간의 근본적인 인식능력으로서의 상상력 또한 중요하다. 수학, 과학에서 인식능력으로서의 상상력은 어떠한 기능을 발휘하고 있는가? 참된 앎에 도달하기 위해서는 상상력과 지성이 협력해야 한다. 상상력은 지성이 제공하는 것들 너머로 가상선을 그릴 수 있도록 해준다. 이러한 가상선은 허구로 간주될 것이다. 그러나 모든 허구가 허무맹랑한 것은 아니며, 합리성을 갖춘 허구는 픽션이 된다. 픽션의 특성은 다음과 같다. 첫째, 픽션은 자의적으로 구성된 허구에 불과한 것이 아니다. 그것은 합리적 가능성이다. 둘째, 픽션은 상상력과 지성의 합작품으로서, 존재하지 않는 것들을 체계화하는 역할을 한다. 수학에서 가상점이 이러한 "규제적 이념"과 유사한 기능을 수행한다. 가상점은 사고상의 존재이자 보조물로, 필요에 따라 도입되며 현실화될 수 없는 순수한 가상의 존재이다. 그럼에도 불구하고 가상점과 같은 요소를 통해 인식 주체는 실제 요소들의 관계를 체계적으로 파악하고 직관할 수 있다.

이념은 규제적으로 사용될 때 개념의 통일성을 제시하고, 탐구의 방향을 설정하는 역할을 한다. 또한 픽션은 세계를 재현하는 장난감과도 같다. 과학적 탐구는 일종의 놀이로 간주될 수 있으며, 과학적 모델은 놀이의 소도구prop와 유사한 역할을 한다. 현대 미학자 월튼의 '믿는 체하기 놀이game of make-believe'는 소도구를 활용하는 상상 활동으로, '마치 –처럼as if'의 특성을 갖는다. 과학자는 모델을 구체적인 대상으로 믿는 체하는 놀이를 수행하는 것이다. 과학 탐구의 직접적인 대상은 자연 그 자체가 아니라 자연의 재현인 모델이다. 다만 이러한 모델은 단순한 놀이 소도구가 아니라 합리적 픽션으로 구성되어 있다.

상상력은 지성에 종속된 부차적 능력이 아니라 근본적이고 필수적인 능력으로서 지성과 대등한 자격을 가진다. 유한한 인간에게 무한한 가능성을 부여하는 능력으로서, 우리는 단순히 세계를 수동적으로 받아들이는 것이 아니라, 픽션을 창조하고 이를 통해 세계-현상을 구성하는 것이다. 따라서 유한한 존재에게 세계는 구성될 수밖에 없는 것이며, 상상력은 그 구성의 핵심 역량이다. 구성 능력으로서 상상력은 자유다. 우리는 상상력을 통해 합리적 비존재를 떠올릴 수 있는 자유를 누릴 수 있기 때문이다.

교육의 상상: 학습 체계로의 진화(최근정)

상상력은 삶의 모습을 구체화하고 창조하는 과정에서 다양한 대안을 탐색할 수 있도록 하며, 이를 통해 개인적·사회적으로 중요한 성취를 가능하게 하는 원동력이 된다. 상상력의 본질에 대한 이해는 교육 분야에서 더욱 절실하나, 그 중요성이 충분히 반영되지 못하고 있다. 상상력은 다양한 교육적 개입과 학습 경험을 통해 지속적으로 형성되어야 한다. 이를 통해 우리는 타인에 대한 관심을 높이고, 사회적 관계의 기초를 형성하는 공감 능력을 촉진하며, 인생의 계획을 보다 가치 있게 시각화할 수 있게 된다. 교육은 시대별 다양한 사회적 변화에 맞춰 진화해왔다. 근대사회는 인간중심주의와 과학기술을 바탕으로 대량생산과 표준화된 경제 시스템을 구축했으며, 교육 역시 표준화된 목적, 과정, 평가를 따라왔다. 또한 기존의 교육은 교육 참여자 개개인의 발전만을 목표로 해왔다. 그러나 극단적 개발로 인한 환경파괴와 생태적 황폐화 문제가 대두되면서 근대적 사고방식은 전면적 재검토 대상이 되었고, 더이상 인간 중심적인 사고를 고수하면서 자연을 개발 수단으로만 바라볼 수 없게 됐다. 대신 지속가능성과 생태적 감수성에 대한 논의가 활성화되고 있다. 근대적 사고방식은 비판의 대상이 되었고, 세상을 이해하는 새로운 사고방식이 요청되고 있다. 이러한 시대적 요구는 교육에도 반영되어야 한다. 시대에 따라 지식과 학습에 대한 이해도 달라졌으며, 오늘날 우리는 그것들에 관한 새로운 이해를 기반으로 교육이 나아가야 할 방향을 설정할 수 있다. 전통적 교육은 불변하는 지식을 습득한 교사가 학습자에게 그것을 일방적으로 전수하는 과정으로 이해되었다. 하지만 이제 지식은 인간을 포함한 다양한 주체가 이루는 네트워크 속에서 형성된 사회적 구조물로 간주된다. 학습은 단순히 특정 개인의 심적 능력의 향상만으로 이해되지 않는다. 그것은 정보, 문화, 기술을 매개로 이루어지는 사회적 활동이며, 창발적 결과를 도출할 가능성을 포함한다. 학습자는 더이상 수동적으로 지식을 전수받는 역할에 그치지 않으며, 창발적 지식 생산에 적극적으로 참여한다. 지식이 더이상 불변하는 진리로 표상되지 아니하므로 학습은 특정 기간에 종결될 수 없으며, 생애 전반에 걸쳐 지속되어야 한다. 또한 포스트휴머니즘에서는 더이상 인간 개인을 유일한 주체적 존재로 보지 않고, 인간을 인간-비인간과 같은 복합 관계의 존재로 바라본다. 우리의 학습이 개체를 넘어 사회나 체계로 확장된다는 것은 단순히 인간 차원에만 국한되는 것이 아니라, 인간과 비인간, 생명과 물질의 경계를 넘어 지구 생태적 차원으로까지 확대되는 것이라고 말할 수 있다. 이처럼 평생학습에서의 평생은 인간의 생명을 넘어 지구 생명과 함께하는 공존을 의미하며, 지속가능성을 함축하는 개념으로 이해할 수 있다.

3부 게임과 상상력

놀이꾼의 상상력(김상환)

최근 상상에 대한 관점이 변화하고 있다. 상상은 더이상 단순한 심리적 과정으로만 이해되는 것이 아니라 의식 바깥의 '저기'에서 이루어지는 물질적 과정으로 이해된다. 특히 디지털 매체의 발달로 인해 상상을 외재화된 현상과의 연관 속에서 이해하는 것이 보다 자연스러운 일이 되었다. 월튼은 장난감 놀이를 통해 상상이 외적 대상을 매개로 육화되고 구조화되는 국면을 분석한다. 하위징아는 놀이가 문화의 구조와 동형성을 지녔을 뿐만 아니라 놀이가 문화의 초월적 근거임을 강조한다. 놀이는 자연에서 문화가 열리는 전환점이 되 문화에 대하여 '절대적 독립성'을 지닌다. 즉 놀이는 문화적 질서를 구성하는 진위, 선악, 미추의 이분법, 나아가 목적과 수단 같은 이항대립을 모두 초과한다. 이러한 놀이의 객관적 본질은 규칙에 있다. 규칙을 통해서 놀이는 자율성과 마법성을 동시에 갖춘 허구적 공간을 형성할 수 있다. 월튼에 따르면 놀이의 규칙은 장난감 같은 소도구에 의해 지시된다. 그러나 놀이의 본성을 완전히 설명하기 위해서는 놀이꾼의 주관적 경험 또는 주관적 본질 역시 고려되어야 한다. 위니코트는 이를 적극적인 차원에서 분석한다.

그는 아이들이 가상과 실재를 오가며 겪는 불안정한 마술적 경험을 통해서 놀이를 향한 즐거움의 발생 과정을 분석한다. 위니코트는 놀이와 상상력의 주관적 조건으로서 즐거움의 발생 기원을 젖떼기 전후 사이의 중간 영역에서 찾는다. 중간 영역에서 아이는 과도 대상을 통해 불안을 조절하며 놀이 능력을 키운다. 잠들기 위해 사용하는 담요 조각, 모직물 보푸라기, 털 뭉치 같은 것들이 과도 대상에 해당한다. 아이는 이런 것을 만지거나 감싸면서 위안을 얻는다. 이런 과도 대상은 유아가 소유하는 '최초의 자기 아닌 대상'이다. 그런 의미에서 과도 대상은 최초의 소도구다. 이를 통해 아이는 놀이 능력을 발달시키고 나아가 문화적 대상으로 관심을 확장할 수 있게 된다. 이때 아이가 '누군가와 함께 있으면서도 혼자 있는 능력'을 습득하는 것 자체가 중요하다. 즉 놀이꾼은 대상뿐만 아니라 자기 자신을 즐기는 주체로 성장하는 것이다. 이는 리비도 에너지가 단순한 외적 대상뿐 아니라 자기 자신에게도 집중되기 때문에 가능하다. 놀이꾼은 이러한 양방향적 리비도 흐름을 통해 '하프 나르시시즘'의 주체로 발전하며, 이를 통해 자아 관계와 대타 관계를 조율하고 문화적 주체로 성장할 수 있게 된다. 그러나 상상의 외재화가 과도할 경우 실재성이 약화되며 권태와 불안을 초래할 수 있다. 이때 예술은 허구의 장막을 걷어내고 실재를 드러내는 역할을 수행해야 한다. 이상과 김수영의 '온몸의 시학'은 예술이 실재를 복원하는 방식을 보여준다. 결국 상상은 허구와 실재 사이의 균형을 통해 인간의 문화적 가능성을 확장하는 핵심 동력으로 작용한다.

비디오게임 시대, 놀이를 어떻게 정의할 것인가?(성기현)

윷놀이와 PC게임을 동일한 의미에서 '놀이'라고 부를 수 있을까? 비디오게임은 기존의 놀이와는 다른 특성을 가진다. 놀이에 관한 전통적 이해 방식은 재검토되어야 할 필요가 있다. 요한 하위징아와 로제 카유아는 전통적 입장을 대표한다. 하위징아는 놀이가 다양한 문화적 영역들의 원천으로 작용한다는 통찰을 보여주었고, 놀이 연구의 굳건한 토대를 마련하였다. 그가 밝힌 놀이의 특징은 다음과 같다. 첫째, 놀이는 자율적이고 독립적인 참여로 이뤄진다. 둘째, 놀이는 일상적 삶이 요구하는 물질적 이해관계로부터 벗어난 곳에서 이뤄진다. 셋째, 놀이는 시공간적 제한과 규칙에 의해 지배되는 활동이다. 넷째, 놀이 공동체는 비밀을 지닌다. 카유아에 따르면 놀이는 강요에 의하지 않은 자유로운 활동이고, 정해진 시공간에서만 성립되는 분리된 활동이며, 비생산적이고 전개나 결과가 미확정되어 있는 활동이다. 그리고 경쟁하기, 요행 바라기, 현기증 느끼기의 놀이는 규칙을 가지고 있지만, 모방하기는 허구적 활동으로서 규칙을 가지고 있지 않은 것으로 드러난다.

율은 '고전적인 게임 모델'을 통해 전통적인 놀이와 비디오게임을 동시에 설명할 수 있는 새로운 정의를 제시했다. 그도 기존의 관점과 마찬가지로 게임이 규칙에 의해 운영되며, 규칙이 '일정한 시간과 공간의 한계'(매직 서클) 안에서만 유효하다고 보았다. 하지만 카유아가 '규칙을 따르는 놀이'와 '허구적인 놀이'를 배타적인 것으로 본 것과 달리, 율은 이 두 가지 특성이 비디오게임에서 동시에 드러난다고 봤다. 비디오게임은 현실적 규칙과 가상 세계를 결합하여 전통적 구분을 넘어서는 것이다. 율에 의하면 게임이란 규칙에 기반한 체계로, 가변적이고 정량적으로 측정될 수 있는 결과를 갖는다. 또한 게임에서는 각기 다른 결과에 상이한 가치가 부여되어 플레이어는 결과에 영향을 미치기 위해 노력을 기울이며, 결과에 정서적 애착을 느끼게 된다. 플레이어의 활동에 따른 귀결들은 협의할 수 있다.

하지만 게임에 관한 율의 분석도 완벽한 것은 아니다. 가령 비디오게임의 시공간적 한계는 점차 확장되고 있다. 증강현실 게임은 화면에 갇혀 있던 매직 서클을 해방시켜 그것을 현실 세계로 끌고 들어온다. 또한 오늘날 온라인 기반의 비디오게임들은 플레이어의 접속 여부와는 무관하게 365일 24시간 자신의 가상 세계를 유지하는 경우가 많다. 이러한 게임에서는 일시적이고 국지적인 승리와 패배가 반복될 뿐, 최종적인 승리는 원칙적으로 존재하지 않는다. 또한 전통적인 놀이나 과거 비교적 단순한 비디오게임에서 플레이어가 간단한 규칙을 숙지한 뒤 게임을 주도적으로 플레이하던 것과 달리, 오늘날의 비디오게임은 플레이어가 세세한 규칙들을 완벽히 숙지하지 못한 상태에서도 진행된다. 또한 자동화된 플레이는 게임 결과에 대한 플레이어의 감정적 애착을 약화시키는 요인으로 작용할 수 있다. 이러한 특성들은 게임에 관한 율의 분석의 한계를 드러내는 것이기도 하지만, 동시에 게임이 어떠한 방향으로 나아가고 있는지를 보여주는 중요한 지표이기도 하다.

게임의 규칙(현영종)

게임을 어떻게 정의할 것인가라는 문제를 두고 관련 학계는 여전히 논쟁 중이다. 초기의 논의는 주로 서사학과 게임학의 이분법적인 구도하에서 전개되었다. 최근에는 서사를 갖춘 게임이 늘고 있다. 특히 컴퓨터 기술 발전에 따라 비디오게임에 화려한 영상과 음악이 동원되고, 서사를 전달하는 데 집중하는 경우가 많다. 서사학은 게임을 신화나 소설의 연장선상에 두고 이야기의 구조로 게임을 해석한다. 율에 따르면 서사는 규칙과 결합하여 작동하며, 플레이어는 서사를 통해 게임 속에서 먼저 할 일과 갈 곳을 찾게 된다. 그러나 서사는 어디까지나 보조적 역할을 맡는다. 플레이어는 게임 진행에 익숙해질수록 서사 내용을 무시한다. 반면 게임학은 규칙, 플레이, 문화를 게임의 핵심 요소로 보고, 게임을 구조적·형식적 체계로 이해한다. 게임은 복잡한 규칙을 따르는 루두스로, 즉흥적이고 자유로운 파이디아와 구별된다. 게임은 승패를 포함하며 진지성과 치열함을 동반하는 활동이다. 게임학은 규칙을 본질적 요소로 본다. 규칙은 게임 속에서 이뤄지는 행위의 경계를 설정하고 행위들에 의미를 부여하는 것이기 때문이다. 규칙은 명확하고 절대적이어야 하며, 그 자체로 해석 가능해야 한다. 플레이어는 규칙의 정당성보다는 규칙에 따르는 행위 자체에 집중하며, 이로써 게임의 정합성이 유지된다. 게임의 재미는 규칙이 제공하는 제약과 도전에서 비롯되며, 이는 몰입과 자기 성장으로 이어진다. 결과적으로 게임은 자기목적적 활동이며, 규칙 준수를 통해 도전 과제를 극복하고 성취감을 얻게 된다. 한편 창발성은 게임의 또 다른 매력이다. 단순한 규칙의 상호작용에서 예측 불가능한 패턴이 생기고, 이는 플레이어에게 새로운 경험을 제공한다.

다만 규칙 중심의 게임은 비판적 사고를 약화시킬 위험이 있으며, 게이미피케이션gamification은 진지한 활동조차 엔터테인먼트화하며, 인간을 순응적으로 만들 위험이 있다. 하지만 동시에 게임 규칙은 플레이어에게 몰입과 해방의 경험을 제공하기도 한다. 플레이어는 규칙에 자유롭게 복종하며, 이를 통해 스스로 약속을 지키는 주권적 개인으로 이해된다. 게임은 약속된 규칙 속에서 활동 자체를 목적으로 삼으며, 플레이어를 해방시키는 역할을 한다. "인간은 놀이하는 한에서 완전하다"는 명제는 게임이 제공하는 해방적 가능성을 함축한다.

게임: 가상 세계를 플레이하는 학습 시스템(최근정)

디지털 가상 세계는 현실과 가상의 경계를 흐리게 한다. 디지털 게임이 의식에 미치는 영향은 무엇이고, 그것의 교육학적 의의는 무엇일까? 게임은 비형식적 경험을 제공하는 형식적 시스템이다. 게임은 알고리즘적 규칙을 통해 플레이어에게 도전 과제를 제공하며, 반복적 연습을 통해 플레이어는 통찰력을 얻고 몰입을 경험한다. 플레이어는 복잡한 사태 속에서 패턴을 발견하며 기술을 향상시키고, 창의적 플레이를 통해 성취감과 자아존중감을 획득한다. 게임은 학습 시스템으로서의 잠재력을 보여주는 것이다.

교육도 게임과 마찬가지로 형식적 시스템과 비형식적 학습 경험을 제공한다. 교육 시스템은 게임의 알고리즘적 규칙과도 같다. 플레이어의 반복적인 연습은 상위 레벨의 창조를 가능하게 하는 통찰력, 즉 복잡하게 보이는 것을 몇 개의 덩어리로 단순화시키는 청킹chunking을 가능하게 한다. 이 청킹 능력을 통해 우리는 산발적이고 반복되는 듯한 데이터들로부터 모종의 패턴을 발견할 수 있게 되며, 플레이어의 이러한 규칙 찾기는 반복적 경험을 통해 형성되는 자기조직화self-organizing로 이해될 수 있다. 이는 학습이 복잡계 내에서 이뤄지는 사건임을 시사한다. 학습은 신체와 물질의 관계 맺음을 통해 이뤄지는 창발적 과정으로, 외부의 강요가 아닌 내부적 발현에 의해 이루어진다. 생명체와 환경은 상호작용을 통해 공발생적 관계를 형성하며, 이를 통해 체계는 진화하고 발전한다. 또한 학습은 혼돈의 가장자리에서 되먹임 과정을 통해 발생하며, 우연성은 학습 과정에서 핵심적 요소이다. 학습은 특정한 계획이 아닌 자생적이고 창발적인 과정을 통해 이루어진다. 디지털 게임은 학습의 미래가 나아갈 모범적 사례로 이해될 수 있다.

I부   상상력 이론

철학과 상상력:
사르트르를 중심으로

이 솔

"상상할 수 있다는 사실로부터 사르트르는 의식의 근본적 자유를 확인한다. 의식 주체로서 인간은 주어진 환경과 상황에 수동적으로 종속되거나 적응하는 것이 아니라, 주어진 실재적 조건을 넘어 지금 여기에 부재하는 것을 그려내며 미래로 나아가는 존재인 것이다."

이솔은 서강대학교 철학과에서 박사학위를 받았다. 서강대학교 철학연구소 선임연구원과 이화여자대학교 이화인문과학원 연구교수를 거쳐, 현재 경북대학교 인문학술원 학술연구교수로 재직하고 있다. 현대 프랑스 현상학과 실존주의 철학을 주로 연구하며, 상상력과 감정의 문제에 관심을 두고 있다. 지은 책으로 『이미지란 무엇인가』(2023)가 있고, 옮긴 책으로 『자아의 초월성』(공역, 2017)이 있다.

들어가며

플라톤에서부터 데카르트에 이르기까지 상상력은 지성에 비해 열등한 하위 인식능력으로 간주되어왔다. 플라톤에게서 상상eikasia은 참된 인식인 이데아idea로부터 두 단계나 멀리 떨어져 있는 허상eikon에 관여하는 비이성적 인식 능력으로 이해되었으며, 데카르트에게서 상상imaginatio은 순수사유인 지성intellectus과 달리 감각경험에 의존하는 일종의 감각화된 사유로 치부되었다. 이렇듯 서양 전통 철학에서 상상은 순수한 사유에 이르지 못한 '강등된 지성'으로, 상상의 대상인 이미지 역시 사유의 불완전한 형태로 이해되었다.

상상의 문제는 늘 철학의 주변부에 자리하고 있었을 뿐, 상상력을 전면적인 주제로 다룬 연구는 찾아보기 어렵다. 상상력에 대한 전통 철학의 부정적 선입견은 교정되지 않은 채 오랫동안 그대로 계승되어왔다. 이것은 상상에 대한 관심이 끊이지 않았음에도 불구하고 정작 직접적으로 '상상이란 무엇인가'라는 물음을 던진 이가 없었기 때문이 아닐까? 상상력에 관한 장 폴 사르트르의 탐구를 촉발했던 것은 바로 이러한 문제의식이다. 사르트르의 『상상력』(1936)과 『상상계』(1940)는 상상력을 주제로 본격적인 연구를 수행한 최초의 저작이다. 이 저작에서 사르트르는 상상력에 관한 기존 연구가 먼저 이론을 수립한 뒤 그것을 상상의 문제에 적용하는 방식으로 이루어졌다고 비판한다. "사물에게로 똑바로 나아가서 대상에 대한 방법을 만들어내는 대신에 사람들은 먼저 방법 … 을 정의하고 나서, 대상에다가 그것을 나중에 적용한다. 방법을 정하게 되면서 동시에 대상을 만들어내었다고는 전혀 의심치 않고서 말이다."[1]

　전통 철학의 체계 내에서 상상력은 육체적인 수동성의 영역에 속한 것으로 분류되었을 뿐, 상상이 실제로 무엇인지는 한 번도 질문된 적 없었다. 이와 달리 사르트르의 상상력 이론은 '상상이란 무엇인가'라는 하나의 물음으로부터 시작하며, 오직 의식에 주어지는 경험을 통해 그 물음에 답한다. 어떠한 선입견도 없이 상상 자체를 탐구함으로써 사르트르는 상상력이 지성의 열등한 양태가 아니라 순수사유와 구분되는 의식의 독자적 활동 방식임을 규명한다. 앞질러『상상계』의 결론을 빌려 와 말하자면 사르트르에게 상상은 길 잃은 지성이기는커녕 "의식 본질의 구성적 구조"[2]이다. 나아가 상상이란 의식의 우발적인 활동 가운데 하나가 아니라, 의식의 가장 심원한 본성을 보여주는 본질적 활동이다. 모든 의식은 항상 '상상할 수 있는' 의식이며, '상상하지 않는 의식'이란 있을 수 없다는 것이다.

사르트르의 실존주의 철학

　상상에 관한 논의를 진전시키기에 앞서, 사르트르는 누구이고 어떤 철학을 전개했는지 먼저 살펴보기로 하자. 사르트르는 20세기 프랑스 철학을 대표하는 실존주의 철학자이자,『구토』(1938),『닫힌 방』(1944),『말』(1964)과 같은 문학작품으로 잘 알려져 있는 작가이다.『스탠포드 철학 사전』의 '장 폴 사르트르' 항목은 "장 폴 사르트르만큼 생전에 유명했던 철학자는 거의 없다"라는 문장으로 시작한다. 1943년『존재와 무』가 출간된 이후, 1945년 10월 29일 열린 사르트르의 공개 강연 '실존주의는 휴머니즘이다'에는 수천 명의 파리 시민들이 몰려들었으며, 1980년 사르트르의 사망 소식은 프랑스 신문사들에 특보로 실렸고 약 5만 명의 파리 시민들이 그의 장례 행렬을 뒤따랐다.

    사르트르는 20세기 중반 프랑스 지성계를 대표한 시대적 아이콘이었다. 그러나 당시 사르트르의 말과 글이 가졌던 영향력은 단지 그가 훌륭한 철학자이자 저명한 작가였다는 사실만으로는 설명되지 않는다. 당대 파리에서 사르트르가 공론의 중심에 있었던 까닭은 무엇보다도 그가 언제나 현실에 발을 딛고 억압받는 이들의 목소리를 대변했던 지식인이었기 때문이었다. 『현대』지를 비롯한 여러 매체를 통해 사르트르는 다양한 사회정치적 문제에 대해 가감 없는 의견을 제시하고 강력한 영향력을 행사했다. 그는 프랑스의 식민주의를 비판하며 알제리 독립운동을 지지했고,[3] 반反권위주의를 표방하는 가운데 노벨문학상의 수상을 거부했으며, 기성 질서에 저항하는 68혁명에 참여했다. 제2차 세계대전 이후 혼란스러운 시기에 사르트르는 부조리한 현실을 날카롭게 비판하는 눈이었고, 불확실한 운명 속에서도 자기기만을 깨고 주체적으로 사유하고 실존적으로 행동하라 꾸짖는 목소리였다.

    당대 프랑스인들이 사르트르의 목소리에 귀 기울인 것은 무엇보다도 사르트르의 '실존주의existentialism'가 그들에게 유례없는 공감을 불러일으켰기 때문일 것이다. 사르트르의 주저인 『존재와 무』와 같은 철학서는 물론이거니와 『상황』들에 수록된 비평적 에세이, 또한 희곡과 소설 등의 문학작품에 이르기까지 그의 모든 저작을 통해 사르트르가 일관적으로 강조한 것은 인간의 '자유liberté'와 '실존existence'이 가지는 가치였다.

그렇다면 실존주의란 무엇인가? 실존주의는 인간을 그 어떤 자연적·역사적 심급이 아닌 '주체성'으로부터 정의하는 입장이다. 1945년 파리 맹트낭maintenant 클럽에서 개최되고 이후 동명의 저서로 출간된 강연 '실존주의는 휴머니즘이다'에서 사르트르는 "[인간에게 있어서는] 실존이 본질에 앞선다l'existence précède l'essence"[4]는 표현을 통해 실존주의를 정의하고 이 표현의 의미를 다음과 같이 설명한다.

그렇다면 여기에서 실존이 본질에 앞선다는 말은 무엇을 의미하는 걸까요? 이 말은 인간이 먼저 세계 속에 실존하고, 만나지며, 떠오른다는 것, 그리고 인간이 정의되는 것은 그 이후의 일이라는 것을 의미합니다. 실존주의자가 생각하는 인간이 정의될 수 없다면, 우선은 그가 아무것도 아니기 때문입니다. 그는 오로지 그다음에야 그 스스로가 만들어가는 것이 될 것입니다. 이처럼 인간 본성이란 없는 것입니다. 왜냐하면 인간 본성을 구상하기 위한 신이 없기 때문입니다. 인간은 인간 스스로가 구상하는 무엇이며 또한 인간 스스로가 원하는 무엇일 뿐입니다. 인간은 이처럼 실존 이후에 인간 스스로가 구상하는 무엇이기 때문에, 또 인간은 실존을 향한 이 같은 도약 이후에 인간 스스로가 원하는 무엇이기 때문에 결국 인간은 인간 스스로가 만들어가는 것과 다른 무엇이 아닙니다. 이것이 바로 실존주의의 제1

원칙입니다. 또한 이것은 사람들이 주체성이라고 부르는 것이기도 합니다.[5]

사물들, 가령 우리가 일상에서 사용하는 도구의 경우 한 도구의 본질은 그것의 존재에 앞서 이미 결정되어 있다. 한 자루의 연필이 만들어지는 것은 그것으로 종이 따위에 글씨를 쓰고 그림을 그리기 위해서이다. 그렇기에 연필은 그것의 탄생에 앞서 이미 본질이 결정되어 있으며, 그러한 본질을 가장 충실히 구현하기 위한 소재 및 외형을 갖추어 제작된다. 이를테면 연필은 한 손으로 쥘 수 있는 크기여야 하며, 두께는 지나치게 두꺼워서도 가늘어서도 안 되고, 심 또한 지나치게 물러 금방 닳아 없어져서는 안 되며 반대로 너무 단단해서 종이를 긁어 손상시켜서도 안 된다. 연필의 적절한 모양과 소재는 그것의 목적에 의해 이미 앞서 결정되어 있는 것이다. 바로 이런 점에서 사물에게 있어서는 '본질이 존재(실존)에 앞선다'고 말할 수 있다.

이와 달리 인간은 어떤 목적을 위해 태어난 존재가 아니며, 그렇기에 인간의 본질은 존재하기에 앞서 미리 결정되어 있다고 볼 수 없다. 바로 이런 의미에서 인간에게 있어서는 실존이 본질에 앞서는 것이다. 이처럼 인간의 본질이 미리 결정되어 있는 것이 아니라는 점에서 사르트르는 인간의 본성을 '무néant'라고 표현한다. 말 그대로 인간의 본질이란 '없는' 것이며, 인간은 자유로운 '선택choix'을 통해 스스로 자신의 본질을 형성해나가는 것이다.

그리고 바로 이러한 점에서 사르트르는 실존주의가 필연적으로 무신론이 될 수밖에 없다고 말한다. 만일 창조주로서 신이 존재한다면, 인간은 신에 의해 구상된 바에 따라 만들어지는 존재, 다시 말해 실존 이전에 이미 본질이 결정된 존재가 될 수밖에 없기 때문이다. 의식 주체의 자유를 온전히 보전하기 위해 사르트르는 유신론을 비롯한 모든 종류의 결정론으로부터 등을 돌린다. 인간의 본질은 오로지 그 자신의 선택에 의해 형성되는 것이며, 모든 선택은 자유에서 기인하는 것이다. 이러한 자유를 훼손시킬 여지가 있는 인간 본성에 대한 모든 결정론적 담론, 곧 기독교적 결정론은 물론이거니와 유적 본질로서의 인간 본성을 상정해왔던 디드로, 볼테르, 칸트 등의 인간학은 사르트르에게서 모두 배격된다.

우리는 오직 자유로부터 선택할 뿐이며 이 선택은 자유 이외의 어떤 외부적 혹은 내부적 심급 — 이를테면 신의 소명이라든가 유전적 형질 따위 — 에 의해서도 결정되지 않는다. 그런데 이렇듯 모든 결정론으로부터 벗어나 의식의 자유를 선택의 유일무이한 심급으로 삼을 경우 우리는 어디에서도 자신의 선택을 정당화할 수 있는 구실을 찾을 수 없게 된다. 물론 이는 부모의 기대, 사회적 시선, 관습 및 도덕과 같은 것들이 어떤 가치도 가지지 않는다는 뜻이 아니다. 사르트르는 이와 같은 것들이 주체의 선택을 이끄는 동기로서 작용한다는 사실을 부인하지 않는다. 단지 사르트르가 보이고자 하는 것은 그것이 나의 선택을 이끄는 동인이 되는 것은 그에 앞서 내가 그것을 가치 있고 의미 있는 것으로 승인하는 한에서라는 사실이다. 사르트르가 '선험적인a priori' 선이란 존재하지 않는다고 말했던 것은 바로 이런 까닭에서다.[6] 선이 있기에 그것을 욕망하는 우리의 행위가 뒤따르는 것이 아니라, 우리의 선택이 그 행위가 선한 것임을 입증한다. 우리가 행하는 선택 이외에 선의 근거는 없다. 우리의 선택만이 선을 규정할 수 있는 유일한 근거인 것이다.

그 결과 선택은 더없이 무거워진다. 선택하기 위해 기댈 수 있는 어떤 상위의 심급도 없기 때문이다. 사르트르의 실존주의에 의하면 우리의 모든 선택은 '무로부터의 창조'와 같이 행해져야 한다. 자신의 선택이 다른 무엇에 의해 영향받은 것이라 말하며 선택의 근원적 자발성을 부정하는 모든 종류의 변명은 '자기기만mauvaise foi'에 지나지 않는다. 행위를 정당화할 수 있는 어떤 핑곗거리도 찾을 수 없기에 선택에 대한 모든 책임은 고스란히 주체 자신이 떠안아야 한다. 그렇기에 자유는 더이상 축복이 아니라 오히려 주체를 무겁게 짓누르는 형벌이 된다. 그런 이유에서 사르트르는 "인간은 자유롭도록 선고받았다"[7]고 말했던 것이다.

그런데 인간의 선택은 정말로 자유로운가? 우리의 삶은 한편으로는 사회적 계급, 문화적 배경 등과 같은 사회·문화적 조건들에 의해, 다른 한편으로는 유전적 특성, 신체적 한계 등과 같은 생물학적 조건들에 의해 제약되어 있는 것처럼 보인다. 그렇다면 사실상 우리의 선택은 내가 선택한 것이 아닌 조건들에 의해 이미 결정되어 있다고 보는 편이 합당하지 않은가? 이렇게 본다면 사르트르의 실존주의에 대하여 비현실적이며 공상적인 주장이라는 비판이 쏟아졌던 것은 당연한 일인지도 모른다.

그러나 실존주의가 말하는 선택이란 언제나 '상황' 내에서의 선택이다. 사르트르가 즐겨 사용하는 '앙가주망engagement'이라는 표현은 흔히 '참여'라 번역되지만, 이 단어에는 약속 및 계약이라는 의미, 즉 무언가에 종속되고 붙들려 있다는 의미가 동시에 포함되어 있다. 앙가주망, 그것은 우리가 세계 내의 상황에 연루되기를 피할 수 없다는 것을 의미한다.

> 반대로 우리에게 있어서 인간은 인간 자신이 앙가제되어 있는 그 어떤 유기적인 상황 속에서 존재합니다. 인간은 그곳에서 자신의 선택을 통해서 인류 전체에 앙가제합니다. 그는 결코 선택하는 일을 피할 수 없습니다. 즉 그는 결혼을 하지 않은 상태로 있기를 선택하거나, 아니면 결혼을 해도 자식을 갖지 않기를 선택하거나, 그것도 아니면 결혼을 해서 자식을 갖기를 선택하는 수밖에 다른 도리가 없는 것입니다. 이때 어떤 선택을 하든 상관없이 그가 이 문제에 대해서 전적인 책임을 지지 않는다는 것은 불가능한 일입니다.[8]

우리의 선택은 언제나 특정한 상황 속에서의 선택이며, 우리는 그러한 상황 속에서 선택하는 일을 결코 회피할 수 없다. 어떤 선택도 하지 않는 행동조차도 결국 하나의 선택이기 때문이다. 현실을 외면하는 유아론적 선택은 부조리한 관념에 지나지 않는다. 현실을 외면하는 선택조차 하나의 선택인 이상, 우리는 어떤 방식으로든 상황에 연루될 수밖에 없기 때문이다. 이렇듯 사르트르의 실존주의 철학은 늘 구체적인 현실로부터 출발하며, 형이상학적 사변을 배격하고 지금 여기를 살아가는 인간의 삶과 관련한 실천의 문제에 관심을 둔다. 그런데 놀라운 것은 이토록 현실적인 철학자인 사르트르가 '상상'의 문제와 더불어 자신의 철학을 시작했다는 사실이다. 이제 사르트르의 상상론을 본격적으로 살펴보기로 하자.

상상이란 무엇인가?

『상상력』의 첫 페이지에서 사르트르는 단도직입적으로 실재하는 대상과 상상적 대상의 차이를 묻는다. 예컨대 실재 사물로서의 종이와 상상을 통해 떠올린 이미지로서의 종이에는 어떤 차이가 있는가? 책상 위에 놓여 있는 실제 종이와 마찬가지로 상상을 통해 떠올린 종이 역시 실재와 동일한 형태, 질감, 색깔, 위치 등의 특성을 가지고 있다고 해보자. 그렇다면 이 두 대상은 같은 본성을 가진다고 말할 수 있을 것이다.

그런데 본성이 동일하다면 두 대상은 그 자체로 동일한 것인가? 그렇지 않다. 사르트르는 '본질적 동일성'과 '실존적 동일성'을 구분해야 한다고 지적한다. 실재 사물로서의 종이와 이미지로서 떠올려진 종이가 동일한 본질을 가지고 있더라도 양자의 존재 방식은 같을 수 없다. 실재로서의 종이를 특징짓는 것은 '타성inertie'이다. 이 종이는 나의 의식에 의해 좌우되지 않는다. 내가 그것을 의식하든 그렇지 않든 종이는 변함없이 존재한다. 실재로서의 종이와 상상의 대상인 이미지로서의 종이는 바로 이 지점에서 서로 분명하게 구별된다. 이미지로서의 종이는 오직 내가 그것에 대해 상상하는 동안, 그것의 크기와 형태, 질감에 이르기까지 정확히 내가 상상하는 대로 존재할 뿐이다. 상상적 대상의 실존은 의식의 '자발성spontanéité'에 빚지고 있다. 말하자면 상상적 대상에 대해 의식하길 멈추는 순간, 그것은 흔적도 없이 사라져버리는 것이다.

　기존 이론들이 간과했던 것은 이처럼 상상 의식의 대상이 존재 방식에 있어 지각의 대상과 근본적인 차이를 가진다는 사실이다. 지각의 대상은 의식과 독립적이지만, 상상의 대상은 의식에 의존한다. 기존 철학이 상상을 잘못된 지각 ─ 헛것을 보는 일 따위 ─ 의 일종으로 취급해왔던 것은 상상과 지각 사이의 이와 같은 근본적 차이를 이해하지 못했기 때문이다. 그러나 상상은 결코 오지각이 아니다. 일상적 경험은 우리가 상상과 지각을 결코 혼동하지 않는다는 사실을 알려준다. "각자 자신의 내적 경험에 미루어 짐작해보자. … 어느 순간 나는 친구 피에르의 이미지를 마음속에 떠올린다. 그 이미지가 나타난 바로 그 순간에 내가 그것이 하나의 이미지임을 '알고 있었다'는 사실은 세상 어떤 학설을 가지고도 부정할 수 없을 것이다." (IMO, 153)

　상상과 지각의 차이를 이해하지 못하고, 상상의 대상을 지각의 대상과 동종의 사물이라 착각함으로써 형성된 것이 바로 '이미지image'라는 문제적인 관념이다. 사람들은 이미지와 실제 사물 사이의 본질적 동일성으로부터 양자의 실존적 동일성을 결론지었다. 이미지가 사물과 동일한 본성을 가진 이상, 이 양자의 존재 방식 역시 동일하다고 착각했던 것이다. 그러나 사르트르가 보기에 이미지에 관한 이러한 견해는 본질적 동일성과 실존적 동일성을 혼동한 것이다. 그리고 이러한 혼동으로부터 이미지를 사물과 동일한 방식으로 존재하는, 사물의 모사본으로 취급하는 '소박한 형이상학', 곧 '소박한 사물주의chosisme'가 생겨난다.

이와 같은 '이미지-사물image-chose'의 관념은 일찍이 고대 플라톤에게서 이미 발견된다. 『국가』 6권에서 플라톤은 선분의 비유(509d-511e)를 통해 인식의 대상과 그에 대응하는 주관의 상태들의 위계를 설정하는데, 여기에서 상상eikasia의 대상인 이미지(영상, 모상, 그림자)는 가시적인 감각 대상ta aisthēta의 한 부류로 구분된다. 하지만 사르트르는 17세기와 18세기 철학 — 곧 데카르트, 스피노자, 라이프니츠, 흄 — 을 중심으로 이와 관련된 전통 철학의 형이상학적 체계들을 분석한다. 그가 보기에 이 시기 철학의 핵심적인 문제가 바로 이미지와 관련되어 있기 때문이다. 근대에 접어들어 철학의 문제들은 세계를 향하기보다는 주관화되었고, 이미지 역시 외부 세계의 사물을 모방하여 형성된 '의식 내에 자리잡은 사물'로 간주되면서, 이른바 의식 내 표상représentation이라는 새로운 정체성을 부여받게 된다. 그런데 이미지가 심적 표상이 됨으로써 이전에는 찾아볼 수 없었던 새로운 문제가 발생한다. 그것은 '어떻게 정신이 사물에 대하여 작용할 수 있는가'를 해명하는 문제, 즉 사유pensée와 이미지의 관계를 설정하는 문제였다.

사르트르에 의하면 이미지와 사유의 가장 극명한 대립은 데카르트에게서 발견된다. 그러나 데카르트 철학은 사유와 사물로서의 이미지 사이에 인접 관계가 있다는 것을 보여줄 뿐, 분할된 두 항 사이의 관계를 설정하는 데에 실패한다. 이미지와 사유의 관계를 해명하지 못한 것은 라이프니츠와 흄 역시 마찬가지였다. 물론 라이프니츠는 데카르트와 달리 이미지와 사유 사이에 연속성을 확립하려 시도했다. 그러나 사르트르에 의하면 라이프니츠의 해결책은 범논리주의panlogisme적 극단에서 이미지를 지성으로 환원시켜버린 것에 불과했다. 흄에게서는 정반대의 문제가 나타났는데, 흄은 범심리주의panpsychologisme적 관점에서 모든 관념을 이미지들로 환원시킴으로써 지성 없는 이미지들만을 간직했기 때문이다.

이처럼 사르트르는 전통 철학의 형이상학적 체계들을 '이미지의 문제'라는 새로운 관점에서 조명한다. 그에 따르면 이미지와 사유의 관계를 해명하고자 했던 이들의 해결책이 모두 불충분한 것으로 남을 수밖에 없었던 것은 전통 철학의 상이한 체계들 내에서도 '사물-이미지'라는 관념이 문제 제기되지 않은 채로 남아 있었기 때문이다. 전통 철학자들은 한 번도 상상이란 무엇이며 또한 상상 작용의 대상인 이미지란 무엇인지를 묻지 않았으며, 단지 자신의 형이상학적 체계를 정당화하기 위한 목적에서 이미지라는 개념을 사용해왔을 뿐이다. 이처럼 기존 이론들이 가지고 있었던 한계를 비판하며, 사르트르는 '상상력 이론의 두 과제'를 제시한다.

> 상상력에 관한 모든 이론은 다음의 두 가지 요구를 만족시켜야 한다. 즉 그 이론은 정신이 이미지들과 지각들 사이에서 행하는 자발적 식별을 우선 설명해야만 하고, 다음으로 사유작용들 속에서 이미지가 맡는 역할을 설명해줘야 한다. … 이미지에 관한 고전적인 견해는 이 본질적인 두 가지 임무를 수행해내지 못했다(IMA, 183).

상상력에 관한 이론이라면 두 가지 문제에 반드시 답해야 한다. 첫째는 이미지와 지각, 곧 상상적 대상과 실재하는 대상의 구별이 어떻게 이루어질 수 있는가를 해명하는 일이며, 둘째는 상상과 순수 사유의 관계를 규명하는 일이다. 『상상력』이 고대로부터 근대, 현대로 이어지는 상상력 이론의 역사를 조망하고 그 한계를 비판했다면, 사르트르 자신의 본격적인 이미지 이론이 개진되는 것은 『상상계』에서이다.

현상학적 상상력 이론 :
상상 의식의 네 가지 특성

'상상이란 무엇인가'라는 물음에 답하기 위해 사르트르가 선택한 것은 현상학적 탐구의 방식이다. 사르트르는 후설의 『이념들』에서 이미지에 대한 완전히 새로운 이론의 토대를 발견한다. 물론 사르트르가 후설이 이야기한 내용을 모두 수용한 것은 아니다. 그러나 '지향성intentionalité'이라는 개념만큼은 후설로부터 영향받은 것이며, 지향성은 그야말로 사르트르의 상상력 이론을 결정짓는 핵심 개념이다. 사르트르가 스스로 말하듯 "지향성이라는 착상 그 자체가 이미 이미지의 개념을 쇄신할 것을 요구"(IMO, 205)하기 때문이다.

사르트르는 후설을 따라 의식이 지향적 본성을 가진다는 사실로부터 출발한다. "모든 '의식'은 무엇인가'에 대한' 의식conscience 'de' quelque chose"(IMO, 205)이다. 의식은 대상을 겨냥하는 활동일 뿐이며, 의식이 지향하는 대상은 그것이 무엇이든 원칙적으로 의식 바

끝에 있다. 그리고 이렇듯 의식의 대상이 초월적transcendant이라면, 전통 철학이 의심 없이 전제해왔던 사물-이미지의 관념은 부조리한 것이 된다.

> [후설 현상학의 지향성 개념을 받아들일 경우] 이미지에 대한 그 즉각적인 결과들이 쉽게 짐작된다. 즉 이미지도 무엇인가에 대한 이미지이다. 따라서 우리가 상관할 내용은 바로 어떤 한 의식이 어떤 한 대상과 맺고 있는 그 지향적인 관계이다. 한마디로 말해서 이미지는 심적인 '내용물'이기를 그친다. 이미지는 구성요소로서 의식의 '속에' 있는 것이 아니다. … 이미지의 대상은 의식의 바깥에, 완전히 상이한 어떤 것으로서 자리잡게 된다(IMO, 208).

전통 철학은 의식을 무언가가 자리할 수 있는 공간과 같은 것으로, 그리고 이미지를 의식이라는 공간 속에 놓인, 외부 대상으로부터 유래한 모사물로 간주해왔다. 그러나 후설 현상학의 '지향성'의 관념을 받아들인다면 이러한 선입견은 더이상 유지될 수 없다. 의식이 공간이 아닌 활동이라면, 이미지 역시 의식 내에 놓여 있는 사물과 같은 것이 될 수 없기 때문이다.

그렇다면 이미지란 무엇인가? 사르트르는 『상상계』에서 상상에 대한 현상학적 기술을 통해 상상 의식의 네 가지 특성을 도출하는데, 이미지에 관한 사르트르의 독창적 정의는 그 가운데 첫 번째 특성을 통해 드러난다. 첫째, 이미지는 의식이다. 여기에서 사르트르는 사물-이미지라는 전통 철학의 오래된 관념으로부터 벗어나 이미지에 관한 새로운 정의를 제시한다. 이미지란 더이상 의식 내에 놓인, 외부 사물로부터 유래한 표상과 같은 것이 아니다. 이미지는 의식이 활동하는 하나의 방식이다. "우리는 잘 따져보지도 않은 채 이미지는 의식 '안'에 있고, … 의식을 자잘한 시뮬라크르simulacre로 가득차 있는 어떤 장소로 생각했으며, 시뮬라크르를 이미지라고 생각했던 것이다. 이러한 환상은, 틀림없이, 공간 안에서 공간의 용어로써 사유하는 습관에서 기원한다."(IMA, 23) 후설과 베르그손의 영향을 암시하는 이 구절에서 사르트르는 대상을 공간의 용어로서 사유하는 습관에 '내재성의 환상illusion d'immanence'이라는 이름을 붙인다. 그런데 이 내재성의 환상은 일부 철학자들과 심리학자들만이 가지고 있었던 관점이 아니다. 사실 이 관점은 상식에 해당하는 것이기도 하다. 'X를 상상하는 일'을 마치 의식 안에 대상의 초상화와 같은 상像이 맺히기라도 하는 일처럼 생각할 때, 우리는 여전히 내재성의 환상을 답습하는 것이다. 그러나 X를 지각하는 일이 우리의 의식 바깥에 있는, 곧 세계 내에 실재하는 X를 감각의 방식으로 지향하는 일이듯이 X를 상상하는 일 또한 의식 바깥의 이 초월적인 X를 지향하는 일이다. '이미지'라는 명사적인 표현은 언제든 내재성의 환상으로 우리를 이끌고 갈 수 있는 위험을 가지고 있다. 따라서 "X의 이미지가 있다"고 말하는 대신 "X를 상상하는 의식conscience imageante이 있다"고 표현하는 편이 낫다. 정리하자면 사르트르에게 이미지는 사물이 아니라, 대상과 관계하는 의식의 한 가지 활동 방식이다.

    이미지란 지각 및 사유와 마찬가지로 의식이 대상을 지향하는 하나의 방식을 가리키는 명칭일 뿐이다. 사르트르는 동일한 대상과 관련하여 작용할 수 있는 의식의 유형을 지각percevoir, 사유concevoir, 상상imaginer의 세 가지로 구분한다. 가령 우리는 눈앞에 있는 피에르를 지각할 수도 있고, 피에르라는 인물에 대해 사유할 수도 있으며, 지금 이곳에 없는 피에르를 상상의 방식으로 떠올려볼 수도 있다. 이렇듯 피에르를 지각하고, 피에르에 관해 사유하며, 피에르를 상상으로 떠올릴 때, 우리는 모두 동일한 피에르라는 한 인물과 관계하는 것이다.

물론 이 세 가지 의식의 활동은 서로 상이한 것이며 각기 고유한 특성을 가지고 있다. 관건이 되는 것은 세 활동의 변별적 특성을 규정하는 일이다. 이는 곧 전통적으로 정신의 두 활동 방식으로 간주되어왔던 감각 지각과 사유로부터 상상이 가진 고유성을 구분짓는 일, 바꾸어 말하자면 상상을 정신활동의 독자적인 방식들 중 하나로 규정하는 일이다. 앞서 사르트르가 '상상력 이론의 두 과제'로 설정한, 이미지와 지각을 구별하는 문제와, 사유와 상상의 관계 설정 문제는 결국 이와 다른 것이 아니다.

그렇다면 상상하는 의식은 지각 의식과 어떻게 다른가? 먼저 지각 의식을 특징짓는 것은 무한한 관찰적 태도이다. 가령 몇 년 만에 옛 친구 피에르를 만난 경우 그에 대한 지각은 내가 미처 알지 못했던 그의 외적 특성들에 대한 관찰 및 배움을 동반한다. 나는 예전과 마찬가지의 미소를 지각하는 동시에 전혀 예상치 못했던 눈가의 주름을 발견하며, 혹은 반대로 낯설고 이질적인 외양 가운데에서도 내게 익숙한 그의 걸음걸이를 찾아내는 것이다. 지각 의식의 경우 관찰과 그에 따른 배움은 무한히 이루어진다. 대상을 바라보면 볼수록 미처 알지 못했던 새로운 특성들이 계속해서 드러나는 것이다.

지각 의식이 관찰적 특성을 갖는 데 반해, 상상은 준準관찰quasi-observation 현상이라는 특징을 갖는다. 이것이 사르트르가 제시하는 상상 의식의 두 번째 특징이다. 언뜻 보기에 상상은 분명 관찰적 태도를 띤다. 상상을 할 때 우리는 흔히 자신이 상상하는 친구의 얼굴이 '보인다'고 혹은 그의 목소리가 '들린다'고 말한다. 실제로 우리는 상상함에 있어 아주 세부적인 감각적 요소들까지도 떠올릴 수 있다. 예컨대 우리는 문을 열고 들어온 피에르가 다리가 불편한지 아주 미묘하게 발을 절뚝거리는 장면을 상상할 수 있으며, 앙상하게 드러난 그의 가느다란 발목에 손톱만 한 크기의 상처가 있다고도 상상해볼 수 있다. 이렇게 상상은 분명 지각과 마찬가지로 관찰적 태도를 가지고 있으며, 우리가 원하기만 한다면 이 관찰은 얼마든지 더 구체화될 수도 있다. 그러나 지각 의식과 상상 의식의 명백한 차이 역시 바로 여기에 있다. 상상은 분명 관찰적 태도를 보이지만, 이는 실제의 관찰이 아니다. 상상에서의 관찰은 정확히 '우리가 원하는 만큼' 이루어질 따름이다. "여기에서는 내가 그 이미지 안에 들여놓은 것만을 발견할 뿐이다."(IMA, 31) 그렇기에 지각의 경우와 달리 상상을 할 때 우리는 대상으로부터 그 무엇도 배울 수 없다. 상상의 경우 대상의 모든 세부 사항은 이미 내가 알고 있는 것이다. 상상적 대상은 내가 생각하는 대로 존재한다. 바로 이러한 점에서 사르트르는 상상 의식이 지각 의식과 달리 '준관찰'의 태도를 가진다고 말한다. 우리는 분명 관찰의 태도로 상상적 대상을 바라보지만, 이 관찰은 우리에게 아무것도 알려주지 않는 관찰인 것이다.

지각의 경우에는 대상과 의식 사이에 무한한 균열이 있다. 그리고 바로 이 균열에 의해 대상에 관한 무한한 관찰과 배움이 가능해진다. 그러나 상상 의식의 경우 "대상과 의식 사이에는 최소한의 간격도 결코 생겨나지 않는다. 단 한순간의 놀라움도 없다."(IMA, 35) 상상 의식의 대상은 그것의 가장 세부적인 디테일까지도 이미 의식에 의해 결정되어 있기 때문이다. 이와 같은 차이가 알려주는 것은 상상이 불완전한 지각 내지 잘못된 지각이 아니라는 것, 곧 지각과 상상은 본성상 서로 다른 의식 활동이라는 사실이다.

또한 주목할 것은 각각의 의식이 대상의 존재 정립 양상에 있어서 차이를 보인다는 사실이다. "모든 의식은 자신의 대상을 정립하지만 각각 나름의 방식으로 정립한다."(IMA, 37) 먼저 지각 의식은 자신의 지향적 대상을 실존하는 것으로 정립한다. 가령 책상 위에 놓인 책 한 권을 지각할 때 나는 책의 크기 및 두께와 같은 속성들을 지각함과 동시에 책이 이곳에 '있다는' 사실을 인식한다. 이와 달리 사유는 의식의 지향적 대상의 존재의 문제에 관심을 가지지 않는다. 예컨대 개념의 능력은 보편을 사유할 뿐 개별적 대상과 관계하지 않기 때문이다. 가령 "삼각형의 내각의 합은 180°이다"를 이해할 때 지성은 어떤 개별적이며 특수한 삼각형과도 관계하지 않는다. 그렇다면 상상은 어떠한가? 사르트르가 제시하는 상상 의식의 세 번째 특징은 '상상은 그것의 대상을 무無로 정립한다'는 것이다. 그런데 대상을 무로 정립한다는 것은 무엇을 의미하는가? 이는 상상 의식이 구체적으로 다음과 같은 방식으로 대상의 존재를 정립한다는 것을 의미한다. 상상하는 의식은 (1) 대상을 존재하지 않는 것으로 정립하거나, 대상을 (2) 지금 여기에 부재하는 것으로 혹은 다른 곳에 존재하는 것으로 정립할 수 있다. 혹은 (3) 대상을 존재자로 정립하지 않고 중립화할 수도 있다.

예컨대 우리는 미국의 35대 대통령이었던 케네디가 지금 이곳에 있다고 상상해볼 수 있다(1). 그러나 우리가 케네디를 아무리 생생하게 상상하더라도 그가 이미 60여 년 전에 작고한 인물임을 우리가 망각하는 것은 아니다. 오히려 케네디가 지금 여기에 현전하도록 요청하는 것은 그가 이미 존재하지 않는 인물이기 때문이다. 케네디를 상상한다는 것은 '존재하지 않는 케네디'가 이곳에 현전하도록 요구하는 것이다. 나아가 우리는 상상적인 케네디의 바로 옆자리에 오바마가 앉아 있는 상황을 떠올려볼 수도 있다(2). 이 경우에도 역시 우리는 결코 오바마가 실제로 여기에 있다고 착각하지 않는다. 오히려 우리가 상상적인 오바마를 이곳에 현전시키는 것은 지금 여기에 오바마가 부재하기 때문이다. 나아가 우리는 이 두 사람의 옆에 가상의 인물인 피에르가 앉아 있는 모습을 상상할 수도 있다(3). 마치 유니콘에 대해 상상할 때 그러하듯 이 경우 그의 실존은 중립화된다. 그럼에도 우리는 실존 인물이 아닌 피에르의 체격과 외형, 심지어는 걸음걸이까지도 상상 속에서 얼마든지 구체적으로 그려낼 수 있다.

주목할 것은 (1), (2), (3)의 세 경우 모두에서 상상적 대상이 비실재로 정립되고 있다는 점이다. 그리고 실재에 대한 부정은 상상에 덧붙여지는 부수적 측면이 아니라 상상 의식 자체를 구성하는 본질이다. 상상적 대상, 곧 이미지는 언제나 텅 빈 것으로 현전한다. "이미지의 대상은 … 자신을 뚜렷이 드러내면서 스스로 파괴된다. 아무리 생동감 있고 감동적이며 강력한 이미지일지라도 이미지는 자신의 대상을 존재하지 않는 것으로 제시한다."(IMA, 40) 그렇기에 이미지는 전통 철학이 생각해왔던 것처럼 단순히 원본을 복제한 모사물과 같은 것이 아니다. 상상을 상상이게 하는 것, 곧 상상의 본질은 상상적 대상의 원칙적인 부재에 있다.

그렇다면 우리는 지금까지 살펴본 두 가지 특성, 곧 준관찰적 태도를 가지며 자신의 대상을 비실재로 정립한다는 특성을 근거로 상상을 지각과 사유로부터 구분 지을 수 있는 것인가? 그렇지 않다. 이 두 특성이 지각과 사유로부터 상상을 구별해주는 차이점인 것은 분명하지만, 실제로 우리가 그러한 특성들에 근거해서 의식의 활동들을 구별하는 것은 아니다. 사실 의식 활동 간의 구별은 어떤 별도의 근거를 요구하지 않는다. 우리는 이미 자신이 상상하고 있다는 사실을 의식하고 있기 때문이다. 이것이 바로 사르트르가 '비정립적 자기의식'이라 부르는 것이다. 비정립적 자기의식이란 두 겹의 의식, 곧 대상을 정립하는 의식 자신을 지향하는 의식에 붙여진 이름이다. 대상에 대한 정립적 의식은 언제나 자기 자신에 대한 비정립적 의식을 동반한다. 사르트르는 비정립적 자기의식이 의식의 근본 구조에 해당한다고 말하며, 특히 상상의 경우 이러한 비정립적 자기의식의 구조가 명확히 모습을 드러낸다고 지적한다.

나는 내가 하나의 이미지를 형성했다는 것을 갑자기 '발견하는' 것이 아니다. 오히려 그 반대로, 나는 '내가 피에르의 이미지를 지니고 있다'는 확인을 하는 순간, 나는 '그것이 이미지였음을 내가 항상 알고 있었다'는 사실을 깨닫는 것이다. … 즉 한마디로 말해서 이 지식은 내가 이미지로 된 피에르를 구성했던 그 행위와 일체를 이루고 있었던 것이다(IMO, 195-196).

상상은 실재를 거스르고 부정함으로써 지금 이곳에 존재하지 않는 대상을 현전케 하려는 의식의 자발성에 의해 유지된다. 그런 한에서 상상하면서 자신이 상상하고 있다는 사실을 모를 수는 없는 것이다. 앞서 보았듯 상상 의식의 대상은 지각 의식의 대상과는 전혀 다른 방식으로 존재한다. 지각의 대상인 종이가 우리의 지향과 무관하게 독립적으로 존속하는 것과 달리 상상의 대상인 이미지로서의 종이는 그에 대한 우리의 지향이 사라지는 순간 흔적도 남기지 않은 채 사라져버린다. 이미지로서의 종이는 온전히 의식의 자발성에 의해 존속한다. 이것이 바로 사르트르가 상상 의식의 마지막 네 번째 특징으로 제시하는 것이다. 넷째, 상상 의식은 자발성의 의식이다. 사르트르는 상상으로부터 의식의 다른 모든 활동에서는 발견하지 못했던 근본적인 자발성을 발견한다. 상상의 본성이란 무엇보다도 자발성, 실제를 거슬러 상상의 대상을 창조해내고 또한 존립케 하는 자발성인 것이다.

나가며 : 인간에 대한 새로운 규정으로서의 상상

상상력에 관한 연구를 마무리하는 『상상계』의 결론에서 사르트르는 '상상할 수 있기 위해 의식은 어떤 것이어야 하는가'를 묻고 다음처럼 답한다.

의식이 상상할 수 있기 위해서는 그 본성 자체에 의해 세계로부터 벗어나야 하고, 의식이 세계와 관련하여 물러섬의 자세를 자신으로부터 끌어낼 수 있어야 한다. 요컨대 의식이 자유로워야 한다(IMA, 327).

흥미롭게도 상상력에 대한 탐구의 끝에 사르트르가 발견한 것은 의식의 근본적 자유이다. 상상이란 실재를 거부하고 부정하는 활동이며, 이는 곧 주어진 것을 넘어 대상을 그려내는 힘이다. 상상할 수 있다는 사실로부터 사르트르는 의식의 근본적 자유를 확인한다. 의식 주체로서 인간은 주어진 환경과 상황에 수동적으로 종속되거나 적응하는 것이 아니라, 주어진 실재적 조건을 넘어 지금 여기에 부재하는 것을 그려내며 미래로 나아가는 존재인 것이다.

이렇듯 사르트르의 상상력 이론은 인간 현존재를 새롭게 규정한다. 의식 주체로서 인간은 더이상 전통 철학이 가정해왔듯 단순히 사유하는 존재로 규정될 수 없다. 오히려 인간의 본성을 논해야 한다면 인간은 상상하는 존재로 규정되어야 할 것이다. 우리는 결코 단순히 주어진 바의 세계를 지각하지 않는다. 실재에 대한 우리의 지각은 늘 비실재에 대한 의식을 경유한다. 우리의 지각은 늘 무언가에 대한 예상과 기대 속에서, 즉 상상 속에서 이루어지기 때문이다. 말하자면 우리는 상상을 통해 세계를 바라보고 또 이해하는 것이다.

앞서 우리는 실존주의의 핵심 주장을 살펴보았다. 인간은 주어진 세계에 수동적으로 매몰되는 것이 아니라 특정한 방식으로 세계를 정립하며, 이를 통해 그것을 하나의 '상황'으로 나타나게 만든다고, 그리고 인간은 선택을 통해 자기 자신을 형성해나간다고 말이다. 그리고 우리가 본질을 가지고 태어나는 것이 아니라, 선택을 통해 자기 자신의 본질을 만들어가는 존재라 할 때, 자신을 정의할 수 있는 무한한 가능성을 제시하는 것은 바로 상상의 힘이다. 우리에게 세계가 무차별적인 것 혹은 이미 결정된 것이 아니라 그 어떤 가능성으로 나타나는 것은 상상에 의해서이다. 상상은 우리가 경험하지 못한 것, 또는 아직 존재하지 않는 것을 상상하고, 이를 통해 현실을 뛰어넘는 가능성을 탐구하게 한다. 이렇듯 사르트르의 상상력 이론의 귀결은 결국 실존주의의 핵심 주장과 공명한다. 근본의 자리에는 오직 자유만이 있으며, 상상은 그런 근본적 자유의 가장 적극적인 표현인 것이다.

과학과 상상력

김범준

"시간이 흐르면 상식이 바뀌고 우리의 세계관도 바뀐다.
세계관이 바뀌면 우리가 묻는 질문도 달라진다."

김범준은 서울대학교 물리학과에서 초전도 배열에 대한 이론 연구로 박사학위를 받았다. 이후 스웨덴의 우메오대학교와 아주대학교 교수를 거쳐 현재 성균관대학교 물리학과 교수로 재직 중이다. 지은 책으로 『김범준의 물리 장난감』(2024), 『세상은 왜 다른 모습이 아니라 이런 모습일까?』(2023), 『김범준의 이것저것 물리학』(2023), 『보이지 않아도 존재하고 있습니다』(2022), 『상상력과 지식의 도약』(공저, 2015) 등이 있다. 2006년 한국물리학회에서 용봉상을 수상하였고, 과학의 대중화를 넘어 대중의 과학화를 꿈꾼다.

상상과 세계관

우리 앞에 놓여 즉각적인 감각과 관측의 대상으로 포착되는 것이 아닌 것에 대해서도 우리 인간은 늘 표상을 형성한다. 책상 위에 놓인 볼펜을 직접 시각으로 인식하는 것은 상상이 아니지만, 볼펜을 책상 위에서 서랍 안으로 옮겨 볼펜이 눈앞에서 사라져도 우리는 여전히 볼펜이 서랍 안에 존재한다고 생각한다. 직접 보이지 않아도 존재한다고 생각하는 것이 상상이라면 우리는 늘 상상을 이어가고 있는 셈이다.

내가 서랍 안에 넣은 볼펜이 서랍을 닫아 보이지 않아도 여전히 존재하고 있다는 상상도 그리 단순하지는 않다. 내가 보고 있지 않을 때 서랍 안 볼펜이 생쥐로 탈바꿈했다고 믿는 것은 과학적인 상상이라고 할 수 없다. 주어진 세계관의 틀 안에서 과학은 불가능한 것이 아닌 가능한 것을 상상한다. 내가 보지 않아도 서랍 안 볼펜이 여전히 존재한다는 상상은 내가 보지 않고 있을 때에도 여전히 대상은 동일성을 유지한다는 세계관에 바탕한다. 눈을 감았다 떠도 물체가 여전히 그곳에 있다는 숱한 경험, 서랍 안에 넣었다가 꺼내도 볼펜이 생쥐로 바뀌지 않는다는 경험적 사실이 모여 우리가 가진 세계관의 일부를 이룬다. 세계관이 상상의 범위를 정한다.

우리 선조들도 자신들을 둘러싼 우주의 모습을 상상했다. 고대 인도인들의 세계관을 엿볼 수 있는 흥미로운 그림이 있다(〈그림 1〉 참조). 사원이 있어 인간의 거주지처럼 보이는 땅이 그림의 윗부분에 있고, 커다란 땅덩어리를 몇 마리 코끼리가 등으로 받치고 있는

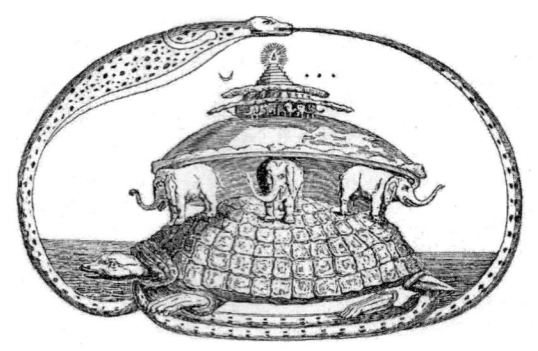

〈그림 1〉 고대 인도인이 상상한 우주의 모습(출처: 위키미디어)

모습이 담겨 있다. 이 그림에 묘사된 세계관을 가진 이들은 과연 어떤 질문을 했던 것일지 생각해볼 수 있다. 손에 들고 있다 놓으면 세상의 모든 물체는 아래로 떨어진다. 하지만 가슴에 손을 얹고 곰곰이 생각해보라. 떨어지지 않는 것이 있다. 바로 우리가 발을 딛고 있는 이 커다란 땅덩어리는 떨어지지 않는다. 이 그림은 "모든 것은 아래로 떨어지는데, 왜 이 커다란 땅은 아래로 떨어지지 않을까?"라는 심오하고 근본적인 질문을 한 이들의 상상을 담고 있다. 그림에서 볼 수 있듯이 코끼리가 받치고 있어서 땅이 아래로 떨어지지 않는 것이라고 답하고 나면 질문은 계속 이어질 수밖에 없다. 다음에는 코끼리가 떨어지지 않는 이유를 답해야 하기 때문이다. 그림을 보면 답이 보인다. 코끼리 아래에는 커다란 거북이, 거북 아래에는 커다란 뱀이 있기 때문이다. 이렇게 무한히 이어질 수밖에 없는 답변의 과정을 유한한 단계에서 멈추는 기발한 상상이 그림에 담겨 있다. 똬리를 틀고 있는 커다란 뱀이 저 위에서 꼬리를 자기 입으로 물고 있는 모습을 볼 수 있다. 이렇게 순환구조를 이루고 있어서 커다란 뱀은 아래로 떨어지지 않는다고 생각했다는 것을 알 수 있다. 이 그림에 담긴 상상을 한 이들은 위와 아래가 명확히 구별되는 세계관을 가지고 있었다는 것이 명확하다. 위와 아래가 명확히 구별되는 세계관의 틀 안에서 모든 것은 아래로 떨어진다는 경험으로부터 그렇다면 왜 땅은 아래로 떨어지지 않는지 그 이유를 상상했다. 이들이 한 상상의 가장 밑바탕에는 위와 아래가 명확히 구별된다는 세계관이 놓여 있는 셈이다.

고대 그리스인이 상상한 우주의 모습은 달랐다. 그리스 4원소설의 세계관에서는 흙, 물, 공기, 불이 지상의 모든 물질을 만들어내는 원소라고 생각했다. 넷 중 흙 원소가 다른 세 원소보다 우주의 중심으로 가려는 성향이 가장 강한 원소라고 상상한 그리스인의 사고실험을 따라가보자. 텅 빈 공간 안 여기저기 놓인 흙덩어리가 우주의 처음 모습이라면 이들 흙덩어리는 어떻게 움직였을까? 흙은 우주의 중심으로 가려는 성향이 강해서 결국 흙덩어리는 우주의 중심에서 둥근 공 같은 모습으로 뭉치게 된다는 것이 사고실험의 당연한 결과다. 둥근 모습이 아닌 정육면체 주사위 모양으로 흙이 뭉치면 안 될까? 주사위의 꼭짓점 부근의 흙은 우주의 중심인 주사위의 한가운데로부터의 거리가 멀고, 결국 꼭짓점 부근을 떠나 중심에 좀더 가까운 주사위 면의 중심 부근으로 이동하는 것이 자연스럽다. 결국 우주의 공간을 떠돌던 흙덩어리는 우주의 중심에 둥근 공의 모습으로 뭉칠 수밖에 없다. 이렇게 둥글게 뭉친 흙덩어리가 바로 지구라고 생각한 그리스철학자들은 땅이 왜 아래로 떨어지지 않는지를 묻지 않는다. 우주 한가운데 멈춰 있는 지구에서 보면 모든 방향이 동등해서 딱히 위와 아래가 없고, 지구는 떨어지려야 떨어질 수 없기 때문이다. 고대 그리스인들은 고대 인도인들과 달리 "땅은 왜 아래로 떨어지지 않을까?"를 묻지 않았다. 땅은 떨어져야 할 아무런 이유가 없었기 때문이다. 고대 그리스인들이 묻지 않은 질문을 고대 인도인들이 물은 이유는 이들이 가진 세계관이 달랐기 때문이다. 세계관이 바뀌면 질문이 달라진다.

위에서 소개한 고대 인도인들과 그리스인들이 상상한 우주의 모습은 현대 과학의 입장에서는 그리 합리적인 것으로 보이지 않는다. 먼저 뱀이 자기 꼬리를 물고 있다고 공중에 떠오를 리 없다. 높은 곳에서 낙하하는 다이빙 선수가 도중에 몸을 굽혀 손으로 발목을 잡는다고 해서 낙하가 멈추지 않는 것처럼 말이다. 또 흙이 우주의 중심으로 가려는 성향이 강하다는 그리스철학의 주장도 일상에서 자주 볼 수 있는 경험을 설명하고자 제안한 그럴듯한 가정일 뿐이다. 하지만 그렇다고 해서 이들 우리 선조의 지적 능력이 현대인과 달랐던 것은 아니다. 가능한 최선의 방식으로 자신을 둘러싼 우주가 어떤 모습이어야 하는지를 정합적이고 체계적으로 이해하려 했던 이들이 우리 선조들이다. 특히 그리스의 4원소설에 기반한 세계관은 상당한 설명력을 보여준다. 흙이 우주의 중심으로 가려는 경향이 다른 세 원소보다 더 강하다는 가정에서 시작해서 둥근 지구가 우주의 중심에 가만히 정지해 있어야 한다는 결론을 이끌어내는 추론 과정은 흠잡을 데가 없어 보인다. 물론 이 추론을 시작한 첫 단계의 가정은 현대인의 눈에는 이상해 보이지만 말이다. 우주의 중심으로 가려는 경향이 강한 순서대로 원소들을 나열하면 흙, 물, 공기 그리고 불의 순서다. 이 순서를 가정하면 의외로 우리 주변의 자연현상을 나름 설명할 수 있다. 먼저 공기 중에 놓인 돌멩이는 우주의 중심인 지구의 중심으로 낙하한다. 흙 원소로 이루어진 돌멩이는 공기보다 우주의 중심으로 향하는 경향이 강하기 때문이다. 같은 논리로 물속에서 돌멩이가 아래로 떨어지는 것, 공기 방울이 물속에서 위로 움직이는 것도 설명할 수 있다. 게다가 공기 중에 불을 피우면 불꽃은 하늘이 있는 위 방향으로 움직이는 것도 설명한다. 고대 그리스에서 아리스토텔레스가 완성한 4원소설에 기반한 세계관이 거의 이천 년이라는 긴 시간 동안 서구 유럽인에게 확고하게 받아들여진 이유가 바로 이런 놀랍도록 체계적인 정합성이다.

고대의 인도인과 그리스인은 서로 다른 세계관을 가졌지만 이들이 상상을 펼쳐가는 과정이 하나같이 일종의 사고실험을 닮았다는 것도 중요하다. 저녁을 먹고 시간이 지나 출출해진 내가 오늘 밤 치킨을 먹을까 말까를 고민할 때도 일종의 사고실험을 진행하는 셈이라고 할 수 있다. 치킨을 주문하느라 줄어드는 통장의 잔고를 상상하고 늘어난 내일 아침 몸무게를 상상한다. 이렇게 "치킨을 주문해 먹는다면?"의 가정에서 출발해서 일련의 사고의 흐름을 이어가서, 행복한 포만감, 줄어든 통장 잔고, 늘어난 몸무게라는 결론에 도달하고 이들 여러 요소를 비교해서 치킨을 주문할지를 결정하는 것도 일종의 사고실험이다. 물론 근대 이후 서구 과학에서 진행된 과학의 사고실험과는 다르다. 과학의 사고실험은 주어진 합리적 가정에서 출발해 논리적 추론 과정을 거쳐 명확하고 일반적인 결과를 얻고, 얻어진 결과를 다시 처음의 가정과 비교하는 재귀적인 연쇄의 과정으로 진행되는 경우가 많다.

고대 인도와 그리스에서 살았던 우리 선조들이 가졌던 세계관의 차이가 바로 이들이 물었던 질문과 상상을 결정했다는 것은 중요하다. 위와 아래가 구별되는 세계관을 가졌던 인도인들은 왜 땅이 아래로 떨어지지 않는지를 물었고, 4원소설의 원소의 특성에 대한 가정에서 출발해서 둥근 지구가 우주 한가운데에 정지해 있어 위와 아래가 구별되지 않는다는 세계관을 가진 그리스인들은 왜 땅이 아래로 떨어지지 않는지를 묻지 않았다. 우리가 어떤 질문을 할지, 어떤 상상을 할지는 결국 우리가 가진 세계관이 정한다. 시간이 흐르면 상식이 바뀌고 우리의 세계관도 바뀐다. 세계관이 바뀌면 우리가 묻는 질문도 달라진다.

우주의 뜻풀이

우리말에서 우주宇宙를 이루는 두 한자 宇와 宙의 의미를 생각해 볼 수 있는 노자의 말 "往古來今謂之宙, 四方上下謂之宇"가 전해진다. 오래전부터[往古] 지금에 이르기까지[來今]를 주宙, 사방과 상하를 우宇라고 한다고 옮길 수 있다. 현대의 우리는 보통 우주를 한 단어로 생각하지만 노자의 풀이에 따르면 우宇는 공간의 의미, 그리고 주宙는 시간의 의미를 담고 있어서 우주는 곧 시간과 공간을 아울러 일컫는 단어다. 우주라는 단어는 "하늘은 검고 땅은 누르다[天地玄黃]"로 시작하는 천자문의 두 번째 문장 "우주는 넓고 거칠다[宇宙洪荒]"

에도 등장한다. 첫 문장을 '天은 玄하고 地는 黃하다'로 번역하는 것과 정확히 같은 방식으로 두 번째 문장을 옮기면 '宇는 洪하고 宙는 荒하다'가 된다. 노자의 풀이를 따라 우宇를 공간의 의미로 생각하면 공간은 광막하고[宇洪], 시간은 황량하다[宙荒]는 뜻으로 해석할 수 있다. 宙荒은 결국 모든 것을 황폐하게 만들어버리는 기나긴 시간이 가진 힘을 뜻하는 글귀일 수 있다. 그렇다면 광막한 공간과 영겁처럼 긴 시간이 바로 우주를 이룬다는 뜻이 된다.

우리말 우주로 옮길 수 있는 영어 단어는 하나가 아니라 셋이다. 먼저 물리학자에게 중요한 유니버스universe가 있다. 서로 영향을 주고받는 모든 것의 전체집합을 뜻한다. 유니버스의 정의를 생각하면 과학에서 의미 있는 유니버스는 결국 하나uni-일 수밖에 없다는 것도 알 수 있다. 사고실험의 방식을 따라 유니버스가 왜 하나인지 설명해보자. 먼저 유니버스 밖에 무언가가 있고 이 무언가가 유니버스 내부의 물질에 어떤 방식으로라도 영향을 미칠 수 있다는 가정에서 시작하자. 서로 영향을 주고받는 모든 것의 총체를 유니버스라고 한다는 것을 떠올리면 유니버스 밖에 무언가가 있고 이 무언가가 유니버스 내부의 물질에 영향을 미친다는 것은 유니버스의 정의에 모순된다. 만약 유니버스 밖의 무언가가 유니버스 안에 영향을 미칠 수 있다면 유니버스의 경계를 너무 작게 설정한 것일 뿐이다. 유니버스의 경계를 계속 확장하는 과정을 이어가면서, 유니버스 밖의 무언가가 유니버스 내부에 아무런 영향을 미치지 못할 때까지 경계를 확대하면 그 안의 모든 것이 유니버스가 된다. 결국 유니버스 밖의 무언가를 상상할 수는 있지만 밖에 무엇이 있든 그 무엇은 우리가 있는 유니버스의 내부에 아무런 영향을 미칠 수 없다는 결론을 얻게 된다. 우리가 유니버스의 밖에 있는 것을 관찰할 수 없고, 볼 수 없고, 그곳에 갈 수도 없다면, 유니버스 밖에 있는 존재는 당연히 과학의 대상이 될 수 없다. 결국 과학에서 의미 있는 유니버스는 딱 하나, 바로 우리가 그 안에서 살아가고 있는 이 유니버스일 수밖에 없다.

우리말로 우주로 번역할 수 있는 두 번째 단어가 바로 코스모스cosmos다. 혼돈을 뜻하는 카오스와 대비되는, 질서를 가진 우주를 뜻하는 코스모스는 그리스의 피타고라스가 창안한 개념으로 알려져 있다. 코스모스가 질서 있는 우주라면, 질서를 찾아내기 이전의 유니버스는 코스모스라고 할 수 없다. 결국 과학이 발전하며 질서를 찾아낸 유니버스가 코스모스다. 그렇다면 과학은 광막한 유니버스에서 코스모스의 영역을 넓혀가는 과정이라고 할 수 있다. 우리말 우주로 옮겨지는 세 번째 영어 단어가 스페이스space다. 우주선을 발사했다고 할 때의 우주선은 universe ship이나 cosmos ship이 아닌 space ship이어서 스페이스는 우리 인간이 우주선을 보낼 수 있을 정도로 그리 멀지 않은 유니버스의 일부분이다. 유니버스는 인간의 이해로 코스모스가 되고 인간의 탐험으로 스페이스가 된다고나 할까.

인간이 상상한 우주의 변천사

고대 그리스의 아리스토텔레스 세계관에서 우주 중심에 둥근 지구가 정지해 있다는 것은 철학적인 결론이기도 했지만, 이를 뒷받침하는 여러 관찰 결과가 제시되기도 했다. 위대한 책이라는 뜻을 가진 프톨레마이오스의 『알마게스트』에 소개된 둥근 지구 논증을 살펴보자. 프톨레마이오스는 먼저 특정한 별이 뜨는 시간이 지역마다 다르며, 이들 관찰 시간의 차이가 두 지점의 거리에 비례한다는 것으로 지구가 평평할 리 없다는 것을 논증했다. 평평하지 않아도 지구의 모습은 여럿이 가능하다. 지구가 오목하지 않고 볼록해야 한다는 것은 별이 뜨는 시간이 동쪽에서 더 빠르다는 관찰 결과로 논증한다. 만약 지구 표면이 거꾸로 오목하다면 서쪽 지역에서 먼저 별이 떠야 하기 때문이다. 동서 방향으로 지구가 볼록하다는 것을 논증했지만 지구가 둥근 공 모양은 아닐 수도 있다. 프톨레마이오스는 이어서 지구를 원통 모양이라고 가정하는 것을 기각한다. 만약 원통 모양이라면 북쪽으로 이동해서 보면 남쪽 하늘에 보였던 별들이 여전히 같은 시간에 같은 높이에서 보여야 하는데, 적도에서 더 먼 북쪽 지역에서는 적도 근처에서 보이던 남쪽 하늘의 별이 더이상 보이지 않는다는 관찰 결과가 있기 때문이다. 아울러 배를 타고 멀리서 육지에 다가가면 산꼭대기가 마치 바닷물에서 위로 솟아오르는 것처럼 보인다는 관찰 사실도 보태서 프톨레마이오스는 지구가 둥근 모습이어야 한다는 명확한 결론을 이끌어냈다. 프톨레마이오스의 논증은 현대 과학자의 눈에도 전혀 손색이 없을 정도로 과학적이다. 놀랍게도 프톨레마이오스는 지구에서 보는 천체의 운동이 지구의 자전으로 인한 것이라는 가정도 고민했다. 공기 중에서 뛰어가면 얼굴에 맞바람이 분다. 지구가 자전한다면 왜 우리 얼굴에 지구 자전 반대 방향으로 맞바람이 불어오지 않는지를 설명할 수 없었던 프톨레마이오스는 지구가 자전한다는 가설을 기각한다. 또한 바위도 움직이려면 큰 힘으로 밀어야 하는데 이 큰 지구를 밀어 움직일 정도로 큰 힘이 불가능해 보인다는 것도 그가 지구 자전 가설을 기각한 또 다른 이유였다.

프톨레마이오스의 지구중심체계는 상당히 정교한 수준으로 발전했다. 지구에서 본 화성은 먼 별을 배경으로 해서 매일 조금씩 동에서 서로 움직이다가 간혹 반대 방향으로 움직이는 역행 현상을 보여준다. 프톨레마이오스의 체계는 행성의 역행을 주전원을 도입해 설명할 수 있었다. 화성의 주전원의 중심은 지구 주위를 원궤도로 공전하는데, 화성은 이 공전 원궤도 위에 놓인 주전원을 따라서도 돈다는 설명이다. 이 경우 화성이 지구와 가까울 때는 지구에서 본 화성은 평상시에 움직이는 방향과 반대로 움직이게 되므로 행성의 역행을 설명할 수 있게 된다. 흥미롭게도 주전원을 이용하면 행성이 역행할 때 왜 행성이 더 밝아 보이는지도 설명할 수 있다. 역행은 주전원을 따라 도는 행성이 지구와 가까울 때 일어나기 때문이다. 프톨레마이오스의 체계는 수성과 금성이 태양에서 일정한 각도 이내에서만 관찰되는 현상도 설명할 수 있었고, 일식과 월식이 어떻게 일어나는지를 설명했으며, 나아가서 여러 천체 현상이 다음에 언제 또 일어나는지도 상당한 정확도로 예측할 수 있었다. 거의 이천 년에 가까운 기간 동안 인류는 우주의 중심에 둥근 모습의 지구가 가만히 정지해 있다는 것을 의심하지 않았다. 아리스토텔레스의 세계관에 부합하는 프톨레마이오스의 지구중심체계가 가진 정합성과 놀라운 예측 능력 때문이다.

프톨레마이오스의 지구중심체계를 태양중심체계가 대체하기까지는 오랜 시간이 걸렸다. 1543년 출판된 『천구의 회전에 관하여』에 담긴 태양중심체계를 이용해서 코페르니쿠스는 기존의 지구중심체계 못지않게 여러 천문 현상을 정교하게 예측할 수 있었다. 중세 유럽의 대학은 한동안 두 체계를 함께 가르쳤고, 두 체계 사이의 모순을 심각하게 생각하지는 않았다. 코페르니쿠스의 태양중심체계는 천체 현상을 예측할 수 있는 개념적 도구의 수준 정도로 받아들여졌고, 프톨레마이오스의 지구중심체계가 실제 우주의 모습이라고 많은 이가 믿었다. 간혹 코페르니쿠스의 태양중심체계가 기존의 지구중심체계보다 훨씬 더 단순해서 결국 태양중심체계로의 이행이 이루어졌다는 오해가 있지만 이는 사실과 다르다. 코페르니쿠스의 체계도 프톨레마이오스의 체계 못지않게 복잡했기 때문이다. 이유가 있다. 원운동만으로 행성의 운동을 설명하려다 보니 프톨레마이오스의 체계에 못지않게 복잡한 체계로 구성된 것이 바로 코페르니쿠스의 체계이기 때문이다.

태양이 우주의 중심에 있다는 가정에 개연성이 있다고 코페르니쿠스가 생각한 이유가 있다. 신플라톤주의의 부상으로 신이 태양에 비유되었다는 것이 첫 번째 이유다. 태양이 신에 비유된다면 우주의 중심에 하찮은 행성인 지구가 아니라 태양이 있는 것이 더 자연스럽기 때문이다. 이와 다른 좀더 과학적인 이유도 있다. 고대 그리스에서도 천체에 대한 여러 정량적인 지식이 축적되었다. 막대의 그림자를 이용해 둥근 지구의 크기를 성공적으로 측정했고, 월식이 일어날 때 달에 비친 지구 그림자로부터 달이 지구 크기의 약 1/4이라는 것도 알았으며, 이 결과와 함께 지구에서 본 달의 시직경을 측정해서 지구와 달 사이의 거리도 알았다. 달이 정확히 반달의 모습이 될 때, 지구에서 본 태양과 달 사이의 각도를 측정하고 삼각형에 관한 기하학의 지식을 이용해 지구와 태양 사이의 거리도 추정해낼 수 있었다. 이 추정치를 이용하고 지구에서 본 태양의 시직경을 측정해서 태양의 크기가 어느 정도인지도 알았다. 현재 우리가 알고 있는 태양의 크기와는 크게 달랐지만, 어쨌든 태양이 지구보다는 훨씬 더 크다는 것을 고대 그리스인들은 이미 알았던 것이다. 코페르니쿠스는 바로 이 지식이 자신이 제안한 새로운 태양중심체계를 뒷받침한다고 주장했다. 큰 것(태양)이 작은 것(지구)의 주위를 공전하는 것보다 작은 것(지구)이 큰 것(태양) 주위를 공전하는 것이 더 자연스럽다는 논리를 펼치며 자신의 태양중심설이 더 신빙성이 있다고 믿었다.

    코페르니쿠스는 지구가 움직인다는 놀라운 주장을 펼쳤음에도 불구하고 천상에서 일어나는 운동이 원운동이 아닐 가능성은 생각하지 못했다. 우주의 중심이 지구가 아닌 태양일 수도 있다는 생각은 그나마 어느 정도는 당대에도 받아들여질 여지가 있었지만, 천체의 운동 궤도가 원이 아닐 가능성은 당대에는 어떤 이도 떠올릴 수조차 없었기 때문이다. 지상에서 고통스럽게 살아가는 불완전한 인간의 눈에 천상은 완벽한 것들의 세상이었고, 고대 그리스 이래로 완벽한 천상의 모든 것은 가장 완벽한 도형이라고 할 수 있는 원의 모습으로 움직여야 한다는 것이 너무나도 당연한 믿음이었기 때문이다.

    코페르니쿠스의 체계와 한동안 타당성을 경쟁했던 흥미로운 체계가 바로 튀코의 체계다. 튀코의 체계는 프톨레마이오스의 지구중심체계와 코페르니쿠스의 태양중심체계의 일종의 타협의 결과라고 할 수 있다. 지구가 우주의 중심에 정지해 있다는 것은 프톨레마이오스의 체계와 같아서 튀코의 체계에서도 태양은 정지한 지구 주위를 공전한다. 하지만 다른 모든 행성은 프톨레마이오스의 체계와 달리 지구가 아닌 태양 주위를 공전한다. 현대물리학에는 상대성의 원리가 있다. 서로 상대적으로 움직이는 두 관찰자가 있을 때 둘 중 누가 정지해 있고 누가 움직이고 있는지를 알아내는 것은 원칙적으로 불가능하다는 원리다. 코페르니쿠스의 태양중심체계에서 태양 주위를 공전하며 자전도 하는 지구 위 관찰자의 입장을 떠올려보라. 이 관찰자는 자신이 발붙이고 있는 지구는 자전도 공전도 하지 않으며 우주의 중심에 정지해 있는 것으로 볼 수도 있다. 자신이 정지해 있다고 가정한 이 관찰자에게는 지구를 중심으로 태양계 전체가 정지한 지구 주위를 운동하는 것으로 보인다. 코페르니쿠스의 체계에서 관찰자의 위치가 정지한 태양에서 지구로 바뀌었을 뿐이어서 다른 모든 행성은 지구가 아닌 태양 주위를 회전하는 것으로 관찰된다. 결국 코페르니쿠스의 체계와 튀코의 체계는 간단한 좌표변환으로 연결할 수 있어서 수학적으로 동등하며 둘 중 어떤 체계가 진실인지를 관찰 결과만으로는 알아낼 수 없다는 결론을 얻게 된다. 튀코의 체계는 오랜 전통으로 진실이라고 믿어졌던 지구중심체계와 당시 새롭게 제안된 코페르니쿠스의 체계를 영리하게 결합한 일종의 타협이었지만 한동안 서구 유럽에서 많은 이의 지지를 받았던 체계였다.

우리가 현재 알고 있는 실제의 태양계는 태양과 그 주위를 타원 궤도로 공전하는 여러 행성으로 구성된다. 바로 케플러의 업적이다. 우리나라의 중고교 교과서에는 최종적으로 완성된 세 개의 법칙으로 이루어진 케플러의 체계를 주로 소개하지만, 이보다 앞서 케플러가 처음 생각해낸 아름다운 체계가 있었다. 코페르니쿠스의 체계를 받아들인 케플러는 태양계에 왜 여섯(수성, 금성, 지구, 화성, 목성, 토성) 행성이 존재하는지 고민하다가 3차원 공간에서 정다면체가 딱 5개(4, 6, 8, 12, 20면체)만 존재한다는 것을 떠올렸다. 다섯 개의 정다면체에 각각 내접, 외접하는 구를 생각하면 모두 여섯 개의 구가 놓이게 되는데, 바로 이런 3차원 기하학의 독특한 특성이 행성이 딱 6개 존재하는 이유라고 생각했다. 케플러는 더 나아가 다섯 개의 정다면체를 일정한 순서로 늘어세우면 각각의 다면체에 접하는 여섯 구의 반지름이 당시 알려져 있던 태양과 각 행성 사이의 거리에 해당한다는 놀라운 통찰을 떠올리게 된다. 실제로도 적절한 다섯 다면체의 순서를 생각해내고 나면, 이 아름다운 수학적인 모형을 이용해 계산해낸 태양-행성 사이의 상대적인 거리가 실제의 여러 행성의 궤도 반경과 그리 다르지 않다는 것을 보일 수 있다. 물리학자인 나는 이 멋진 기하학적인 모형을 떠올렸을 때의 케플러의 기쁨에 충분히 공감할 수 있다. 물론 현대물리학의 관점에서는 완전히 틀린 생각이긴 하지만, 정말로 아름다운 태양계 모형이기 때문이다. 케플러는 이후 자신의 이 아름다운 천체 모형을 이용한 이론적인 예측이 실제의 행성궤도와 잘 맞지 않는다는 것을 결국 받아들이고 오랜 노력을 통해 우리가 지금 알고 있는 태양계 행성운동에 관한 세 법칙을 발견하게 된다.

갈릴레오의 사고실험

우리말로도 번역되어 출판된 갈릴레오의 책 『새로운 두 과학』 에는 갈릴레오의 멋진 상상과 사고실험이 풍성하게 담겨 있다. 책에서 갈릴레오는 "우리가 보거나 들을 수 없는 것은 논리를 써서 해결해야 한다"고 말하면서 사고실험을 연구의 방법으로 제안하고 적극적으로 활용한다. 현대의 과학자도 자주 사고실험을 진행한다. "만약 -라면"의 꼴로 적을 수 있는 가정에서 시작해서 오직 생각과 논리의 힘만으로 결론을 얻는 것이 바로 사고실험이다. 사고실험도 일종의 실험이라고 할 수 있지만, 보통 실험실에서 진행되는 실험과 다른 점이 있다. 바로 사고실험의 첫 단계에서 가정을 생각할 때 아무런 현실적 제한이 없다는 것이다. 현실에서는 전혀 불가능해도 아인슈타인은 빛의 속도로 움직이는 관찰자가 보면 빛은 어떻게 보일까를 고민할 수 있었고, 공기가 전혀 없는 진공을 구현하는 것이 불가능했던 갈릴레오도 진공에서의 물체의 낙하를 사고실험을 통해 살펴볼 수 있었다. 현대 과학의 입장에서 갈릴레오는 최초의 이론물리학자라고 할 수 있다. 실제 현실에서의 실험이 아닌 생각만으로 진행되는 사고실험을 통해서 놀라운 결과를 얻은 과학자가 바로 갈릴레오다. 과학의 발견에 상상력이 얼마나 큰 기여를 할 수 있는지를 명확하게 보여준 이가 바로 갈릴레오다.

갈릴레오의 상상력이 돋보이는 몇몇 사고실험을 소개해보고자 한다. 먼저 무거운 물체나 가벼운 물체나 모두 똑같은 속도로 아래로 떨어진다는 것을 보인 사고실험이다. 갈릴레오가 활동했던 당시에도 여전히 많은 과학자는 아리스토텔레스의 물리학을 진리로 믿고 있었다. 물체의 낙하에 대한 아리스토텔레스의 주장은 "무거운 물체가 더 빨리 떨어진다. 떨어지는 물체의 속도는 물체의 무게에 비례한다"로 적을 수 있다. 갈릴레오가 진행한 사고실험은 수학의 증명법인 귀류법의 형태를 가지고 있다. 주어진 전제로부터 시작해서 논리적인 과정을 거쳐 얻어진 결론이 이미 확립된 다른 사실과 모순되거나 전제 자체에 모순임을 보여 전제가 거짓임을 보이는 방식이다. 갈릴레오는 먼저 아리스토텔레스 물리학의 낙하속도에 대한 가정, 즉 무거운 물체가 더 빨리 떨어진다는 가정에서 출발한다. 그러고는 가벼운 물체를 위에, 무거운 물체를 아래에 두고 둘을 줄로 연결한 상황을 상상한다. (1) 두 물체 중 아래에 있는 무거운 물체는 가정에 따라서 더 빨리 낙하하는데 위에 있는 가벼운 물체는 이보다 느리게 낙하하므로 아래에 줄로 연결된 무거운 물체의 낙하를 방해하게 된다. 결국 연결한 두 물체는 연결하기 전 무거운 물체 하나가 낙하할 때보다 느리게 낙하한다는 결론을 얻게 된다. (2) 같은 상황에서 두 물체가 줄로 연결되어 있으므로 전체의 무게는 아래에 있는 물체 하나의 무게보다 더 크다. 따라서 줄로 연결하면 전체가 떨어지는 속도는 더 빨라진다는 결론을 얻게 된다. 갈릴레오는 같은 가정에서 시작하면 (1)과 (2)라는 모순되는 결과가 논리적으로 도출된다는 것을 보임으로써 무거운 물체가 더 빨리 떨어진다는 가정이 성립할 수 없다는 결론을 얻었다. 무거운 물체라고 해서 더 빨리 떨어질 수는 없다.

갈릴레오가 생각한 다른 사고실험도 소개해보자. 바로, 움직이는 물체는 외부에서 작용하는 힘이 없다면 영원히 같은 속도로 움직인다는 논증이다. 갈릴레오가 먼저 주목한 것은 밥그릇처럼 오목한 경로를 따라 움직이는 구슬의 운동이다. 특정 높이에서 구슬을 놓으면 구슬은 아래로 굴러 내려오다가 가장 낮은 위치를 지나고 반대쪽의 경사를 따라 올라가다 결국 최고 높이에 도달해 순간적으로 멈춘다. 실험해보면 처음 구슬을 놓은 높이와 거의 비슷한 높이까지 구슬이 반대쪽 경사면을 따라 도달한다는 것을 알 수 있다. 이어서 갈릴레오는 처음 구슬을 놓은 경사면은 그대로 두고 최저 위치를 지난 구슬이 위로 오르는 반대쪽 경사면의 기울기를 낮추는 상황을 생각한다. 실험해보면 기울기가 줄어들었어도 구슬은 처음 놓은 높이와 거의 비슷한 높이까지 올라간다는 것을 알 수 있다. 이다음에 이어지는 사고실험에서 갈릴레오는 반대쪽 경사면을 점점 더 낮추어 땅 위에 길게 놓인 상황을 생각한다. 지면 위 평평한 경로로 굴러가는 구슬은 결국 아주 먼 곳에서 상승하는 방향의 경사면을 따라 다시 처음과 같은 높이에 도달할 것이라고 추론할 수 있다. 이제 하강하는 쪽 경사면과 상승하는 쪽 경사면을 제외하고 땅 위에서 수평 방향으로 움직이는 구슬을 상상해보자. 이 구슬은 계속 같은 속도로 운동해야 한다는 결론을 얻게 된다. 결국 갈릴레오는 움직이는 구슬은 다른 외부의 영향이 없다면 항상 같은 속도로 영원히 운동한다는 결론을 얻었다. 바로 관성의 법칙이다.

갈릴레오가 발견한 관성의 법칙은 힘이 없다면 물체의 속도가 줄어들지 않는다는 것을 말한다. 책상 위에 놓인 물체를 손으로 밀면 움직인다. 하지만 손으로 미는 것을 중단하면 물체는 곧 멈춘다.

우리가 살아가는 세상에서 영원히 계속 같은 속도로 움직이는 것은 없다. 우리는 단 한 번도 이런 물체를 본 경험이 없다. 아리스토텔레스가 물체를 움직이려면 무언가를 접촉시켜 밀어야 한다고, 힘이 없다면 물체는 곧 정지한다고 말할 때, 갈릴레오는 그렇지 않다고, 힘이 없다면 물체는 영원히 움직인다고 말한다. 이 글을 읽는 독자도 생각해보라. 아리스토텔레스와 갈릴레오의 주장 중 어떤 주장이 우리의 일상 경험을 더 잘 설명하는지. 영원히 움직이는 물체를 지상에서 단 한 번도 본 적 없는 우리 대부분에게는 아리스토텔레스의 주장이 훨씬 더 솔깃하게 들린다. 아리스토텔레스는 정지가 자연스럽고 운동은 외부의 영향이 있어야 한다고 주장했고, 갈릴레오는 움직임이 자연스럽고 정지가 외부의 영향 때문에 일어난다고 주장했다. 갈릴레오가 위대한 이유가 바로 이것이다. 우리의 일상에서 단 한 번도 본 적 없는 관성의 법칙을 오직 상상력과 사고실험으로 찾아낸 이가 갈릴레오다.

갈릴레오는 『새로운 두 과학』에서 "내 연구는 겨우 시작에 불과할 뿐, 나보다 더 똑똑하고 뛰어난 사람들이 새로운 방법과 기구를 써서 이 새로운 과학의 심오한 영역을 탐험해 밝힐 것"을 희망했다. 갈릴레오의 뒤를 이은 이가 바로 고전역학을 완성한 뉴턴이다. 뉴턴은 "내가 더 멀리 볼 수 있었던 이유는 내가 거인의 어깨 위에 올라섰기 때문이다"라는 말을 남겼다. 뉴턴이 올라선 어깨의 주인이 바로 과학의 거인 갈릴레오다.

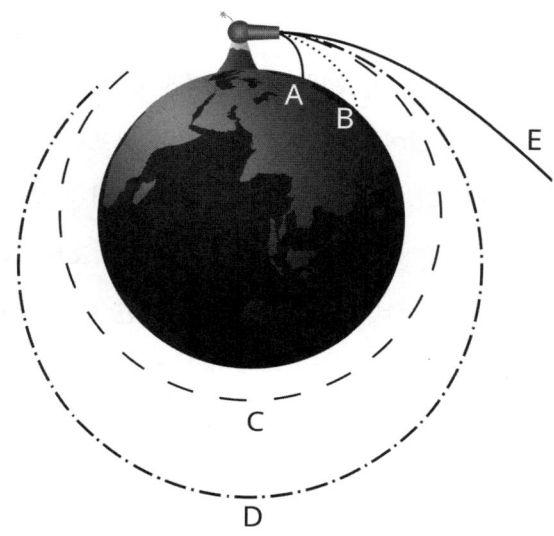

〈그림 2〉 뉴턴의 책 *A Treatise of the System of the World*에 등장하는 뉴턴의 산을 옮겨 그린 그림 (출처: 위키미디어)

뉴턴의 상상

뉴턴이 떨어지는 사과를 보고 중력을 발견했다는 일화가 있다. 나는 이 일화가 뉴턴의 생각을 너무 단순화했다고 믿는다. 아래로 움직이는 사과를 보면서 아래 방향의 힘이 사과에 작용한다는 생각을 떠올리는 것은 그리 어렵지 않기 때문이다. 나 같은 평범한 물리학자도 이 정도의 생각은 얼마든지 떠올릴 수 있다.

뉴턴이 떨어지는 사과를 보면서 함께 상상한 것이 어떤 것이었는지를 짐작할 수 있는 그림이 뉴턴의 책 *A Treatise of the System of the World*에 등장한다. 지구의 표면 위로 우뚝 솟은 높은 산을 떠올려보

과학과 상상력 **117**

자. 산꼭대기에는 커다란 대포가 있다. 대포에서 발사한 포탄의 속도가 그리 빠르지 않다면 포탄은 그리 멀지 않은 거리를 날아가 〈그림 2〉의 A 위치에 떨어진다. 대포에서 발사한 포탄의 속도를 더 빠르게 하면 A보다 더 먼 위치인 B에 포탄이 떨어질 것을 예상할 수 있다. 뉴턴은 생각을 이어가다가 결국 아주 빠른 포탄이라면 반대쪽 남반구에 떨어지고 이보다 더 빠른 포탄이라면 지구를 한 바퀴 돌아 원래의 위치에 돌아올 수 있다는 상상을 했다. 그렇다면 지면 근처에서 포물선을 그리며 날아가는 포탄의 운동이나 지구 주위를 공전하는 달의 운동이나 빠르고 느리고의 정량적인 차이만 있을 뿐 본질적으로는 같은 현상이라는 결론을 얻게 된다. 많은 물리학자는 뉴턴의 이 그림이 물리학의 역사에서 가장 아름다운 그림이라고 생각한다. 지상의 운동과 천상의 운동이 천지 차이로 다르다고 말하는 아리스토텔레스의 물리학과 달리 지상이나 천상이나 모든 물체의 운동은 본질적으로 같은 운동이라는 것을 인간의 역사에서 처음 깨달은 이가 뉴턴이라고 할 수 있다. 뉴턴은 하늘과 땅의 천지 차이를 없앤 이다.

나는 떨어지는 사과를 보면서 뉴턴이 떠올린 생각은 "사과가 떨어지는 것이나 달의 운동이나 같은 운동이 아닐까?"였다고 믿는다. 떨어지는 사과를 보면서 동시에 눈을 들어 저 먼 달을 바라본 이가 뉴턴이다. 뉴턴은 떨어지는 사과와 달의 운동이 정확히 같은 방식을 따른다는 것을 확인하는 구체적인 계산도 진행했다. 달의 공전에 관련된 원운동의 가속도를 달까지의 거리와 달의 주기를 이용해 계산한 다음, 그 값을 자신의 중력 법칙이 알려주는 이론적인 가속도의 값과 비교해서 달이나 떨어지는 사과가 똑같이 운동한다는 자신의 주장을 직접 계산을 통해 확인했다.

달도 사과와 마찬가지로 운동한다. 사과가 떨어진다면 사실 달도 떨어지고 있는 셈이다. 달이 떨어지고 있다고 해서 달이 지구에 가까워지다가 충돌한다는 뜻이 아니다. 공전하는 달에 작용하는 중력이 어느 순간 사라진다면 달은 그 순간의 속도를 가지고 직선을 따라 계속 움직여 지구로부터 점점 멀어지게 된다. 바로 갈릴레오가 찾아낸 관성의 법칙으로 이해할 수 있는 결과다. 하지만 지구가 달에 작용하는 중력 때문에 중력이 없을 때의 달까지의 거리보다 실제 공전하는 달까지의 거리가 더 짧다. 바로 이 거리의 차이만큼 달이 지구를 향해 떨어졌다고 할 수 있다. 달은 지구를 향해 영원히 떨어진다. 하지만 그렇다고 해서 달이 지구와 가까워지지는 않는다.

과학과 상상력

과학에도 상상이 필요하다. "오늘 밤 치킨 먹으면?"처럼 과학의 상상도 "What if - ?", "만약 -라면?"으로 시작한다. 과학의 상상은 몽상이 아니어서 "만약 -라면?"의 가운데에 올 수 있는 내용은 당대 과학의 세계관의 틀 안에서만 허락된다. 과학의 상상은 "만약 내 속도가 점점 빛의 속도에 가까워지면?"을 허락하지만 "만약 서랍 안 볼펜이 생쥐로 바뀌면?"은 허락하지 않는다. 과학의 상상은 "오늘 밤 치킨 먹으면?"과도 다르다. 과학의 상상에 주어가 포함될 수는 있지만 이때의 주어는 고유명사가 아니라 보통명사다. 아인슈타인이 "만약 내 속도가 점점 빛의 속도에 가까워지면?"을 상상하는 문장의 '나'는 아인슈타인이라는 특정 개인이 아니라 관찰자의 역할을 할 수 있는 모든 사람이다.

현대 과학에서도 과학의 상상은 계속 이어진다. 일반상대성이론에서 블랙홀은 질량, 전하량 그리고 각 운동량에 의해서만 구분된다. 이 세 특성이 같다면 두 블랙홀을 구별할 아무런 방법이 없다. 그렇다면 많은 정보가 담긴 이 책을 블랙홀에 집어던지는 사고실험을 상상할 수 있다. 만약 블랙홀이 어떤 정보도 밖으로 방출할 수 없다면 블랙홀로 빨려 들어간 책에 담긴 정보는 결국 소실되어야만 한다. 바로 블랙홀의 정보 역설의 문제다. 이 문제를 고민하는 과정에서 블랙홀도 결국은 정보를 밖으로 방출해야 한다는 결과가 얻어지기도 했다. 열역학 분야에서 상상의 힘을 보여준 예도 많다. 상자 안에서 마구 움직이는 수많은 분자를 생각해보자. 상자 한가운데에 벽이 있고 벽에는 여닫을 수 있는 작은 구멍이 있는 상황이다. 왼쪽에서 벽을 향해 빠른 분자가 다가오면 구멍을 열어 상자의 오른쪽으로 보내고, 거꾸로 오른쪽에서 느린 분자가 벽으로 다가오면 구멍을 열어 상자 왼쪽으로 보내는 과정을 계속 이어가면 어떤 일이 생길까? 결국 상자의 왼쪽과 오른쪽의 온도가 같은 열평형 상태에서 시작해도 왼쪽의 온도가 오른쪽의 온도보다 얼마든지 낮아지도록 할 수 있다. 바로 맥스웰의 도깨비라는 이름으로 불리는 사고실험이다. 맥스웰의 도깨비는 외부에서 아무런 에너지를 공급하지 않아도 분자의 속도라는 정보를 이용해서 엔트로피증가법칙을 거스를 수 있는 것처럼 보여 많은 물리학자를 곤혹스럽게 한 사고실험이다. 이 상상에 대한 고민을 이어가는 과정을 통해서 결국 정보와 엔트로피가 서로 전환되어 연결된다는 것이 알려지기도 했다.

    과학은 이처럼 상상을 통해 발전한다. 과학의 상상은 기존 과학에 대한 탄탄한 이해에서 출발한다는 것이 중요하다. 코페르니쿠스는 프톨레마이오스 지구중심체계의 당대 최고의 전문가였고, 아인슈타인도 뉴턴의 고전역학과 맥스웰의 전자기학에 대한 탄탄한 이해에서 출발해 상상의 나래를 펼쳤다. 과학의 상상은 몽상이 아니어서 튼튼한 토대, 기존 과학에 대한 확실한 이해가 필수다. 우리는 잘 알아야 더 멀리 상상할 수 있다.

기술적 상상력과 발명의 사유

김 재 희

"이 비인간 기술적 존재자들과 결합되어 있는 복잡한 집합체로서의 인간, 인간의 미래는 결국 이들과의 관계 방식에 달려 있다."

김재희는 현재 을지대학교 교양학부 교수로 재직 중이며, 이화여자대학교 철학과를 졸업하고, 서울대학교에서 베르그손의 무의식에 관한 연구로 박사학위를 받았으며, 서울대학교 철학사상연구소 선임연구원을 지냈다. 지은 책으로『생명은 소중한가?』(공저, 2025),『인공지능 시대의 철학자들』(공저, 2024),『디지털 포스트휴먼의 조건』(공저, 2021),『포스트휴먼이 몰려온다』(공저, 2020),『시몽동의 기술철학』(2017),『베르그손의 잠재적 무의식』(2010) 등이 있고, 옮긴 책으로『포스트휴먼 지식』(공역, 2022),『기술적 대상들의 존재양식에 대하여』(2011),『도덕과 종교의 두 원천』(2009),『에코그라피』(공저, 2002) 등이 있다.

기술적 이미지와 기술적 상상력의 시대

바야흐로 디지털 이미지 시대다. 언제 어디서나 접속할 수 있는 스마트폰 앱, 게임, 인스타그램, 유튜브, 페이스북, 틱톡, 쇼츠, 릴스 등 다양한 매체의 이미지들이 우리 주변을 에워싸고 있다. 카메라 기술의 실사 이미지만이 아니라, VR/AR 기술의 가상 이미지, 인공지능이 만들어내는 합성 이미지, 딥페이크 이미지 등도 대량생산되고 있다. 인터넷, 빅데이터, 인공지능이 결합한 디지털 정보기술이 이러한 이미지들의 생성을 가속화하고 있다. 이미지 생성 능력이 사회적 힘과 경제적 가치를 제공하는 원동력이라 해도 과언이 아니다.

통상 이미지를 만들어내는 능력은 어떤 형상[像]을 마음속으로 그려본다[想]는 말 그대로 상상력想像力imagination이라 정의되어왔다. 상상은 현재 있는 그대로의 사물을 겨냥하지 않는 사유의 표현이다. 상상력을 발휘하여 지금 여기가 아닌 다른 시간과 공간을 생각할 수 있고 현실과 다른 세상의 가능성을 표현할 수 있다. 있는 그대로의 사물을 지각하고 기억하고 믿는 것과 달리, 무언가를 상상하는 것은 그 무언가가 반드시 현재 감각적으로 경험될 수 있는 실재라는 점을 요구하지 않는다. 그래서 상상은 현실에 주어지지 않은 미래의 이미지를 새롭게 만들어내는 창의적 역량으로 높이 평가되면서, 동시에 비현실적이고 실현 가능성 없는 공상이나 헛된 망상으로 나아갈 수도 있어 부정적 함축도 지닌다. 오늘날 이 상상의 힘은 명실공히 기술에서 온다.

상상력의 중요성은 주로 예술과 과학에서 다루어졌다. 천동설에서 지동설로 천문학 패러다임을 혁명적으로 변화시킨 코페르니쿠스는 기존의 과학적 이해와 달리 '어쩌면 지구가 도는 것이 아닐까?'라는 반사실적 상상력이 새로운 과학적 사실의 발견에 도움을 줄 수 있음을 보여주었다. 윌리엄 깁슨의 『뉴로맨서』나 닐 스티븐슨의 『스노 크래시』와 같은 SF소설들은 '사이버스페이스', '메타버스', '아바타'와 같은 최첨단의 가상 세계를 선구적으로 상상함으로써 과학기술의 현실화에 기여하였다. 그런데 새로운 과학적 사실을 발견하거나 또 다른 현실 세계를 구현하려는 상상력의 근간에는 오랫동안 주목받지 못했던 '기술'이 놓여 있다. 기술의 어원인 '테크네techne'는 본래 인간이 하는 모든 제작 활동poiesis — 고대 그리스인들에게는 시, 회화, 의술, 공예, 농경, 건축 등을 포괄하는 실천적인 제반 활동 — 에 필요한 기예ars를 의미했고, 예나 지금이나 무언가를 만들어내는 창조적 상상력은 이러한 테크네를 기반으로 한다.

　　빌렘 플루서는 일찍이 1980년대에 디지털 미디어의 도래와 함께 인류가 문자 시대에서 기술적 이미지 시대로 진입했다고 진단하며, 이 시대에는 '기술적 상상력'이 중요하다고 주장했다. 그에 따르면 "'기술적 상상Techno-imagination'이란 기구에 의해 창조된 그림(기술적 그림)을 암호화하고 해독하는 능력이라고 명명된다. … 기술적 그림들(사진, 영화, 텔레비전 프로그램 등)의 '읽기'와 '쓰기'는 고전적인 그림들(동굴벽화, 모자이크, 유리창 회화 등)의 읽기 및 쓰기와는 완전히 다른 것을 요구한다."[1] 플루서가 말하는 '기술적 상상력'은 기술적 이미지에 대한 '리터러시'를 뜻한다. '읽고 쓰는 능력'으로서의 리터러시를 텍스트 차원이 아닌 이미지 차원으로 확장시켜 적용한 것이다. 가령 기술적 이미지는 붓을 쥔 손으로 인간이 직접 그려내는 이미지가 아니라, 카메라와 같은 기술적 장치들이 구현하는 이미지다. 카메라가 찍어내는 20세기의 기술적 이미지는 이제 텍스트 입력만으로 인공지능이 생성하는 21세기의 기술적 이미지로 발전했다. 붓과 카메라와 인공지능은 단순히 도구의 차이에 불과한 것이 아니다. 이미지 생성 방식 자체가 달라지면서 인간과 기술적 장치와 생성된 이미지 사이의 관계 방식도 변화시킨다. 붓을 쥔 손과 그림 사이의 연속적이고 직접적인 관계(심적 동요-손의 떨림-흔들리는 선)는 카메라의 렌즈와 인공지능 프로그램이 매개하는 순간 불연속적이고 간접적인 관계가 된다. 카메라의 눈이 포착한 대상은 인간의 시지각 내용과 느낌을 결코 그대로 구현하지 못한다. 심지어 오늘날 프롬프터가 된 작가는 인공지능이 주문받은 문자를 어떻게 단 몇 초 만에 그림으로 만들어내는지 그 복잡한 절차를 알지도 못할뿐더러 그 과정에 개입할 수도 없다. 요컨대 카메라, 컴퓨터, 인공지능의 작동 방식에 대한 이해가 없으면 세상을 가득 메우고 있는 기술적 이미지들을 이해하고 해석하고 수용할 수도 없으며, 나아가 자유롭게 새로운 기술적 이미지들을 창안하고 만들어낼 수도 없다.

플루서의 기술적 상상력 개념은 기술에 대한 도구적 활용 능력을 강조한다. 거대한 기술 환경 속에 거주하는 우리에게 기술은 과연 통제 가능한 도구일까? 인간을 닮아가는 인공지능의 등장과 진화를 이끌어가는 인간의 기술적 상상력과 발명의 역량은 무엇을 의미하는가? 가령 예술적 상상력이 예술 작품을 만들어내고, 과학적 상상력이 과학적 사실을 구성한다면, 기술적 상상력은 기술적 인공물을 발명한다. 그런데 기술적 인공물은 단지 편리한 도구에 불과한 것이 아니라, 예술 작품의 생산 과정과 과학적 사실의 발굴 작업에 근본적인 영향을 미치며, 우리가 거주하는 세계와 우리 삶의 방식 자체를 실질적으로 변화시킨다. 기술철학자 질베르 시몽동과 과학기술 인류학자 브뤼노 라투르는 '인간의 통제하에 투명하게 작동하는 기술'이라는 통념을 비판하며, 기술적 상상력의 비인간 중심적인 특성과 발명의 예측 불가능한 초월성에 주목할 것을 강조한다. 이들의 주장을 들어보면서 오늘날 인공지능과 디지털 정보기술 시대에 기술적 상상력이 갖는 무게를 가늠해볼 필요가 있다.

상상과 이미지의 발생

상상하기, 다시 말해 이미지들을 만들어내는 정신적 활동은 왜 발생하는가? 시몽동은 삶의 구속에서 벗어나 자유로운 심상을 전개시키는 심리적 차원에서가 아니라, 실제적인 삶의 문제 해결과 연결되어 있는 기술적 발명의 차원에서 상상의 본성에 접근한다. 『상상과 발명』에서 시몽동은 무엇보다 상상력이 허구적 이미지를 생산하는 의식적 주체의 심리적 역량이 아니라는 점을 강조한다. 상상력은 주어진 현실을 부정하고 무화하는 의식의 기능이기 이전에 둘레세계Umwelt[2]를 만들어가는 생명체의 발명 기능에 속한다. 생명체는 모두에게 동일하게 주어지는 객관적 자연Nature이나 환경Environment이 아니라 각자의 지각과 행동양식에 따라 자신의 존재 조건에 적합하게 조직화되는 의미작용 체계로서의 둘레세계에 거주한다. 진드기의 둘레세계와 고래의 둘레세계가 다르듯이 생명적 개체는 그 자신의 고유한 생존 조건으로서 자신에게 연합되어 있는 환경에 존재하며, 그 연합 환경과의 관계 방식을 스스로 만들어가고 변화시켜 갈 줄 아는 존재이다. 시몽동에게 상상은 생명체와 외부 세계 사이의 양립 가능성과 공존 가능성을 모색하는 활동이자 그 내용의 구체적 현실화 작업으로서 자신만의 둘레세계를 만들어가는 과정이다. 그래서 상상력은 단지 인간만이 아니라 다른 생명체들에게서도 얼마든지 발견될 수 있는 능력이다. 왜 상상하는가? 자신을 둘러싼 세계의 어떤 잠재성을 현실화하여 그 세계와 다른 방식으로 연결될 수 있는 새로운 삶의 가능성을 열고자 하기 때문이다.

인간에게 상상은 지각, 기억, 감성, 지성 등으로 분리될 수 있는 여러 심리적 기능 중 하나가 아니다. 상상은 생명체와 세계 사이의 상호작용에서 발생한 이미지의 성장과 발전으로 이루어지는 단일한 정신적 과정이며, 이 과정은 이미지를 현실화하는 발명과 연속적이다. 상상 이미지의 발생적 원천은 의식 자신이 아니라 의식 바깥에 있다. 외부 대상으로부터 촉발된 이미지는 생명적-심리적-집단적인 주체(단지 심리적 의식 주체가 아니다)의 정신적 활동 안에서 마치 독립적인 유기체인 양 성장하고 변이하면서 발전하다가 마침내 다시 세계 속의 대상으로 현실화되는(발명되는) 순환적 과정 속에 있다. 주체의 바깥에서 안으로, 다시 주체 안에서 바깥으로 돌아가는 이미지들의 발생과 순환 과정이 곧 상상과 발명의 연속적 과정이다.

『상상과 발명』에 따르면 상상할 때 이미지의 변이와 순환 과정은 다음과 같이 전개된다.

(1) 예기Anticipation: 놀랍게도 상상 활동은 지각 이전에 생명적 운동성으로서 먼저 시작된다. 생명체는 외부 대상에 대한 지각-이미지를 형성하기 이전에 자신을 둘러싼 세계에 대한 예비-적응pre-adaptation이자 선험적 이미지a priori image라 할 수 있는 자발적 운동 경향성을 갖는다. 이는 상하좌우로 자신만의 세계의 증폭 가능성에 대한 장기적인 기대와 예측을 반영한다. 예기로서의 상상은 이미지의 발생적 원천에서 물질성과 외재성의 함축을 뒷받침하며, 시몽동의 상상 개념이 의식이 아닌 생명체의 역량임을 잘 보여준다.

(2) 지각Perception: 상상은 이제 현재의 경험에 대한 이미지, 즉 외부 대상에 대한 이미지로서 지각-이미지를 형성한다. 지각-이미지는 바깥에서 오는 신호들과 정보를 수용하는 양식이 되고 외부 자극들에 상응하는 반응 체계로서 지각-행동 도식들의 원천이 된다. 시몽동의 지각-이미지는 단지 외부 대상의 수동적 반영인 심리적 표상에 그치는 것이 아니라 삶을 유지하기 위한 행동과 연결되어 있다.

(3) 기억-상징화Recollection-symbolization: 기억-이미지는 지각 이후에 재생되는 후험적 이미지a posteriori image로서 앞선 운동적 예기와 인지적 지각을 종합한다. 기억-이미지는 정념적-감동적-인지적인affective-emotive-cognitive 복합적 강도로 외부 대상의 상징적 유사물analogon을 형성하며, 바깥 세계에 대한 상징화 작업, 즉 각자에게 고유한 정신적 세계(의미작용과 가치체계)를 조직화하는 데 기여한다. 가령 노란색 리본이 상징하는 세월호 사건에 대한 기억이 슬픔과 애도의 감정과 더불어서만 떠오르는 것이 아니라 누군가에겐 짜증과

혐오의 느낌으로 채색되어 있듯이 개체 차원이든 집단 차원이든 어떠한 대상도 동일한 느낌과 동일한 내용으로 기억되거나 상징화되지 않는다. 시몽동은 기억-이미지를 단지 지각-이미지의 재생이 아니라 고유한 정념과 결합된 상징적 이미지로 이해한다.

(4) 발명Invention: 상상은 정신적 체계를 구축하는 데서 끝나는 것이 아니라, 대상-이미지object-image의 발명을 통해 주체 바깥으로 확장된다. 주체와 세계의 상호작용에서 불연속과 양립 불가능의 문제가 발생할 때, 상징-이미지들의 정신적 우주가 과포화되어 더이상 유지하기 어려울 때 기존 상징체계의 상전이가 일어난다. 즉 이미지 체제의 조직화에 변화가 불가피하며, 주체와 세계 사이의 관계를 재조직화할 새로운 이미지 체계의 발명이 요구된다. 발명을 통한 외부와 내부의 균형 회복은 이미지 체제의 옛 사이클이 끝나고 새로운 사이클이 시작됨을 의미한다. 발명의 계기를 통해 주체는 다시 새로운 기대를 가지고 외부 세계에 접근하게 된다. 이렇게 상상의 과정이 심리적 차원에 국한되지 않고 실제 대상의 발명으로 현실화되는 것까지 포괄한다는 점이 시몽동의 상상 개념이 갖는 가장 큰 독특성이라 할 수 있다.

인간의 둘레세계이자 상징적 문화를 구성하는 이 사물들(발명된 대상-이미지들)은 상상력의 회귀 과정에 언제든 다시 통합될 수 있다. 기계들만이 아니라 패션 의류, 예술 작품, 종교적 상징물, 기념물, 건축물 등 인간이 발명한 모든 대상-이미지는 인지적-정서적-행동적인 복잡한 지각들의 원천으로서 주체 안에서 다시 태어나고 새롭게 발전할 수 있는 씨앗으로 존재한다. 대상-이미지들의 세계에서 촉발된 선험적 이미지로부터 지각-행동적 이미지로, 기억-상징적 이미지로, 다시 세계를 구성하는 대상-이미지로 현실화되어 되돌아가는 이미지의 순환 과정은 곧 발명으로 이어지는 상상의 과정이다. 요컨대 상상은 외부 세계의 잠재성을 이미지로 포착하여 발명을 통해 현실화하며 새로운 삶의 가능성을 여는 과정이다.

기술적 상상력과 발명의 역량

발명은 분명 상상이다. 그러나 예견하는 (즉 실현될 수 있는 대상을 겨냥하는) 상상이고, 실제로 현실적 문제를 해결하는 상상이다.[3]

기술적 상상력은 요소들의 기술성에 대한 특수한 어떤 감수성으로 정의될 수 있는 것이다.[4]

시몽동의 상상 개념은 실재와 무관한 허구적 이미지가 아니라 실재 대상을 발명하는 실천적 활동과 연결되어 있다. 시몽동의 상상력은 현실적 문제를 해결하기 위한 발명의 역량, 즉 기술적 상상력이다. 기술적 상상력은 주변의 대상들 안에서 새로운 세계를 구성하는 대상으로 현실화될 잠재적 씨앗을 포착하는 데서 발휘된다. 『기술적 대상들의 존재양식에 대하여』에서 시몽동은 이 잠재적 씨앗을 '기술적 도식'으로 구체화하고 있다. 이 도식은 주체의 상상 활동에 선험적으로 주어지는 정신적 형식이 아니고, 사물들 안에서, 그리고 사물들에 의해서 실행되고 있는 기술성을 의미한다. 우리를 둘러싸고 있는 자연적이고 기술적인 생활환경은 새로운 효과를 창출하는 데 재투자할 수 있는 이런 도식들의 저장소라고 할 수 있다. 발명의 기술적 상상력은 주체의 내적 힘으로부터가 아니라, 외부 사물들로부터, 사물들이 수행하는 작동 시스템으로부터 그 힘을 얻는다. 요컨대 기술적 상상력이란 사물들 안에서 작동하는 도식들(기술성들)에 대한 주의력이며, 발명은 이 도식을 기술적 개체로 구체화하는 과정이다.

발명가는 무로부터 시작하는 것이 아니라, 그를 둘러싸고 있는 기존 사물들의 기술적인 요소들로부터 출발해서 나아가며, 바로 그 기술적 요소들에서 그것들이 합체되어 새롭게 만들어질 수 있는 어떤 개체를 발견한다. 기술적 개체는 앙상블로 조직화된 요소들의 기술성들로 이루어진 안정적인 시스템이다. 가령 모터는 단지 물질적 재료들이 아니라 각각의 기술성을 지니고 있는 스프링, 차축, 용적측정계 등으로 이루어진 하나의 조합물이다. 기술적 요소들의 실현 가능한 앙상블을 상상하는 기술적 상상력의 논리는 변환transduction이다. 변환은 마치 두 망막 이미지가 불일치할 때 제3의 차원에서 시각이미지를 형성하듯이 양립 불가능한 두 항을 양립 가능하게 만드는 제3의 구조를 찾는 방식이다. 발명은 양립 불가능한 것들을 연결하여 함께 작동할 수 있는 구조를 만들어내는 것이며, 이를 통해 주체와 세계 사이의 불연속과 장애의 문제를 해결한다. 가령 갱발Guimbal의 수력 터빈은 기술적 환경(발전기의 조건)과 자연적 환경(바닷물 이용) 사이의 양립 불가능성 문제를 새로운 연합 환경(물과 기름이 절연, 방수, 냉각을 해결하며 상호 협력적으로 작동하는 기술-지리적 환경)과 동시에 그러한 환경 속에서만 작동할 수 있는 구조(수압관 속에 들어갈 수 있도록 축소된 발전기 형태)를 발명함으로써 존재하게 된 것이다. 이 터빈은 수압관 안에 잠겨 있고, 압축 기름통 속에 넣은 작은 발전기와 연결되어 있다. 바닷물은 터빈과 발전기를 돌리는 에너지도 가져오고 발전기의 열을 식히는 냉각 기능도 한다. 압축된 기름은 발전기를 부드럽게 돌아가게 하면서 절연 기능과 방수 기능도 한다. 물 방수와 전기절연의 문제를 해결하면서 물과 기름의 이중 매개로 냉각 효율을 높인 것이 또한 수압관 속에 들어갈 정도로 발전기의 크기를 축소시킬 수 있게 했다(발전기가 작으면 과열 위험이 크다). 이와 같이 물과 기름이 양립 불가능성을 극복하고 상호 협력적이고 다기능적으로 작동할 수 있는 새로운 관계망의 발명과 더불어 수압관 속에 들어가 작동할 수 있는 발전기의 형태적 조건이 동시에 발명되면서 갱발 터빈은 기술적 개체로서 존재할 수 있게 된 것이다.[5] 요컨대 "발명은 환경과 유기체 사이의 외재적인 양립 가능성, 그리고 작용의 하위 요소들 사이의 내재적인 양립 가능성의 출현이다."[6]

시몽동의 관점에서 기술적 상상력은 이러한 발명의 역량이다. 즉 기존에 불가능했던 또는 생각하지 못했던, 양립 불가능하고 이질적인 것들을 연결해주는 기술적 개체의 발명을 통해 주체와 세계의 관계를 새롭게 만들어가는 힘이다. 그런데 시몽동은 이 발명의 역량을 어떤 뛰어난 한 개체의 능력으로 보지 않는다. 발명가는 외부 환경으로서의 자연에 내재하는 잠재성을 발굴하고 현실화하여 인간 개체들 사이의 새로운 관계 양식과 새로운 둘레세계를 만들어가는 어떤 주체, 기존의 생물학적 개체나 사회적 개체 수준을 넘어서는 어떤 특이점과 같은 존재에 해당한다. "발명하는 것은 개체가 아니라 바로 주체다. 그리고 이 주체는 개체보다 더 광대하고, 더 풍부하며, 개체화된 존재의 개체성 이외에 자연의 어떤 하중, 비-개체화된 존재의 어떤 무게를 포함하고 있다."[7] 그리고 이 주체에 의해 발명된 기술적 인공물들은 새로운 정보를 전파하며, 마치 변조기modulateur나 변환기transducteur의 매개적 역할처럼 이전의 사회적 관계와 삶의 방식을 근본적으로 변화시킨다. 그래서 시몽동은 발명의 혁명성을 강조한다. "공동체는 화가나 시인은 받아들이면서 발명은 거부한다. 왜냐하면 발명 안에는 공동체를 넘어서 있는 무언가가, 집단적 신화에 의해 보장되는 공동체적 통합이 아니라 개인에서 개인으로 나아가는 개체 초월적인 관계를 설립하는 무언가가 들어 있기 때문이다."[8] 기성의 사회적 관계와 타성적 규범성을 넘어서 개체들 내부의 잠재적 역량들을 연결시켜 새로운 집단적 관계와 가치체계를 생성한다는 점에서 기술적 인공물들은 사회체제의 혁명적 전환에 기여한다. 가령 스마트폰과 인터넷의 등장은 단지 이동 가능한 휴대용 전화기의 편리함을 제공하는 데 그치지 않고, 시공간을 넘어선 소통과 초연결사회 구축으로 진화했을 뿐만 아니라, 애초에 예상하지 못했던 과도한 소통으로 인한 피로함과 소외감이라든지, 심화주의력(책을 읽을 때의 집중력) 약화와 초과 주의력(화면을 스크롤할 때의 분산된 주의) 강화로 인한 정보 습득에서의 인지능력 변화 등을 산출했다. 발명의 기술적 상상력은 초기의 문제 해결에 국한되지 않는 결과의 예측 불가능한 초월성을 갖는다. "진정한 발명 안에는 적응에 제한된 탐구와 단순한 목적성을 초과하는 어떤 도약, 증폭하는 어떤 역량이 있다."[9]

새로운 연결망을 구축하는 기술의 번역 작업

기술적 발명의 예측 불가능한 초월성은 기술적 존재들에 대한 인간의 통제 가능성을 약화시키며, 발명가 개체의 역량을 넘어서는 기술적 진화의 비인간적 특성을 드러낸다. 인간을 위한 편리한 도구로만 기술적 존재들을 이해하는 인간 중심적이고 도구주의적인 관점에 비판적인 시몽동의 기술철학은 비인간과의 관계를 중시하는 라투르의 기술에 대한 사유로 이어진다. 라투르는 새로운 개체를 발명하는 기술적 상상력이 인간의 의도나 목표에 맞추어 작동하는 것이 아니라 비인간 사물들과의 관계 속에서 예측 불가능한 방식으로 움직이는 것임을 강조한다.

라투르가 80년대 초 미셸 칼롱과 존 로와 함께 개발한 '행위자-연결망 이론Actor-Network Theory(ANT)'에 따르면 행위자에는 인간만이 아니라 비인간도 속한다. 기계, 문서, 바이러스, 유전자, 호수, 오존, 그래프 등 온갖 종류의 비인간 존재자들이 인간 못지않은 '행위능력agency'을 갖는 것이다. 이 행위능력은 다른 행위자들에게 영향력을 행사해 변화를 일으키게 하는 능동적인 힘이다. 세상은 인간과 비인간 행위자들이 서로 동맹을 맺거나 이탈하면서 형성한 네트워크를 통해 힘을 행사하는 곳이다. 하나의 개별 존재자도 그 자체 독립적인 실체가 아니라 여러 행위자와의 네트워크로 구성되어 존재한다. 인간은 인간들만의 사회Society가 아니라, 인간이든 비인간이든 여러 행위자와 연합하여 네트워크를 맺고 있는 복잡한 집합체Collective에 거주한다. ANT의 관점에서 세상에 존재하는 것들은 모두 순수하게 자연적인 것도 사회적인 것도 아닌, 인간과 비인간의 네트워크로 구성된 하이브리드 집합체들이라 할 수 있다.

라투르는 기술적 활동을 실체화된 기술적 객체로 환원시키는 것을 기술에 대한 대표적 오해로 꼽는다. 『존재양식의 탐구』에서 그는 기술도 단순히 물질적 도구나 기계장치에 불과한 것이 아니라 이질적인 타자들과 연결되어 있는 하나의 집합체라는 점을 강조한다. 기술은 지금 여기의 기술적 사물들의 형태로 잠시 정지해 있는 역동적인 운동성이다. 이 운동의 궤적은 매끄럽게 이어지는 것이 아니라, 이질적 존재자들 사이의 단층, 차이, 간격, 틈을 넘어가며 지연되고 우회하면서 지그재그로 그려진다. 하나의 도구나 기계장치로 귀결된 기술적 궤적의 연속성에는 수많은 하위 단계에서 이질적 요소들 사이의 틈과 간격을 다른 것으로 매개하고 연결하며 나아가는 우회와 일탈과 행위의 위임 과정들이 들어 있다. 어떠한 기술 장치든 작동하기 위해서는 수많은 이질적 행위소[10] 간의 네트워크 관계가 그 안에 접혀 들어가야 한다. 문제는 하나의 기술적 존재가 그 자체로 복합적인 집합체라는 점이 잘 인식되지 않는다는 점이다. 기술적 존재자들은 고장나고 문제가 발생했을 때만 주목받고 정상적으로 작동할 때는 망각되는 "이상한 현존과 부재의 방식"[11]으로 존재하기 때문이다. 가령 출근하려는데 차에 시동이 걸리지 않을 때, 정비사가 여러 부품을 지적하고 수리비를 청구할 때 우리는 잠시 동안 차의 내부를 들여다보며 그 작동 방식에 주의하게 되지만 곧 정상적인 엔진 소리를 듣자마자 기술적 요소들 간의 복잡하게 얽힌 관계망에 대해서는 잊어버린다. 차를 교통수단으로 이용하는 자에게 그 기술적 존재는 잠시 열렸다가 다시 닫혀버린 '블랙박스'일 뿐이다.

　　라투르가 지적하는 기술에 관한 또 다른 오해는 기술적 작업이 어떤 정보를 형식의 변형 없이 그대로 전송하는 것이라고 보는 것이다. 톱니바퀴가 맞물려 돌아가는 시계와 같은 데카르트적 기계들이나 보캉송의 기계 오리와 같은 오토마톤automaton을 기술적 존재자의 대표로 이해하는 것이 그 예다. 기술적 존재가 충실히 수행해야 하는 기능을 그 기술적 존재를 통해 운반할 뿐이므로 기술을 유용성, 효율성, 도구성의 관점에서 바라봐야 한다는 생각이 여기에 담겨 있다. 그러나 "목적과 수단의 관계보다 기술에 덜 적합한 것은 없다. 목적과 수단은 동시에 발명되는 것이기 때문이다. 기술을 단순한 '과학의 적용'이나 단순한 '자연에 대한 지배'로 보는 것은 심각한 오해이다."[12] 실제 현장에서 경험하는 기술적 작업은 초기에 설정된 목표에 따라서 잘 정립된 선험적 원칙을 통해 연역적으로 구현되지 않는다. 한마디로 일탈, 미로, 요령, 뜻밖의 발견 등이 기술적 작업에는 필수적이다. 라투르는 제작을 뜻하는 '포이에시스poiesis'보다 경로에서 벗어난 교묘한 우회를 뜻하는 '다이달리온daedalion'이 기술의 특성을 더 잘 나타낸다고 본다. 기묘한 장치의 발명가인 다이달로스야말로 기술의 시조로서 적합하다. "장인, 엔지니어, 기술자, 심지어 아마추어 목공의 실천에서의 모든 것은 변형의 다양성, 결합의 이질성, 영리한 책략의 확산, 연약한 기술의 섬세한 조립을 드러낸다."[13] 기술적 활동에서는 어떤 것도 직선으로 가지 않는다. 논리적 경로가 항상 중단되고 수정되고 방향이 바뀐다. 기술은 매개 없이, 긴 우회의 위험 없이 똑바로 목표를 향해 나아가지 않는다. 그래서 효율적이라고 간주된 기술적 존재들 뒤에는 언제나 또 다른 위험, 폐기물, 오염, 예상치 못한 결과들로 인한 새로운 미로들이 남겨지고 펼쳐진다.

라투르가 이해하는 기술적 작업에는 항상 이질적인 다른 존재들의 자기 경로에서의 도약, 단절, 파열, 변형 등이 요구된다. 가령 집을 짓는 데 들어간 돌은 멀리 떨어진 채석장에 있었고, 탁자의 목재는 인도네시아 어딘가에 있었으며, 탁자 위 수정 꽃병의 모래는 어느 강 계곡 깊은 곳에 있었다. 채석장, 열대우림, 모래밭에서 온 재료들이 집의 구성요소가 되기 위해서는 수많은 하위 단계에서 교묘한 솜씨, 계략, 우회, 조화, 조절 등의 기술적 작업이 접혀 들어가야 한다. 이질적인 요소들이 일단 집의 형태로 안정화되면 그 형태는 잠정적이나마 지속성을 갖는다. "자기 스스로 지탱하는 동시에 분산될 수 있는 다양한 재료가 겹겹이 혹은 층층이 쌓인 더미"[14]로서의 기술적 결과물은 그 존재의 지속성이 영구적인 것이 아니다. 그 집합체를 구성하며 연결되어 있는 각각의 요소는 다르게 번역되고 존재 방향이 바뀌고 새롭게 배치되는 데 그 자신을 빌려주지만 언제든 다시 자기 자신으로 돌아갈 준비가 되어 있다. 다시 말해 돌보지 않으면 벽은 무너지고, 나무 탁자는 벌레에 먹혀 부서지며, 수정 꽃병은 깨지고, 자동차는 고장난다. 기술적 존재자들은 결코 혼자서 그리고 돌봄 없이 있을 수 없다.

라투르는 이질적 행위소들을 연결하여 하나의 집합체를 구축하는 기술적 작업을 구성요소들 간의 저항의 차이와 이질성을 교묘하게 조정하며 적합한 연결을 찾아내는 매우 긴 중첩된 '번역translation'

작용이라고 정의한다. 번역은 단지 언어적 차원에 국한되지 않으며, a의 행위를 b가 대신하게 하는 방식의 치환, 매개, 새로운 연결의 생성 등을 포괄적으로 의미한다. 문제를 해결하기 위해 무언가를 직접 '하는 것'보다 무언가가 대신 '하게 만드는 것'이 번역의 기술적 상상력이다. 이질적인 존재자들 사이에서 적합한 연결 관계를 판단하고 조정하면서 "장인, 건축가, 엔지니어가 매일 실천하는 것이 바로 이러한 매번 완전히 고유한 이동, 번역이다."[15] 문제는 번역이 동일한 것을 그대로 전달하는 것이 아니라 옮기면서 변형한다는 데 있다. a의 행위를 b의 행위로 번역하여 대체 또는 우회할 때 자신의 존재 맥락에서 떨어져 나온 b만이 아니라 b와 새롭게 연결되는 a 자신도 변형된다는 것이다. 그래서 "'번역은 반역이다'라는 표현은 텍스트보다 기술에 훨씬 더 잘 적용된다"[16]고 라투르는 강조한다. 기술적 활동은 안정화된 기술적 객체에 이르기까지 이질적인 존재자들 사이에 '연결과 탈-연결'의 교묘한 관계망을 구축하며 그 구성요소 모두를 변형시키는 번역 작업이다. 의도된 문제 해결을 초과하는 기술적 활동의 예측 불가능성은 이러한 기술적 활동의 본성이다. 기술이 효율적이거나 통제 가능하다고 여기는 것은 '결과'를 그것으로 이어진 '경로'로 착각하는 것이다.

우리 자신을 만들어가는 기술의 영향력

라투르의 ANT 세계상에 따르면 인간은 다양한 비인간과의 네트워크 속에 거주한다. 이 네트워크 안에서 기술적 인공물들은 인간 행위의 수동적 도구에 머무르지 않고 오히려 인간 행위를 다른 방식으로 번역하는 능동적 행위자로 작동한다. 기술적 인공물 자체가 기술적 활동을 통해 형성된 하나의 집합체인데, 이 기술적 인공물은 다시 인간과 다른 비인간 사이의 네트워크를 구축하며 집합체를 형성하는 데 매개자로 기능한다. 기술적 상상력은 기술적 차원에서만이 아니라 사회적 차원에서의 집합체 구성에서도 '번역'의 방식으로 작동한다. 『판도라의 희망』에서 라투르는 기술적 존재의 매개 작업이 갖는 의미들을 다음과 같이 제시한다.

첫째, 기술적 매개는 행위에 '간섭'하며 행위 목표와 방향을 변화시킨다. 가령 '총을 든 인간'은 '인간'과 '총'의 단순 합으로 환원되지 않는다. '총을 든 인간'은 '총을 들지 않은 인간'과 '서랍 속의 총'이 가졌던 행위 목표와는 다른 방향을 취하게 된다. 여기서 중요한 것은 기술적 매개에 의한 행위 목표의 변화가 '대칭적으로' 일어난다는 점이다. 즉 인간이 총을 쥐면 달라지듯이 총도 인간 손에 들리면서 달라진다. '총 자체는 중립적이며 살인을 하는 것은 결국 사람이다'는 사회결정론자들의 주장과 '총이 없다면 일어나지 않았을 행위를 부추긴 총이 결국 사람을 죽인다'는 기술결정론자의 주장은 모두 인간과 비인간을 고정된 실체로 상정하고 있다. 그러나 살인은 인간도 비인간도 아닌 '인간과 비인간의 연합체'가 새로 구성되면서 생긴 결과이다. '총을 든 인간'이라는 새로운 집합체의 연결망에 인간과 총은 동등한 행위소로 참여한다. 따라서 라투르는 "살인을 하는 것은 사람도 아니고 총도 아니다. 행위에 대한 책임은 다양한 행위소 사이에서 공유되어야 한다"[17]고 주장한다. 이렇게 기술적 매개는 인간과 비인간 모두의 행위 목표와 방향을 변화시킨다.

둘째, 기술적 매개는 행위 자체의 '복합성'을 보여준다. 행위는 인간만의 것이거나 비인간만의 것이 아니라, 인간과 비인간이 연합된 존재자가 갖는 특성이며, 그 자체로 여러 개의 하위 단계들이 포개져 있는 복합적인 것이다. 가령 침팬지가 바나나를 떨어트리는 행위는 단지 침팬지의 행위가 아니라, 침팬지와 막대기가 연합한 '막대기를 든 침팬지'의 행위이다. 이 행위에는 또한 처음에 둔탁했던 막대기를 바위에 갈아서 날카롭게 만드는 과정이 하위 단계에 접혀 들어가 있다. 결국 '날카로운 막대기와 침팬지의 연합체'가 바나나를 떨어뜨리는 목표에 도달한 셈이다. '비행'이라는 행위도 비행기가 나는 것이 아니라, 비행기, 공항, 활주로, 파일럿, 관제 센터 등을 포함한 '인간과 비인간의 연합체'가 나는 것이다. 행위의 이러한 복합성은 인간이나 생명체에게만 귀속되던 행위성을 기술적 존재자들에게도 귀속시켜야 함을 보여준다. 기술적 존재자들은 인간과 대칭적인 지위에서 연합체를 구성하는 행위소로서 자기 역할을 한다.

셋째, 기술적 매개의 복합성은 감추어져 있다. 앞서 다루었듯이 기술적 객체들은 수많은 인간 비인간 행위자의 네트워크가 안정화되어 블랙박스화된 것들이다. 자동차는 시동을 걸고 끄는 것 외에 불필요한 행위를 생략할 수 있도록 복잡한 기술적 작동 방식을 블랙박스화한 기술적 존재다. 여러 층위의 이질적 행위소들로 구성된 집합체인 그 자동차에 이르기까지의 기술적 궤적을 역으로 추적하면 시간적으로 얼마나 뒤로, 공간적으로 얼마나 멀리 따라가야 할지 알 수 없을 정도다. 하나의 기술적 객체 안에는 오랜 시간과 광범위한 공간에서 수행된 인간과 비인간의 행위들이 '접혀' 들어가 있다. 이 '접힘'을 펼쳐보면, 다른 시간과 다른 공간으로의 이동, 위임과 대체를 통한 행위자 유형의 변형 등 여러 행위소 간의 불연속적인 간격과 차이를 넘어가며 연속성을 만들어간 기술적 활동의 번역 작업과 기술적 상상의 특성을 이해할 수 있게 된다.

넷째, 기술적 매개는 사회적인 것과 물질적인 것이 서로의 특성을 교환하는 사각지대에 존재하며 양자 모두를 변형한다. 가령 학교 앞에 설치된 과속방지턱은 교통경찰관을 대신해 운전자의 속도를 줄이게 한다. 난폭한 운전자에서 규율을 따르는 운전자로의 이행은 기술적 매개를 통해서 달성된다. 그런데 이 기술적 매개는 운전의 목표를 '학생들이 위험에 처하지 않도록 속도를 줄이는 것'에서 '속도를 줄여 자기 차의 서스펜션을 보호하는 것'으로 '번역'한다. 전자의 행위 목표는 도덕성에 호소하는 반면, 후자의 행위 목표는 이기심에 호소한다는 점에서 과속방지턱이라는 기술적 매개는 운전자의 행위 목표가 갖는 의미를 변경한다. 나아가 기술적 존재는 인간 행위의 목표와 의미를 변경하는 데 그치지 않고 물질적 재료도 그 존재양식을 변형시킨다. 즉 과속방지턱을 구성한 콘크리트 덩어리는 운행 속도를 줄이는 행위를 '위임'받아 교통경찰관의 역할을 한다. 과속방지턱 자체는 콘크리트, 페인트, 엔지니어, 교장, 입법자 등 이질적 행위자들의 네트워크 결과물이다. 이 기술적 존재는 사회적 의미의 영역도 물질적 질료의 영역도 아닌, 양자의 특성이 교환되고 접합되는 하이브리드 지대에 존재한다. 양자를 매개하는 기술적 활동은 한 배럴의 콘크리트를 경찰관으로 만들고, 경찰관을 콘크리트처럼 완고하게 만들면서 비인간과 인간 모두의 행위 방식을 바꾼다.

라투르는 엔지니어의 기술적 상상을 작가의 소설적 상상에 비교하여 기술이 실행하는 행위의 위임delegation에 대해 설명한다.[18] 소설적 상상은 독자를 다른 시간과 공간으로 이동시키고 다른 행위자가 될 수 있는 어떤 여행을 제공한다. 이와 마찬가지로 기술적 상상도 시공간의 이동과 행위자의 변신을 가능하게 한다. 가령 과속방지턱을 개발하는 기술적 상상은 속도를 줄이게 하는 행위자를 교통경찰관에서 콘크리트 덩어리로 바꾼다. 과속방지턱은 경찰관과 전혀 닮지 않았지만 '잠자는 경찰관'으로 인식될 정도로 경찰관이라는 행위자의 역할을 대신하며, 교통경찰관이 부재하는 시공간에서도 속도를 단속하는 행위가 지속될 수 있게 한다. 기술적 상상력은 이렇게 시공간을 넘어서 무언가가 대신'하게 하는 것'에 있다. 그런데 소설적 상상의 인물이 나를 대신해서 여행하는 것은 기술적 상상의 행위자가 나를 대신해서 행위하는 것과는 다르다. 소설적 상상이 책을 덮는 순간 깨어날 수 있는 꿈을 제공하는 것이라면, 기술적 상상은 시공간적으로 멀리 사라진 행위자의 행위가 지금 여기에서 여전히 효력을 발휘하도록 만드는 데 그 핵심이 있다. "마치 소설에서와 같이 나는 여기 있으면서 또 다른 곳에 있고 나 자신이면서 또 다른 누군가인 것이 아니라, 멀리 사라진 한 행위자의 긴 과거, 하나의 행위가 여기에서, 오늘, 나에게 아직도 살아 있는 것이다."[19] 이런 점에서 소설적 상상과 달리 기술적 상상은 부재하는 행위자의 행위성이 다른 것으로의 번역과 위임을 통해 현재에 지속하게 만드는 실천적 영향력을 갖는다.

라투르의 이와 같은 시각에 따르면 인간은 단순히 도구로서의 기술을 사용하는 '호모 파베르homo faber'가 아니라, 우리 자신이 만든 기술적 인공물에 의해 변형되며 다시 만들어지는 '호모 파브리카투스homo fabricatus'이다.[20] "인간의 형태조차, 우리의 몸 자체도 막대한 정도의 사회기술적 협상과 인공물로 구성되어 있다. 인간성과 기술을 상반되는 극으로 이해하는 것은 사실상 인간성이 없어지길 원하는 것이다. 우리는 사회기술적 동물이며, 인간 각각의 상호작용은 사회기술적이다."[21] 총을 발사하면 반동 효과가 있듯이 인간은 기술적 매개와 우회로 인한 반동 효과와 같다. 미리 생각한 목표에 따라 재료들을 통제하며 제조하는 의식적 자아가 행위의 기원이 아니다. 우리는 무언가를 하게 만들고 주의를 기울이게 하고 실행 방법을 알려주는 기술적 매개들을 통해서 비로소 행위하는 주체로 되어간다. 기술적 상상력은 결국 우리 자신을 만들어가는 행위다.

기술적 상상력과 인간의 미래

시몽동과 라투르는 그동안 주목받지 못했던 기술의 존재양식을 가시화한다. 그들에 따르면 놀랍게도 기술은 효율적이거나 통제 가능한 도구가 아니다. 기술적 활동은 언제나 인간 주체의 의도와 목표를 초과하는 잠재성과 예측 불가능성을 내포하며, 안정적으로 실체화되어 있는 기술적 객체들로 환원되지 않는다.

시몽동의 기술적 상상력은 인간과 비인간 사물들과의 감각-운동적인 실천적 관계 속에서 장차 새로운 삶의 양식을 제공할 잠재적 씨앗으로서의 기술성을 발굴하여 현실화하는 발명에 초점이 있다. 라투르의 기술적 상상력은 인간과 비인간을 구분하지 않고 이질적인 행위소들 사이에 연결-탈연결의 관계를 구축하는 번역과 매개 작업을 통해서 새로운 네트워크 집합체들을 구성하는 것이 핵심이다. 세부 논점에서의 차이에도 불구하고 이들의 공통된 분석에 따르면 기술적 상상력은 단순히 기술적 도구를 활용하는 능력이 아니다. 기술적 상상력은 영역과 경계를 넘어서 서로 이질적이고 소통 불가능하며 심지어 양립 불가능한 것들조차 그 간격과 차이와 틈을 조정하고 교묘하게 연결하여 기능적으로 작동하는 새로운 존재자를 만들어내고 이를 통해 세상과 우리 자신을 변화시킨다.

우리의 둘레세계는 우리가 발명한 사물들로 구성된다. 우리가 행위하고 생각하고 소통하기 위해 접속하는 대부분의 대상은 고도로 접혀 있는 기술성을 내재하고 있는 기술적 존재자들이다. 우리는 이 기술적 존재자들에게 위임된 행위에 의존하며 수많은 기술적 대리인 가운데 살아간다. 이 비인간 기술적 존재자들과 결합되어 있는 복잡한 집합체로서의 인간, 인간의 미래는 결국 이들과의 관계 방식에 달려 있다.

최첨단 기술적 발명품인 인공지능은 운송, 마케팅, 건강관리, 금융과 보험, 보안과 군사, 교육, 과학, 사무, 농업, 제조업, 엔터테인먼트, 예술 등 다양한 분야에서 이미 활용되고 있다. 인공지능은 인간의 지능적 활동을 시뮬레이션하는 컴퓨터 프로그램으로서 그 자체가 단일한 실체적 사물이 아니라 이질적인 인간-비인간 요소들의 네트워크 집합체로 존재한다. 그것은 프로그래머, 사용자, 데이터,

하드웨어(컴퓨터, 로봇, 자동차, 스마트폰 등), 소프트웨어(인터넷 웹, 애플리케이션 등)와 같은 상이한 행위소들의 작업이 중층적으로 연결되어 작동한다. 인공지능은 인간 개체 지능의 수준에서 해결하기 어려운 복잡하고 오래 걸리는 문제들을 인간 집단 지능의 축적된 데이터를 바탕으로 신속하게 처리하며 업무 방식에 혁신을 가져오고 있다.

그러나 인터넷과 SNS가 분리된 개체들을 연결하며 정보 소통과 공유의 길을 열었지만 의도치 않게 새로운 정서적 고립과 소외를 부추기고 포스트-트루스 현상을 야기했듯이 인공지능 기술도 예기치 않은 새로운 문제들을 야기할 수 있다. 행위 주체성과 의사 결정권을 인공지능 시스템에 위임하며 자동화 기술에 점차 의존해갈 때 인공지능들과 연합되어 새로운 집합체가 될 우리 자신은 장차 어떤 미래를 만들고자 하는 것인가? 생성형 인공지능을 활용하여 문제 해결력을 키우려는 에듀테크 교육 방식은 새로운 기술적 상상력을 활성화할 수도 있지만 오히려 사유 무능력자를 양산하고 인간의 발명 역량을 감소시킬 수도 있다. 인공지능이 감염병 치료 백신을 만드는 데 유용할 수도 있지만 동시에 인공지능의 학습과 유지에 필요한 에너지 소비량이 늘어나 더 많은 탄소 발자국과 디지털 폐기물을 발생시켜 환경오염을 심화할 수도 있다. 자동화된 인공지능 사회의 편리함 배후에는 인공지능을 만들거나 사용하는 자들이 인공지능의 특정한 결정을 설명할 수 없고 인공지능이 무엇을 하고 있는지 알지도 못한 채 인공지능의 결정에 따르면서 아무도 그 결과에 책임지지 않는 기술 자동화 사회의 위험성이 도사리고 있다. 기후변화와 환경악화의 형태로 드러나는 지구 생태계의 위기라든지, 여전히 존속하고 있는 빈곤과 영양실조, 전염병, 경제적 불평등과 사회적 차별, 전쟁 등 인류가 해결해야 할 현실적 문제들이 산적해 있는데, 우리의 기술적 상상력은 빅테크 기업들이 주도하는 초지능을 향한 인공지능 기술 개발에 과도하게 투여되고 있는 건 아닌지 돌아볼 필요가 있다.

시몽동과 라투르를 통해 본 기술적 상상력은 이질적인 것들을 연결하여 새로운 것을 생각해내는 창의력이나 편리한 기술적 도구의 제작과 활용에 그치는 것이 아니다. 기술적 상상력은 기술과 연동되어 있는 우리 자신의 삶과 미래를 기획하는 것이며, 우리가 거주하는 세계의 가치와 의미 체계를 실질적으로 변화시키는 결정적인 힘이다. 해결해야 할 현실의 문제는 무엇이며 지향하는 가치와 미래의 문화가 어떠해야 할지 고민하지 않는 기술적 상상력은 위험하다. 세상과 우리 자신을 변형시키는 실천적 힘이면서 우리의 의도와 목표를 넘어서는 그 효과의 예측 불가능성을 고려할 때 인공지능 시대의 기술적 상상력은 인간이 시도하는 가장 위험한 내기가 될지 모른다.[22]

미적 경험과 상상력

성 기 현

"따라서 우리는 이렇게 말해도 좋을 것이다. 상상력은 자유롭고 새로울 수 있지만, 그것은 미적 경험이 가져다주는 드물고 귀한 해방의 순간에만 그러하다고 말이다."

성기현은 서울대학교 미학과에서 박사학위를 받았다. 충북대학교 박사 후 과정 연구원과 서울대학교 인문학연구원 선임연구원을 거쳐, 현재 한림대학교 철학 전공 교수로 재직하고 있다. 현대 프랑스의 철학과 미학을 주로 연구하며, 특히 관심을 두고 있는 주제는 신체, 감성, 감정이다. 지은 책으로『들뢰즈의 미학』(2019),『프랑스철학과 정신분석』(공저, 2022),『현대철학 매뉴얼』(공저, 2024) 등이 있고, 옮긴 책으로『들뢰즈, 초월론적 경험론』(2016)이 있다.

들어가며

예술 작품을 감상할 때 우리에게 과연 무슨 일이 생기는 것일까? 베토벤 말년의 한 현악 4중주에 가만히 귀를 기울이고 있다고 생각해보자. 음색과 높낮이가 서로 다른 멜로디들이 엇갈리고 어우러지기를 거듭하면서 텅 빈 방을 가득 채운다. 음들의 유희에 서서히 몰입하는 가운데 우리는 자신도 모르게 눈을 감는다. 음들이 주위에 어떤 미지의 시공간을 구축하고, 그 속에서 우리는 세상과 조금 분리되는 듯하다. 예상치 못했던 미세한 감정들이 솟아나 다채로운 연상들과 뒤섞인다. 음들은 아무 말도 하지 않지만, 때로 우리는 '이 모든 아름다움의 이유는 이런 게 아닐까' 하는 깨달음에 짜릿한 희열을 느끼기도 한다. 멜로디는 흘러가고 사라지며, 그렇게 사라지고 나면 더는 아무것도 아니다. 그런데도 우리는 이 음악이 삶을 조금은 변화시켰을 거라고, 이 음악을 들었기에 삶이 조금은 나아졌을 거라고 믿는다.

미적 경험은 어떻게 작동하고, 어떤 영역들을 아우르며, 어떻게 우리를 변화시키는 것일까? 그리고 이 모든 과정에서 상상력은 어떤 역할을 하는 것일까? 이 글에서 우리는 임마누엘 칸트, 프리드리히 실러, 자크 랑시에르로 이어지는 이론적 경로를 따라 이 물음들에 답해보고자 한다. 먼저 칸트는 『판단력비판』에서 미적 경험이 '이중의 중지'를 통해 이루어진다는 사실을 보여주었다. 다음으로 실러는 『인간의 미적 교육에 관한 편지』에서 미적 경험이 예술 작품의 감상을 넘어 인간학과 정치로 확대될 수 있다고 주장했다. 마지막으로 랑시에르는 칸트와 실러를 재해석하는 가운데 감각계의 분할distribution of the sensible이라는 개념을 만들어냈다.¹ 이 세 철학자의 생각을 따라가면서 우리는 미적 경험이 담고 있는 풍부한 인식적·교육적·정치적 가치를 이해하게 될 것이다.

칸트의 미적 판단: 이중의 중지

미적 경험은 어떻게 이루어지는 것일까? 랑시에르에 따르면 칸트에게서 미적 경험의 작동 방식은 '이중의 중지'로 요약된다.² 여기서 이중의 중지는 '욕구 능력의 중지'와 '규정판단의 중지'를 가리키는데, 실제로 미술작품을 감상하면서 이 점을 구체적으로 살펴보기로 하자. 영국의 미술가 데미안 허스트가 2007년에 발표한 〈신의 사랑을 위하여For the Love of God〉는 18세기 한 유럽인의 두개골을 백금으로 본을 뜬 뒤 8,000여 개의 다이아몬드를 촘촘히 박아서 만든 작품이다. 이 작품을 바라볼 때 사람들은 보통 어떤 생각을 하게 될까? 한편으로 그들은 '반짝반짝 화려하다'고 감탄하거나 '비싸 보이니 하나쯤 갖고 싶다'고 바랄 수 있다(실제로 이 작품에 책정된 가격은 900억 원에 달한다). 다른 한편으로 그들은 '돌아가신 분의 유골로 저런 짓을 해서는 안 된다'고 이의를 제기하면서 예술가를 비난할 수 있다. 그러나 칸트에 따르면 이런 두 태도는 모두 미적 경험에 부합하지 않는다. 첫 번째 생각은 말초적 자극이나 세속적 이해관계와 같은 '감각적 관심'에 따른 판단이고, 두 번째 생각은 옳고 그름을 따지려는 '도덕적 관심'에 따른

판단이다. 그러나 칸트에 따르면 미적 경험은 감각적 관심과 도덕적 관심에서 벗어날 때 비로소 가능하고, 그런 의미에서 무관심성disinterestedness을 띤다. 우리는 칸트가 말하는 미적 판단의 첫 번째 작동 방식을 이렇게 요약할 수 있다. 그것은 감각적 관심과 도덕적 관심을 충족시키려는 우리의 욕구 능력을 중지하는 것이고, 그 두 관심에서 벗어나 감상의 대상에 무관심성의 태도를 취하는 것이다.

허스트의 작품으로 돌아가자. 잠시 그것이 미술에 속한다는 생각을 뒤로 하고, 그 대상이 무엇인지를 묻는다면 사람들은 뭐라고 대답할까? '다이아몬드가 박힌 해골', '비싼 장식품' 등 다양한 대답이 가능할 것이다. 그러나 칸트에 따르면 이런 답변들도 미적 경험에 부합하는 것은 아니다. '해골', '다이아몬드', '장식품' 등 특정한 개념으로 대상을 규정하는 경우를 그는 규정판단determinate judgement이라고 부른다. 규정판단은 무언가를 인식하기 위한 판단이고, 인식을 추구하는 지성의 관점에서 이루어지는 판단이다. 그러나 예술 작품은 단순한 인식의 대상이 아니다. 대상의 소재나 형태를 알아본다고 해서 그것을 제대로 감상했다고 말할 수는 없으니 말이다. 때로 인식은 대상의 소재나 형태를 넘어 대상의 목적을 겨냥하기도 한다. 다시 말해 제작자가 왜 이런 대상을 만들었는지, 그의 제작 의도가 무엇인지 묻기도 한다. 그런데 칸트의 관점에서 보자면 그런 목적이 두드러지는 대상, 그래서 규정판단을 유도하는 대상은 미적 판단에 적합하지 않다. 예술 작품의 경우 윤리적 교훈이나 정치적 주장을 지나치게 앞세우는 작품들이 그 예가 될 것이다.

칸트에 따르면 미적 판단은 규정판단이 아니라 반성판단reflexive

judgement에 속한다. 반성판단은 특정한 개념으로 주어진 대상을 파악할 수 없는 경우와 관련된다. 이때 지성은 대상을 규정하지 못해 무기력해진다. 그로 인해 우리는 인식의 관점 혹은 지성의 관점에서 일시적으로 벗어나는데, 상상력은 그때 비로소 활성화되기 시작한다. 지성이 주도권을 행사하는 규정판단에서 상상력의 활동은 감성에 주어진 대상과 지성이 지닌 개념을 맞추어보는 데 그친다. 그러나 지성이 무기력해지는 반성판단에서 상상력은 지성의 규제에서 벗어나 자발적으로 활동하기 시작한다. 인식과는 무관하게 작품을 관찰하는 가운데 활성화된 상상력은 우리에게 수많은 연상을 불러일으킨다. 그리고 상상력을 뒤따라 그 연상들을 검토하면서 지성도 어느새 자신의 활력을 되찾는다. 그러나 규정판단에서와는 달리 여기서 지성은 자신의 개념을 앞세우지 못한다. 상상력이 먼저 다양한 연상을 제공하면 그 연상들에 부합하는 개념들을 제안할 뿐이다. 미적 판단 속에서 어우러지는 지성과 상상력의 이러한 활동을 칸트는 '자유로운 유희free play'라고 불렀다. 지성은 대상을 규정하는 임무에서 해방되고 상상력은 지성의 규제에서 벗어난다. 그리고 그런 한에서 양자는 모두 자유롭다. 저마다 자유를 구가하는 가운데 지성과 상상력은 찾아야 할 하나의 정답(의도, 목적) 없이 유희하며, 그런 유희는 가능한 여러 답변을 찾아내고 그것들 사이를 주파한다.

이 자유로운 유희의 관점에서 허스트의 작품은 어떻게 이해될 수 있을까? 출발점은 이 질문에 정답이 없다는 사실, 따라서 그것을 규정판단으로 해결할 수 없다는 사실을 인정하는 것이다. 그런 조건에서만 상상력은 가능한 여러 답변을 찾아 나서고 지성은 그것들이 그 작품의 '목적'이 될 수 있는지를 검토한다. 물론 그 작품에 실제로 하나의 특정한 목적이 있는지 우리는 알지 못한다. 따라서 이러한 검토는 칸트가 말하는 '목적 없는 합목적성 purposiveness without purpose'을, 즉 '정답에 해당하는 하나의 목적 없이 다만 여러 답변이 목적에 부합할 수 있는지'를 살펴보는 것에 불과하다. 허스트가 이 작품을 만든 목적은 무엇일까? '죽음에는 삶의 완성이라는 영광이 주어져야 한다'는 뜻일까? 아니면 '부와 명예에 관한 어떠한 추구도 결국에는 죽음으로 귀결된다'는 뜻일까? 이런 답변들은 저마다 옳지만 그중 하나를 정답이라고 말하기는 쉽지 않으며, 다른 답변들도 얼마든지 가능하다. 이제 우리는 미적 경험의 두 번째 작동 방식을 요약할 준비가 되었다. 그것은 규정판단을 중지하고 반성판단으로 전환하는 것이고, 이를 통해 지성과 상상력이 자유롭게 유희하게 만드는 것이다.

정리하자면 칸트에게서 미적 경험은 다음과 같이 '이중의 중지'를 통해 작동한다. 한편으로 욕구 능력의 중지는 우리가 감각적 관심과 도덕적 관심에서 벗어나 미적 경험 고유의 영역으로 진입할 수 있게 해준다. 다른 한편으로 규정판단의 중지는 반성판단 속에서 지성과 상상력이 자유롭게 유희할 수 있게 해준다. 이러한 유희 속에서 이루어지는 지성과 상상력의 일치, 칸트는 그것을 미美라고 불렀다. 말하자면 미는 지성과 상상력이 "우리가 사용 가능한 상태로 지니는, 가능한 개념들의 전체 영역(형태, 색조, 모양새, 움직임, 그리고 이와 관련된 온갖 기억과 연상)과 유희적으로 연관"[3]될 때 우리에게 어떤 쾌감으로서 주어지는 것이다.

그런데 이 자유로운 유희는 과연 얼마나 다양하게, 또 얼마나 풍요롭게 이루어질 수 있는 것일까? 초현실주의 화가 살바도르 달리는 스페인 카탈루냐 해변의 기암괴석에서 회화적 영감을 얻곤 했다. "셀 수 없을 만큼 불규칙하고 복잡한 데서 기인하는 모든 이미지가 위치를 바꿀 때마다 잇달아 나타난다. … 배를 천천히 저어 바위 형상 쪽으로 다가가면, … 이 모든 이미지는 다른 모습으로 변한다. … 낙타의 얼굴이던 바위는 이제 (수탉의) 볏으로 보인다."⁴ 이러한 언급은 하나의 바위가 여러 형태를 담을 수 있음을 시사하는데, 실제로 달리는 자신의 작품에다 이런 형태상의 유희를 숨겨놓곤 했다.

 ⟨코끼리를 비추는 백조⟩(1937)의 경우를 살펴보자. 말라 비틀어진 나무들 앞에 백조 세 마리가 호수에 떠 있고, 그 아래로 그림자 세 개가 보인다. 그러나 눈을 조금 아래로 내려 잘 관찰해보면 그림자 세 개는 어느새 코끼리 세 마리로 변하고 조금 전 호수였던 부분은 이제 파란 뒷배경이 된다. 요컨대 달리는 백조의 그림자로도, 코끼리로도 보이는 기묘한 형태를 통해 일종의 시각적 유희를 제공하는 것이다. 물론 이 작품에서 그 유희는 매우 제한적인 것으로, 단 두 개의 가능성을 가질 뿐이다. 그러나 무수히 많은 형태가 숨겨져 있거나 무수히 많은 의미가 담겨 있는 예술 작품이 존재한다면 어떨까?

칸트는 예술적 천재에게 '감성적 이념aesthetic idea'을 창조하는 능력이 있다고 말한 바 있다. 이 용어는 그 자체로 모순적이다. 한편으로 감각기관을 통해 수용할 수 있음을 뜻하는 '감성적'이라는 단어는 그 작품이 시공간적으로 주어질 수 있는 개별적 대상일 것을

요구한다. 다른 한편으로 전체성이나 절대성 등과 결부되는 '이념'이라는 단어는 그 작품이 시공간적으로 주어질 수 없는 보편적 대상일 것을 요구한다. 이 두 단어 사이의 모순은 어떤 개별적 대상이 지성의 개념들을 아무리 동원해도 다 규정할 수 없는 그런 보편성을 담고 있는 경우에만 해소된다. 그런데 그런 대상이 과연 존재할 수 있는 것일까?

러시아 출신의 미국 화가 마크 로스코가 그린 〈오렌지와 옐로우〉(1956)를 한번 살펴보자. 오렌지색과 노란색의 거대한 두 색면이 상하로 배치되어 있고, 그 주위  를 주황색 테두리가 둘러싸고 있다. 로스코는 밑칠을 하지 않은 로 캔버스raw canvas에 물감을 스며들게 했고, 여러 차례 물감을 얇게 펴 발라서 빨려들 것 같은 깊이감을 연출했다. '거대한 두 색면은 과연 무엇을 의미하는 것일까?' 자유로운 유희 속에서 지성과 상상력은 우리에게 수많은 답변을 제공한다. 탄생과 죽음, 기쁨과 고통, 선과 악, 과거와 미래 등등. '두 색면의 관계는 과연 어떤 것일까?' 결합일까, 분리일까, 하나가 다른 하나를 잠식하는 것일까, 하나가 다른 하나에서 이탈하는 것일까? 이 모든 가능한 항과 관계를 조합하는 가운데 우리의 지성과 상상력은 끝없는 유희에 빠져든다.

[미감적 이념은] 그토록 수많은 것을 사고하도록 유발하지만, 그러나 어떠한 특정한 개념도 이 표상을 감당할 수 없으며, 따라서 어떠한 언어도 이 표상에 온전히 도달하여 설명할 수 없다. … 미감적 이념은 마음에 유사한 표상들의 광대한 분야에 대한

전망을 열어줌으로써 마음에 생기를 불어넣는다.[5]

로스코의 작품은 미감적 이념의 한 현대적 사례가 아닐까? 그는 '말은 감상자의 상상력을 마비시키기에 침묵이 더 낫다'고 생각했고, 선입견을 줄까 두려워 대부분의 작품에 뚜렷한 제목을 붙이지 않았다. 말년에 그린 〈시그램 벽화Seagram Murals〉 연작을 기증받은 테이트모던 미술관은 로스코가 바랐듯 별도의 전시실을 만들고 조명을 어둡게 낮추었다. 지금도 그곳에 가면 관람객들이 멍하니 서서 그의 작품들을 바라보는 모습을 쉽게 발견할 수 있다. 그 작품들은 어둡고 무거우며, 삶의 온갖 의미를 주고 또 거두어간다. 말하자면 그것은 탁월한 유희의 대상인 것이다.

실러의 미적 교육: 인간학과 정치

미적 경험은 어떤 영역들을 아우르는 것일까? 이 물음은 미적 경험이 예술 작품의 감상이라는 좁은 영역을 넘어설 수 있음을 함축하는데, 실러에 따르면 그것은 인간학과 정치를 아우른다. 칸트의 열렬한 독자였던 실러는 그의 '자유로운 유희'를 '유희충동play drive'으로 계승하는 한편, 그것을 다음의 두 방향으로 밀고 나갔다. 먼저 인간학적 차원에서 미적 경험은 인간의 두 본성적 충동인 감각충동sensuous drive과 형식충동formal drive의 갈등을 해소한다. 다음으로 정치적 차원에서 미적 경험은 공동체의 두 인간 유형인 물리적 인간physical man과 이성적 인간rational man의 갈등을 해소한다. 미적 경험이 어떻게 그런 역할을 수행할 수 있는지 이제 하나씩 살펴보기로 하자.

실러의 인간학은 두 본성적 충동과 관련해서 전개되는데, 감각충동과 형식충동은 "두 가지 대립된 힘"으로서 저마다 "그들의 대상을 실현하도록 우리를 추동"한다는 이유에서 '충동'이라고 불린다.[6] 먼저 감각충동은 현실적 감각과 욕구에 따라 수동적으로 규정되고자 하는 경향성을 가리킨다. 이러한 경향성이 지배할 때 우리는 감각과 욕구의 대상을 제공하는 개별적인 사례에 매몰되고, 이상적인 논리와 도덕을 도외시하며, 현실이 제공하는 좁은 영역에 상상력을 가둔다. 다음으로 형식충동은 이상적인 논리와 도덕에 따라 능동적으로 규정하고자 하는 경향성을 가리킨다. 이러한 경향성이 지배할 때 우리는 이상적인 논리와 도덕을 제공하는 보편적인 법칙에 매달리고, 현실의 감각과 욕구를 도외시하며, 법칙을 일방적으로 강요하면서 상상력을 쇠약하게 만든다.

이토록 상이한 두 충동은 서로 대립할 수밖에 없으며, 예컨대 거의 모든 교육 현장에서 우리는 이런 대립을 발견할 수 있다. 유치원에서 부모님께 감사의 그림 편지를 쓴다고 해보자. 감각과 욕구에 매몰된다면 아이들은 자신의 희망과 바람을 표현하는 데 급급하면서 감사라는 취지와는 무관한 결과물을 만들게 될 것이다. 반대로 정해진 형식과 규칙에 매달린다면 아이들은 누구의 것인지 구별되지도 않는 천편일률적인 결과물을 만들게 될 것이다. 따라서 실러가 말하듯이 두 충동은 어느 것도 그 자체로는 만족스럽지 못하다. 여기서 한 발 더 나아가 그는 "두 기본 충동 가운데 하나가 독점적으로 지배하면, 그것은 인간에게 강제와 폭력의 상태"[7]를 야기하게 될 거라고 경고한다.

두 충동 중 하나에 사로잡힌 채 강제와 폭력의 상태에 놓인 인간. 그런 인간의 사례는 일상적인 사회생활에서도, 역사적인 사건에서도 쉽게 발견된다. 일상적인 사회생활의 예를 들어보자.[8] 실러가 보기에 감각충동에 매몰된 자들은 이른바 '업무 정신'에 갇힌 물리적 인간들이다. 그들은 눈앞의 개별적인 현실에 매달릴 뿐 공동체를 위한 보편적인 이상을 추구하지 못한다. 그들의 상상력은 좁은 업무 영역에 갇혀 있어 다른 영역들로 뻗어나가지 못하기 때문이다. 그에 반해 형식충동에 매달리는 자들은 이른바 '사변적 정신'에 갇힌 이성적 인간들이다. 그들은 다양한 영역을 넘나드는 폭넓은 상상력을 갖고 있으며, 이를 통해 개별적인 사례들을 뛰어넘는 보편적인 이상을 추구한다. 그러나 그들은 지나치게 냉정해서 상상력의 힘과 열정을 꺾어버리기 쉽고, 현실감각이 부족해서 상상의 산물을 현실에 제대로 구현하지도 못한다.

실러의 관점에서 보자면 프랑스대혁명은 이 두 인간 유형이 공동체에 야기할 수 있는 위험을 극적으로 드러낸 사건이었다.[9] 한편으로 현실을 고려하지 않고 이상만 추구하는 이성적 인간들(혁명가)은 새로운 국가를 준비하지도 않은 채 성급하게 기존의 국가를 파괴했다. 다른 한편으로 논리와 도덕을 갖추지 못한 물리적 인간들(군중)은 혁명에 동의하지 않는 수많은 동료 시민을 잔인하게 학살했다. 한때 열렬히 지지했던 혁명이 이렇게 망가져가는 것을 바라보면서, 실러는 이런 결론에 도달한다. 감각충동도, 형식충동도, 물리적 인간도, 이성적 인간도 단독으로는 제대로 된 사회적 변화를 이루지 못한다. 중요한 것은 두 충동을 아우르는 인간 본성의 전체성을, 그리고 두 인간 유형을 아우르는 인간 공동체의 전체성을 회복하는 일이다.

이 전체성의 회복을 위해 실러가 찾아낸 방법이 바로 미적 교육aesthetic education이다. 단순화해서 말하자면 미적 교육이란 아름다움을 매개로 제3의 충동인 유희충동을 형성하는 것이다. '충동'이라는 표현을 사용하긴 하지만, 감각충동이나 형식충동과 달리 유희충동은 인간의 본성에 속하는 것이 아니다. 그것은 두 본성적 충동의 상호작용 속에서 형성되는 것으로, 문화와 예술을 통해 더 높은 단계로 상승할 수 있다. 실러에 따르면 인간의 유희충동은 감각과 욕구에 완전히 매몰되었던 미개 상태에서 벗어나는 순간부터 이미 존재했다. 초기 인류가 동굴 벽에 그려 놓은 동물들, 서툰 솜씨로 빚어낸 크고 작은 장신구들, 토기에 새겨 넣은 기하학적 문양들을 떠올려보라. 이는 그들이 현실과 구별되는 가상appearance을 즐기고 현실적으로는 무용한 장식을 추구하는 취향과 능력을 갖추고 있었음을 보여준다. 그리고 이러한 유희충동이야말로 문화와 예술의 발전을 이끄는 원동력이었다.

그런데 유희충동은 어떻게 두 본성적 충동의 대립, 두 인간 유형의 대립을 해소하고 그것들의 전체성을 회복할 수 있는 것일까? 칸트의 자유로운 유희를 잠시 떠올려보자. 미적 판단 속에서 상상력과 지성은 저마다 최고도로 활성화되는 동시에 서로를 강제하지 않는 행복한 일치를 이룬다. 실러에게서는 유희충동이 바로 이러한 역할을 수행한다. 유희충동은 미적 경험 속에서 감각충동과 형식충동이 서로 간의 대립을 멈추고 조화롭게 결합할 때 비로소 성립하는 것이기 때문이다. 실러는 이렇게 말한다. "아름다움을 관조할 때 마음은 [형식충동의] 법칙과 [감각충동의] 욕구 사이의 행복한 중간에 놓여 있습니다."[10]

당대의 많은 지식인이 그러했듯이 실러도 고대 그리스를 인류 문명의 정수로 여겼다. 이제 그리스의 헤라 여신을 조각한 거대한 두상 주노 루도시비를 통해 미적 경험이 어떤 의미에서 '교육'일 수 있는지 구체적으로 살펴보기로 하자. 이 조각상은 두 가지 측면에서 '자유롭다.' 첫째로, 미적 감상의 대상으로 제시되는 한에서 그것은 종교·도덕·정치 등 삶의 다른 영역들에서 분리되어 일종의 예외적인 경험으로서 제시된다. 둘째로, 아무도 본 적 없는 신의 모습을 제시하는 한에서 그것은 특정한 형태를 강요하는 모방과 재현의 법칙들을 따를 필요가 없다. 조각상이 누리는 이 이중의 자유는 감각충동과 형식충동에다 이런 교훈을 남겨준다. 첫 번째 자유와 관련해서 감각충동은 종교적·도덕적·정치적 기대와 바람에서 벗어나야 하며 그럴 때만 미적 영역에 도달할 수 있다. 두 번째 자유와 관련해서 형식충동은 모방과 재현이 강요하는 법칙에서 벗어나야 하며 그럴 때만 자유로운 창조와 감상의 가능성이 나타난다. 유희충동의 성립은 감각충동과 형식충동이 이 이중의 교훈을 받아들이고 있음을 함축하며, 두 충동을 함께 활용하는 개선된 인간(미적 인간)이 탄생할 수 있음을 시사한다.

실러에게서 미적 인간의 탄생은 두 인간 유형이 함께 살아가는 개선된 국가(미적 국가)의 탄생으로 이어진다. 그는 국가를 세 종류로

작자 미상, 〈주노 루도비시〉(서기 1세기)

구별한다. 먼저 인간과 인간이 힘 대 힘으로 만나서 서로의 권리를 주장하는 역학적dynamic 국가가 있다. 다음으로 국가의 일반의지로 개인의 개별적인 의지들을 억누르는 윤리적ethic 국가가 있다. 마지막으로 아름다움을 통해 취향과 사교의 가능성을 배운 인간들이 서로 어우러지는 미적aesthetic 국가가 있다. 역학적 국가에서는 물리적 인간들이 저마다 힘을 내세워 서로를 억압하고, 윤리적 국가에서는 이성적 인간들이 이상적 논리와 법칙을 내세워 물리적 인간들을 억압한다. 그러나 미적 국가에서는 두 유형의 인간들이 서로를 억압하는 일 없이 더불어 살아간다. 여기서는 물리적 인간들이 감각과 욕구만 추구하는 데서 벗어나 이상적인 논리와 도덕으로 향하고, 이성적 인간들이 이상적인 논리와 도덕만 강요하는 데서 벗어나 감각과 욕구를 되찾기 때문이다.

늘 인내하는 대중을 강제적으로 자신의 목적 아래 굴복시키던 지성은 이제 대중들이 동의하는지 그들의 의견을 물어보아야 합니다. 여기 미적 가상의 왕국[미적 국가]에서는 사실상 몽상가들이 꿈꾸던 평등의 이상이 실현됩니다.[11]

'미적 국가'라는 표현을 사용하면서도 실러는 이런 공동체가 실제로 국가의 형태로 존재한다고 주장하지는 않았다. 『인간의 미적 교육에 관한 편지』를 마무리하는 스물일곱 번째 편지에서 그는 '섬세한 영혼'을 지닌 모든 이에게 이런 공동체가 필요하지만 실제로 그것은 작은 신앙 모임에서나 드물게 발견된다고 말한다. 미적 국가의 길이 요원하기에 실러는 미적 교육이 더욱 절실하게 필요하다고 믿었는지도 모른다.

실러가 말하는 미적 교육의 지향점은 자유, 즉 인간학적 자유와 정치적 자유에 있다. 인간학적 차원에서 그것은 두 충동 중 하나의 독점적인 지배에서 벗어난 자유로운 인간을 양성한다. 정치적 차원에서 그것은 두 인간 유형 중 하나의 독점적인 지배에서 벗어난 자유로운 공동체를 건설한다. 미적 교육은 자유로운 인간과 자유로운 공동체라는 이중의 목표로 향하는 단 하나의 길인 것이다.

랑시에르의 미적 태도: 감각계의 분할

칸트는 미적 경험이 '이중의 중지'를 통해 '자유로운 유희'의 방식으로 작동한다는 사실을 알려주었다. 그리고 실러는 미적 경험이 '인간학과 정치'를 아우르며 '인간의 개선(미적 인간)'과 '공동체의 개선(미적 국가)'에 기여할 수 있음을 알려주었다. 이러한 두 논의를 염두에 두면서 랑시에르는 미적 경험이 어떻게 우리를 변화시키는지 묻는다. 이 물음에 대한 가장 손쉬운 답변은 그것이 윤리적 교훈이나 정치적 주장을 제공한다고 말하는 것이다. 그러나 우리는 때로 그런 교훈이나 주장이 작품의 예술성을 떨어뜨린다는 사실을, 그리고 그런 교훈이나 주장의 시의성이 다하고 나면 작품에 대한 평가도 달라지곤 한다는 사실을 잘 알고 있다. 더 근본적인 차원에서는 예술 작품에 어떤 교훈이나 주장이 담겨 있다 하더라도 그것이 과연 관객이나 독자에게 그대로 수용되는지도 생각해볼 필요가 있다. 관객이나 독자의 능동적인 해석과 변형의 가능성을 간과한다는 점에서 이런 답변은 그들을 수동적인 수용자로 간주하는 일종의 편견을 담고 있는지도 모른다.

예술 작품이 우리에게 윤리적 교훈이나 정치적 주장을 제공한다는 이런 답변을 칸트와 실러는 어떻게 생각할까? 칸트는 아마도 이렇게 말할 것이다. 그런 교훈이나 주장은 도덕적 관심에서 기인하는 것이니 엄밀하게 미적인 영역에 속한다고 말하기 어렵고, 특정한 의도나 목적을 지닌 것이니 반성판단보다는 규정판단과 관련되며, 따라서 자유로운 유희를 불러일으키지도 못한다. 실러도 긍정적인 반응을 보일 것 같지는 않다. 그런 작품은 감각충동보다는 형식충동을 자극하고 물리적 인간보다는 이성적 인간에게 호소하는 것이니 두 충동 및 두 인간 유형의 조화로운 상호작용을 지향하는 미적 교육에는 적합하지 않다. 미적 경험이 인간과 공동체를 개선하는 데 기여할 수 있다 하더라도 그런 변화가 윤리적 교훈이나 정치적 주장에서 기인하는 것은 아니다. 두 철학자가 보기에 중요한 것은 미적 경험 속에서 우리가 취하는 독특한 태도다. 이제 우리가 살펴보고자 하는 랑시에르의 '감각계의 분할'도 바로 이 미적 태도와 관련된다.

'감각계'는 감각의 영역을 가리키는 말로, 사유의 영역을 가리키는 '지성계 l'intelligible'와 구별된다.[12] 지성계에는 사유를 통해 파악할 수 있는 사물의 본질, 생성의 원리 등이 속하는 데 반해, 감성계에는 시간과 공간이라는 틀 속에서 시각이나 청각 등에 의해 파악되는 형태·색·소리 등이 속한다. 그런데 문제는 모든 인간이 공유하는 이 감각계가 시대와 사회마다 특정한 방식으로 '분할'되어 있다는 사실이다. 감각계가 분할되어 있다는 것은 두 의미를 갖는다. 첫째로, 감각계의 형식에 해당하는 시간과 공간의 일부가 특정한 사람들에게는 허용되고, 다른 사람들에게는 허용되지 않는다는 것이다. 신분제 사회에서 혈통에 따라 직업이나 활동을 제한하는 경우가 여기에 해당하는데, 이러한 분할은 대체로 사회의 관습·제도·법률 등에 구현되어 있다. 둘째로, 감각계의 내용에 해당하는 시각적이거나 청각적인 요소들이 항상 동등한 가치를 갖지는 않는다는 것이다. 신분제 사회에서 노예나 하층민의 입에서 나오는 소리를 '합리적인 말'이 아니라 동물의 울부짖음과 같은 '소음'으로 간주하는 것이 여기에 해당하는데, 이러한 분할은 주로 사람들의 감수성에 구현되어 있다. 이러한 이중의 분할을 염두에 두면서 랑시에르는 "지배의 정당성은 항상 서로 다른 인간성들 사이의 감각적 분리의 명확성에 근거해왔다."[13]고 말한다. 그가 보기에 예컨대 '자유민이 노예를 지배하는 것이 정당한가?'라는 물음에 대한 답변은 '감각계의 분할'을 통해 주어진다. '그렇다. 노예와는 달리 자유민은 정치적 활동에 필요한 시간과 공간을 점유할 수 있는 자, 정치적 활동의 수단인 합리적인 말을 사용할 수 있는 자이기 때문이다.'

신분제 사회를 예로 들긴 했지만, 감각계의 분할이 먼 과거의 이야기에 불과한 것은 아니다. 1960년대 미국에서 일어났던 흑인들의 민권운동을 생각해보자. 1870년대 이래로 미국에서는 수정헌법 15조를 통해 투표권에 대한 인종차별을 금지해왔다. 그러나 노예제의 잔재가 남아 있던 남부에서는 주별로 법을 만들어 이를 무력화했고, 투표에 참여하려는 흑인들을 위협하거나 그들에게 실제로 폭력을 행사하는 일이 빈번하게 일어났다. 이러한 상황은 민권운동의 반향 속에서 1965년 투표권법이 통과될 때까지 100여 년 동안 지속되었다. 이와 관련해서 우리는 '감성계의 분할'이 다음의 두 측면에서 존재했다고 말할 수 있다.

첫째로, 시간과 공간의 분할이 존재한다. 그것은 무엇보다 투표에 참여할 수 있는 시간과 공간을 누구에게 허락할 것인지의 문제와 관련된다. 그러나 더 근본적으로 그것은 학교에 다닐 수 있는 자가 누구인지, 상점에서 물건을 살 수 있는 자가 누구인지, 대중교통에서 의자에 앉을 수 있는 자가 누구인지의 문제와도 관련된다.

1955년 앨라배마주 몽고메리에서 버스의 '흑인 전용칸'에 앉아 있던 흑인 여성 로자 파크스는 버스 기사로부터 백인 승객에게 자리를 양보하라는 지시를 받았다. 이를 거부했다는 이유로 그녀는 경찰에 체포되었으며, 이 사건은 382일 동안 계속된 몽고메리 버스 보이콧 사태의 시발점이 되었다.

둘째로, 보고 듣고 느끼는 방식의 분할이 존재한다. 앞서 언급했듯이 그것은 무엇보다 흑인들의 입에서 나오는 소리가 소음에 불과한지 아니면 백인들과 같은 합리적인 말에 해당하는지를 가르는 분할이다. 그리고 이러한 분할은 당시 백인들의 감수성에 깊이 새겨져 있던 느낌, 흑인들은 더럽고 천하며 무식하다는 느낌과 깊이 결부되어 있다. 우리는 시간 및 공간과 관련된 첫 번째 분할이 보고 듣고 느끼는 방식과 관련된 두 번째 분할에서 비롯된다고 말할 수도 있다. 흑인들이 백인들과 마찬가지로 합리적인 말을 하는 자들이라면, 그들에게도 고려할 만한 의견이 있고 그것을 존중해야 한다면 그들에게도 동등한 사회적 지위와 동등한 정치적 의사결정의 기회가 주어져야 할 것이기 때문이다.

이러한 사례가 보여주듯이 랑시에르는 사회에 존재하는 인종적·계층적·계급적·문화적·지적 위계가 감각계의 분할에서 기인한다고 생각한다. 그렇다면 이런 감각계의 분할을 어떻게 변화시킬 수 있을까? 다시 말해 감각계를 새롭게 분할할 수 있는 방법은 과연 무엇일까? 랑시에르가 칸트와 실러에게서 배운 것은 미적 경험이, 보다 구체적으로 말하자면 미적 경험 속에서 우리가 취하는 태도가 이 새로운 분할의 가능성을 제공한다는 사실이다.[14] 칸트에게 그 태도는 무관심성과 반성판단이다. 무관심성은 여타의 관심들에서 벗어나 고유하게 미적인 영역을 구획하고, 반성판단은 그 미적인 영역 속에서 지성의 규정판단이 상상력과 감성을 지배할 수 없게 만든다. 실러에게 그것은 유희충동이다. 유희충동은 두 충동의 조화로운 상호작용을 전제하며, 따라서 형식충동이 감각충동을, 그리고 이성적 인간이 물리적 인간을 일방적으로 지배할 수 없게 만든다.

앞서 언급했듯이 칸트와 실러에게 미적 경험의 핵심은 '자유'에 있었다. 미적 경험에서는 두 인식능력(칸트의 경우)이, 두 본성적 충동과 두 인간 유형(실러의 경우)이 저마다 최고로 활성화되면서도 서로를 강제하지 않는 자유를 누린다는 것이다. 그런데 랑시에르는 이러한 자유 속에서 평등의 가능성을 본다. 그것은 인식능력들 사이의 평등, 본성적 충동들 사이의 평등, 인간 유형들 사이의 평등이다. 그리고 이러한 평등은 감성과 지성 사이, 감각충동과 형식충동 사이, 물리적 인간과 이성적 인간 사이에 존재해왔던 전통적인 위계를 무력화시킨다. 위계를 무력화하는 미적 경험의 힘. 랑시에르는 그 힘이 사회적 위계를 유지하고 작동시키는 감각계의 분할이 중지시키고 새로운 분할의 가능성을 제공한다고 본다. 특히 그는 19세기 노동자들이 남긴 옛 문서들 속에서 감각계를 새롭게 분할하는 구체적인 사례들을 발견한다.

세계의 전복은 사유하기를 업으로 하지 않는 자들의 평온한 잠을 보통 노동자들이 누려야 했던 시각에 시작된다. … 육체노동에 종사하는 이들을 사유의 특전을 누려온 이들에게 종속시키

는 전례의 위계를 유예시키는 밤. … 배우고 꿈꾸고 토론하고 글을 쓰기 위해 연장된 버거운 나날들.[15]

첫 번째 사례는 시간과 공간의 분할에 맞서는 일군의 노동자들 이야기다. '육체노동에 종사하는 이들'을 '사유의 특전을 누려온 이들'에게 종속시키는 위계, 그 위계는 시간과 공간을 다르게 할당하는 감각계의 분할을 통해 작동한다. 이를테면 노동자들에게 '노동과 (다시 노동하기 위한) 재충전'의 시간만을, 그리고 이에 상응하는 '작업장과 집'이라는 공간만을 할당하는 것이다. 따라서 그들이 배우고 토론하고 글을 쓸 수 있는 시간과 공간을 마련하려 애쓰는 것은 사회적 제도와 관습에 깊이 각인된 감각계의 분할에서 벗어나려는 시도였다. 랑시에르에 따르면 이 노동자들에게는 특별한 계급의식도 없었고, 특정한 정치적 이론에 따라 노동자계급을 조직화하려는 의도도 없었다. 그들은 글쓰기와 산수 등 초보적인 교육밖에 받지 않았지만, 노동에 지친 몸을 이끌고 밤마다 모여 당시 유행하던 부르주아문학을 흉내내기 시작했다. 랑시에르는 그들이 '혁명가를 부르는 노동자들보다 지배 질서에 더 위협적'이었다고 말하는데, 이는 그들이 지배 질서의 근본적인 토대인 감각계의 분할에 맞섰기 때문일 것이다.

자신이 마루판을 깔고 있는 방의 작업을 끝마치기 전까지, 그는 자기 집에 있다고 생각하면서 그 방의 배치를 마음에 들어 한다. … 그는 일순간 [노동하던] 팔을 멈추고서 널찍한 전망을 향해 상상의 나래를 펴고 인근 주거 소유자들[인근에 비슷한 대저택을 소유한 부르주아들] 이상으로 그 전망을 만끽한다.[16]

두 번째 사례는 보고 듣고 느끼는 방식의 분할에 맞서는 한 노동자의 이야기로, 우리의 주제인 미적 경험과 직접적으로 연결된다. 루이 가브리엘 고니Louis-Gabriel Gauny라는 이름의 이 노동자는 한 부르주아 저택에 마루판을 깔다가 문득 노동을 멈추고 미적 경험에 빠져든다. 그는 자신이 고용된 노동자일 뿐이며, 그 저택과 거기서 바라보는 전망이 자신의 것이 아니라는 사실을 잠시 망각한다. 이러한 망각 속에서, 주어진 현실과 거리를 두는 가운데 그의 상상력은 서서히 활성화되기 시작한다. 칸트라면 그가 무관심성의 태도를 취했으며 그 속에서 상상력과 지성이 자유로운 유희를 벌인다고 말했을 것이다. 실러라면 그에게서 유희충동이 발현되고 있으며 그 속에서 감각충동과 형식충동이 조화로운 상호작용을 이룬다고 말했을 것이다. 두 철학자의 생각을 이어받으면서 랑시에르는 이 젊은 노동자가 감각계의 분할에 맞서고 있다고 말한다. 그는 자신에게 할당된 육체·노동·제작의 영역을 넘어 정신·사유·감상의 영역으로 향하기 때문이다. 그가 보여주는 것은 당대의 지배적인 통념과는 달리 이 두 번째 영역이 그런 저택을 소유한 자들에게만 주어져 있는 것은 아니라는 사실이다. 전과는 다른 방식으로 사물을 보고 듣고 느끼는 가운데, 그의 감수성은 새롭게 조형된다. 그는 사회가 금지해왔던 "유사함의 감정"[17]을 느낀다. 말하자면 그것은 평등의 경험이고, 이런 경험이야말로 그가 밤잠을 줄여가며 책을 읽고 글을 쓰게 되는 원동력이었을 것이다.

자신을 가두고 있던 감각계의 분할에서 벗어난다는 점에서 우리는 이 노동자의 미적 태도를 일종의 '해방'으로 간주할 수 있다. 그러나 여기서 해방이라는 말의 두 의미를 혼동해서는 안 된다. 한편으로 그것은 우월한 자가 열등한 자에 대한 권한을 포기한다는 뜻이다. 주인이 노예를 해방시킨다고 말하거나 제국주의 국가가 식민지를 해방시킨다고 말하는 것이 여기에 속한다. 다른 한편으로 그것은 피지배의 상태에 놓이거나 공동체의 가장자리로 밀려난 사람들이 평등을 주장한다는 뜻이다. 말하자면 그것은 스스로 쟁취하는 해방이다. 시간과 공간의 분할이라는 차원에서, 또 보고 듣고 느끼는 방식이라는 차원에서 미적 경험이 제공하는 것은 바로 이 두 번째 의미의 해방인 것이다.

나가며

지금까지 우리는 미적 경험이 우리에게 미치는 영향을 그것의 작동 방식과 관련해서(칸트), 그것이 아우르는 범위와 관련해서(실러), 그것의 정치적 함의와 관련해서(랑시에르) 살펴보았다. 여기서는 미적 경험과 상상력의 관계를 잠시 조망하면서 이 글을 마무리하고자 한다. 간단히 말해 상상력은 상像image을 그려내는[想] 능력[力]이다. 이런 의미에서 보자면 눈을 감을 때 잔상을 남기는 것, 과거의 기억을 회상하는 것, 이미 알고 있는 이미지들을 조합해서 새로운 이미지를 만드는 것까지 상상력은 매우 광범위한 영역들을 아우른다.

상상력에 관한 뿌리 깊은 통념 중 하나는 그것이 '자유롭고 새롭다'는 생각이다. 사람들은 대개 상상력이 무엇이든 마음껏 그려볼 수 있다고, 또 그 속에서 전례 없이 새로운 것이 만들어질 수 있다고 믿는다. 그러나 우리가 앞서 살펴본 세 철학자는 이런 막연한 기대에 아마 동의하지 않을 것이다.

칸트는 일상적 인식의 대부분을 차지하는 규정판단에서 상상력이 지성에 철저히 종속되어 있음을 지적한다. 여기서 상상력의 활동은 외부 대상의 이미지를 복제해 지성이 판단할 수 있도록 제공하거나 지성의 개념에 부합하는 이미지를 주조해 외부 대상과 맞춰보는 일에 한정된다. 실러는 감각충동과 형식충동이 상상력에 이중의 제약을 가하고 있음을 보여준다. 감각충동은 경험적 현실의 좁은 영역에 상상력을 가두고, 형식충동은 이상적 법칙으로 짓눌러 상상력을 쇠약하게 만든다. 랑시에르도 감각계의 분할이 우리의 상상력을 제약하고 있음을 시사한다. 사회의 관습·제도·법률은 물론 우리의 감수성 자체에도 새겨져 있는 그 분할은 시간과 공간의 인위적인 제약과 보고 듣고 느끼는 방식의 인위적인 제약을 자연스러운 것으로 받아들이게 만들기 때문이다.

세 철학자에게 미적 경험이 중요한 이유는 그것이 상상력에 해방의 계기를 제공하기 때문이다. 칸트가 말하듯 미적 경험 속에서 상상력은 지성에 대한 종속에서 풀려나 지성과 자유로운 유희를 이루고, 때로 그 유희는 미감적 이념과 더불어 무한히 고양된다. 실러가 보기에 미적 경험은 감각충동과 형식충동을 조화롭게 상호작용하게 만들고, 그 속에서 상상력은 현실에 발을 딛고 이상을 향해 뻗어나간다. 랑시에르에 따르면 미적 경험이 감각계의 분할을 무력화할 때 상상력은 시간과 공간의 다른 분할, 보고 듣고 느끼는 방식의 다른 분할을 시도한다. 따라서 우리는 이렇게 말해도 좋을 것이다. 상상력은 자유롭고 새로울 수 있지만, 그것은 미적 경험이 가져다주는 드물고 귀한 해방의 순간에만 그러하다고 말이다.

2부 정보화 시대의 상상력

인공지능은 상상하는가?

천현득

"그것은 행위자가 아니다.
기계학습 모형들은 행위성을 결여한다.
그것들은 진정한 의미에서 상상력을 가질 수 없다.
경험주의 학습기계는 상상하는 행위 주체가 아니다."

천현득은 서울대학교에서 물리학을 전공하고, 동 대학원에서 과학사 및 과학철학 전공으로 박사학위를 받았다. 이화여자대학교 이화인문과학원 교수를 거쳐 2018년 서울대학교 철학과에 부임하였고, 현재는 과학학과 교수로 재직 중이다. 지은 책으로 『토머스 쿤, 미완의 혁명』(2023), 『인공지능시대의 인간학』(공저, 2021), 『인공지능의 존재론』(공저, 2018), 『인공지능의 윤리학』(공저, 2019), 『과학이란 무엇인가』(공저, 2015) 등이 있고, 옮긴 책으로 『증거기반의학의 철학』(공역, 2018), 『실험철학』(2015) 등이 있다.

들어가기: 인공지능 시대 상상력과 창의성

인공지능의 시대임을 부인할 사람은 별로 없을 것이다. 최근 인공지능 기술의 발전으로 거대한 데이터를 기반으로 학습된 인공신경망이 데이터 안에서 통계적인 규칙성을 찾아내고 이를 바탕으로 입력 데이터를 분류하거나 새로운 결과를 예측하는 데 큰 성취를 보여주고 있다. 최근 모형들은 이미지 인식 및 분류, 음성 인식, 질병의 진단과 처방 제안, 금융 데이터 분석 등에서 인간에 비견되거나 인간을 뛰어넘는다. 알파폴드AlphaFold는 그동안 매우 까다롭다고 여겨졌던 단백질 구조 예측 분야에서 새로운 돌파구를 마련하여, 데미스 하사비스와 존 점퍼에게 2024년 노벨 화학상을 안겨주었다. 이제 인공지능 기술은 분류와 예측을 넘어 텍스트, 이미지, 영상 등을 생성하는 단계로 진화하면서, 다양한 분야에서 혁신을 이끌어내고 있다. 챗지피티ChatGPT나 클로드Claude와 같은 대형 언어 모형은 매끄러운 문장들을 생성하고 일반인 사용자와 자연스러운 대화를 이어갈 수 있다. 이러한 언어 모형들은 프로그래밍과 데이터 분석에서도 탁월한 성능을 보여주고, 변호사 시험, 의사 시험 등에서도 높은 성적을 받은 것으로 알려졌다. 달리DALL-E, 미드저니Midjourny, 스테이블 디퓨전Stable Diffusion과 같은 이미지 생성 모형은 문자 프롬프트만 주어지면 새롭고 예술적인 이미지를 순식간에 만들어낸다. 음악 분야에서도 새로운 곡을 작곡하는 데 사용되며, 소라SORA와 같은 영상 생성 모델의 발전도 경이롭다.

산업혁명 이후 기계의 발전은 인간의 육체노동을 대체하는 것으로 여겨졌다. 컴퓨터, 인터넷, 디지털 기술은 인간의 지적인 작업이나 업무를 보완하고 촉진하는 것으로 간주되었다. 이제 인공지능 기술의 급격한 발전으로 인한 대량 실업의 가능성이나 산업구조의 대규모 개편을 우려하는 목소리가 힘을 얻고 있다. 그럼에도 기술로 대체할 수 없는 인간의 고유한 능력으로서 상상력과 창의성이 강조되고, 또 그러한 힘을 통해 여전히 인공지능 기술을 유용한 도구로서 활용할 수 있다는 낙관론도 존재한다. 이런 시각에서 기술의 발전은 인간이 의미 없이 반복하는 소모적인 일에서 벗어나 창의적이고 의미 있는 일에 집중하도록 도울 수 있다. 그러나 근래 빠르게 발전하고 있는 생성형 인공지능은 인간의 창의적 영역에도 깊숙이 개입하며, 그 경계를 흔들고 있다. 글쓰기, 그림 그리기, 작곡, 디자인 등 전통적으로 인간의 상상력과 창의성이 중요한 분야에서 놀라운 성과를 보여주고 있기 때문이다. 이는 우리를 상상력과 창의성에 관한 더 근본적인 수준의 물음으로 이끈다. 과연 인공지능은 상상할 수 있을까? 상상이란 도대체 무엇인가? 상상을 흉내내는 인공지능과 더불어 우리는 어떤 미래를 상상해야 하는가? 인공지능은 우리의 상상력과 창작 활동을 위협하는 존재일까, 그렇지 않다면 새로운 협력의 동반자일까?

    이 글에서 나는 인공지능 시대의 상상력을 되짚어보고자 한다. 우선 현재 인공지능 기술을 어떻게 보아야 하는지에 관해 논의한 후 상상과 상상력이란 도대체 무엇을 의미하는지를 분명히 할 것이다. 그다음 과연 인공지능이 상상할 수 있는지를 묻고 현재 수준에서 그 답변은 부정적임을 주장한다. 그럼에도 인간이 인공지능과 더불어 새롭게 상상력을 발휘할 수 있는 가능성이 있고, 그러한 가능성과 한계에 관해 논의할 것이다.

경험주의 학습기계로서 심층 학습: CNN, GAN, LLM을 중심으로

이 절에서는 현대 인공지능의 놀라운 성취를 이끌어 온 세 가지 유형의 기계학습 모형을 간략히 스케치한다. 합성곱 신경망Convolutional Neural Network(CNN), 생성적 적대 신경망Generative Adversarial Network(GAN), 그리고 트랜스포머transformer 기반 대형 언어 모형Large Language Model(LLM)은 독특한 구조와 데이터 학습 방법을 통해 시각 데이터 처리와 생성, 언어 이해와 생성 등에서 혁신을 이루어냈다. 먼저 합성곱 신경망은 주로 이미지와 같은 시각 자료를 처리하는 데 좋은 성능을 내는 신경망의 형태이다. 이미지가 입력층에 주어지면, 이것이 은닉층의 여러 단계를 거쳐 점진적으로 처리되고, 출력층에서는 그 이미지에 관한 분류 결과를 산출한다. 〈그림 1〉에서 보듯이 고양이의 이미지를 입력해주면 여러 층에 걸친 처리를 통해서 "고양이"로 분류하는 것이다. 이러한 합성곱 신경망의 핵심은 합성곱convolution과 풀링pooling이라는 연산의 조합이다. 이러한 연산의 조합은 일종의 추상화 과정으로 묘사될 수 있으며, 초기 단계에서는 모서리나 윤곽선과 같은 간단한 패턴을 추출하고, 이후에는 더 복잡한 특성(예, 얼굴)을 학습할 수 있고, 출력에서는 특정 범주로 분류하게 된다. CNN은 이미지 분류, 물체 탐지, 얼굴 인식 등의 작

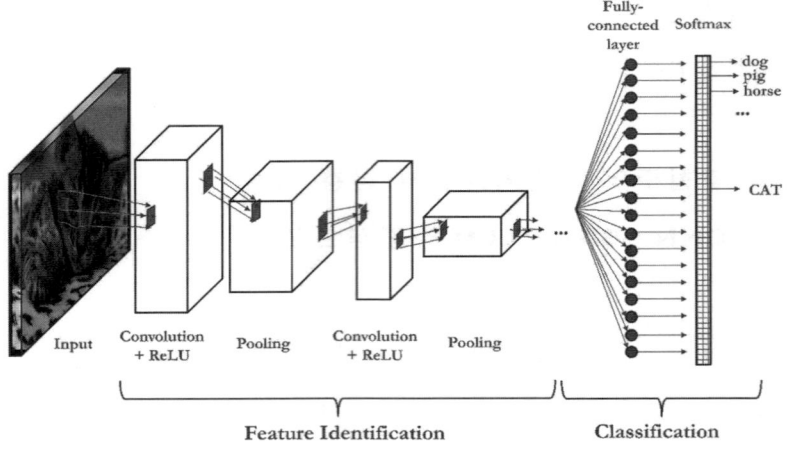

〈그림 1〉 심층 합성곱 신경망Deep Convolutional Neural Network의 구조[1]

업에서 뛰어난 성능을 보여주어 컴퓨터 비전 분야에서 중요한 역할을 해왔다.

생성적 적대 신경망(GAN)은 이미지 식별을 넘어 이미지 생성에 초점을 둔 신경망 모형으로, 생성자generator와 판별자discriminator라는 두 신경망이 경쟁하면서 학습을 한다. 생성자는 무작위 노이즈를 기반으로 이미지를 생성하고, 판별자는 생성된 이미지가 진짜 이미지와 유사한지를 평가한다. 이러한 평가를 거치면서 생성자 신경망이 학습을 하게 되면 결과적으로 생성자는 실제 이미지와 구별할 수 없을 정도로 정교한 이미지를 생성하게 된다. GAN은 CELEBA-HQ 데이터세트의 고해상도 얼굴 사진을 바탕으로 정교한 얼굴 이미지를 산출하기도 하고, 동영상을 합성하는 데에도 사용되며, 손상된 이미지를 복원하는 데에도 사용될 수 있다.

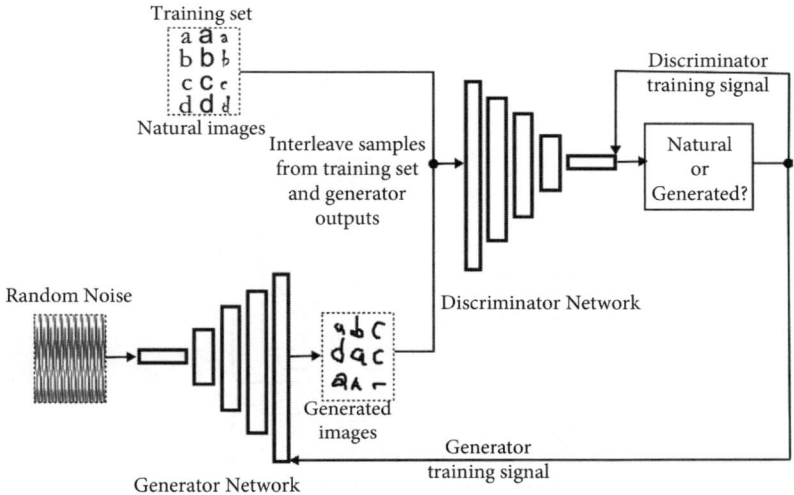

〈그림 2〉 생성적 적대 신경망의 구조[2]

　트랜스포머 기반의 언어 모형은 자연어 처리(NLP) 분야에서 가장 주목받는 기계학습 모형이고, 챗지피티, 클로드, 제미나이Gemini 등으로 우리에게 잘 알려져 있다. 챗지피티는 최단기간인 출시 5일 만에 100만 사용자를 달성한 모델이기도 하고, 챗봇과 같은 인터페이스를 통해 우리에게 친숙하게 다가왔다. 트랜스포머 모델은 수십 개의 층transformer blocks으로 이루어진 심층 신경망 모형으로, 방대한 텍스트 데이터를 통해 훈련되고, 주어진 단어들의 배열을 기반으로 다음 단어들을 연속적으로 나열하는 예측 모형autoregressive prediction model이다. 이 모형에 입력으로 들어간 텍스트는 토큰으로 변환되는 토큰화를 거쳐 벡터로 변환되고, 이 벡터들은 위치 부호화 벡터positional encoding와 결합된다. 입력 토큰이 주어지면 다음에 나올

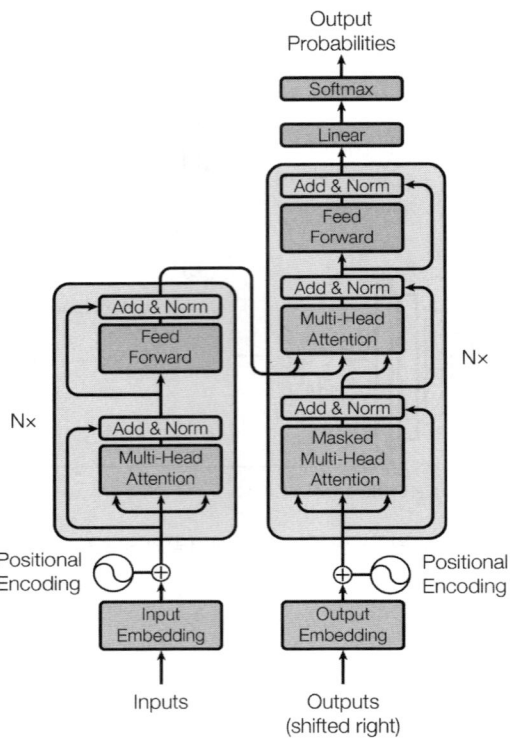

〈그림 3〉 트랜스포머 구조

토큰의 확률을 예측하고 이를 실제 토큰과 비교하면서 매개변수들을 조정하는 방식으로 학습이 이루어진다. 트랜스포머 구조의 혁신은 주의attention 메커니즘인데, 이를 활용하여 데이터 간의 상호 연관성을 학습함으로써 문맥을 이해하는 것과 같은 효과를 가져왔다. 이와 같은 트랜스포머에 기반한 대형 언어 모형은 방대한 데이터를 학습하여 텍스트 번역, 문서 요약, 질의응답 시스템, 창의적 글쓰기 등에서 뛰어난 성능을 보여주고 있다. 이는 단순한 언어 이해를 넘어 창작의 영역으로까지 확장되고 있다.

　　CNN, GAN, LLM 등은 구조와 주된 적용 영역에서 차이가 있지만, 공통적으로 거대한 규모의 데이터를 기반으로 하는 기계학습 모형이다. 이 모형들은 특화된 구조를 가지지만, 학습 메커니즘은 상당히 일반적이고, 여기에 신경망을 학습시키는 독특한 기법들을 적용하여 빅데이터를 학습함으로써 뛰어난 성능을 보여준다. 명시적인 규칙이나 명령 없이도 데이터로부터 패턴을 학습하는 이러한 기계를 경험주의 기계로 부를 수 있다. 물론 그러한 신경망 모형들이 어떠한 선천적인 구조나 메커니즘을 가지지 않는다고 볼 수는 없다. 그럼에도 그 모형들은 선천적인 지식을 가지지 않은 상태에서 학습이 이루어지며, 그런 점에서 경험주의적 학습을 예시하는 기계로 볼 수 있다. 과연 그러한 경험주의 기계는 인간의 인지와 인지 일반에 대해 좋은 모형을 제시할 수 있을까? 20세기 후반 이후 인지과학 분야에서 선천주의는 상당한 인기를 끌었지만, 일부 철학자는 기계학습의 성공이 다시금 경험주의의 가능성을 보여준다고 주장한다.[3] 여기서 이 논점은 제쳐두자. 우리의 관심은 경험주의 기계를 통해 지능을 모방하거나 구현할 수 있다면, 그것이 상상력과 창의성까지를 모방하거나 구현할 수 있는가 하는 것이다.

상상이란 무엇인가: 개념과 역할

　　상상이나 상상력imagination은 하나의 합의된 정의를 갖지 않는 것으로 악명 높은 개념 가운데 하나이다.[4] 따라서 여러 상상력의 개념 가운데 하나를 올바른 개념으로서 옹호하거나 새로운 상상력의 개념을 제시하는 것은 이 글의 목표가 아니다. 그럼에도 인공지능이 상상력을 가질 수 있는지 논의하기 위해 상상력을 거칠게나마 특징짓는 일은 불가피하다. 우선 우리는 이 글에서 인간의 심성에 대한 능력심리학faculty psychology을 채택할 것이다. 우리의 마음은 지각 능력, 기억 능력, 판단 능력 그리고 언어능력 등 다양한 능력과 그들의 상호작용에 의해 작동한다. 철학자이자 인지과학자였던 제리 포더는 『마음의 모듈성』(1983)에서 능력심리학의 현대적인 형태를 제시한 바 있다.[5] 상상력이란 그러한 마음의 능력faculty 가운데 하나로 볼 수 있다. 상상이란 우리가 상상력의 능력을 발휘하여 가지게 된 표상을 의미한다.

이제 논의를 위한 작업가설로서 다음과 같은 개념화를 고려해 보자.

(IMG) 상상력이란 탈-1인칭-현재-현실적 표상을 산출하는 능력이다.

이 개념화에서 접두어 "탈"은 "1인칭-현재-현실적" 전체에 걸려 있다는 점에 유의하라. 그러므로 상상(력)이란 1인칭적 관점 및 현재적 현실성으로부터 탈출하여, 세계를 표상하는 능력과 그 결과 얻게 되는 표상이다. 지금 철수가 자신 앞에 놓여 있는 사과를 보고 있다고 하자. 그가 사과를 식별하고 그 모양과 색깔을 알아챌 때, 그는 자신의 관점에서 현재 자신 앞에 놓여 있는 사과의 모습을 지각하고 있다. 지각perception은 1인칭적, 현재적, 현실적 표상을 산출하는 능력, 과정 그리고 그 결과이다. (필요하면 우리는 지각 능력, 지각 과정, 지각의 결과인 지각 내용을 구분할 수 있다. 그러나 혼동의 여지가 없다면 우리는 이를 통칭하여 지각이라고 부를 것이다.) 이러한 1인칭성, 현재성, 사실성을 넘어서는 정신 기관이 상상력이다.

철수가 자신의 관점이 아니라 자기 옆에 앉아 있는 영희의 관점에서 그 사과가 어떻게 보일지를 생각해본다고 하자. 1인칭적 관점을 넘어선 표상을 산출한다는 의미에서 그것은 지각이 아니라 상상이다. 철수는 지금 자신 앞에 놓여 있는 사과의 모습을 지각하는 대신, 며칠 뒤 그 사과가 색이 변하고 벌레 먹은 모습을 상상할 수도 있다. 이는 탈-현재적 표상으로서의 상상이다. 또는 철수는 자신 앞에 사과가 아니라 바나나가 놓여 있다고 상상할 수도 있다. 현실화된 사실과 다른 내용을 생각하는 이러한 경우 철수는 1인칭 관점에서 무언가를 표상하지만 현실적 대상과는 다른 대상을 상상한다. 그렇다면 상상이란 현재적 실재성이나 1인칭적 관점으로부터 벗어나, 다른 관점에서 현재가 아닌 시점을, 또는 현실이 아닌 가능성을 표상하는 활동과 그 결과로서의 심적 표상을 뜻하는 것으로 이해될 수 있다. 달리 말해 상상이란 "지금 여기 나"를 벗어난 표상이다. 이러한 개념화는 상상과 상상력에 대한 하나의 올바른 정의를 제공해주는 것은 아니지만, 이후 논의를 위한 유익한 발판을 제공한다.

어원적으로 그리고 역사적으로 상상력은 심상mental imagery을 만드는 정신 기관 또는 능력으로 간주되어왔다. 우리는 통상 시각적 심상visual imagery에 관해 말하지만, 청각적, 촉각적 심상 등 다른 감각 양상의 심상에 관해서도 말할 수 있다. 상상에 관한 심상 기반 견해의 단순한 형태는 무언가 상상하는 일을 그 대상에 관한 심적 이미지를 가지는 것과 동일시한다. 이에 반대하는 많은 현대의 이론가가 있지만, 여전히 이미지가 상상력에서 가장 중요한 요소임을 강조하는 철학자들이 존재한다.[6]

심상은 지각 경험과 매우 유사한 질적인 특성과 내용을 가진다. 즉 심상은 지각과 같은 perception-like 경험이다. 심상이 지각 경험에 비해 일반적으로 덜 생생하다고 볼 수도 있지만, 어떤 심상은 매우 또렷하고 생생하다. 예컨대 현실로 믿어질 만큼 생생한 악몽을 꾸고 잠에서 깨어난 경험이 누구나 한 번쯤 있을 것이다. (물론 그러한 꿈이 환각인지 상상인지에 관해서는 또 다른 논쟁이 있다.) 심상이 지각과 유사하다면, 그 둘은 어떻게 차별화되는가? 지각 경험과 심상은 자발성 여부와 외부 대상과의 인과관계 유무에 의해서 구별 지을 수 있다. 지각 경험은 현존하는 외부 대상으로부터의 자극을 통해 생성되는 비자발적 과정의 결과이지만, 심상은 외부 자극이 없는 경우에도 주체의 상상 행위 act of imagining를 통해 생성될 수 있다. 이러한 구분은 조심스럽게 그어질 필요가 있다. 지각이 비자발적이라고 해서 인식주체의 기여가 전혀 없는 순수한 수동적 과정이라고 이해될 필요는 없다. 반대로 자극이 없이도 우리가 상상할 수 있다고 해서 상상을 자극하는 소품 props이 중요치 않거나 불필요한 것은 아니다. 우리가 상상할 때, 우리는 소품을 지각하는 것이 아니라 그것의 자극을 받아서 무언가를 상상한다. 예컨대 소설을 읽을 때 우리는 책에 쓰인 글자들을 지각하지만 그러한 지각을 넘어 소설 속의 내용을 상상한다.

　상상에 관한 심상 기반 견해는 올바른가? 우리는 상상이 곧 심상을 가지는 것이라고 볼 수 있을까? 그렇지 않은 것 같다. 한편으로 모든 심상이 상상력이 발휘된 결과물도 아니고, 다른 한편으로 상상력이 반드시 어떤 종류의 심상을 산출하는 것도 아니기 때문이다. 여름휴가 때 제주도의 한 해변에서 보았던 해질녘 노을이 머릿속에 불현듯 떠오르거나 그날 카페에서 마셨던 에스프레소의 향기를 경험하는 것은 분명히 시각적, 후각적, 미각적 심상을 가지는 것이지만 상상력을 발휘한 결과는 아니다. 또한 우리는 종종 어떤 음성이나 소리가 계속 귓속에 맴도는 경험을 하곤 한다. 이것은 청각적 심상이지만 상상으로 간주되지는 않는다. 이러한 직관을 존중한다면 심상과 상상은 자발성voluntariness에 의해서 구분될 수 있다. 우리는 통상 자발적으로 심상을 생성하는 경우 상상이라고 말하지만, 비자발적으로 생성된 심상은 상상으로 보지 않는다.

　그렇다면 1인칭 관점이나 현재적 현실성을 벗어나 자발적으로 심상을 형성하는 경우 상상이라고 할 수 있지 않을까? 우리는 유니콘을 상상할 때와 같이 어떤 가상적인 대상을 상상할 수도 있고, 철수가 휴양지의 해변에서 일광욕을 즐기는 상황을 상상할 수도 있고, 백두산의 화산 폭발로 벌어질 여러 일을 상상할 수도 있다. 그러한 상상에서 우리는 대상, 사건, 상황에 관한 심상을 형성할 수 있다. 그런데 우리는 명제를 상상할 수도 있다. 예컨대 우리는 "하와이가 미국의 한 주가 아니라 독립국가"라고 상상할 수 있고, "물이 H_2O가 아니라 HO로 이루어졌다"고 상상할 수 있다. 이와 같이 참이 아닌 명제를 상상의 대상으로 삼는 경우 이를 명제적 상상propositional imagination/imagining that p으로 부를 수 있다. 이러한 명제적 상상은 명제 태도propositional attitude의 한 종류로 볼 수 있고, 대표적인 명제 태도인 믿음과 대조를 이룬다. 따라서 월턴은 "심상 없이도 상상하기는 일어날 수 있다imagining can occur without imagery"고 말한다.[7] 심상을 형성하든지 아니면 명제를 떠올리든지 간에 탈-1인칭-관점적 표상, 탈-현재적 표상, 또는 반-사실적 표상을 생성하고 산출하는 능력이 상상력이다.

우리는 왜 상상력을 가지는가? 상상력은 무엇에 쓸모가 있는가? 상상의 능력faculty of imagination은 우리 마음의 구조the architecture of the mind의 중요 부분으로서 여러 기능을 담당한다. 가장 주목할 만한 기능은 타인의 마음을 이해하는 능력이다. 우리는 타인의 심적 상태를 읽어내는 능력이 있고, 이를 마음 이론Theory of Mind(ToM) 또는 마음 읽기Mindreading라고 한다. 이는 독심술을 뜻하는 것이 아니라 우리가 상호작용하는 상대방의 믿음, 욕구, 의도 등을 파악하는 능력을 뜻한다. 즉 마음 읽기란 타인에게 심적 상태를 귀속시키고 그에 기초하여 그의 행동을 설명하거나 예측하는 활동을 말한다. 이러한 마음 읽기를 위해서 상상력이 필요하다. 우리는 우리 자신의 내적 상태와 상대방의 내적 상태 사이의 유사성을 활용하여 상대방의 생각과 감정을 시뮬레이션한다. 여기에는 상상력을 통해 다른 사람의 입장이 되어보는 과정이 핵심적이다. 둘째, 상상력은 예술을 창작하는 데뿐 아니라 예술 작품을 감상하는 미적 경험에서도 본질적이다. 우리는 소설을 읽고 작가가 창조한 세계에 몰입하게 되거나,

회화를 감상하면서 그려진 장면의 배후를 짐작한다. 내러티브, 시각 예술, 음악, 영화, 무용 등 다양한 형태의 예술을 감상하고 참여하는 데 상상의 역할은 필수적이다. 셋째, 상상력은 계획planning과 관련해 우리의 실천적 추론에도 중요한 역할을 한다. 미래를 계획할 때 우리는 다양한 시나리오를 상상하고 그 가운데 최선의 선택을 모색한다. 우리는 "이번 여름에 제주가 아니라 동해안으로 가면 어떨까?"를 상상하여 휴가 계획을 짠다. 마지막으로, 상상력은 창의성의 원천이다. 1인칭적, 현재적, 현실적 관점을 초월하여, 경험의 다양한 요소를 재조합하고 변형함으로써 과거에 경험하지 않은 새로운 표상을 산출할 수 있다. 이처럼 상상력은 사회적 인지, 예술 경험, 계획 그리고 창조적인 사고의 토대가 된다.

상상, 믿음, 기억

우리는 상상과 상상력의 개념을 거칠게 특징짓고, 그 역할을 개관했다. 상상력에 관한 더 정확한 이해를 위해 이를 믿음과 기억 같은 다른 심적 능력과 비교를 해보자. 먼저 믿음은 인식주체가 어떤 사태를 사실로서 받아들이거나 어떤 명제를 참이라고 간주하는 태도이다. 우리는 무언가를 참으로 받아들이지 않으면서 그것을 믿을 수 없다. 믿음이라는 명제 태도는 진리를 지향한다. 상상도 어떤 명제에 대한 태도일 수 있다. 어떤 명제에 관해 상상할 때 상상하는 주체는 특정 명제에 대한 어떠한 태도를 취하는 것이다. 예컨대 철수는 "고양이가 침대에 물을 쏟았다"는 명제를 믿는 대신 상상할 수 있다. 이때 상상은 진리를 목표로 하지 않는다. 고양이가 침대에 물을 쏟았다고 상상하는 철수는 고양이가 침대에 물을 쏟은 것을 사실로서 받아들이지 않는다. 참이라는 규범은 믿음이라는 명제 태도를 구성하지만, 상상은 그러한 규범의 지배를 받지 않는다.

믿음과 상상의 또 다른 차이는 행동 산출력에서 찾을 수 있다. 예컨대 고양이가 침대에 물을 쏟았다고 철수가 믿는다면, (그리고 철수는 침대가 젖어 있는 것을 원하지 않는다면) 철수는 침대에 쏟아진 물을 닦을 것이다. 반면 철수가 젖은 침대를 원하지 않는 경우이더라도 철수가 고양이가 침대에 물을 쏟았다는 명제를 상상한다고 해서 물기를 제거하는 행동을 하지는 않을 것이다. 상상이 행동을 산출하는 데 직접 관여하지는 않지만, 행위의 동기를 부여하거나 행위에 영향을 미치는 경우들이 있을 수 있다. 대표적으로 척하기pretense 행동이 있다. 예컨대 어린이가 장난감 인형과 함께 놀면서 척하기 행동을 하는 경우, 실제로 인형이 다친 것은 아니지만 다쳤다고 상상한다면, 아이는 인형을 치료하는 듯한 행동을 할 것이다. 아이가 장난감 인형이 배고프다고 상상한다면, 음식을 주는 듯한 행동을 할 것이다. 그렇지만 아이가 실제로 인형에게 음식을 먹이는 행동을 산출하는 것은 아니다. 아이의 상상은 음식을 먹이는 척하는 행위에 동기를 부여한다.

믿음 + 욕구 → 행동
상상 + 욕구 → 척하기 행동

단 몰입 환경에서의 척하기immersed pretense는 믿음과 상상력의 경계를 불안정하게 만든다. 예컨대 VR 렌즈를 착용하고 고층 빌딩 사이를 걷거나 롤러코스터를 타는 앱을 실행하고 있는 사용자를 생각해보자. 그는 실제로 고층 빌딩 사이를 걷는다고 믿지 않으면서도 공포나 스릴을 느낄 수 있고, 믿는 것과 같은 행동을 할 수도 있다. 이로부터 이끌어낼 수 있는 가장 급진적인 결론은 어쩌면 믿음과 상상은 질적으로 다른 것이 아니라 연속적인 스펙트럼에 위치한다는 것이다.[8] 그러나 일반적으로 믿음과 상상의 범주적 구분을 인정하되, 몰입 환경이 그러한 범주의 경계에 위치하는 예외적 상황임을 인정하는 것이 더 유용할 수도 있다.[9] 또는 몰입 환경에서 우리의 명시적 믿음이 우리의 동기와 행동에 더 밀접히 연관된 암묵적 믿음과 분리될 수 있다는 관점을 채택할 수도 있다. 따라서 우리는 믿음과 상상의 범주적 구분을 여전히 유지할 수 있다.

상상이 현재적 실재를 벗어난 표상이고 우리가 미래를 상상할 수 있다면, 과거를 상상할 수 있을까? 물론 우리는 공룡이 살았던 세계를 상상할 수 있고, 제2차 세계대전의 참혹함을 상상할 수도 있다. 그런데 철수는 그 자신의 과거 경험을 상상할 수 있을까? 여기서 우리는 기억과 상상을 구분하는 문제에 부딪힌다. 기억은 크게 절차기억procedural memory과 서술기억declarative memory으로 구분되고, 서술기억은 다시 의미론적 기억semantic memory과 일화기억episodic memory 등으로 세분화된다. 절차기억이란 우리가 자전거 타는 법과 수영하는 법을 기억할 때와 같이 무언가를 수행하는 절차에 관한 기억을 말한다. 서술기억은 중요한 사건이나 상황, 지식 등에 관한 기억을 말한다. 그중에서 의미론적 기억이 대한민국의 인구에 관한 기억과 같이 일반적인 지식에 관한 기억이라면, 일화기억이란 한 주체에게 발생한 사건들에 관한 기억을 말한다. 우리 논의에 직접 관련되는 기억은 일화기억이다.

통상적인 언어 사용에 따르면 우리는 기억과 상상을 구분한다. 우리는 작년에 방문했던 제주도의 푸른 밤을 기억한다고 말하지, 그것을 상상한다고 말하지 않는다. 장기 기억에 저장된 일화기억을 인출하여 상기하는 것은 상상하기와는 다른 것 같다. 그러나 근래 기억이 상상과 질적으로 다른 것이 아니라 연속적이라고 보는 대안적인 관점이 힘을 얻고 있다. 여기에는 두 종류의 경험적 근거들이 있다. 하나는 소위 "오정보 효과 The misinformation effect"인데, 부정확하거나 거짓인 정보를 주체에게 제공하여 그에게 기억을 형성할 수 있음을 발견한 것이다.[10] 잘 알려진 "쇼핑몰에서 길 잃어버린 어린이 Lost in the mall" 연구에서 로프터스는 실험 참여자들에게 어린 시절에 있었던 네 가지 사건을 간략히 요약해 들려주었다. 이 가운데 세 가지는 사실이고 한 가지는 거짓이었다. 이 거짓 이야기는 참가자들이 쇼핑몰이나 백화점에서 길을 잃어버렸다가 나중에 발견되어 부모에게 돌아갔다는 내용이었다. 몇 주 후 인터뷰에서 참가자의 25%가 쇼핑몰에서 길을 잃어버린 사건에 대한 명확한 기억을 보고했다. 로프터스는 참가자들 중 일부의 머릿속에 쇼핑몰에서 길 잃어버렸던 거짓기억을 만들어낸 것이다. 이러한 효과가 강건하다면, 기억이란 저장소로부터 밀봉된 내용을 단순히 인출하는 과정이 아닐 것이다.

둘째, 과거를 기억할 때와 미래를 상상할 때 동일한 두뇌 영역이 활성화된다는 뇌영상 연구들이 있다.[11] 특별히 활발하게 생각하지 않는 경우에도 "기본 모드 네트워크(DMN)"라는 두뇌 부위가 활성화되는데, 이 부위가 과거를 기억할 때와 미래를 상상할 때 유사하게 활성화된다는 것이다. 뇌 손상 연구에서도 기억상실 환자 KC는 기억 생성에 문제가 있을 뿐 아니라 미래를 상상하는 능력에도 결함이 있다는 것이 발견되었다.[12] KC는 종유석과 석순의 차이를 아는 의미론적 기억을 가지고 있었지만, 동생의 죽음에 대한 기억을 상실했다. 그뿐만 아니라 자신이 하루 뒤에, 또는 한 달이나 일 년 후에 무엇을 하고 있을지 물었을 때, 답변할 수 없었다. 이는 기억과 상상이 동일한 신경 회로를 활용하는 능력임을 시사한다. 이러한 경험적 발견들로 인해 기억 연구자들은 대안적인 관점을 제안하게 된다. 기억이란 단순히 저장된 정보를 인출하는 것이 아니라 과거를 표상하는 심적 내용을 능동적으로 생성하는 과정이라는 것이다. 기억에 대한 구성적 관점은 기억이 왜곡을 포함한다는 점이나, 기억이 상상과 동일한 신경 회로를 사용한다는 점을 잘 설명한다. 그러나 그러한 경험 연구를 통해 내릴 수 있는 철학적 결론이 무엇인지는 여전히 논쟁적일 뿐 아니라 기억에 대한 대안적 이론화는 상상 자체에 관해서는 새롭게 말해주는 바가 적다.[13]

지금까지 우리는 상상하는 대상에 따라 상상을 구분하고, 그것을 믿음이나 기억과 비교했다. 상상에 대한 또 한 가지 구분은 상상의 내용의 현실성과 관련된다. 어떤 상상은 현실 세계에서 일어나지 않을 법한 내용에 관한 것이고 어떤 상상은 현실 세계에서 실제로 일어날 법한 일에 관한 것이다. 예컨대 우리가 유니콘이나 핑크 코끼리를 상상할 때, 또는 우리가 호그와트의 마법사와 온갖 종류의 마법을 상상할 때 우리는 환상적인 상상fantastical imagination을 가진다. 이러한 상상은 현재적 현실성으로부터 벗어나 하나의 가능한 대상, 상황, 세계를 내용으로 가진다. 반면 어떠한 상상은 실재-지향적reality-directed이다. 예컨대 철수가 새로 얻게 된 연구실 공간을 꾸미기 위해 가구점을 방문해서 소파를 고르고 있다고 해보자. 철수는 자신이 구매하려는 소파가 문을 통해서 안전하게 들어갈 수 있을지, 그 소파를 해당 공간에 배치하면 어떤 모습일지 등을 상상한다. 또는 영희가 이번 여름휴가를 계획하고 있다고 해보자. 영희는 국내로 여행할지, 해외로 나갈지, 국내로 간다면 동해안 쪽으로 갈지 아니면 제주로 갈지 등을 고민하고 있다. 그는 자신이 그곳을 방문하면 시간이 얼마나 걸릴지, 비용은 얼마나 들지 등을 예상할 뿐 아니라 그곳에서 자신이 얼마나 잘 즐길 수 있을지 등을 상상한다. 물론 우리는 실제로 가구를 구매할 의향이 없는 상태에서도 상상할 수 있고, 구체적인 휴가 계획이 없는 상황에서도 상상할 수 있다. 그러나 가구 구매 의향이 있거나 휴가 계획이 있는 경우, 우리는 실제로 있음직한 일을 상상한다. 이러한 경우에는 아직 실현되지 않은 현실reality-to-be-realized에 대한 적합성이 좋은 상상에 대한 규범으로 작동한다. 환상적 상상인 경우 이러한 규범이 적용되지 않는다.

인공지능은 상상할 수 있는가?

지금까지 우리는 상상과 상상력에 관한 엄밀한 정의를 제공하지는 않았지만, 상상에 관한 대략적인 개념화를 소개하고 정교화했다. 이렇게 정교화된 규정을 통해 과연 인공지능이 상상력을 가지는지, 상상할 수 있는지를 따져보자.

(IMG*) 상상력이란 1인칭 관점이나 현재적 현실성을 벗어나, 현재 지각하고 있지 않은 대상이나 상황을 (그리고 과거에 경험한 내용을 상기하는 것이 아닌 방식으로) 표상하는 능력.

일견 현재 인공지능 기술이 위의 개념화를 만족하는 것은 불가능하지 않아 보인다. 예컨대 버크너는 경험주의 학습기계가 상상력을 가질 수 있다고 주장한다.[14] 이는 두 가지 종류로 나누어볼 수 있다. 하나는 경험주의 학습기계가 본유관념 없이 경험으로부터 일반적인 범주를 표상하는 능력을 가진다고 가정할 때, 이러한 일반화 및 추상화 능력을 바탕으로 아직 경험해보지 않은 새로운 가능성을 실제적인 것처럼 표상하는 능력을 인공지능이 가질 수 있다는 것이다. 기계학습 모형이 학습 데이터에 포함되지 않은 새로운 모양의 컵, 아직 보지 못한 자동차, 또는 유니콘을 표상할 수 있다면, 이는 한 가지 의미에서 상상이다. 또 하나는 현재가 아니라 미래의 상황을 표상하는, 시간 축으로 확장된 상상력이다. 이는 인공지능의 중요한 연구 분야 가운데 하나인 계획planning과 직접 관련된다. 어떤 행동을 하기 전에 앞으로 어떠한 일들이 벌어질지에 관해 추측하고 이에 기반하여 행동을 조절하는 것이다. 따라서 과거에 학습하지 않은 새로운 표상을 산출하는 능력이나 미래에 대한 계획이나 반사실적 상황에 대한 표상 능력으로 상상력을 이해한다면 지금보다 더 발달된 기계학습 모형이 상상력을 가지는 것이 불가능한 일은 아니다.

그러나 이러한 평가는 피상적이다. 우리는 1인칭-현재-현실적 관점으로부터의 탈출을 상상력의 핵심으로 파악했다. 즉 지금 주체 앞에 놓인 대상과 사건에 대한 지각 능력을 갖춘 인식주체가 자신의 관점, 현재와 현실의 관점을 초월할 때 그는 상상한다. 지각하는 주체, 또는 지각하고 행위하는 주체, 즉 행위 주체agency를 가정하지 않고서는 지각하고 행동하고 상상하는 활동들을 온전히 이해하기 어렵다. 소설 속에 1인칭을 벗어난 반사실적 상황에 관한 묘사들이 많다고 해서 소설 자체가 상상을 하는 게 아니다. 소설을 읽는 독자는 독서 경험을 통해 상상을 한다. 그렇다면 상상이란 결국 행위 주체를 필요로 한다. 관건은 기계학습 모형이 행위 주체일 수 있는지 하는 것이다. 만일 인공지능이 행위 주체가 아니라면 관점의 탈출이라는 의미에서 상상력을 가질 수 없다. 그것은 관점을 가지지 않기 때문이다.

인공지능 분야의 주도적인 철학자 가운데 하나인 루치아노 플로리디는 최근 짧은 논문에서 대형 언어 모형을 "지능 없는 행위자"로 특징지었다.[15] 그에 따르면 언어 모형은 인상적인 자연어 처리능력에도 불구하고 지능을 결여한다. 왜냐하면 그것은 생각하고 추론하고 이해하는 능력이 없기 때문이다. 그렇지만 이해하고 생각하는 능력은 성공적인 행위능력과 구분될 수 있다고 말한다. GPT3와 같은 모형들은 강화 학습을 통해서 자신의 행동을 개선하는, 새로운 형태의 행위성을 갖추게 되었다는 것이다. 이에 반해 나는 다른 지면에서 대형 언어 모형이 행위성과 이해를 결여한 어느 정도 지능적인 기계로 보아야 한다고 주장한 바 있다.[16]

플로리디는 강화 학습이 행위성의 문제를 해결하기 위한 기계 학습의 접근이라는 빈센트 왕의 주장을 인용하면서, 언어 모형이 학습을 통해 자신의 행동을 개선할 수 있으므로 행위자의 요건을 만족한다고 주장한다. 플로리디는 샌더스와 함께 저술한 다른 논문에서 전통적인 행위자의 개념을 넘어서는 새로운 행위자 개념을 제안한 바 있으며, 이에 따르면 행위성은 상호작용성, 자율성 그리고 적응성에 의해서 규정된다.[17] 그러나 나는 언어 모형이나 다른 기계학습 모형에 행위성을 부여하는 것은 잘못이라고 본다. 행위자란 행위의 주체이다. 행위는 단순한 움직임이나 행동이 아니다. 어떤 움직임이나 거동이 행위가 되기 위해서는 그 행동을 의도했거나, 그 행위의 원인을 주체 자신 안에 가지거나, 또는 환경과의 상호작용에서 숙달된 대처skilled coping를 할 수 있어야 한다. GPT와 같은 언어 모형은 그런 의미에서 행위를 한다고 볼 수 없다. 언어 모형은 어떠한 의도를 가지고 발화하는 것도 아니고 환경과 복잡한 방식으로 상호작용하는 것도 아니다. 그러나 그것이 가상적 행위자라고 볼 수는 없을까? 예컨대 가상 세계 내에서 어떤 캐릭터가 움직이면서 다른 요소들과 상호작용하는 경우를 생각해볼 수 있다. TV 애니메이션 속의 미키 마우스를 생각해보라. 그것은 가상 세계에서 다른 요소들과 상호작용하는 가상적인 행위자이다. 그러나 언어 모형은 외부 세계에서 주어지는 프롬프트에 따라 텍스트를 생성할 뿐 가상 세계 내에서 어떠한 행위를 하는 모형이 아니다.

언어 모형이 가상적 행위자가 아니라면 언어 행위자일 수 없는가? 언어 모형은 매우 매끄럽게 자연어를 구사하지만, 언화 행위speech act를 수행하는 행위자로 보기도 어렵다. 챗지피티가 당신에게 "죄송합니다"라고 말하더라도 실제로 그 모형이 죄송한 것이 아니고, 그것이 당신에게 "약속해요"라고 말했다고 해서 정말 약속을 하는 게 아니다. 게다가 언어 모형의 출력은 많은 경우 일관성을 결여한다. 프롬프트와 맥락에 따라서 서로 충돌하는 출력을 산출하기도 한다. 나는 현존하는 기계학습 모형들이 (특히 대형 언어 모형들이) 행위성을 가지지 않는데, 그 이유는 언어 모형이 출력을 산출하는 과정이 진리 민감성을 결여하기 때문임을 주장한 바 있다.[18] 철학자 해리 프랭크퍼트의 용어를 빌리자면 그것은 유용한 "개소리(bullshit)" 생성 기계이다. 부정확하거나 틀린 정보를 때때로 산출한다는 뜻이 아니라, 자신이 참으로 믿는 바를 토대로 결과를 산출하지 않는다는 것이다. 거짓말은 어떤 주체가 자신이 참으로 믿고 있는 내용과 반대되는 내용을 발화하는 것이다. 그러나 기계학습 모형은 무엇을 참으로 또는 거짓으로 믿는 존재가 아니다. 어떤 발화의 진릿값에 관계없이 또는 다른 사람의 주위를 끌거나 자신의 이득을 추구하는 등 다른 목적을 위해 발화된 것이 바로 "개소리"이다. 물론 기계학습 모형이 스스로 다른 목적을 가지는 것은 아니지만 진릿값에 전혀 주의하지 않고 매끄러운 말들을 이어간다는 점에 주목할 필요가 있다. 그것이 참이냐 거짓에 신경쓰지 않는 이유는 결국 그것이 행위성을 결여하기 때문이다. 행위자는 외부 상태에 대해 일정한 믿음을 가지고, 그 믿음에 기초하여 행위하며, 그 행위로 인한 환경과의 상호작용에서 피드백을 받고, 다시금 믿음을 교정하기도 한다. 언어 모형은 믿음을 가지지 않으며, 그에 기초하여 행위하지도 않고, 행위에 대한 피드백을 통해 믿음을 교정하지도 않는다. 그것은 행위자가 아니다. 기계학습 모형들은 행위성을 결여한다. 그것들은 진정한 의미에서 상상력을 가질 수 없다. 경험주의 학습기계는 상상하는 행위 주체가 아니다.

인공지능과 더불어 상상하기: 가능성과 한계

나는 앞서 인공지능 자신이 상상하는 주체이기는 어렵다고 주장했다. 그러나 빠르게 발전하는 인공지능 기술과 더불어 우리가 더 크고 더 넓게 상상력을 펼치는 것이 불가능한 것은 아니다. 우리는 두 가지 포스트휴먼적 시나리오를 구분할 필요가 있다. 하나는 인공지능 시스템이 그 자체로 상상력을 가지는 시나리오이고, 다른 하나는 인간과 인공지능의 협업을 통해 상상력이 증진되는 시나리오이다. 이 절에서는 후자의 가능성과 한계에 관해 논의한다.

챗지피티와 같은 언어 모형이 환각 현상 hallucination을 일으킨다는 점은 잘 알려져 있다. 앞에서 나는 언어 모형이 무언가를 믿고 그에 따라 행동하는 행위자가 아니기 때문에 그러한 현상이 발생한다는 점을 지적했다. 그러나 이러한 효과는 활용하기에 따라 창조성을 고양하는 데에도 사용될 수 있다. 거짓이나 잘못된 정보를 산출하는 것은 진리를 목표로 할 때 문제가 된다. 그러나 가상의 이야기를 지어내거나 소설의 플롯을 짜는 경우에는 환각 현상은 그리 큰 장애가 아니다. 또한 미드저니를 비롯한 이미지 생성 모형들은 텍스트 프롬프트가 주어지면 새로운 이미지를 생성하기도 한다. 아보카도와 의자를 결합한 달리의 이미지는 대표적인 사례이다. 기존의 데이터에 대한 다양한 조합을 통해 새로운 가능성을 탐색해볼 수 있는 가능성은 얼마든지 열려 있는 셈이다.

도시와 하우저가 최근 발표한 논문[19]에 따르면 챗지피티와 같은 언어 모형의 사용이 인간의 창의성에 도움이 될 수 있는 것으로 보인다. 이 연구에서는 작가들을 세 그룹으로 나누었다. 생성형 AI의 도움을 받지 않은 조건, 생성형 AI에서 하나의 아이디어만 도움을 받은 조건, 생성형 AI에서 다섯 가지 아이디어를 도움 받은 조건으로 나누어 작가들에게 짧은 글을 쓰게 한 후, 이를 평가자들로 하여금 창의성과 정서적 특징 등에 관해 평가하도록 했다. 연구 결과 실제로 생성형 AI 모델은 인간의 창의성을 높여주는 것으로 나타났다. 생성형 AI는 창의성과 유용성을 전반적으로 증가시키며, 특히 다섯 가지의 아이디어를 제공받은 그룹에서 가장 큰 향상을 보였다. 또한 생성형 AI는 이야기의 품질을 향상시키고 감정적 반응을 긍정적으로 유도하는 데에도 기여한 것으로 보인다. 그러나 나름의 한계도 나타났다. 연구진은 AI가 원래 창의성이 부족한 작가들의 결과물을 개선하는 데 도움을 주었지만, 원래 창의적인 작가들이 작성한 이야기의 질에는 거의 영향을 주지 못한다는 사실을 확인했다. 또

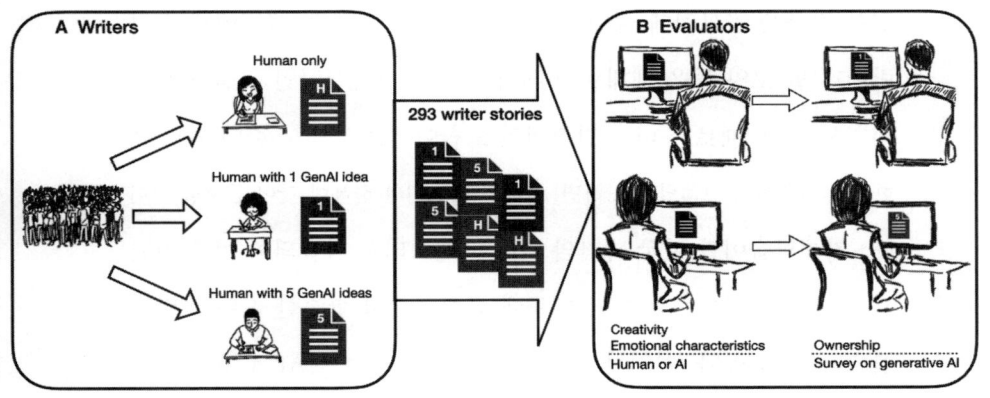

<그림 4> 언어 모형을 통한 소설 쓰기와 평가[20]

한 AI가 일정 부분 기여한 이야기들은 인간이 직접 구상한 이야기에 비해 서로 유사한 면이 많았다. 즉 5개의 아이디어를 제공받은 그룹은 집단적 다양성 면에서 가장 낮은 점수를 보여주었고, 오히려 생성형 AI의 도움을 받지 않은 집단에서 다양성 점수가 높았다. AI와 창의성의 관계를 연구하는 컬럼비아대학의 투힌 차크라바티Tuhin Chakrabarty는 "AI가 생성한 이야기는 표현이나 내용 면에서 전반적으로 비슷하고, 매우 길고 장황하며 노골적인 고정관념으로 가득찬 문장이 많다. … 이러한 특성은 전반적인 창의성을 떨어뜨릴 수도 있다"며 "좋은 글의 핵심은 사실을 전달하는 것이 아니라 묘사를 통해 독자의 깨달음을 유도하는 것이지만 AI는 항상 표면적인 사실만을 전한다"고 지적했다.[21]

이러한 결과는 언어 모형에만 적용되는 것이 아닐 것이다. 이미지 생성 AI로 사람들은 흥미로운 새로운 그림들을 만들 수 있었고,

일부 작품은 공모전에 출품되어 선정이 되기도 했다. 그럼에도 손가락이나 발 모양 등을 제대로 이해하지 못한 비상식적인 그림이 생성되기도 하고, 때로는 너무 전형적인 모습이 생성되기도 한다. (예컨대 한국의 철학자를 그려달라고 하면, 아마도 태극기와 한복이 같이 등장할 것이다.) 기계학습이란 결국 과거의 거대한 데이터로 학습되어 이를 기반으로 예측을 내놓는 것이기 때문에 데이터에서 학습한 패턴을 반복할 가능성이 높다. 이러한 점을 고려하면서 생성형 AI 도구들을 생산적이면서 창조적으로 활용하기 위한 다양한 시도가 필요할 것이다. 특히 심층 학습은 블랙박스와 같이 그 내부 작동 과정이 잘 알려져 있지 않기 때문에 우리가 설명하거나 이해할 수 없는, 그러나 상당한 잠재성을 가진 새로운 학습기계를 어떻게 다룰 것인지에 관해 더 많은 실험과 시행착오가 불가피할 것이다.

디지털 시대의 영화적 상상력

이 지 영

"결론적으로 네트워크-이미지는 기존 예술의 개념과 가치를 재정의하며, 예술 전반에 걸친 변화를 촉발하고 있는데 이러한 네트워크-이미지에서 가장 핵심적인 요소는 결국 네트워크에서 사용자-관객의 참여이다. 사용자-관객의 참여가 없으면 성립조차 될 수 없는 것이 네트워크-이미지이다."

이지영은 서울대학교에서 들뢰즈의 운동-이미지 개념에 대한 연구로 철학박사학위를 받았고, 영국 옥스퍼드대학교에서 영화미학을 연구했다. 현재는 한국외국어대학교 세미오시스연구센터의 연구교수이다. 들뢰즈의 영화 철학과 더불어 모바일 네트워크 시대의 온라인 영상, 비디오 설치 영상, 푸티지 영상, 실험적 다큐멘터리 등 영화와 인접 영상 예술 사이에서 벌어지고 있는 예술의 변모에 관심을 가지고 미학적·존재론적 연구를 하고 있다. 지은 책으로 『들뢰즈의 영화철학』(2025), 『BTS 예술혁명』(2018) 등이 있고, 옮긴 책으로 『들뢰즈: 철학과 영화』(2004), 『푸코』(2003)가 있다.

모바일 네트워크 기술은 20세기 후반부터 발전해온 디지털혁명을 본격화하며 문화, 기술, 경제, 정치 등 사회 전반에 변화를 가져오고 있다. 모바일 네트워크 환경 속에서 영화 역시 변화를 겪어왔으며, 제작, 상영, 관람, 수용, 유통 등 영화를 둘러싼 전 과정이 디지털화되며 영화는 이전과는 다른 방식으로 존재한다. 또한 유튜브와 같은 온라인 플랫폼에서 예고편 및 영상 클립들을 볼 수 있는데, 단순히 부가적인 영상들만 온라인 플랫폼에 공개되는 것이 아니라 영화에 대한 관객들의 기대, 해석, 반응 등 소위 2차 창작이라 불리는 영상 작업들도 본래의 영상 클립들과 함께 존재하고 있다. 이런 영상들은 소셜 미디어를 통해 공유되며 작품 수용에 대한 태도 및 조건들을 형성하고 있다. 그런데 작품의 의미라는 것은 생산자가 만들어낸 생산물로만 이루어지는 것이 아니다. 수용자, 즉 관객의 수용 속에서 작품은 그 의미를 형성하게 된다. 그렇게 생각한다면 온라인 플랫폼 및 소셜 미디어에 존재하는 소위 2차 창작물들은 한 작품의 의미를 형성해내는 중요한 부분들에 속할 수밖에 없다. 영화의 의미를 중심으로 보았을 때 그 영화의 범위는 어디까지인가, 모바일 네트워크 환경 속에서 영화는 이전과 동일한 대상인가, 영화의 정체성에 대한 존재론적 근거는 어디에서 찾을 수 있는가에 대해 질문할 수밖에 없는 상황에 우리는 처해 있다고 할 수 있다. 스티븐 샤비로는 디지털 기술이 가져온 변화가 매우 광범위하고 지속적이어서, 현재 우리는 20세기의 생산방식과 미디어 시스템과는 완전히 다른 체제에 살고 있다고 주장한다. 이러한 변화들은 너무나 혁신적이어서 적절한 용어로 설명하기 어려운 동시에, 일상생활에 깊이 스며들어 있어 우리가 그 존재를 인식하지 못할 정도가 되었다고 한다.¹ 또한 데이비드 로더윅은 이러한 현상을 "명명의 위기naming crisis"²라고 정의했다. 이는 새롭게 등장하는 동영상 예술을 기존 미디어학의 틀 안에서 어떻게 위치시키고 해석할 것인지에 대한 어려움을 의미한다. 비록 이 새로운 동영상 예술의 정확한 성격과 역할은 아직 명확하지 않지만, 로더윅은 이것이 알고리즘적 사고, 디지털 시뮬레이션 이미지, 그리고 컴퓨터 매개 커뮤니케이션과 밀접한 관련이 있다고 확신한다.

다시, 영화란 무엇인가

이 새로운 동영상 예술에 대해 다루기 전에 먼저 디지털 환경에서 영화란 무엇인가에 대해 살펴보도록 하자. 이렇게 영화의 정체성에 대한 물음이 현시점에서 다시금 제기되는 것은 디지털혁명과 밀접하게 연관되어 있다. 디지털 기술의 등장으로 전통적인 아날로그 영화의 특성이 변화하고 있기 때문인데, 이러한 변화를 이해하기 위해서는 영화란 무엇인가에 대한 답으로서 준거점의 역할을 하는 기존 아날로그 영화의 본질을 파악해야 한다. 영화는 오랫동안 필름이라는 물리적 매체를 기반으로 했으며, 이러한 이미지는 "화학적 감광물질 위에 반사된 빛을 자동으로 기록하는 기계적 과정이다. 이때 이미지는 아날로그 유사성, 즉 동일한 물질의 현현이다. 비율에 관계없이 물질과 이미지는 동일한 것으로 간주된다."³ 이러한 사진적 이미지의 존재론적 기반을 논한 대표적 이론가로는 앙드레 바쟁을 들

수 있다. 그는 "사진의 독창성은 그것의 본질적인 객관성에 있다. 실제로 인간의 눈을 대체하는 사진의 눈을 이루고 있는 일군의 렌즈는 바로 객관적인 것l'objectif이라고 불린다. … 사진의 객관성은 모든 회화작품에는 결여되고 있는 신뢰성을 사진에게 부여한다. … 우리는 시간과 공간 속에 제시된 사물의 존재를 믿지 않을 수가 없다. 사진은 사물로부터 그 재현물로의 실재성의 전이에 의해 이득을 얻고 있다"[4]라고 주장한다. 바쟁은 이러한 근거로 사진적 미학의 특성을 "그것이 현실réalité을 드러내는 힘을 가지고 있다는 점"[5]에서 발견한다. 롤랑 바르트, 지가 베르토프, 지그프리트 크라카우어, 스탠리 카벨 등도 유사한 사진적 이미지의 존재론을 제시했으며, 이러한 사진적 이미지의 존재론은 오랫동안 영화 이미지의 본질을 설명하는 핵심 기준이 되어왔다.

그러나 디지털 시대의 도래로 영화는 더이상 이러한 물질적 사진적 존재론을 매체적 특성medium specificity으로 주장하기 어려워졌다. 물리적 필름은 점차 사라지고 있으며, 이미지는 어떤 대상이 특정 시공간에 '거기에 있었음'을 증명하지도 않는다. 하지만 디지털 이미지들은 단순한 환영이나 허구라고만 할 수 없는 리얼리티를 보여준다. 이와 관련하여 데이비드 로도윅은 사라져가는 필름에 대한 애가éloge를 통해 영화의 본질을 탐구한다. 그는 노엘 캐롤의 매체 본질주의 비판에 동의하면서도 비판적 입장을 유지하는데, 캐롤이 비판하는 매체 본질주의란 "매체의 물질적 특성이 스타일과 예술 양식의 내용을 제한하고 지시한다"[6]는 관점이다. 캐롤은 "매체를 단조롭고 무시간적인 물질적 특성으로 정의하거나 이 물질적 특성 안에서 명령적 판단을 내리는 것 모두 반대"[7]하며, 영화가 단일 본질로 환원될 수 없는 복합매체임을 주장한다. 그러면서 캐롤은 물질적 재료보다 예술가들의 실제 활용이 중요하다고 강조하면서, "매체가 예술의 목적이나 범주를 선택하는 것이 아니라, 예술의 목적 — 스타일, 운동, 장르 등 — 이 매체의 본질을 결정한다"[8]고 주장한다. 이에 대해 로도윅은 "캐롤의 '반본질주의'와 예술 창작의 실용적 관점에는 동조하지만, 매체 개념에 대한 캐롤의 비판은 심지어 그의 비판 대상으로서의 매체 개념이 무엇을 의미하는지조차 이해하기 어렵게 만든다"[9]고 지적한다. 로도윅은 캐롤이 예술가들의 매체 활용에서 물질적 특성의 중요성을 간과했으며, '움직이는 이미지'라는 지나치게 관념적인 매체 규정을 제시했다고 비판한다.

  로도윅의 이러한 비판은 타당해 보이지만, 그의 영화 존재론적 접근 방식 또한 그가 비판하는 매체 본질주의와 크게 다르지 않은 물질론적 성향을 보인다. 그는 사진적 존재론과의 차별성을 더 명확히 설명했어야 한다. 그는 실용적 관점을 지지한다고 하면서도 결국 필름의 물질성으로 회귀하며, 전통적 영화관의 경험을 진정한 영화 체험으로 보는 노스탤지어적 태도를 보인다. 이러한 아날로그 필름에 대한 향수는 영화와 디지털 영화의 시간성 비교에서 적절한 비교 기준 설정의 실패로 이어진다. 로도윅은 "필름은 과거 시간에 대한 현재의 증거"[10]라고 보는 반면, "전자 이미지는 현재의 변화를 표현"[11]한다고 주장하는데, 이는 "전자 디스플레이의 주요한 자동 기법은 실시간의 변화를 디스플레이하는 능력"[12]이기 때문이라고 설명한다.

로도윅은 이러한 시간성 비교의 근거로 두 가지 주요 논점을 제시한다. 첫 번째로, 그는 전자 디스플레이의 예시로 레이더 스크린이나 감시 카메라 이미지를 든다. 이러한 사례들은 전자 디스플레이를 대표하기는 하지만, 영화 이미지와의 비교 대상으로는 적절하지 않다고 생각된다. 왜냐하면 우리가 탐구해야 할 것은 아날로그 영화 이미지와 디지털 영화 이미지 간의 미묘한 존재론적 차이이지, 명백히 구분되는 아날로그 영화와 실시간 CCTV나 레이더 이미지 간의 차이가 아니기 때문이다. 두 번째로, 그는 디지털 이미지의 물리적 디스플레이 구조를 분석하여 아날로그와의 시간성 차이를 설명한다. 전자 스크린은 카메라 앞의 대상의 흔적을 필름에 담을 수밖에 없는 영화 스크린의 수동성과 달리 연속적 스캐닝을 통해 이미지를 생산하는 신호들을 보여주는 방식으로 지속적인 전자 자극에 반응하는 능동적 스크린으로서 우리로 하여금 지각적 인과관계에 주목하게 한다. 또한 전자 디스플레이는 연속적 스캐닝을 통한 이미지 신호 생성으로 계속적 재구성 상태에 있으며, 전자 이미지는 시간적으로나 공간적으로 결코 전체로 주어지지 않는다. 즉 전자 이미지는 어떤 순간에도 시공간적 동질성을 가지지 않으며, 영화와 달리 실시간으로 변화하는 현재를 시간성으로 가진다는 것이 로도윅의 주장이다.[13]

로도윅의 아날로그와 디지털의 시간성 차이 논의는 결국 필름과 전자 이미지의 물질적 구조에 기반한 차이에 초점을 맞추고 있다. 비록 이것이 매체의 목적을 결정하는 본질은 아니더라도 시간성의 차이를 발생시킨다는 것이 그의 핵심 주장이다. 그러나 이러한 입장에는 반론이 가능하다. 대부분의 관객이 이러한 차이를 인식하지 못하기 때문이다. CCTV나 TV 생방송에서는 분명 현재성이 감지되지만, 일상적으로 접하는 디지털로 제작된 영화에서 현재적 시간성만을 경험한다는 로도윅의 주장은 그가 캐롤과 함께 비판했던 매체의 물질적 본질주의로의 회귀가 아닌지 의문을 제기하게 한다.

로도윅의 논의를 통해 우리는 영화의 본질에 대한 존재론적 질문이 결국 무엇을 영화의 핵심 요소로 보는가에 따라 다른 답을 얻게 된다는 점을 알 수 있다. 따라서 영화 존재론의 의미를 재해석할 수 있겠다. 어떤 이에게는 영화의 물질적 구성이 가장 중요한 출발점일 수 있으나, 다른 이에게는 '영화가 나에게 갖는 의미'가 더 중요한 시작점이 될 수 있다. 이는 인간이나 철학의 본질을 탐구할 때도 인간의 물질적 구성보다는 인간에게 중요한 것은 무엇이며 인간에게 의미 있는 것은 무엇인가를 탐구하는 것과 유사하다. 매체의 물질적 기반이 표현의 가능성과 한계를 규정하는 중요한 역할을 하는 것은 사실이나, 이는 예술 작품의 본질적 이해로 직결되지는 않는다. 마치 대리석의 물질적 특성을 이해하는 것이 로댕의 조각 작품에 대한 온전한 이해를 보장하지는 않는 것과 같다.

들뢰즈에게 영화란 무엇인가

이제 다시 영화의 본질에 대한 질문으로 돌아가서 달리 대답을 제시해보자. 들뢰즈는 "영화의 본질은 사유와 그 작용 이외의 어떤 것도 갖지 않는다"[14]고 말하며, "이미지란 그것이 창조하는 사유들만큼의 가치를 가질 뿐"[15]이라고 주장한다. 들뢰즈에게 영화는 사유를 촉발하는 기호들을 만들어내는 예술이며, 그는 사유의 힘 외에 다른 어떤 제약도 영화에 부과하지 않았다. 이러한 정의와 함께 들뢰즈의 영화철학에서 가장 핵심적인 전제인 이미지 존재론을 재검토함으로써 그의 영화 존재론이 네트워크 시대 디지털 영화에도 적용 가능한지 살펴보도록 하자.

우선 이미지 존재론과 지표성indexicality의 관계를 살펴보자. 들뢰즈는 『시네마』의 시작에서부터 영화가 단순히 움직이는 이미지들의 기계적 연속이 아닌 운동-이미지 자체를 관객에게 보여준다는 점을 강조한다. "영화가 우리에게 보여주는 것은 포토그램이 아니라 운동이 덧붙여져 있거나 추가되지 않은 중간 이미지l'image moyenne이며, 운동은 즉각적 소여로서의 이 중간 이미지에 속하게 된다."[16] 들뢰즈는 포토그램의 물질적 특성, 즉 외부 대상에 대한 지표성에 대해서는 논하지 않는다. 그에게 중요한 것은 영화가 관객에게 제시하는 운동-이미지이다. 이러한 관점을 확장해보면 들뢰즈에게는 디지털이든 아날로그든 이미지의 물질적 지표성보다는 그것이 관객에게 무엇을 전달하는가가 중요하다. 이는 들뢰즈가 바쟁이나 바르트의 사진적 존재론과는 다른 방식으로 영화의 존재론에 접근하고 있음을 보여준다.

하지만 들뢰즈의 이러한 현상학적 접근을 단순한 지각적 리얼리즘perceptual realism으로 오해해서는 안 된다. 지각적 리얼리즘은 영화의 지표적 운동을 의도적으로 무시하고 그것이 관객에게 미치는 효과만을 중시한다. "만약 사진적으로 보았을 때 사실적으로 묘사되었다면 카메라 앞에서의, 즉 전 영화적 공간에서의 지시 대상의 존재 유무는 영화의 리얼리티에서 더이상 중요한 문제가 되지 않는다. 스크린 시공간에 재현된 이미지와 관객의 경험적 관계에만 초점을 맞춰 보면 그것이 아무리 알고리듬에 의해 모델링된 것이라 해도 지각적인 차원에서는 모두 사실적으로 보이기 때문이다."[17] 표면적으로는 이미지의 물질적 생산보다 지각적 효과에 집중한다는 점에서 지각적 리얼리즘이 들뢰즈의 입장과 유사해 보일 수 있으나, 들뢰즈에게 운동-이미지는 시각적 리얼리티 효과의 문제와는 다른 차원의 것이다.

들뢰즈가 말하는 리얼리티réalité는 사실적 효과로서의 리얼리티(지각적 리얼리즘)나 시사성 또는 현실성actualité과 관련된 리얼리티와는 다르다. 또한 바쟁이 주장하는 것처럼 사진적 지시성이 현실을 드러내는 힘을 가진다는 지표적 리얼리즘의 문제도 아니다. 들뢰즈에게는 모든 영화 이미지 논의의 기초가 되는 운동-이미지 자체가 리얼리티(실재성réalité)를 지닌다. 들뢰즈는 베르그손의 이미지 개념을 수용하는데, 베르그손에게 이미지는 사물과 의식 사이에 존재하는 것으로, 지각되는 동시에 독립적으로 존재하는 것이다. 이러한 이미지들의 총체가 물질을 구성한다. 베르그손의 이미지론을 수용한 들뢰즈에게도 "이미지란 가정된 실재를 재현하는 것이 아니라 그 자체로 실재réalité"[18]이다. 이 실재 개념에 대해 자세히 살펴보자. 베르그손이 이미지론을 통해 관념론과 실재론의 이원론 극복을 시도했듯이, 들뢰즈의 이미지 존재론 역시 다음의 두 가지를 극복할 수 있는 중요한 근거가 된다. 하나는 카메라나 스크린 너머의 가정된 실재로부터 의미를 얻을 수밖에 없는 지표적 리얼리즘이고, 다른 하나는 영화 이미지를 단순한 그림자나 환영으로 보는 환영주의이다. 영화사에서 리얼리즘과 환영주의의 대립은 핵심적인 논쟁 중 하나였으며, 디지털 영화의 출현으로 실재와 구분하기 힘든 디지털 생성 이미지의 본질을 두고 이 논쟁이 다시 부각되고 있다. 그러나 바쟁의 지표적 리얼리즘은 디지털 생성이 지배하는 현재의 영화 환경에서 예전과 같은 방식으로는 유지되기 어렵다. 바쟁의 리얼리즘에 따르면 지표성이 없는 디지털 이미지는 모두 단순한 환영으로 치부될 수밖에 없어, 디지털 영화 시대에는 리얼리즘 논의 자체가 불가능해지기 때문이다.[19] 이러한 맥락에서 들뢰즈의 이미지론은 리얼리즘과 환영주의의 대립을 넘어서면서 디지털 시대에도 영화의 리얼리즘을 논할 수 있는 중요한 이론적 토대를 제공한다.

두 번째로 들뢰즈의 이미지 존재론에서 운동-이미지의 특성을 살펴보자. 들뢰즈에게 운동-이미지는 포토그램의 연속적 기계 운동에 추상적으로 더해지는 운동이 아니라, 지속하는 전체의 부분으로서의 운동이다. 여기서 운동은 이미지의 존재 방식 자체이며, 운동이 없는 이미지나 운동이 귀속되는 별개의 실체로서의 이미지는 처음부터 존재하지 않는다. 따라서 지속의 부분으로서의 운동-이미지는 끊임없이 변화하며, 이는 지속하는 전체의 질적 변화를 표현한다.[20] 한순간도 정지하지 않는 이질적 흐름들의 연속으로서 변화하는 전체를 구성하는 운동-이미지는 물질적 기반의 측면에서 볼 때 과거의 특정 순간에 카메라 앞에 존재했던 것의 흔적인 아날로그 이미지보다는 "연속적 변화나 자기 갱신적 디스플레이로서, 심지어 그들이 고정되어 있을 때조차 연속적 운동과 변화"[21]의 상태에 있는 전자 이미지의 존재론적 구조와 더 큰 친연성을 보인다. 비록 들뢰즈가 이러한 결론을 의도하지는 않았더라도 그의 영화 이미지 존재론은 아날로그 필름 영화와 디지털 영화를 모두 포괄하는 영화 전체의 존재론적 논의의 출발점이 될 수 있을 것이다.

모바일 네트워크 플랫폼 미디어 환경에서의 영화

지금까지 들뢰즈의 이미지 존재론이 디지털 영화에도 적용 가능하다는 점을 살펴보았다면, 이제는 모바일 네트워크 플랫폼 시대의 새로운 동영상 예술을 구체적으로 검토해볼 시점이다. 영상 콘텐츠가 일상을 지배하는 현시대에 어디까지를 모바일 네트워크 플랫폼 시대의 '시네마'로 볼 수 있을까? 현재의 미디어 환경에서 새로운 영상 예술은 무엇이라고 볼 수 있을까? 이를 알아보기 위해 먼저 뉴미디어의 디지털 기술 기반 특성들 중에서 융합convergence과 공유share를 중심으로 살펴보고자 한다. 이 두 특성이야말로 모바일 네트워크 플랫폼의 핵심적 특징을 가장 잘 보여주기 때문이다.

융합은 디지털 기술을 매개로 기존의 다양한 매체가 통합되면서 전통적인 경계가 희미해지거나 사라지는 현상을 의미한다. 니콜라스 네그로폰테는 마셜 매클루언의 '미디어는 메시지다'라는 유명한 문구를 변형하여 이렇게 말한다. "디지털 시대에 미디어는 메시지가 아니다. 미디어는 메시지의 체현embodiement이다. 하나의 메시지는 동일한 데이터에서 자동적으로 파생될 수 있는 여러 가지 체현을 지닐 수 있다."²² 네그로폰테의 관점에서 디지털 기술은 개별 매체의 특수성을 해체하는 역할을 하며, 그의 공리를 따르면 "디지털 기술은 태생적으로 모든 매체 형식의 융합을 함축한다"²³고 할 수 있다. 이미지, 사운드, 동영상, 영화, 텔레비전, 컴퓨터, 휴대전화 등 다양한 매체가 디지털 기술을 기반으로 통합되고 융합되는 현상은 이미 일상적이고 보편적인 현실이 되었다. 이러한 융합 현상을 가장 명확하게 보여주는 것이 스마트폰 기술이다. 과거에는 디지털 기술이라는 공통 기반 위에 각각의 매체들이 독립적으로 존재했다면, 스마트폰은 이 모든 매체를 하나로 통합한다. 이제는 스마트폰을 단순한 통신기기로만 정의하는 것이 불가능해졌다.

디지털 뉴미디어의 두 번째 주요 특성은 공유이다. 컴퓨터와 함께 시작된 디지털 기술은 인터넷의 발달과 더불어 그 잠재력을 완전히 실현하게 되었다. 디지털 기술이 모든 데이터의 호환을 가능하게 했다면, 인터넷 네트워크는 이 호환성을 실제로 구현했다. 텍스트, 이미지, 동영상, 사운드 등 모든 형태의 자료가 디지털화되어 인터넷에 올려지고 네트워크를 통해 '공유'된다. 모든 정보는 디지털 데이터로 변환되어 가상공간에 저장된다. 인터넷 접속만 가능하다면 누구나 전 세계의 방대한 정보와 자료를 공유할 수 있게 되었다. 현대인의 생활은 일상적인 길 찾기나 맛집 검색부터 해외 학술지 자료나 논문 검색 같은 학문적 활동, 온라인 비즈니스 e-business와 인터넷 뱅킹, 주식 거래 같은 금융·경제활동에 이르기까지 인터넷 네트워크 없이는 거의 불가능하다고 해도 과언이 아니다. 모바일 네트워크 이전부터 존재해온 다양한 카페, 동호회, 인터넷 커뮤니티 등을 통한 정보 공유는 이미 오래전부터 일상의 한 부분이 되었다. 특히 현재는 대부분의 휴대전화 사용자가 모바일 네트워크 기반의 스마트폰을 사용하는데, 오늘날의 인터넷 플랫폼은 사용자들이 개방, 참여, 공유를 통해 정보의 소비자이자 생산자가 되는 통합 환경 플랫폼인 Web 2.0으로 진화했다. Web 2.0이 구축한 참여 기반의 네트워크 구조 속에서 모든 매체의 디지털적 융합은 필연적으로 공유로 이루어진다. 디지털 기술이 데이터의 생산, 소비, 배포를 이전보다 획기적으로 용이하게 만들었다고는 하지만, 스마트폰이 가져온 Web 2.0 기반의 정보 공유의 편의성과 신속성은 그야말로 혁명적인 수준이라고 할 수 있다.

일상적인 예시를 통해 살펴보자. 과거에는 디지털카메라나 핸드폰으로 촬영한 사진을 웹에 올리는 것도 간단하지 않았다. 케이블로 연결하고, 메모리카드를 읽어 하드디스크로 복사한 뒤 편집해서 업로드하는 과정이 번거롭고 까다로웠다. 따라서 이론적으로는 누구나 가능했지만, 실제로는 특정 세대에 한정된 활동이었다고 볼 수 있다. 그러나 현재 스마트폰을 통한 공유는 상황이 완전히 달라졌다. 기술에 서툰 일반인들도 작은 모바일 기기의 간단한 터치만으로 사진과 동영상을 즉시 제작하고, 다양한 소셜 네트워크 서비스와 동영상 공유 플랫폼에 즉각 업로드하여 다른 사용자들과 공유할 수 있게 되었다. 스마트폰이 가져온 변화는 단순히 과정의 간소화에 그치는 것이 아니라 공간적 제약이 없는 진정한 의미의 네트워크가 실현된 것이다.

Web 1.0 시대에도 정보는 인터넷상에서 자유롭게 이동했지만,

사용자는 컴퓨터 앞에 고정된 채로 있어야만 했다. 프리드버그는 이를 "스크린 속의 가상적 운동성virtual mobility이 관객의 부동성immobility of the spectators을 함축한다"[24]고 설명한다. 하지만 현재는 이동 중에도 실시간으로 전 세계와 소통하고 자료를 공유할 수 있다. 모든 경계와 지연, 공간적 제약이 사라진 것이다. 프리드버그의 개념을 재정의하자면 모바일 네트워크 기술은 '관객의 현실적 운동성actual mobility of the spectators'을 가능케 했으며, 이는 이전과 질적으로 다른 새로운 미디어 환경으로의 변화를 상징한다. 이러한 모바일 환경에서 영화의 위치는 어떠한가? 70년대까지는 주로 극장에서만 소비되던 영화가 점차 TV, VHS, DVD 등 다양한 매체로 확장되어왔다. 이제는 컴퓨터로 영화를 재생하고, 모바일 기기로 감상하며, 심지어 제작까지 가능해졌다. 그러나 이는 단순히 스마트폰이라는 새로운 매체가 기존 매체에 추가된 것이 아니다. 오히려 우리를 둘러싼 일상적 모바일 미디어 환경이 기존의 영화film를 포함하는 더 넓은 의미의 영화cinema를 만들어내고 있다고 봐야 한다. 영화를 둘러싼 모든 물질적 조건(생산, 관람, 제작, 소비, 유통 등)이 변화했고, 특히 '관객의 현실적 운동성'으로 인해 작품film을 둘러싼 모든 환경이 달라졌기 때문이다.

따라서 현재의 영화cinema[25]를 이해하기 위해서는 개별 작품만으로는 불충분하다. 개봉 전부터 네트워크상에서 형성되는 다양한 선이해preunderstanding와 기대anticipation, 관람 경험과 의견의 공유, 다층적 해석, 일반 관객의 재편집, 변형, 공유가 미디어 환경 속에서 이루어지고 있어서 더이상 극장 상영작이나 개별 작품만을 영화로 한정할 수 없기 때문이다. 프리드버그가 "(영화를 포함한) 동영상 테크놀로지의 역사상 결정적인 기로critical crossroads에서는 언제나 스크린 포맷상의 실험들이 있어왔다"[26]고 지적했듯이, 현재의 모바일 네트워크 기술은 다양한 스크린의 중첩과 배치를 통해 영화 스크린의 변화를 수반하며, 디지털 영화가 중요한 변화와 확장의 전환점에 있다고 볼 수 있다. 이러한 결정적 변화의 중심에는 모바일 디지털의 융합과 공유를 기반으로 하는 '관객의 운동성'이 있다. 다양한 스크린의 배치assemblage[27] 속에서 미디어 간 경계가 지속적으로 허물어지는 인터미디어intermedia 현상은 딕 히긴스에 따르면 '개념적 융합conceptual fusion'으로 정의되는데, "여기에서는 서로 다른 미디어의 요소들이 한데 모이게 되고, 새로운 형식을 만들게 된다. 하지만 이 새로운 형식은 부분들의 총합이 아니라 제3의 형식으로의 융합"[28]이다. 이러한 질적 차원의 이동을 내포하는 개념적 융합에서 네트워크 기반의 미디어들은 새로운 차원의 융합으로 진화하며, 이렇게 융합된 동영상 예술들의 전체 배치가 새로운 미디어 환경 속 영화라 할 수 있다.

이러한 융합을 배치라고 부를 수 있는 이유는 "구성 요소들의 속성들이 전체를 구성하는 관계들을 설명하지 못하기 때문이다. 이는 배치의 속성들이 요소들의 속성들의 집적aggregation의 결과가 아니라 그 능력들의 실행이기 때문이다."[29] 단순한 기술적 융합을 넘어, 모바일 네트워크 플랫폼에서 사용자들 간의 공유라는 능력의 실행을 통해 끊임없이 변화하고 생성되는 배치는 모바일 네트워크 시대의 새로운 영화를 이해하는 핵심 개념이라고 할 수 있다.

동영상들의 인터미디어 네트워크 배치를 새로운 형태의 영화로 볼 수 있는 또 다른 근거는 이것이 우리의 사고방식에 영향을 미친다는 점이다. 현대 미디어 상황을 예견한 책이라 할 수 있는 『확장된 영화Expanded Cinema』의 저자 진 영블러드는 놀랍게도 1970년에 이미 '인터미디어 네트워크' 개념을 제시했는데,[30] 이는 "미디어를 가로지르는 정보와 관념들의 흐름을 가리키며, 이 흐름이 환경을 창조하는 방식은 우리의 사유 방식에 영향을 끼친다."[31] 영블러드의 관점에서 관객에게 전체적인 환경적 경험total environmental experience을 만들어내는 것은 여러 미디어의 동시적 활용이다. 이는 인터미디어 네트워크가 삶의 의미를 생성하고, 우리의 사유와 의식을 확장하거나 제한하기 때문이다. 영블러드가 네트워크 미디어를 중요하게 보는 이유는 그것이 일방향적 미디어처럼 관객을 수동적 수용자로 만들어 인간 의식의 사유 능력을 제한하는 부정적 힘과는 반대로 작용하기 때문이다. 인터미디어 네트워크가 형성한 "비디오 세계video-sphere는 지각 가능한 상태로 변형된 의식 세계noosphere"[32]라는 영블러드의 선언은 미디어 환경이 인간의 사유에 미치는 깊은 영향을 보여준다.

들뢰즈 또한 이 '의식 세계' 개념을 사용하는데, 이는 기존 영화의 규범을 초월하는 확장된 영화로서의 두뇌 영화를 논할 때 등장한다. 그는 새로운 사유의 이미지를 구성하는 새로운 두뇌 영화의 세 가지 측면이 만드는 순환, 회로를 의식 세계라 부른다. 들뢰즈에게 이는 개별 관객의 기억이나 의식을 넘어서는, 우주와 연결되는 거대한 스크린이다. 우리를 둘러싼 이미지들이 형성하는 스크린이 새로운 사유를 가능케 한다는 들뢰즈의 주장은 영블러드의 견해와 공명한다. 이처럼 인터미디어 네트워크로 구성된 미디어 환경이 인간의 사유에 깊은 영향을 미치고, 이는 들뢰즈가 말하는 영화의 본질인 '사유의 작용'을 생산한다는 점에서 명확한 관련성을 찾을 수 있다.[33]

배치로서의 '네트워크-이미지'

현재 우리는 온라인 네트워크의 동영상들과 오프라인의 다양한 영상의 배치에 둘러싸여 있다. 우리를 둘러싼 이 세계, 우리가 살아가는 이 세계 자체가 일종의 극장이 되었다. 그러나 이 극장은 과거의 어두운 동굴과 같은 극장과는 달리 일상에서의 능동적 행위들을 통해 지속적으로 변화 가능한 열린 세계이다. 이러한 시네마-세계의 존재 방식과 작동 원리를 들뢰즈의 '배치' 개념을 통해 분석하고자 한다. 앞서 언급했듯이 시네마는 모바일 네트워크의 융합과 공유 특성에 기반한다. 서로 다른 스크린과 영상, 많은 사용자-관객의 다양한 해석과 변형, 이들의 융합이 변화 가능하고 열린 네트워크를 형성하는데, 이 관계 자체는 고정된 것이 아니라 끊임없는 생성 과정에 있다. 이러한 새로운 형태의 시네마를 '네트워크-이미지Network-Image'로 명명할 것을 제안한다.

이를 이해하는 데 들뢰즈와 과타리의 배치 개념을 적용하는 것이 매우 적절해 보인다. 들뢰즈와 과타리에게 배치란 "인공적으로 그리고 자연적으로 … 융합하기 위해 흐름으로부터 … 추출되는, 특이성들과 특징들의 모든 성좌constellation"[34]이기 때문이다. 즉 이질적 특이성들이 모이는 배치에서는 각 요소가 인공적 기술인지 자연적 사물인지는 중요하지 않다. 중요한 것은 이 배치가 결코 정적인 개념이 아니라, "자리를 잡고, 조직화하고, 함께 맞추어나가는 과정"[35]에 중점을 둔다는 점이다. 새로운 기능들이 바로 이 과정 속에서 출현한다. 정태적이지 않은 배치에서는 '그것이 무엇인지'보다 그 과정을 통해 "그것이 무엇을 할 수 있는지what it can do",[36] "그것이 어떻게 기능하는지how it functions"[37]가 중요하다. 또한 이러한 기능이 창의적이고 생산적일 때 "배치는 새로운 표현 수단, 새로운 영토, … 새로운 행위, 새로운 실현realisation"[38]이 된다. 동영상 스크린들의 배치가 창의적이고 생산적으로 기능할 경우 그것은 '네트워크-이미지'라는 새로운 영토가 되어 이전에 없었던 새로운 실재를 생산한다. "배치는 수많은, 하지만 예상치 못한 연결들을 만들어냄으로써 새로운 실재를 생산하는 운명에 처해 있는 것"[39]이기 때문이다. 이 새로운 실재가 바로 네트워크-이미지라고 할 수 있다.

들뢰즈와 과타리의 배치 개념의 작동 방식을 좀더 자세히 살펴보자. 영토를 형성하는 과정으로서의 배치는 수평축과 수직축을 따라 네 가지 결합 방식으로 구성된다. 수평축에는 "물체들의 기계적 배치"[40]와 "언표행위의 집단적 배치"[41]가 있다. 이 두 배치는 상호연결되어 있는데, 물체들의 기계적 배치는 내용content에 해당하는 몸들, 행위들, 정념들 간의 관계를, 언표행위의 집단적 배치는 관습, 이데올로기, 상징 등을 체계화하는 표현expression에 해당하는 진술들과 발화들의 관계를 의미한다. 수직축에는 "한편으로는 자신을 안정화시키는 영토화 혹은 재영토화의 측면들이 있고, 다른 한편으로는 자신을 실어나르는 탈영토화의 첨점들이 있다."[42] 배치가 분해되는 운동을 탈영토화라고 하며, 분해된 배치가 다시금 재구성되는 운동은 재영토화라 한다. 이렇게 모든 배치는 수직축으로는 탈영토화와 재영토화라는 동시적 이중 운동 속에 존재한다고 할 수 있다. 수평축에서는 배치의 관계가 강조되고 동시에 수직축에서는 분해되고 재구성되는 배치의 운동이 강조된다.

    인간의 신체, 모바일 네트워크 기술, 다양한 스크린과 영상들이 물체들의 기계적 배치를 구성하고, 댓글이나 재편집remix 등을 통해 기존 콘텐츠를 변형하여 새로운 표현을 만들어내며, 이 과정에서 많은 사용자-관객들의 발화 행위가 댓글이나 재편집 등을 통해 배치된다. 컴퓨터나 스마트폰으로 다양한 스크린에 영상을 업로드하고 공유하는 과정을 보면 물체들의 기계적 배치와 언표행위의 집단적 배치는 분리될 수 없음을 알 수 있다. 좀더 자세히 살펴보자. 연결망 배치의 접속점network nodes에 해당되는 동영상 클립의 특성들을 간략히 열거하자면, 공유, 댓글, 재편집, 짧은 러닝타임, 비서사, 상호작용성interactivity, 볼거리attractions, 웹 다큐멘터리web documentary, 자료 보관documents archiving 등을 들 수 있을 것이다. 하지만 네트워크와 관련된 보다 중요한 동영상의 특징으로는 사용자의 개인적인 관심과 관점에 따라 기존의 텍스트들을 재맥락화recontextualisation, 재목적화repurposing, 재사용reuse하는 것을 들 수 있다. 드라마, 영화, 뮤직비디오 혹은 뉴스의 특정 부분들을 사용자의 새로운 해석에 따라 재편집video remixes하는 경우들을 우리는 동영상 공유 사이트에서 수없이 볼 수 있다. 특히 이러한 리믹스의 경우 개인 소장용으로 생산되기보다는 공유의 목적을 위해 생산된다. 각자의 해석으로 새롭게 탄생된 비디오 클럽들은 공유 사이트에 업로드되고, 여기에 다른 사용자들의 댓글이 달리며 변형된 텍스트의 재변형, 재해석, 재편집이 이루어진다. 바로 이러한 상호작용성을 기반으로 이루어지는 공유가 기존의 텍스트를 뛰어넘는 새로운 작품들의 배치를 네트워크를 기반으로 만들어낸다. 이 네트워크 연결망은 영상의 생산과 소비 양 측면 모두에 깊은 영향을 미치며 영화를 새로운 단계의 생산물들의 배치 속으로 재맥락화한다.[43] 여기에서 언급하고 있는 다양한 동영상의 관계가 배치의 수평축에 대한 설명이라면, 이러한 관계를 만들어내는 동영상들의 연결은 확정적인 것이 아니라 끊임없이 분해되고 재구성되는, 탈영토화와 재영토화의 운동 과정 속에 있는 배치의 수직축에 대한 기술이라 볼 수 있다.

"배치의 사유는 어느 정도의 아이덴티티를 표현하면서 … 영토화와 탈영토화의 배열disposition 양자에 의해 이루어지고 구성되는 하나의 영토를 주장한다."[44] 그렇다면 여기서 말하는 아이덴티티와 영토는 무엇일까? 수평축과 수직축의 운동 과정으로 직조되어 있는 것이 배치이다. 따라서 이 과정은 정태적인 개념이 아니기 때문에 확정적으로 배치가 만들어내는 아이덴티티와 영토를 정의하는 것은 불가능하다. 하지만 특정 작품이 수용되는 맥락과 경험되는 다양한 방식, 그리고 작품에 대한 평가, 해석, 변형들이 네트워크상에서 배치를 구성하면서 연결되어 전개되므로 이에 따라 배치를 통해 분해되고 재구성되는 과정 속에 있는 작품의 범위, 다시 말해 무엇의 어디까지를 작품이라고 부를 것인가라는 작품의 아이덴티티를 어느 정도는 잠정적이고 대략적으로 표현할 수 있다. 또한 네트워크 기술과 다양한 디지털 기기들을 바탕으로 관객의 현실적 운동 — 이때 능동적 관객들의 자발적 참여는 큰 노력이 필요한 적극적 능동성이 아니라 일상적이고 단순한 활동에 의해 가능한 공유를 기반으로 한다 — 에 의해 형성되는 영화의 새로운 아이덴티티는 한편으로는 새로운 네트워크-이미지의 영토를 생산한다. 변화된 미디어 환경에서 시네마의 영토는 융합과 공유라는 네트워크의 특성에 의해 영토화되고, 동시에 끊임없이 탈영토화, 재영토화되는 과정 중에 있다고 볼 수 있다.

네트워크-이미지에서 관객

이러한 네트워크-이미지는 다음과 같은 성격을 가진 것으로 정의 내려볼 수 있다. 첫째는 유동적인 작품 범위로서, 네트워크-이미지는 기존 예술 작품과 달리 그 범위가 고정되어 있지 않다. 전통적인 예술 작품들은 물리적 매체(필름, 책 등)에 의해 범위가 한정되는 반면, 네트워크-이미지는 사용자의 '클릭'과 참여를 통해 비로소 물질화되고 그 범위가 정해진다. 따라서 관객의 참여는 작품의 물질적 기반이 되며, 이로 인해 작품의 범위는 계속해서 변화할 수 있다. 둘째는 확장된 작품 영역으로서, 네트워크-이미지는 예술가의 창작물뿐만 아니라 관객이 생산한 콘텐츠까지 포함하는 넓은 네트워크를 형성한다. 현대의 관객은 단순한 감상을 넘어 리액션 영상이나 리믹스 영상 등 다양한 형태의 2차 창작물을 제작한다. 이러한 관객 참여형 콘텐츠들이 원작과 연결되어 새로운 의미를 생성하게 된다. 셋째로는 예술가와 수용자 경계의 해체를 들 수 있는데, 네트워크-이미지 시대에는 예술가와 관객의 경계가 모호해진다. 예술가의 특권적 지위가 약화되고, 모든 참여자가 '사용자'라는 동등한 위치에서 활동한다. 이는 유튜브나 SNS에서 특히 두드러지며, 기존의 예술계 권력 구조와 제도권의 해체를 가져올 것으로 예상된다. 넷째로는 관객의 현실적 운동성을 들 수 있다. 모바일 네트워크 기술의 발달로 관객은 더이상 고정된 공간에 머물 필요가 없게 되었다. 이러한 이동성은 예술 체험 방식을 변화시키고, 그에 따라 콘텐츠의 형식도 변화하게 된다. 짧고 효과적인 메시지 전달이 가능한 포맷이 선호되는 것이 그 예라고 할 수 있다. 결론적으로 네트워크-이미지는 기존 예술의 개념과 가치를 재정의하며, 예술 전반에 걸친 변화를 촉발하고 있는데 이러한 네트워크-이미지에서 가장 핵심적인 요소는 결국 네트워크에서 사용자-관객의 참여이다. 사용자-관객의 참여가 없으면 성립조차 될 수 없는 것이 네트워크-이미지이다.

포스트 시네마 시대, 모바일 네트워크 환경에서 탄생한 새로운 예술형식인 네트워크-이미지에서 관객은 이처럼 매우 중요한 역할을 수행한다. 네트워크-이미지에서 관객은 더이상 수동적인 관람자나 소비자에 머물지 않고 적극적인 참여자이자 생산자로 거듭난다. 앞서 말했듯이 네트워크-이미지는 작품의 범위가 유동적이라는 특징을 지닌다. 여기서 '클릭'으로 이루어지는 관객의 참여는 작품의 물질적 토대가 되며, 작품의 경계는 관객의 참여에 의해 결정된다. 또한 네트워크-이미지는 예술가들의 영상뿐 아니라 관객이 생산한 영상까지 포함하는 영상들의 네트워크로 구성되는데, 이 네트워크 속에서 의미가 생성된다. 이처럼 네트워크-이미지에서는 예술가와 수용자의 경계가 무너지고, 예술가의 특권적 지위나 권위가 유지되기 어렵다. 이러한 특징들 속에서 볼 수 있듯이 단순한 수준에서 복잡한 참여에 이르기까지 관객의 존재 및 활동은 네트워크-이미지에서 가장 핵심 요소라고 할 수 있다. 이는 발터 벤야민이 지적한 대로 예술에 참여하는 대중의 수적 증가가 참여 방식의 질적 변화를 초래하는 현상과 맞닿아 있다. 대다수의 관객은 이전 예술형식에서와는 달리 이제 리믹스, 확대, 정지 등 다양한 개입 방식을 통해 작품의 의미 생산에 직접 관여한다. 관객은 단순한 수동적 청취자를 넘어 멀티미디어 관객으로서 작품을 비판적으로 수용하고 해석을 생산해낸다. 이러한 관객의 참여는 네트워크-이미지라는 기존의 예술 범주들에 속하지 않는 새로운 예술형식들로 질적 변형을 일으키며 변형·확장되어간다.

지금까지는 네트워크-이미지라는 새로운 예술형식의 생산과 수용의 측면에서 관객의 새로운 역할에 대해 이야기했다. 그런데 바로 그 관객은 네트워크를 통해 작품과만 연결되는 것이 아니라 다른 관객들과도 필연적으로 연결된다. 관객의 신체는 비록 집 안에 홀로 있을지라도 이미 집 밖의 다른 관객들과 연결되어 있다. SNS 등을 통해 콘텐츠를 함께 비평하고 감상하는 '사회적 관람social viewing'의 관행은 개별 관객들이 연대를 형성하는 계기가 된다. 이로써 기존의 '영화-(개인) 관객'의 이항관계가 '영화-멀티플랫폼-온라인 네트워크-(집단) 관객'이라는 다중적 계열로 재편된다. 이렇듯 네트워크-

이미지에서의 관객은 혼종적 정체성을 띤 능동적 주체, 일종의 '사이버메트로폴리스의 산책자'로 기능한다. 그들은 감성과 이성, 비판과 순응, 진지함과 유희를 넘나드는 다층적 태도를 보이며, 매체 공간을 자유롭게 유영하면서도 필요에 따라 목소리를 모아 일상의 경계를 넘나드는 영향력을 행사할 수 있다. "기존 영화학에서의 인간 이해의 범위와 구분을 넘어서는 이러한 새로운 다중 미디어 사용자-관객은 혼종화된 매체 공간을 향유하면서 이전과는 다른 방식으로 자신들의 목소리를 내며 집단화될 수 있고, 이럴 경우 집단적 관객의 영향력은 일상적 공간의 경계를 넘나들 수 있다."[45] 요컨대 네트워크-이미지는 기존의 수동적인/적극적인 영화 관객 개념의 구분을 넘어서는 새로운 관객을 요청한다. 관객의 적극적 개입과 참여, 생산과 유통이 작품 자체를 구성하는 핵심 요건이 되는 것이다. 이는 단순히 대중의 예술 참여 증대라는 양적 변화를 넘어, 벤야민이 제시한 것과 같은 맥락에서 제의 가치에서 전시 가치로, 다시 네트워크 시대의 '공유가치'로의 질적 전환을 의미하게 된다. 따라서 네트워크-이미지에서 관객의 역할에 주목하는 일은 포스트 시네마 시대 예술의 존재 방식과 미학을 사유하는 데 있어 필수불가결한 과제이자 연구가 나아가야 할 방향을 알려주는 지침이라 할 수 있을 것이다.

상상하는 지성과 픽션

현영종

"유한한 존재에게 세계란 구성된 것이고,
상상력은 구성하는 역량이다.
나아가 구성 능력으로서 상상력은 자유다."

현영종은 서울대학교 컴퓨터공학과를 졸업하고, 같은 학교 철학과 대학원에서 스피노자에 대한 연구로 박사학위를 받았다. 현재는 서울대학교 학부대학에서 강의교수로 일하고 있다. 지은 책으로 『감정의 유물론과 예술』(공저, 2020), 『행복에 이르는 지혜』(공저, 2024)가 있고, 옮긴 책으로 『스피노자와 표현 문제』(공역, 2019)가 있다.

들어가며

수학과 과학에 상상력이 필요한가? 만일 '이과' 연구가 순수한 지성의 활동이라면 불필요할 것이다. 낭만주의가 이러한 관점을 취한다. 낭만주의에 의하면 지성은 치밀하고 차분하고, 상상은 자유롭고 창의적이다. 지성은 진리를 향해 차근차근 나아가지만, 상상은 도약한다. 그래서 상상력의 무대는 과학보다는 예술이다. 그것은 "자유롭게 활동하는 최고의 생산 능력"으로서 예술 작품을 통해 인간을 해방한다. 낭만주의자는 유한한 인간 안에 무한이 깃들어 있다고 생각했다. 숨겨진 무한을 끌어내는 것이 예술이다. 이렇게 상상력은 분리되어 대립하는 것들을 하나로 결합한다. 유한과 무한만이 아니라 현실과 이상, 자아와 대상, 의식과 무의식을 하나로 결합Ein-Bildung한다.[1]

반면에 과학도 예술 못지않게 상상력을 요구한다는 견해도 있다. 과학철학자 마이클 폴라니는 과학적 발견 과정에 주목했다. 폴라니가 보기에 과학적 발견은 상상과 직관의 상호작용을 통해 이루어지는 것이기에 예술과 마찬가지로 창의적 성격을 갖는다.[2] 뉴턴은 나무에서 사과가 떨어지는 모습을 보고 만유인력을 발견했다고 한다.[3] 천재는 뛰어난 직관과 상상력으로 개별 사건에서 보편적 법칙으로 도약한다.

그런데 상상력의 필요성에 대한 이 논의는 모두 "창의적 상상력"이라는 낭만주의적 발상에 기초하고 있다.[4] 창의성이 상상력의 주요 특성이고 현대사회가 이를 요구하고 있지만, 창의성만으로는 다채로운 상상력 개념을 온전히 담을 수 없다. 특히 인식능력으로서의 상상력 개념에 주목할 필요가 있다. 상상력 개념의 이해는 대개 두 가지 전통으로 나뉜다. 창의성 중심의 낭만주의 전통과 인식능력 중심의 아리스토텔레스 전통이다.[5]

이 글에서는 인식능력으로서의 상상력에 초점을 맞추고자 한다. 참된 앎에 도달하기 위해서 상상력과 지성은 협력한다. 철학자 존 듀이는 이를 "상상적 지성"이라고 표현한다. 상상적 지성이란 "가능한 것의 빛 아래서 현실적인 것을 보는 능력"[6]이다. 상상력은 가능한 것을 꾸며내고, 지성은 현실적인 것을 본다. 그런데 현실적인 것의 파악은 가능한 것의 빛 아래서 가능하다. 다시 말해서 앎의 획득 과정에서 상상력과 지성은 대립하는 것이 아니라 서로의 조건일 수 있다. 우리는 이를 픽션이라는 개념을 중심으로 살펴볼 것이다.

우선 인식능력으로서의 상상력 개념을 말하기 위해 개론적 논의로 철학사에서의 상상력 개념을 논할 것이다. 낭만주의와 아리스토텔레스 전통의 원천으로서 플라톤과 아리스토텔레스, 이들을 종합한 칸트를 간략히 알아본다. 다음으로 인식능력으로서의 상상력 개념을 잘 보여줄 수 있는 픽션fiction 개념에 주목해본다. 첫째, 픽션은 자의적인 허구에 불과한 것이 아니라 합리적인 가능성으로 간주할 수 있다. 둘째, 상상력과 지성의 합작품인 픽션은 두 가지 역할을 한다. 픽션은 존재하지 않으면서도 존재하는 것들을 체계화한다. 수학에서 가상점이 이러한 "규제적 이념"과 같은 역할을 담당한다는 것을 보여줄 것이다. 또 픽션은 세계를 재현한 장난감이다. 과학적 탐구는 일종의 놀이로 간주될 수 있으며, 과학적 방법인 모델링의 모델은 놀이의 소도구prop이다. 마지막으로 픽션 논의에 근거해서, 상상력이 지성에 종속된 부차적 능력이 아니라 근본적이고 필수적인 능력으로서 지성과 대등한 자격으로 어우러지며 유한한 인간에게 무한한 가능성을 안겨다 준다는 사실을 강조하고자 한다.

상상력의 철학사

창의적 상상력 개념은 18세기 낭만주의 시대에 정립된다. 하지만 그 씨앗은 고대 그리스의 플라톤에게서 찾을 수 있다. 얼핏 보면 이성을 중시했던 플라톤과 낭만주의는 잘 어울리지 않는 것 같다. 특히 플라톤이 상상력을 낮게 평가하고 경계했기 때문이다. 『국가』에서 플라톤의 이러한 생각이 여실히 드러난다. 그는 선분 위에 능력을 줄 세웠는데 상상eikasia은 가장 아래쪽에 있다.[7] 플라톤에게 상상력은 최하급의 능력이다. 게다가 플라톤은 공동체에서 시인을 추방해야 한다고 말했다. 그가 이처럼 강한 어조로 말한 이유는 예술의 매력을 잘 알고 있었기 때문일지도 모른다. 그는 사람들이 호메로스의 『일리아스』나 『오디세이아』에 매혹되는 모습을 목격했을 것이다. 고대 그리스인은 판타지아phantasia라는 말로 상상을 지칭하고는 했다. 이 말의 어원은 "드러나다", "가시적으로 되다"이다. 그래서 현대에 이를 겉모습을 뜻하는 "외양appearance"으로 번역하기도 한다. 플라톤이 보기에 예술은 겉모습으로 사람의 마음을 사로잡는다. 예술에 빠진 사람은 그 밑에 숨겨진 본질을 잊고 마는 것이다. 플라톤은 철학과 예술의 반목을 예견했다. "철학과 시 사이의 오래된 불화"⁸는 앞으로도 지속될 것이다.

그런데 플라톤에게서 상상력이 적극적 개념인 경우도 있다. 이는 상기설anamnesis과 관련이 있다. 『메논』에 의하면 "탐구와 배움은 전적으로 상기"⁹다. 참된 앎은 인간이 태어나기도 전에 영혼 안에 있다. 그래서 참된 앎은 신적이다. 배움이란 인간이 잠시 잊고 있던 것을 다시 떠올리는 것, 즉 신적인 것을 회복하는 상기다. 그런데 어떻게 우리는 상기할 수 있을까? 여기에 상상력이 개입한다. 길을 가다가 빵 냄새를 맡았는데 갑자기 옛 기억이 떠오른 적이 있는가? 빵 냄새처럼 상상력은 트리거 역할을 한다. 우연히 마주친 아름다운 것들이 도약을 일으킨다. "마치 사다리를 이용하는 사람처럼" 더 멀리 많은 것을 보게 된다.¹⁰ 나에게 아이가 생기면 이웃집 아이가 눈에 들어오고, 도로에 어린이집 차량이 새삼 많다는 것을 깨닫게 된다. 그리고 나아가 살아 있는 모든 것에 관한 생각에까지 이르게 된다. 이러한 도약의 계기로서의 상상력 개념은 낭만주의적 전통의 출발점으로 간주되기도 한다.

아리스토텔레스는 상상력의 신적인 요소에 관심이 없다. 플라톤의 접근 방식은 존재론적이고 형이상학적이지만, 아리스토텔레스의 것은 인식론적이고 심리학적이다. 아리스토텔레스의 『영혼론』에 의하면 마음의 능력은 감각aisthesis, 상상phantasia, 사고dianoia로 구성되어 있다. 여기서 상상력은 이미지를 생산하는 능력이다. 이미지는 감각에서 나오지만, 감각과 질료에서 독립하여 감각과 사고를 매개한다. 상상-이미지의 기능은 감각의 개별성과 사고의 보편성을 연결하는 것이다. 이러한 점에서 아리스토텔레스에게 상상은 사유의 필수 요소다. "상상은 감각과도 다르고 사고와도 다르다. 그것은 감각 없이 생겨나지 않으며, 그것 없이는 판단이 생겨나지 않는다."[11] 사유의 도구인 개념은 이미지가 아니지만 이미지 없이는 존재할 수가 없다.

근대철학자 칸트에 의해서 상상력 개념은 체계화된다. 상상력과 지성은 다음과 같은 두 종류의 관계를 맺는다. 『순수이성비판』에서는 지성에 종속된 상상력이 서술된다. 상상력은 지성의 감독 아래서 감상과 지성을 매개하는 역할을 담당한다. 상상력은 지성적 인식의 도구이다. 그런데 『판단력비판』에서는 상상력이 지성과 대등한 지위를 획득한다. 아름다운 것을 체험할 때 마음의 능력들은 지휘자 없이 자유로운 놀이를 통해서 서로 조화로운 일치에 도달한다.[12] 심미적 체험 속에서 상상력은 지성의 협력자다. 칸트는 『실용적 관점에서의 인간학』에서 상상력을 이렇게 정리하고 있다. 지성이 부재할 때, 어떤 규칙도 없을 때 상상은 공상에 지나지 않는다. 하지만 상상력은 지성과 위와 같은 두 가지 방식으로 관계를 맺으면서 회상적 상상력과 창조적 상상력이 된다.[13] 칸트는 회상적 상상력 개념을 통해 아리스토텔레스 전통을 발전시켰다. 그리고 낭만주의는 칸트의 창조적 상상력 개념을 상속받아 자신의 주된 개념으로 확장한다.

참된 픽션

우리는 현실에 존재하지 않는 것들을 상상한다. 픽션은 이러한 비실존하는 대상에 관한 생각이다. 픽션은 사실처럼 꾸며낸 것이므로 거짓이라고 생각하기 쉽다. 보통 "허구"는 거짓으로 간주된다. 그러나 모든 픽션이 거짓인 것은 아니다. 이를 강조하기 위해 픽션을 "허구"라고 번역하지 않고 영어 그대로 음차하기로 하자. 그럴듯하고 모순이 없는 픽션, 합리성을 갖춘 픽션이 있다. 그리고 이는 매우 오래된 생각이다.

> 픽션을 일상적 경험과 구별하는 것은 결여된 현실성이 아니라 과도한 합리성이다. … 픽션은 어떻게 사태들이 일반적으로 일어날 수 있는지에 대해 말한다. … 픽션의 합리성은 외양들 혹은 예상들phantasma(고대 그리스에서는 같은 단어가 두 가지 모두를 표현한다)이 반전된다는 것이다. 무지의 대상이었던 것이 인식되는 것이다.[14]

프랑스 현대 미학자 랑시에르는 픽션 개념의 기원을 아리스토텔레스의 『수사학』에서 찾았다. 픽션은 꾸며낸 이야기로서 그럴 법함을 넘어서 과도한 합리성을 가지고 있어야 한다. 예컨데 독자는 소설fiction이 현실보다 더 높은 수준의 합리성을 갖추어야 한다고 생각한다. 현실보다 더 현실 같은 소설, 개연성과 핍진성이 있는 소설을 요구하는 것이다. 합리성에 가장 몰두하는 픽션 중 하나는 아마도 추리소설일 것이다. 악당은 자신의 범죄를 가리는 알리바이를 만들고, 명탐정은 알리바이를 깨뜨릴 증거를 수집한다. 악당의 알리바이와 탐정의 추리, 누구의 픽션이 더 합리적인가? 픽션 속의 픽션들은 은폐와 선동의 도구이기도 하고 반전과 인식의 수단이기도 하다.

픽션은 철학에서도 유용한 인식의 도구로 활용된다. 유명론과 실재론의 논쟁에서 픽션이 등장했다. 논쟁의 초점은 보편자의 지위다. 개인이 아니라 '인간'이라는 보편자는 실제로 존재하는가, 아니면 이름에 불과한 것인가? 근대에 접어들수록 유명론 지지자의 수가 늘어났다. 하지만 유명론은 해결해야 할 문제가 있었다. 개념은 보편자이다. 사유는 개념의 활동인데, 개념이 이름에 불과하다면 모든 앎이 흔들리지 않을까? 날카로운 정신의 소유자 윌리엄 오컴의 해결책은 다음과 같다. "순전한 허구figmentum"와 "근거가 있는 허구ficta"를 구별하자! 순전한 허구는 이것저것을 합성한 허구다. 유니콘과 같은 상상의 동물이 이러한 허구다. 반면에 학술적 개념은 근거가 있는 허구이다. 허구인 만큼 이것의 대상도 존재하지는 않지만, 관찰, 실험, 논리 등에 의해서 뒷받침되는 허구다. 사유는 이와 같은 참된 허구 위에서 성립한다.

숙련된 목수도 길이를 측정하기 위해서 줄자를 사용한다. 이와 마찬가지로 지성도 실재를 파악하기 위해 픽션을 사용한다. 그런데 픽션이란 스콜라철학의 용어로 말하자면 "사고상의 존재ens rationis"다. 그것은 "지성 속에서 오로지 표상적으로만 존재를 가지는 것",[15] 간단히 말하자면 머릿속에만 있는 것이다. 시간, 척도, 수, 수학적 도형 등이 모두 사고상의 존재다. 근대철학자가 이들을 "상상적 보조물auxilia imaginationis"[16]이라고 부른 이유가 여기에 있다. 픽션은 그 대상이 존재하지 않기 때문에 상상적이고, 지성의 도구로 활용되기 때문에 보조물이다.

수학적 상상력과 픽션

수학적 상상력이란 무엇인가? 두 종류의 상상력이 있다.[17] 첫 번째 상상력은 "문제에 대한 새로운 해를 찾는 능력"이다. 이는 낭만주의적 상상력 개념이다. 수학자에게 필요한 상상력은 예술적 상상력과 다르지 않다. "수학자 아르키메데스도 예술가 호메로스만큼의 상상력을 가지고 있다."[18] 두 번째 상상력은 재현 능력이다. 기하학 증명을 위해서는 도형을 가시화해야 한다. 신플라톤주의자 프로클로스는 기하학적 증명에서 상상력의 이러한 역할에 주목했고, 이는 현전주의presentism라고 지칭되면서 현대까지 영향을 미치고 있다.

수학에는 대수학algebra과 기하학geometry이라는 두 개의 주요 분과 학문이 있다. 기하학은 도형을, 대수학은 수와 연산을 탐구한다. 기하학과 대수학은 그 대상도 다르지만 문제 해결에 필요한 능력도 다르다. 기하학에는 상상력이 필요하지만, 대수학에는 상상력의 도움이 필요 없다. 방정식 문제를 풀기 위해서는 지성만으로 충분하다.

수학자들은 별개로 존재하는 기하학과 대수학을 하나로 통합하고 싶어했다. 그런데 근대 철학자 데카르트가 이를 해냈다. 그는 도형을 좌표계 위에 올려서 방정식으로 환원했다. 해석기하학analytic geometry을 창안한 것이다. 그는 "완전히 새로운 과학"[19]을 열었다고 자화자찬하면서 이를 통해 고전기하학의 한계를 넘어설 수 있다고 생각했다. 고전기하학은 상상력에 의존한다. 그런데 우리의 상상력은 한정되어 있다.[20] 삼각형 이미지는 쉽게 떠올릴 수 있지만 백각형, 천각형 이미지는 상상할 수 없다는 것이다. 철학자 말브랑슈는 데카르트의 해석기하학에 대해 찬사를 아끼지 않았다. 말브랑슈에 의하면 상상력은 나쁘다. 왜냐하면 상상력의 유혹은 쾌와 죄를 불러일으키기 때문이다. 데카르트가 상상력으로부터 우리를 지켜냈다는 것이다.

그런데 해석기하학은 복잡한 방정식 계산이라는 대가를 치러야 한다. 자와 컴퍼스를 가지고 도형의 작도를 하면 초등학생도 간단하게 해결할 수 있는 문제가 대학생도 풀기 어려운 문제가 되고 만다. 그래서 해석기하학과는 반대로 직관적 수학을 지향하는 연구도 꾸준히 있었다. 사영기하학projective geometry은 이러한 시도의 일환으로서 시작되었다. 사영기하학이란 투사projection(사영)를 해도 변하지 않는 점과 선의 배열을 연구하는 학문이다. 입체를 평면에 투사하면 단순해진다. 단순한 사영평면을 통해 입체 문제를 쉽게 해결할 수 있다. 사영기하학의 기초를 다진 것은 화법기하학descriptive geometry의 창시자 가스파르 몽주다. 그는 군복무 중에 요새에서 대포의 위치를 표기하는 방법을 고안하라는 명령을 받고 입체 요새를 평면으로 옮김으로써 이 문제를 탁월하게 해결했다.

사영기하학의 풀이법에는 해석적analytic 방법과 통합적synthetic 방법이 있다. 각각 대수적 방법과 고전기하학적 방법이다. 우리는 후자의 방법에서 한 개념에 주목하고자 한다. 통합적 방법은 가상점imaginary point이라는 픽션을 활용한다. 가상점은 말 그대로 상상의 점이다. 현실에는 존재하지 않지만, 사영평면에는 존재한다. 가상점이란 무엇인가? 다음은 19세기 사영기하학 텍스트가 제공하는 해설이다.

[가상점은] 실존하지 않는 사고상의 존재인데, 가상점에 대해 보조물처럼 잠시 사용하는 몇몇 성질을 가정할 수 있고, 실제적이고 뚜렷한 대상에 대해 추론할 때와 동일한 추론을 적용할 수 있다.[21]

가상점에 대한 설명에서 픽션과 관련된 철학 개념이 등장한다. 가상점은 "사고상의 존재"이고 "보조물"이다. 가상점은 필요에 따라 잠시 도입된다. 가상점을 찍으면 가상점과 다른 요소들 사이에 관계가 발생할 것이다. 그런데 이 관계가 대상을 이해하는 데 큰 도움이 된다. 예를 들어서 원근법의 소실점이 가상점이다. 화가는 어떻게 입체 공간을 평면으로 옮길 수 있을까? 소실점을 찍으면 된다. 현실에는 없고 평면 그림에만 있는 소실점, 그 소실점과 다른 것들의 거리가 입체감을 만들어낸다.

철학자 카시러는 칸트의 철학을 사용해서 가상점을 설명하고자 했다. 가상점은 "이념의 규제적 역할"을 한다.[22] 칸트에 따르면 이념은 구성적으로 사용되거나 규제적으로 사용된다. 그런데 구성적 사용은 정당하지 않다. 이념은 현실의 대상에 대한 개념을 제공하지 않기 때문이다. 하지만 이념은 규제적으로 사용될 때 개념들의 통일성을 제시하고 나아갈 방향을 설정하는 역할을 할 수 있다. 예를 들어서 완전한 평등이라는 이념은 현실에서 실현될 수 없다. 구성적 사용은 불가한 것이다. 그럼에도 이 이념은 의미가 있다. 사람들이 이 이념을 존중하는 이유는 완전한 평등 이념이 우리 사회가 나아가야 할 길을 제시해주기 때문이다. 동일한 방식으로 가상점은 실재의 점을 통합하고 설명한다.

수학자 다비드 힐베르트는 1932년 독일의 괴팅겐에서 『기하학과 상상력』이라는 책을 썼다. 그는 상상력을 통해서 직관적으로 이해가 가능한 수학을 구상했다. 힐베르트에 따르면 우리는 상상력 덕분에 수학적 대상과 생생하게 접촉하고 직접적인 이해를 추구할 수 있게 된다.[23] 가상 원소는 이러한 목적에 유용한 상상적 수단이다. 가상의 점, 가상의 선분, 가상의 평면이 가상 원소다. 가상 원소를 활용하면 직관하기 어려운 수학적 대상들이 한눈에 파악될 수 있을 정도로 단순화된다. 상상력의 한계를 인정한다는 점에서 힐베르트는 데카르트와 다르지 않다. 그러나 상상력의 한계를 돌파하는 방법을 상상력 안에서 찾았다는 점에서 그의 전략은 달랐다. 가상 원소라는 픽션은 상상력의 산물이면서 유한성을 넘어서게 하는 유용한 도구다.

과학의 모델링과 픽션

과학자는 자연을 모델로 만드는 작업, 즉 과학적 모델링을 통해서 연구를 수행한다. 과학적 탐구인 모델링에서 상상력은 어떤 역할을 담당하는가? 과학철학자의 의견은 다음과 같이 두 진영으로 갈린다. 모델은 추상적 대상이기 때문에 상상의 개입 여지가 없다는 의견이 있다. 이는 모델링에 대한 전통적인 해석이다. 그런데 최근의 연구는 다르게 접근한다. 모델은 일종의 픽션이기 때문에 상상력이 모델링에 필수적이라는 주장이 그것이다.

과학적 모델에는 세 가지 종류가 있다. 물리적 모델, 컴퓨터 시뮬레이션, 세계 모델[24]이다. 손으로 만질 수 있는 각종 모형들이 물리적 모델이다. 구와 막대기로 만든 분자모형, 안을 들여다볼 수 있는 인체모형 등이 그 예이다. 컴퓨터 시뮬레이션은 과학적 탐구 방법으로 각광받은 지 오래다. 경제적 혹은 물리적 제약을 벗어나 가상의 시공간에서 실험을 할 수 있기 때문이다. 마지막 종류의 모델인 세계 모델은 일반적이고 전통적인 형태의 모델이다. 예컨대 일찍이 아이작 뉴턴은 『프린키피아』에서 운동 법칙과 만유인력의 법칙을 활용해서 태양과 지구만으로 구성된 모델을 만들었다. 이 모델에서는 완전한 구 형태의 지구와 태양이 다른 천체의 영향을 받지 않은 상태에서 운동한다. 세계를 단순화한 모델을 통해 뉴턴은 태양계 내의 운동을 설명하고 예측했다.

과학에서 모델링의 중요성은 모두가 인정하지만, 모델이 도대체 무엇이냐는 질문에 대해서는 누구도 쉽게 답하지 못한다. 문제는 모델의 존재론적 지위다. 모델은 실제로 존재하는 것인가, 아니면 허구에 불과한가?

전통적인 대답은 모델이 추상적 대상이라는 것이다.

수학적 기술description이 모델을 정의하고, 모델은 세계를 재현한다.[25] 모델은 존재 여부를 따질 수 있는 어떤 대상이 아니라 수식들의 모음이 된다. 그래서 모델은 구체적인 대상이 아니라 추상적인 대상으로 간주된다. 모델링은 수식을 세우는 과정이 되므로 여기에는 상상력이 개입할 수 없다. 그런데 실험실에서 과학자들의 곁에서 과학 연구를 면밀히 관찰한 과학철학자들의 이야기는 달랐다. 과

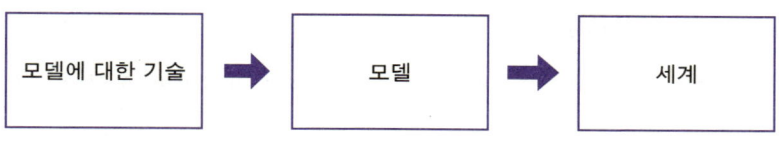

〈그림 1〉 추상적 대상 관점

학자들이 모델을 추상적 대상이 아니라 구체적 대상처럼as if 다룬다는 것이다. 추상적 대상 관점의 지지자는 이는 수사적 은유에 지나지 않는다고 반박했지만, 새로운 관점을 제안한 과학철학자들의 생각은 달랐다.

최근 연구는 현대 미학자 월튼의 '믿는 체하기 놀이game of make-believe'를 참조한다.

> 그림, 연극, 영화, 그리고 소설을 이해하기 위해, 우리는 먼저 인형, 목마, 장남감 트럭, 그리고 테디 베어를 살펴보아야 한다. 재현인 예술 작품이 뿌리내리고 있고 또 그러한 작품들에 의미를 부여하는 활동들은 아이들의 믿는 체하기 게임과의 연속선상에서 잘 이해될 수 있다. 사실 나는 이러한 활동들을 믿는 체하기 게임 그 자체로 간주해야 한다고 주장할 것이며, 인형과 테디 베어가 아이들의 게임에서 소도구prop의 역할을 하는 것과 마찬가지로 재현적인 예술 작품들은 그러한 게임에서 소도구로서 기능한다고 주장할 것이다.[26]

믿는 체하기 게임은 소도구를 활용하는 상상 활동이다. 놀이터에서 소꿉놀이를 하는 아이는 마치 흙덩어리가 밥인 것처럼 행동한다. 대접받는 아이들은 "잘 먹겠습니다"라고 외치지만 흙덩어리를 실제로 먹지는 않는다. 흙덩이리는 마치 음식처럼 다루어지지만, 음식으로 승인되는 것은 아니기 때문이다. 그런데 아이들만 이러한 가장 놀이를 하는 것은 아니다. 성인도 영화를 보면서 진짜처럼 느끼지만 완전히 믿지는 않는다. 범죄영화를 보고 경찰 신고를 하지 않으며, 드라마 배역과 현실의 배우를 구별할 줄 안다. 이처럼 예술 작품도 장난감과 마찬가지로 상상 놀이의 소도구다.

'마치 -처럼as if'이라는 특성을 가지고 과학적 모델도 해명할 수 있다. 과학자는 모델을 구체적인 대상이라고 믿는 체하는 놀이를 한다는 것이다. 다만 모델은 자의적 상상이 아니라 합리적 픽션이라는 점에서 단순한 놀이 소도구와는 다르다. 그런데 과학적 모델이 구체적으로 어떠한 픽션인지에 대해서는 학자들의 구체적인 생각이 두 가지로 갈린다. 간접적 픽션이라는 관점과 직접적 픽션이라는 관점이 경쟁한다.

간접적 픽션 관점에서는 과학적 모델을 허구적 인물로 이해한다. 과학적 모델은 소설의 주인공과 같다. 소설의 주인공은 우리 주변에 있을 법한 인물이다. 이러한 인물의 전형성은 현실을 담고 있다. 소설을 보면서 "그래 우리 현실이 이렇지!"라고 말할 수 있는 것이다. 과학자의 연구도 이와 유사하다. 모델은 자연에 대한 단순화된 재현이다. 그런데 과학자는 모델에 대한 이해가 세계에 대한 이해라고 생각한다. 나아가 모델에서 전에 알지 못했던 새로운 속성을 찾기도 하는데, 이것을 세계의 속성이라고 간주한다.

```
┌─────────────┐         ┌─────────────┐
│   모델 기술    │   ➡    │    세계      │
└─────────────┘         └─────────────┘
```

〈그림 2〉 직접적 픽션 관점

　직접적 픽션 관점에서는 모델을 역사 서사 속의 인물과 같은 것으로 간주한다. 허구적 인물과는 다르게 그 인물은 실존했던 사람이다. 독자는 소설을 통해 실존했던 인물을 직접 상상한다. 김훈의 소설 『하얼빈』에서 안중근은 거사 전에 우덕순과 함께 이발소를 찾아간다. "머리를 깎자. 깔끔한 게 좋겠다." 이 상황은 작가의 상상일 것이다. 하지만 우리는 이를 통해서 독립운동가가 어떤 마음가짐이었을지를 상상한다. 허구적 인물은 실재에 대한 상상을 요청한다. 과학 연구도 마찬가지다. 모델에 대한 기술description은 특정한 방식으로 세계를 상상하라는 명령prescription이다.

　현대 과학은 기존의 과학철학적 이해가 감당하지 못할 정도로 빠르게 발전하고 있다. 과학이 다루는 대상이 대폭 확장되고 그 방법이 다양해짐에 따라 과학적 탐구를 이해할 수 있는 새로운 틀이 요청되고 있다. 예술철학을 참조하여 과학적 모델을 픽션으로 이해하려는 시도는 이러한 요청에 대한 응답으로 보인다. 과학적 모델의 존재론적 지위는 중간에 있다. 그것은 실체도 아니고 실체 없는 추상도 아니다. 모델은 상상력과 지성이 함께 제작한 픽션이다.

구성과 자유로서 상상력

상상력에 대한 두 가지 전통을 살펴보았다. 그것은 창의적 상상력을 강조하는 낭만주의 전통과 인식능력으로서 상상력을 중시하는 아리스토텔레스적 전통이었다. 급변하는 현대사회가 창의성을 중시하는 덕분에 창의적 상상력이 더 조명받는 상황이지만 상상력의 다른 측면도 함께 고려되어야 할 것이다. 탁월한 재능ingenuity으로서의 상상력만이 아니라 인간의 근본적인 능력으로서의 상상력 또한 존재하기 때문이다.

사유 안의 "어떤 것도 상상력을 넘어서지 않는다."[27] 들뢰즈는 경험주의 철학의 핵심이 상상력에 대한 이와 같은 생각에 있다고 보았다. 상상력이란 관념의 운동이다. 그런데 우리 마음의 구성 원소는 관념이다. 그렇다면 정신의 능력이란 근본적으로 상상력일 수밖에 없다. 어쩌면 지성도 그러한 상상력에서 발생한 것일지도 모른다. 하이데거가 해석한 칸트의 철학도 이와 다르지 않다. "인간 인식에 두 줄기가 있는데, 그것들은 하나의 공통의, 그러나 우리에게 알려져 있지 않은 뿌리로부터 생겨난 것으로 감성과 지성이 바로 그것이다."[28] 상상력은 지성과 감성의 매개자에 불과한 것이 아니라, 그들보다 앞서 있는 것, 두 능력의 뿌리에 해당한다.

상상력은 허구를 생산한다. 상상력이 마음의 근본 능력이라면 모든 생각이 본래 허구라는 것을 의미하지는 않을까. 그런데 허구가 반드시 자의적인 것, 거짓을 지시하는 것은 아니다. 듀이의 "상상적 지성"이라는 표현을 다시 상기해보자. 상상적 지성이란 "가능한 것의 빛 아래서 현실적인 것을 보는 능력"이다. 허구란 가능성에 대한 것이다. 모든 생각은 가능성 위에 있는 것일지도 모른다. 그런데 허구 중에 합리성을 갖춘 것이 있다. 우리는 그것을 픽션이라는 표현으로 지칭하였다.

픽션의 예로서 수학의 가상점 개념과 과학적 모델을 살펴보았다. 가상점은 추상이나 재현과는 무관한 순수한 가상의 점이고 현실화될 수 없는 점이다. 그럼에도 불구하고 가상점과 같은 가상 요소를 통해 인식주관은 실제 요소들의 관계를 체계화하고 직관할 수 있게 된다. 과학적 모델은 놀이의 소도구와 같다. 과학 연구의 직접적인 대상은 자연 그 자체가 아니라 자연의 재현인 모델이다. 과학 탐구란 모델을 마치 실재처럼 다루는 활동인 것이다.

상상력은 이미지와 관련해서는 소극적 능력이다. 이미지는 나타남에 대한 것이다. 세계는 우리를 자극하고, 그 자극은 다양하게 우리에게 나타난다. 상상을 뜻하는 고대 그리스어 "판타지아"라는 표현이 이런 생각을 담지하고 있다. 그런데 우리의 인식이 거울처럼 수동적으로 세계를 반영하기만 하는 것은 아니라는 사실을 칸트가 지적한 바 있다. 마치 어부가 바다에 그물을 던지는 것처럼 우리는 세계와 마주하여 능동적으로 무엇인가를 한다.[29] 칸트에 따르면 우리는 감성과 지성의 선험적 형식이라는 그물을 던지고 현상을 능동적으로 구성한다. 여기에 상상력의 적극적 역할을 덧붙일 수 있겠다. 픽션 또한 세상에 던지는 그물이기 때문이다. 우리는 세계를 받아들이기만 하는 것이 아니라, 픽션을 꾸며내고 그것을 통해 세계-현상을 구성한다. 유한한 존재에게 세계란 구성된 것이고, 상상력은 구성하는 역량이다. 나아가 구성 능력으로서 상상력은 자유다. "정신이 존재하지 않는 사물을 현존하는 것으로 상상하면서 동시에 그 사물이 실제로 존재하지 않는다는 것을 안다면, 이 상상력은 정신 본성의 결함이 아니라 장점으로 간주될 것이다."[30] 우리는 상상력을 통해 합리적 비존재를 떠올릴 수 있는 자유를 누린다.

교육의 상상:
학습 체계로의 진화

최근정

"즉 테크놀로지 교육을 진행할 때
이전에는 인간만을 주체로 하여, 인간의 학습에
테크놀로지 기술이나 매체 등이 이용된다는
관점으로 바라봤으나, 포스트휴머니즘적 관점에서는
인간과 인공지능 같은 기술 모두를
학습하는 존재로 바라본다."

최근정은 한국외국어대학교, 미국 뉴욕주립대학교 석사를 거쳐서 이화여자대학교에서 교육학 박사학위를 받았다. 서울대학교 교육종합연구원 연구원으로 경희대학교, 이화여자대학교, 서울대학교 등 다수의 대학에 출강하며 한국연구재단과제를 수행하고 있다. 주 관심은 포스트-평생학습론과 평생교육 철학 분야이다. 옮긴 책으로 『도시를 학습하다』(2025), 『확장학습 연구』(공역, 2024)가 있다.

교육적 상상

　창의력이나 참신하고 새로운 아이디어를 떠올리는 능력과 같은 의미로 상상력을 생각하곤 한다. 하지만 이렇게 상상력을 단순화하게 되면 그보다 훨씬 더 중요하고 근본적인 상상력의 본질을 놓치게 된다. 상상력은 단순히 본능적 충동 같은 무의식적 작용이 아니라, 인간의 정신활동을 구성하는 가장 핵심적 능력이다. 새로운 것을 떠올리는 연상 활동은 우리의 복잡한 신체 역량이 체계화되도록 돕는데, 이러한 역할을 인간의 정신활동 중 교육이 주로 담당한다고 볼 수 있다. 교육은 모방을 반복하는 방식을 통해 신체 능력의 변화를 끌어내는 정신활동이며, 인간의 미래지향적 가치와 신념을 형성하는 유일한 기제이다. 따라서 상상력의 본질을 제대로 이해하는 것이 다른 어떤 분야보다 교육 분야에서 더욱 절실하다고 하겠다.

　윤리적 추론 담론에 교육적 상상이라는 용어가 자주 등장함에 따라 도덕적 삶에 상상력의 지위를 인정하는 학자들이 늘어났다. 예컨대 19세기 후반 존 듀이는 도덕적 향상moral enhancement을 위한 상상 지능, 상상적 추론이라는 개념을 교육에 도입하였다. 그에게 도덕적 상상력이란 지속적인 경험의 재구성 과정에서 작용하는 지능의 광범위한 차원으로서 경험의 변형과 성장의 과정, 즉 경험이 확장되고 풍부한 깊이, 폭, 의미를 갖게 하는 구체화된 미학적 민감성이다. 그러한 방식으로 상상력은 학습경험 활동의 한 단계로서 중추적 역할을 한다. 마크 존슨은 이러한 도덕적 사고를 공감적 상상력이라 하였다. 우리 자신의 가치와 이상이 다양한 관점에서 의미를 갖도록 생각을 확장할 수 없다면 우리는 도덕적으로 민감할 수 없다.[1] 우리의 도덕적 상상력은 우리가 살고 있는 물리적, 사회적 세계에 대한 지식의 깊이와 폭 그리고 동기 및 인지, 정서발달에 대한 이해 등의 인간 인식에 달려 있으며, 마지막으로 특정 상황에 가장 관련이 높은 요소는 무엇인지 판단하기 위해 우리와 상호작용하는 다른 존재들의 경험과 반응을 상상하는 시뮬레이션 능력에 달려 있다. 자신과 다른 존재의 경험과 감정을 시뮬레이션하는 이 마지막 차원은 교육과 학습경험에서 특히 중요하다. 다양한 가치, 특성, 동기, 진리 및 원칙에 따라 상황이 어떻게 전개될 수 있는지 상상하는 능력과 다른 이의 상황을 어떻게 공감할 수 있는지에 대한 깊은 이해가 필요한 것이다.

애덤 스미스는 인간이 아무리 자기중심적이고 이기적일지라도 다른 사람의 안녕이나 복지를 돌보는 자연스러운 성향을 보인다고 주장한다.[2] 이러한 통찰은 앞서 언급한 존 듀이의 상상 지능이나 마크 존슨의 공감적 상상에 대한 견해와 매우 흡사하다. 도덕적 향상을 위한 상상 지능이나 공감적 상상력이란 정해진 윤리적 원칙을 개별 상황에 단일하게 적용하는 능력이 아니며, 오히려 상황이 어떻게 더 큰 조화, 협력, 자유, 도덕적 이상 구상을 향해 전개될 수 있는지 상상하는 능력이다. 따라서 상상력은 규칙이나 원칙에 따라 필연적으로 결과를 도출하는 연역적 과정이 아니라 우리 세계를 창의적으로 재구성하고 변화시키는 예술적 과정에 더 가깝다. 이는 경쟁적 가치를 조화롭게 하고 의미와 행복을 위한 새로운 관계와 가능성을 열어주는, 개인을 넘어선 공동체의 민감성, 배려, 지혜라 할 수 있다.

그러므로 상상력은 삶의 질을 고려하는 현실화 능력으로서 무엇보다 교육에 필수적인 핵심 역량이다.

삶의 질을 고려하는 현실화 역량과 관련하여 누스바움은 허구를 만들어내는 능력을 상상력의 중요한 특성으로 여긴다. 왜냐하면 내러티브를 구성하는 허구적 상상력은 제한된 관점을 깨닫게 하고, 공통성에 대한 인식을 촉진하며, 경쟁적 고려 사항들을 전략적으로 관리하는 데 도움을 주기 때문이다. 상상력은 자신 자신에게만 집중하는 개인 관점을 확장하여 특이하거나 낯선 가능성과 결과를 숙고하여 익숙한 것을 넘어서게 함으로써 개인의 삶뿐만 아니라 공동체적 삶에 대한 포괄적 이해를 돕는다. 이것이 바로 누스바움이 강조한 상상력의 정치적 역량이며, 그 근본에는 취약성vulnerabilities이 있다. 다양한 대화 공간에 참여함으로써 우리는 광범위한 사회적 상황에서 인간의 공통된 약점이 어떻게 경험되는지를 생생하게 이해하고, 인류의 취약성에 사회 정치적 제도가 어떠한 영향을 미칠 수 있는지를 상상하며 이러한 과정을 통해 윤리적 추론을 학습한다.

이렇듯 상상력은 인류의 지향점이나 인생 계획을 시각화할 수 있는 역량으로서, 교육이나 시민권과 같은 더 넓은 범주에 포함되는 행위성 개발을 뒷받침할 수 있는 정치적 차원을 지닌 복합적인 역량이라 할 수 있다. 상상력은 우리가 가치 있게 여기는 삶을 시각화하고 창조할 때 고려해야 할 선택지의 범위를 확장함으로써 우리에게 중요한 성취의 원천을 제공한다. 우리는 상상력을 통해 아직 존재하지 않는 것을 학습하고 이전에 무시되었던 것을 다시 살펴보며, 한때 알지 못했던 것이 가장 가치 있는 것일 수 있음을 깨닫는다. 상상력은 정신적 능력인 동시에 다양한 형태의 자기표현을 가능하게 하는 창조력이며, 타자에 대한 관심을 높이고 사회적 관계의 기반을 형성하는 공감 성향이자 비판적 추론이나 세계시민 의식과 함께 중요한 민주적 역량으로, 원하는 특정 기능을 가능하게 하는 변혁적 경험의 기회뿐 아니라 더 확장된 자기 감각과 더 가치 있는 삶의 방식을 시각화할 수 있는 기회를 제공한다.[3]

정리하자면, 상상력은 상징적 이미지를 떠올리는 능력에 그치지 않고, 인식의 토대, 즉 세계 이해의 가능성을 열어주는 능력이라 할 수 있다. 상상을 과학이나 이성의 합리성에 반대되는 개념으로 생각하기 쉽지만, 사실 상상력은 과학이나 이성의 합리성과 대립하지 않으며, 상상하는 자아는 사고하고 분석하는 주체와 대립하지 않는다. 오히려 상상력은 인간과 인간 사이, 인간과 세계 사이의 은밀한 화합을 가능하게 하는 능력으로, 인간으로 하여금 존재의 근원에 닿을 수 있도록 돕는다. 그러므로 상상력은 지각 작용을 통해 받아들인 이미지들을 변형시킴으로써 이전 이미지들로부터 우리를 해방하고 인간의 조건을 넘어서게 하는 여러 경향의 총체라는 점에서, 인간을 다시 정의할 수 있게 해주는 서사적 역량이기도 하다.[4]

사회적 응축으로서의 상상

정신발달을 돕는 사회문화적 상호작용과 이를 위한 적절한 교육적 개입은 어떻게 가능할까? 레프 비고츠키는 인간의 정서와 경험적 질료를 종합한 신체 능력의 발달에 있어 상상력이 지식과 도덕

역량에 깊은 관련이 있음을 주장하였는데, 이는 인간의 정신이 내적으로 형성되기보다 사회문화적으로 발생한다고 보기 때문이다. 비고츠키에게 언어와 같은 기호는 인간 내면에 작용하여 고등 정신 기능을 매개하는 마음의 도구로 학습과 발달의 중추적 역할을 한다. 인간 본성을 도구 및 기호 사용을 통한 세계의 변용으로 보는 이러한 관점은 헤겔의 정신운동을 수용한 맑스의 유물적 관점을 계승한 것이다. 따라서 인간의 고차원적 사고는 인간에 의한 자연의 변형이라 할 수 있으며,[5] 정신적 성숙은 생물학적 성숙과 더불어 나이에 상관없이 모두에게 필요하다. 정신적 성숙은 사회 물질적 관계의 기초를 형성하는 공감 능력으로, 인류의 삶을 더 가치 있게 시각화할 수 있도록 돕는다.

사회적 응축으로서 상상은 인간의 정신적 성숙을 의미하는 공감 능력이자 하나의 구체적 형태로부터 또 다른 구체적 형태로 움직이는 창조적 변형 능력으로, 여기에는 반드시 추상화의 도움이 필요하다. 경험 이미지들의 추상적 연합은 언어기호를 바탕으로 한 논리적이고 개념적인 사고의 발달과 함께 이루어지며, 그 역 또한 마찬가지다. 모든 초기 경험의 수동적이고 모방적인 상상은 개념적 사고와 결합하면서 더 능동적이고 창조적인 상상으로, 일상적이고 기초적인 이미지에서 과학적 개념과 추상화를 포함하는 고차원적인 형상으로 변형된다. 아동뿐만 아니라 성인에게 있어서도 상상력은 이러한 질적 변화를 거치며 정교하게 발달한다. 이러한 상상의 창조적 활동은 인간 경험의 다양성과 풍부함에 직접적으로 영향을 미치며, 교육에 의한 사회문화적 발달과 지적 경험은 상상의 주된 재료가 된다. 즉 상상력은 특정한 상황에서 길러지는 것이 아니라 다양하고 풍부한 교육적 개입 또는 학습경험을 통해 매 순간 마음의 능력으로 형성된다. 상상력은 고등 정신발달과 그 궤를 같이하기에 추론적이고 비판적인 정신 능력과도 구분되지 않지만, 무엇보다도 정서와 결합하는 능력이다.

상상과 경험이 연결되는 모든 교육적 장면에서 정서가 중요한 역할을 한다. 정서가 상상적 이미지를 만들어내고 동시에 역으로 상상이 정서적 경험을 생성하기에 우리는 자신과 타자의 차이, 상실, 필요나 취약함을 상상하는 것만으로 마치 실제로 경험한 것처럼 슬픔과 두려움을 느끼게 된다. 정서가 상상을 촉발하고 상상이 정서를 생성한다. 이때 정서도 상상도 순수하게 개인적인 것일 수 없으며, 언어기호로 연결된 신체들의 사회 물질적 발생에서 그 기원을 찾을 수 있다. 상상의 이러한 사회 물질적 특성에 대해 누스바움은 민주주의를 위한 교육의 본원적 회복을 위해 '내러티브 상상력'이 필요함을 강조한 바 있다. 새로운 서사를 만들어내는 상상 지능은 타인의 감정과 처지를 이해하고 공감할 수 있는 상상적 이미지를 만들어내는 능력이다. 언어기호를 바탕으로 하는 내러티브 상상력은 추상적 경험 이미지들을 논리적이고 개념적인 사고와 연결하는 것을 돕는다. 윤리적 판단은 본능적인 것이 아니라 사회적으로 형성되는 것이다. 비고츠키와 누스바움은 보편적 인류애로 우리의 내러티브 상상력을 작동시키는 이유는 상상력이 정서와 연결되기 때문이라고 본다. 도덕적 정서는 사적 영역을 넘어 공적 보편성을 사유하는 것이 된다.

이처럼 정서적 역량을 본질로 하는 상상력은 미래의 새로운 지식 교육에 중요하다. 지식은 근본적으로 유동적이고 생성적이다. 앎과 앎을 잇는 핵심적 기능과 연결되고 이 과정을 총체적으로 관장하는 능력이 바로 상상력이며, 상상력은 이러한 방식으로 이미지들을 조합하여 복합 관념을 형성한다. 지식은 일차적으로 주관적 정서를 바탕으로 습득되지만, 언어기호에 의해 매개되면서 사회적 의미를 형성한다. 내러티브에 의해 매개되지 않은 지식은 개인의 정서에도 마음의 사회적 능력에도 아무런 의미를 지니지 못한다. 미래 가치와 지식은 이성 중심의 교육으로부터가 아닌 정서 중심의 상상력 교육으로부터 시작된다. 그 이유는 사회문화적 응축으로 상상이 미래 가치와 지식, 그리고 인간을 연결하는 마음의 도구로 작동하기 때문이다.

상상력, 아이디어를 구현하는 지적 작용

경험세계에서 지식은 독립된 상태로 존재할 수 없다. 그것은 사회 물질들과 상호작용하며 힘을 발휘하고 실천적 작용으로 나타난다. 경험 지식에서 상상력은 아이디어를 특정한 형식 또는 심상의 형태로 구현하는 지력의 작용으로서, 현재 존재하지 않거나 낯설고 오래된 것을 현재의 것으로 친숙하게 만드는 힘이며, 이전에 경험했던 구체적 대상이 사고의 일반적 아이디어로 발달해가는 과정에서 작용하는 지식이다.[6] 이때 상상력은 구체적 대상이 가지고 있는 특별하고 감각적인 속성과 아이디어가 추구하는 보편적이고 추상적인 속성의 결합이다. 이러한 감각적이면서 동시에 보편적인 상상력에 대해 듀이는 '아이디어를 특별한 형식 또는 심상의 형태로 구현하는 지적 작용'으로 정의하였다. 그는 사물을 아이디어화하는 정도에 따라 상상력이 크게 세 단계로 발달한다고 보았다.

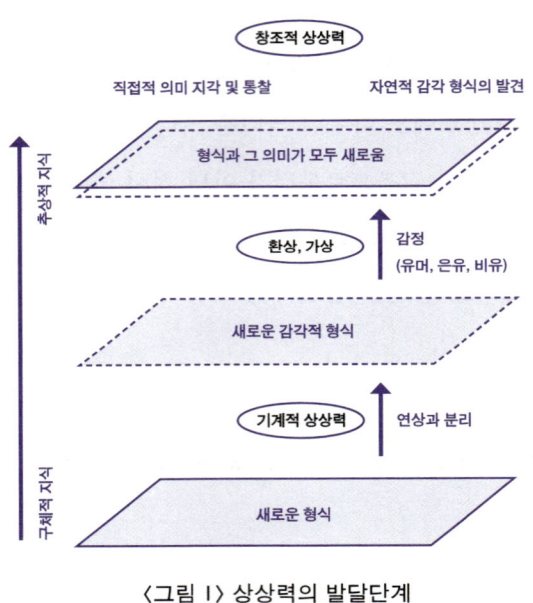

〈그림 1〉 상상력의 발달단계

첫 번째 단계는 기계적 상상력이다. 그것은 주로 연상association과 분리dissociation의 방식으로 진행된다. 대부분의 상상은 기계적 상상력에 의해 일어나며, 그 형식만 새로울 뿐 형식이 구현하는 의미와 아이디어는 새롭지 않다. 두 번째 단계는 환상 또는 가상이다. 그것은 주로 유머, 은유, 비유와 같은 기질이나 감정을 매개로 심상을 형성하기 때문에 다분히 정서적 요소를 지니고 호기심을 자극하지만, 이 단계 역시 새로운 의미를 창조하지는 않는다. 세 번째 단계는 환상이나 가상에서 발전된 형태로 가장 이상적인 창조적 상상력이다. 그것은 감각적인 형식들을 자연적으로 또는 자발적으로 발견하고 사물이나 현상의 새로운 의미를 직접 지각하는 단계이다. 이 단계에서 심상은 이미 알고 있는 사물의 가치, 사용, 의미로부터 자유로워지면서, 이전에는 감각할 수 없었던 새로운 의미들을 사물이나 대상에 부여하기 위해 분리되고 결합된다.

상상력의 내러티브는 아이디어들을 연결하며, 항구적 의미를 지향하는 욕망을 불러일으키고, 이 욕망은 아이디어를 감각적 형식으로 현실화하는 행동으로 연결된다. 상상력이 창조적 예술로 발전할지 아니면 단순한 환상으로 끝날지는 현실이 관계하는 욕망에 달려 있다. 환상은 현재의 습관과 환경에 어떠한 영향도 끼치지 못한다. 하지만 상상력의 산물은 이전보다 발전된 형식으로 환경을 재구성하고 유용한 습관으로 남아 이후 행동에 영향을 준다. 이러한 방식으로 상상력은 안정과 확실성을 향하는 욕망을 반영하며, 현재 존재하지 않는 것을 아이디어화한다. 상상력의 아이디어는 생기 없는 관념이 아니라 새로운 습관 형성을 위한 힘으로 가득 차 있다.[7]

상상력의 아이디어 발달을 돕는 사물은 경험으로부터 분리될 수 없다. 사물은 필연적으로 다른 대상과 연결되어 있고, 다른 사물에 대한 관심을 불러일으킨다. 시공간의 제약으로 언어가 상징하는 실제를 직접 경험할 수 없는 경우 우리는 상상력을 통해 언어가 상징하는 사물을 사용하는 공동의 상황에 참여할 수 있다. 이 경우 상상력은 가상적 상황에서 사물과 경험하는 것 사이의 관계와 의미를 간접적으로 인식하고, 언어를 매개로 전달되는 다른 사람들의 경험에 대해 공감하도록 돕는다. 이렇듯 인간의 언어로 전달되는 많은 정보와 의미를 인식할 수 있는 것 역시 상상력 때문이다. 사실 눈앞에 보이지 않는 사건들이나 사물들과의 관계를 추상적 언어로 이해한다는 것은 쉽지 않다. 더욱이 낯선 언어가 상징하는 경험은 직접 경험한 적 없는 다른 사람의 경험일 경우가 많기에 그것의 의미를 바로 인식한다는 것은 불가능하다. 그런데도 우리가 낯설고 먼 언어의 의미를 지각할 수 있는 이유는 현재 없는 사건들과 사물들을 표상하는 상상력이 개입하기 때문이다.

상상력의 초기 발달단계인 기계적 상상력과 두 번째 단계인 환상, 가상은 사물의 외현과 관련된 사실들을 단순히 물리적으로 분리하거나 통합한다. 그러므로 이들은 경험 지식을 재구성하는 데 크게 도움을 주지 못한다. 교육을 경험의 성장으로 볼 때 경험의 성장은 사건들과의 연결 과정이자 접속의 결과이며, 아이디어와 욕망이 상상 안에서 통합되어 드러난 것이다. 상상력의 가장 발달된 형태인 창조적 상상력은 대상의 성질로부터 의미를 직접 지각하는 지식을 형성하며 대상이나 사태에 대한 공감적 통찰을 가능하게 한다. 교육은 시대별로 다른 경험의 성장으로 스스로를 상상하고 진화해 왔으며, 그 과정에서 창조적 상상력을 절대적으로 필요로 한다. 교육의 상상 도식은 이러한 방식으로 미래의 옷을 입는다.

교육 양식의 진화

기원전 2000-3000년 무렵, 여러 국가는 부족주의와 전쟁에서 벗어나 외교와 지혜로 향하는 거대한 사회적 전환을 겪었다. 몇몇 위대한 문명이 일어나 번성했지만, 흥미롭게도 새롭게 출현한 지혜의 전통은 두 가지 매우 다른 방향으로 나뉘었다. 공자, 석가, 노자, 맹자 등 당대 사람들의 가르침에서 알 수 있듯이 동방 지역에서는 존재의 근원적 통합에 대한 통찰과 깨달음이 중요하게 여겨졌지만, 서구 사상은 이상과 현실, 천상과 지상, 정신과 물질, 자아와 타자, 개인과 집단과 같은 이분법적 사유에 기초하고 있었다. 이러한 사유 양식은 소크라테스, 프로타고라스, 플라톤 같은 헬라스인들과 이사야, 예레미야, 솔로몬 같은 셈족의 작품들에 스며들었다. 근대 형식 교육은 서구 사상의 영향을 많이 받았으며, 근대 공립학교는 고대 그리스 아카데미아, 중세 대학, 초기 교구 학교를 모델로 하였다. 이 기관들은 모두 질서를 강조하며 영원하고 보편적인 인간존재와 진리 개념에 대한 공동의 헌신을 강조하고 있다. 질서와 진리에 대한 헌신은 서구의 지식 형성 과정과 학습에 대한 이해에 깊게 스며들어 있다.

교육의 역사를 이해하는 또 다른 전략은 인간 기술technology의 역사를 살펴보는 것이다. 기술의 진보와 중요한 발견은 새로운 교육 방식, 특히 새롭고 더 정교한 행동 방식을 포함하는 교육 방식을 요구한다. 인류의 네 가지 주목할 만한 기술 유형과 그 유형에 따라 새로 등장한 교육 방식을 정리하면 다음과 같다. 첫째, 발견된 도구는 그 사용법을 공유하는 차원의 부수적인 교육을 동반하였다. 둘째, 제조된 도구는 제조 과정에서 사용된 기술을 보여주고 교정하는 교육을 동반하였다. 셋째, 이야기와 신화의 내러티브는 이야기로서의 교육을 가능하게 했으며, 마지막으로 문자의 발명과 글쓰기는 가르침으로서의 교육을 가능하게 하였다. 이렇듯 기술은 지능의 결과물에 그치는 것이 아니라 교육의 공여자이기도 하다. 기술은 사용자의 생각과 행동을 확장하고 증폭시킨다. 교육의 변화는 기술 변화와 맞닿아 있다. 이제 우리는 교육의 모든 주요 변화가 왜 기술의 변화와 조응하는지를 더 잘 이해할 수 있게 되었다.

기술의 급격한 발전이 학습자의 더 큰 필요를 자극했고, 이에 교육도 유사한 변화를 요구받게 되었다. 고고학 기록에 따르면 약 200만 년 전에는 껍질과 가죽을 자르기 위해 부서진 바위와 같은 도구가 주로 사용되었는데 이러한 도구들은 필요할 때 찾아 바로 사용하면 되었을 뿐 별도의 계획이나 준비가 필요하지 않았다. 이때 학습자는 수행에 몰두하는 교육자의 상황에 따라 특정한 행동들을 보고 모방했다. 그후 의도적이고 연마된 기술을 요구하는 정교하게 제작된 칼과 도끼가 사용되면서 '발견된 도구'에서 '제조된 도구'로 넓고 포괄적인 변화가 일어났다. 정교한 도구 제작이나 도구 활용 기술은 지리적으로 흩어져 있는 인류에 빠르게 퍼져나갔다.

이와 같은 증거는 도구의 기술적 사용에 대해 더욱 세밀한 교육 방식이 등장했음을 시사한다. 기술 전문가들은 초보자들이 더 복잡한 기술을 개발하도록 도왔을 것이다. 오랜 세월 동안 이러한 기술에는 미미한 발전이 있었고, 수십만 년 전에야 비로소 완전히 다른 종류의 인공물이 나타나 전 세계로 확산되었다. 그것은 바로 아이콘이다. 이후 인류는 아이콘을 통해 주요 문화 지식을 수집하고 해석하여 전달하였으며, 당시 아이콘은 이야기 기술, 즉 내러티브 수단을 의미하기도 했다. 이 기술은 한 세대에서 다음 세대로 전달되고 보전될 수 있는 지식의 범위를 크게 확장했고, 따라서 암송, 암기, 예행연습 및 해석을 포함하는 교육 방식과 함께 발전했다.

그후 약 5000-6000년 전에 첫 번째 기호 기반 문자 체계가 등장하였다. 여기에서 주목할 점은 글쓰기가 또 다른 혁신 기술이기에 매우 다른 유형의 교육이 필요했을 것이라는 점이다. 누군가가 아는 것을 기록하는 능력은 그 지식을 아는 사람으로부터 분리하고 먼 거리와 시간을 초월하여 지식을 충실하게 보존할 수 있게 했다. 이전까지 모든 지식은 그것을 아는 전문가와 관련되어 있었다. 그러나 글쓰기로 인해 지식은 마치 외부 어디에 있는 것, 우주에 존재하는 무언가로, 안정된 사물과 같은 대상으로 상상하고 사용할 수 있는 것이 되었다. 지식을 문자로 기록하는 글쓰기 기술은 이러한 방식으로 인간 기억의 외부 저장을 가능하게 하며 장기적인 보존을 도왔다.

지식을 관리하고 조작하고 보존하는 능력은 권력이나 권위와 밀접하게 관련되어 있었다. 글쓰기를 마스터하는 데 수년이 걸리기 때문에 인구의 일부만이 그것을 배울 수 있었고 이를 위해 집중적이고 지속적인 교육 방식이 필요했으리라 추정할 수 있다. 서양의 역사적 사건에 집중하다 보면 유럽의 대표적 발명품인 근대 학교와 관련된 교육의 진화 과정을 쉽게 이해할 수 있다. 글쓰기 기술과 문해력의 상승은 형식 교육에 전념하는 기관들의 등장을 촉진시켰다. 최초의 형식 교육 기관들은 기원전 3000년에서 2000년 사이에 중동 지역, 주로 이집트에서 발견되었다. 이후 천 년 동안 형식 교육 기관들은 중국과 인도 에서부터 중동 민족국가들을 거쳐 아프리카 및 유럽 지중해 지역에 있는 민족국가들을 따라 나타났다.

형식 교육의 특성은 인류가 역사적 발전을 거듭하면서 지속적으로 변해왔으며 그 구조, 필요성, 목적이 재정의되었다. 브렌트 데이비스와 그의 동료들은 역사적 시기별 교육 양식의 진화 양상을 〈그림 2〉의 메타포를 통해 설명하고자 하였다.

〈그림 2〉 교육 양식의 진화[8]

각각의 아이콘들은 우리의 아이디어가 무리를 지어 날아간다는 교육적 상상을 비유적으로 담고 있으며, 이러한 아이디어 무리를 정의하는 몇 가지 핵심이 아이콘의 은유로 강조되어 있다. 제시된 다섯 가지 아이콘은 분리된 별개의 감수성이 아니며, 정교한 상징적·시각적 은유 시퀀스로서 역사적 시기별 교육 양식의 특징을 잘 포착하고 있다.[9] 현대 교육의 특징 대부분은 고대에 뿌리를 두고 있다. 고대 교육에서 '가르침'은 주로 개인이 우주에서 자신의 위치를 이해하도록 돕는 데 중점을 두었다. 이러한 고대 모델은 수천 년에 걸쳐 이어져 왔으며, 현대 교육에도 영향을 미치고 있다. 자연적 질서를 회복하고, 가려진 지식을 되찾으며, 종교적 개념을 기반으로 신성한 길을 따라가는 교육 모델이 초기 형식에 해당한다.

 유럽의 초기 형식 교육은 고대 그리스철학과 신생 기독교 신앙이라는 두 가지 주요 영향을 공유했다. 그리스철학과 기독교 신앙 모두 질서정연한 우주를 가정하며, 우주의 심오한 의미에 관심을 가졌다. 따라서 학교는 보통 "길"과 "빛"으로 지식을 표현하고, 학습을 "경로 따르기"와 "계몽"을 통한 앎으로 해석하면서 심오한 진리의 발견과 회복을 지향하였다. 초기 형식 교육에서 나타난 '가르침' 개념에서 공통으로 다음과 같은 요소들이 발견된다. 예컨대 "DISCIPLINE(과목, 규율, 훈육, 학문)"이라는 단어의 여러 의미를 통해 과목 내용("과목"이 가르쳐졌음), 교사 권한("규율"이 가하여졌음), 학습자 책임("훈육"이 입증되었음)을 알 수 있다.

 화살표 아이콘은 교수와 학습이 원인과 결과의 선형적 관계로 얽히며 질서와 위계라는 개념이 교과, 학업성취 수준, 교실 상황, 교육행정 구조 등 전반에 스며듦을 의미하는 표준 획일화 교육을 상징한다. 제도 교육은 산업화, 도시화 및 자본주의와 같은 사회문화적 격동에 대한 대응으로 개발된 형식 교육으로 1600년대와 1700년대에 걸쳐 공교육의 형태로 시작되었다고 보는 것이 일반적이다. 표준화라는 단어가 어떻게 형식 교육과 밀접한 관계를 맺게 되는지를 아는 것은 바로 오늘날 교육을 이해하는 데 큰 도움을 준다. 이 시기 교육은 사실과 기술에 중점을 두었으며, 공장 생산 라인에서 작업하는 방식을 본떠 만들었다. 글쓰기 기술을 연마하는 일은 인지적으로 많은 시간과 노력이 필요하며, 이를 위해 표준화된 형식 학습의 조건이 마련되어야

한다. 그리고 문자가 일반화되고 다양한 지식이 축적되면서, 축적된 지식을 유지, 전파, 전수할 수 있도록 훈련하고 교육하는 일이 필요해졌다.

 인간 인지의 복잡성 문제에 주목하기 시작하면서 인지 학습에 대한 대중적 이해와 믿음이 불완전함을 깨닫게 되었다. 특히 교육자들이 가졌던 인간 인지 학습의 획일화와 표준화에 대한 공통 신념은 점차 덜 지시적이고 개별적인 개인에게 더욱 주의를 기울이는 가르침 모델로 변하였다. 개별 진정성 교육을 의미하는 이 아이콘은 주로 개인의 능동적 참여, 학습자 간 차이, 발달단계, 개인적 관심과 목표에 따른 개별화된 학습 등을 강조하는 등 표준 획일화 교육과 매우 다른 이미지와 프레임을 보여준다. 이 모델에서 앎은 깔끔하고 경계가 잘 잡힌 범주보다는 무질서하게 뻗어나가고 서로 연결되는 네트워크와 같고, 학습은 선형적 궤도가 아닌 언제나 분기하고 확장하는 방향으로, 그리고 가르침은 특정 반응을 끌어내기보다 변화를 촉발하는 방향으로 작동하게 된다.

 왼쪽의 아이콘은 민주 시민성 교육을 상상한 도식이다. 이 양식에서 가르침은 임파워링empowering하는 것이다. 교육은 학습자가 스스로 학습활동을 결정하고 주도할 수 있도록 권한과 자율성을 부여함으로써 '가능성'을 열거하거나 제한하는 구조적 담론을 깨닫고 인식하도록 지원한다. 1960년대의 시민권운동에 자극받은 사람들은 학교가 종종 불평등과 불공평에 기여하거나 적어도 이를 영속화하는 데 도움을 준다는 사

실을 알게 되었다. 이러한 인식의 제고를 바탕으로 교육은 불평등과 억압을 해결하기 위한 수단으로 새롭게 이해되기 시작했다. 전환적 지식인으로서 교사는 학생들이 사회적 혁신이나 변화를 이끄는 리더로 성장할 수 있도록 비판적 사고 학습을 지원하게 되는데, 이때 학습은 단순히 지식을 습득하는 것이 아니라 갈등하는 문화적 담론에 참여하고 이끄는 과정이 된다.

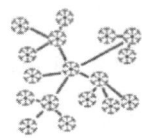
체계 지속성 교육이란 무엇인가? 이에 대한 명확한 답은 아직 없다. 그러나 이것이 성장 지상주의 또는 인간중심주의에 뿌리를 둔 생각들을 지속해서 복사하고 영속화하는 것이 아님은 분명하다. 그 대신에 인간 경계를 넘어 생물학적, 인지적, 사회적, 문화적 그리고 생태학적 차원의 통합과 그 이해를 통해 새로운 차원을 사유하고 만들어가는 일련의 체계를 상상한다. 형식 교육에 내재된 편견들이 드러남에 따라 자아, 타자, 그리고 인간 너머의 세계에 대한 인식을 개발하는 데 도움을 주는 측면으로 체계 지속성 교육이 조명되기 시작하였다. 이 관점에서 교육이란 무엇을 통제하고 관리하기보다 관여engaging를 통해 새로운 대화의 가능성과 마음의 능력을 함께 생성해 가는 과정이다. 이런 의미에서 체계 지속성 교육이 말하는 가르침이란 결코 미리 계획된 것을 실행하는 과정일 수 없으며 오히려 예기치 못한 상황에 관여하고 그 흐름에 주목하는 일이다. 이러한 체계 지속성 교육에는 표준 획일화 교육에서 말하는 기술 역량만으로는 설명될 수 없는, 개별 진정성 교육의 능력 중심 역량 및 민주 시민성 교육의 비판적 교육을 넘어서 생명 체계의 지속 가능과 그 복잡성 속에 함께 존재

하는 것들과 인간의 관계를 깊이 사유하는 비형식 또는 무형식의 다양한 참여 학습 양식이 동반될 것이다.

평생 학습 체계로의 확장

'교육의 시대'가 저물고 '학습의 시대'가 시작되었다는 말은 미래 교육을 논할 때 자주 등장한다. 이는 가르침과 지시를 통해 지식을 습득하는 교육의 시대는 끝나고, 스스로 참여하여 지식을 생성하는 학습의 시대가 시작되었다는 의미이다. 즉 교육 사조와 교육 양식이 변화했다는 것이다. 교육은 초기 형식 교육, 표준화 교육, 진정성 교육, 민주 시민성 교육, 체계 지속성 교육으로 진화하고 있다. 이러한 교육 양식의 변화 속에 미래 교육이 주목해야 하는 부분은 체계 지속성 교육이다. 체계 지속성 교육의 가장 큰 특징은 지식 개념의 변화이다. 체계 지속성 교육에서는 지식을 그 자체로 생생하게 살아 있는 복잡 체계로 본다. 이전에는 지식을 객관적인 사실, 영원한 진리, 개인적 해석 등으로 이해했다면, 이제는 지식을 사회 구성원들의 의식화된 참여를 통해 형성된 사회적 구조물로 인식한다는 것이다. 물론 지식은 행위자 안에서 형성되는 것이지만, 한 행위자에게만 환원될 수 없는 어떤 것이다. 오히려 연결된 마음 혹은 여러 체계를 넘나드는 생명 형식이라 할 수 있다. 지식을 생명 형식이라고 할 때, 생명 형식에 대한 학습은 하나의 생명 체계가 자신을 유지해 가는 과정이 된다. 체계 지속성을 강조하는 미래 교육은 독립된 개인들을 연결하고, 제한된 시공간과 형식을 넘어 평생 학습의 방향으로 발전해 나가고 있다. 요즘 사회가 개인화되고 있다고 하지만, 이는 틀린 말이다. 우리가 살고 있는 체계는 개인만이, 인간만이 생동하며 학습하는 것이 아니라 우리와 관련된 모든 것, 자연, 물질, AI 등도 연결되어 학습하고 있기 때문이다.

오늘날 사회가 더 다양화되고 복합적으로 작용하면서 체계 지속성 교육에 관한 관심이 점점 더 커지고 있다. 정해진 지식을 정해진 방식으로 전달하는 기존 교육 체제에서 벗어난 새로운 교육 패러다임이 필요해진 것이다. 근대사회는 인간중심주의와 과학기술을 중심으로 하여 무차별적인 개발과 표준화된 경제 생산 방식으로 성장하였다. 이에 따라 교육이 지향하는 방향성 또한 표준화된 목적, 과정, 평가에 따랐으며, 인간 각 개인의 발전이 중요시되었다. 그러나 최근에는 극단적 개발주의로 인한 황폐성 문제가 제기되었고, 감수성과 지속가능성 담론에 대한 관심이 증가하기 시작했다. 교육적 상상력 또한 인간 개인 중심의 단일한 인식론에서 다층적인 인식론으로 변하면서, 인간뿐 아니라 다른 물질들의 행위성도 주목받고 있다.

여기서 우리는 포스트휴머니즘적 사고를 엿볼 수 있는데, 포스트휴머니즘적 사고에서는 더이상 인간 개인을 유일한 주체적 존재로 보지 않고, 인간을 인간-비인간과 같은 복합적인 관계 속의 존재로 바라본다. 즉 테크놀로지 교육을 진행할 때 이전에는 인간만을 주체로 하여, 인간의 학습에 테크놀로지 기술이나 매체 등이 이용된다는 관점으로 바라봤으나, 포스트휴머니즘적 관점에서는 인간과 인공지능 같은 기술 모두를 학습하는 존재로 바라본다. 이 측면에서 보면 인간 중심 학습의 고유성은 부정되고, 인간과 기술이 서로 연결되어 새로운 배치를 형성하는 창발적 속성이 강조된다.

    사회의 대대적인 변화 속에서 삶에 대한 정의 자체가 달라지고 그 안에서 학습의 존재성 및 기능성이 변화되기 시작하였다. 그러면서 자연스럽게 삶과 일, 일과 학습 두 가지를 연결하는 사회적 학습의 의미 또한 재규정된다.[10] 이제 미래 교육 담론은 평생 학습 체계로 확장될 필요가 있다. 기존에 학습이라는 개념은 개인의 마음과 능력이 변화되는 것을 의미했다. 그러나 포스트휴머니즘적 관점에서 볼 때 학습은 사회문화적 소통 체계가 몸 안의 신경 체계와 연동하면서 우리의 몸 밖으로 확장되는 것이 된다. 즉 학습은 더이상 개인의 인지적 차원의 활동이 아니라 정보·문화·기술을 매개로 한 사회적 단위의 활동으로서 인간, 사물 기계가 함께 연결되는 과정이 된다. 이렇게 확장된 '나'라는 존재는 개체로서의 나를 넘어 내가 속한 시민사회로의 확장을 경험하게 된다. 이와 같이 학습은 개인 단위를 넘어 사회나 체계가 주체가 되는 방식으로 확장된다.

    체계 지속성을 강조하는 교육은 형식성 안에 놓인 비형식이나 무형식 학습 형태를 논하는 것을 넘어 형식성 자체를 바꾸면서 변형transform된다. 우리의 학습이 개체를 넘어 사회나 체계로 확장된다는 것은 단순히 인간 차원에만 해당하는 것이 아니라 인간과 비인간, 인간과 환경, 그리고 유기체와 비유기체의 경계를 넘어 지구 생태적 차원으로까지 인간의 의식이 확대되는 것이라고 말할 수 있다.[11] 평생 학습에서 '평생'은 인간의 생명에 한정되는 것이 아니라 지구 생명과 함께하는 지속 가능한 공존을 의미하며, 이때 '학습'은

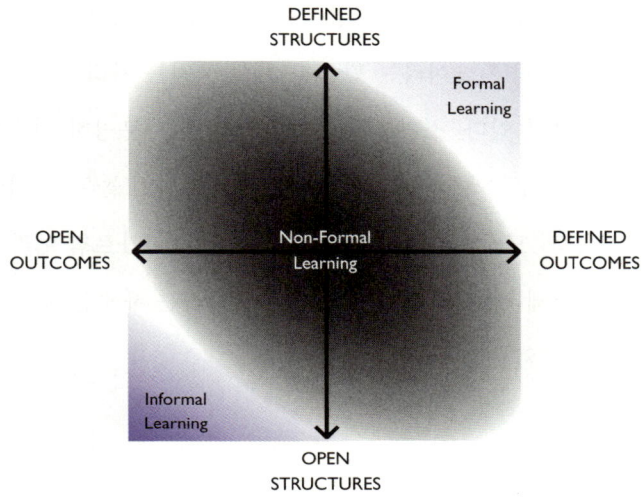

〈그림 3〉 평생 학습 체계로의 확장

개인의 인지적 학습이 아닌 체계의 지속가능성을 함축하는 개념이 된다.

경제협력개발기구(OECD)는 학습을 교사, 기관 및 인증된 결과를 포함하는 형식 학습formal learning, 부과된 요구사항보다 개인적인 관심사에 의해 동기가 부여되는 비형식 학습non-formal learning, 학습이 목표가 아니라 활동의 부산물인 무형식 학습informal learning으로 구분하고 있다. 보통 우리가 사용하는 형식 교육formal education은 OECD의 형식 학습 범주와 동의어로 사용된다. 그러나 이 글은 형식을 갖춘 학습이나 교육뿐만이 아니라 비형식 학습, 더 나아가 무형식 학습이 강조되는 평생 학습 체계의 확장성에 주목했다.

평생 학습 체계가 아직은 생소하고 먼 개념일 수 있지만, 우리는 이미 다양한 학습 양식의 확장성을 함축하는 학습의 시대를 경험하고 있다. 대개 기술이라는 단어를 최신 장치를 가리키는 것으로 생각하는 경향이 있다. 스마트폰과 무선인터넷은 분명히 기술이다. 그러나 고대 형식 교육에서 현대 교육에 이르기까지 돌도끼, 아이콘, 언어, 문자 등의 도구와 기호 사용을 통해 발전한 '가르침'이라는 교육 '기술'도 이제 평생 학습 체계로의 확장이라는 새로운 기술로 대체되지 않을 수 없을 것이다.

�## 3부 게임과 상상력

놀이꾼의 상상력

김상환

"허구 과잉의 문화가 권태의 늪에 빠질수록
절박하게 필요한 것이 반허구의 전략이다."

김상환은 서울대학교 철학과 명예교수로 현대철학의 다양한 통찰을 바탕으로 지금의 우리 모습과 시대를 진단하는 글을 써왔으며, 현대철학의 흐름을 체계적으로 재구성하는 연구에 매진하고 있다. 지은 책으로 《내러티브 총서》 시리즈(공저, 2021-2023)와 『김수영에서 김수영으로』(공저, 2022), 『왜 칸트인가』(2019), 『근대적 세계관의 형성: 데카르트와 헤겔』(2018), 『김수영과 『논어』』(2018), 『니체 프로이트 맑스 이후』(2013) 등이 있고, 옮긴 책으로 『차이와 반복』(2004) 등이 있다.

우리의 모든 이야기를 이상의 수필「이 아이들에게 장난감을 주라」(1936)를 읽으면서 시작해보자.

오호라. 아이들은 어떻게 놀아야 좋을지 모르는 모양이다. 그러나 그들은 완전히 거세되어버린 것이 아니다. 풀을 휘뚜루 뽑아 가지고 와서 그걸 만지작거리며 놀아 본다. 영원한 녹색 ─ 녹색은 그들에게 조금도 특이하거나 신통치 않다. … 이윽고 그들은 발명한다. 장난감이 없어도 놀 수 있는 방법을.

… 잠시 후 그들은 집 사립짝 옆 토벽土壁을 따라 약속이나 한 것처럼 나란히 늘어서서 쪼그리고 앉는다. 뭔지 소곤소곤 모의하는 척하더니 벌써 침묵이다. 그리고 열중하기 시작하였다. 똥을 내지르는 것이었다. … 이번엔 서로의 엉덩이 구멍을 들여다보기 시작하였다. 하는 짓마다 더욱 기상천외다. 그들의 얼굴빛과 대동소이한 윤기 없는 똥을 한 덩어리째 극히 수월하게 해산하고 있다. 그것만으로 만족이다.

허나 슬픈 것은 그들 중에 암만 안간힘을 써도 똥은커녕 궁둥이마저 나오지 않아 쩔쩔매는 것도 있다. … 그 명예롭지 못한 아이는 이제 다시 한번 젖 먹던 힘까지 내어 하복부에 힘을 줬으나 역시 한발旱魃이다. 초조와 실망의 빛이 역력히 나타났다. … 선수들은 목을 비둘기처럼 모으고 이 한 명의 낙오자를 멸시하였다.¹

몇 가지 논점

이상이 동경에서 죽기 직전 남긴 수필의 한 대목이다. 식민지 조선 시골 아이들이 주인공이다. 정상적인 놀이의 조건(장난감)이 박탈된 상황에서 그들은 출구 없는 듯한 권태에 빠져들어 광기를 일으킨다. 그러다 마침내 똥 누기 놀이를 발명한다. 이상이 탄식과 경악의 시선으로 바라보던 그 모습에는 불가능한 조건을 이겨내야 했던 작가의 자의식이 투영되어 있다. 다음 세대에 등장할 김수영의 '온몸의 시학'('시여 침을 뱉어라')을 예상하는 듯한 장면이기도 하다. 우리는 이 대목을 맴돌면서 놀이에 대해서, 상상과 허구에 대해서 생각해볼 예정이다. 이는 주로 네 가지 논점을 부각하기 위한 여정이다.

첫 번째 논점은 상상과 관련된 최근의 관점 변화와 관련된다. 요즘에는 상상을 의식 바깥의 현상으로 접근하는 태도가 널리 퍼져가고 있다. 상상은 이제 과거처럼 의식 속에서 일어나는 심리적 과정으로만 그치지 않는다. 상상은 오히려 의식 바깥의 '저기'에서 일어나는 물질적 과정이다. 우리는 이것을 '상상의 외재화'라 부를 것이다. 상상의 외재화는 디지털매체가 초래한 필연적 귀결에 속한다. 가령 가상현실, 메타버스, 비디오게임은 외면화된 상상의 세계다.

두 번째 논점은 상상과 놀이의 맞물림 관계와 관련된다. 오늘날 외재적 관점에서 상상을 연구하는 흐름 속에서 놀이에 초점을 두는 이론(켄달 월튼의 예술철학)이 영향력을 발휘하고 있다. 특히 아이의 놀이가 상상과 허구를 설명하는 모델로 자리잡았다. 그런데 아이는 무엇인가를 가지고 논다. 장난감을 가지고 놀며, 장난감이 없을 때는 — 이상의 아이들처럼 — 그것을 대신할 무엇인가를 발명한다. 놀이학의 관점에서는 어른의 예술 작품도 그런 발명의 연장선 위에 있다. 이상의 아이들은 예술가의 원형이라 할 수 있다.

세 번째 논점은 현대 예술의 과제와 관련된다. 상상이 외재화할수록 삶과 문화는 허구의 함량을 많이 띠게 된다. 허구의 과잉은 실재성의 약화나 망각을 초래한다. 물론 허구는 나쁘기만 한 것은 아니다. 허구는 예술만이 아니라 인간의 사고와 문화를 구성하는 필수 불가결한 요소다. 그러나 허구의 과잉은 허구의 결여 못지않게 병리적 증상(권태와 불안)을 낳는다. 이럴 때일수록 예술은 허구의 장막을 찢고 실재를 드러내는 과제를 짊어져야 한다. 이상과 김수영이 선보인 '온몸의 시학'(똥 누기와 침 뱉기)은 이런 점에서 갈수록 의미를 더해간다.

네 번째 논점은 상상력의 발달 과정과 관련된다. 우리는 놀이학과 정신분석이 만나는 영역(위니코트의 유아 정신분석)으로 들어가 아이에게 놀이 능력이 갖추어지는 최초의 과정을 돌아보고 상상력이 자라나는 원초적인 조건과 장소를 향해 나갈 것이며, 바로 거기서 문화적 세계의 구조적 특징을 찾을 것이다. 이런 과정에서 우리는 놀이, 상상, 허구가 어떻게 상호 의존적인 관계에 있는지를 엿볼 수 있을 것이다. 하지만 이 모든 분석의 출발점에 있는 것은 장난감 이전의 장난감, '과도 대상'이라는 원초적 장난감이다.

디지털 시대와 상상의 외재화

그러면 첫 번째 주제에 집중해보자. 리오타르는 탈근대사회 — 제2차 세계대전 이후의 선진사회 — 의 특징으로 '지식의 외재화'를 들었다.[2] 과거의 철학에서 지식은 의식 내부에 자리했다. "아는 것이 힘이다"라는 말처럼 지식은 주체적 역량의 원천이었다. 귀중한 지식일수록 그것을 얻기 위해서는 주체가 상향적 변화를 겪어야 한다는 믿음도 있었다. 헤겔의 『정신현상학』이 멋지게 그려낸 것처럼 한 단계 높은 지식의 세계가 열릴 때마다 의식은 고통스러운 형태 변화를 겪어야 한다는 것이다.

그러나 지금은 이런 믿음이 크게 약화하는 중이다. 디지털매체 시대가 오고 사회의 컴퓨터화가 진행됨에 따라 생겨난 효과다. 오늘날 지식은 저장장치에 담겨 상품처럼 교환되는 정보가 되었다. 그 저장장치에는 아무리 좋은 정보가 입력된들 질적인 변화가 일어나지 않는다. 저장장치가 아무리 뛰어난들 거기에 담긴 정보는 달라지지 않는다. 이런 장치 모델의 지식 이해 때문인지 우리 시대에는 지식과 의식이 서로 변화를 주고받을 수 있다는 사실이 굳이 강조되지 않는다.

지식의 외재화를 가져온 사회의 컴퓨터화는 상상에 대해서도 똑같은 효과를 가져왔다. 과거에 상상은 개인의 내면에서 일어나는 심리적 과정으로 이해되었다. 관념이 연상 법칙에 따라 이합집산하면서 새로운 관념을 생산하는 과정, 혹은 주체가 시청각적 이미지를 구성하거나 시공간적 도식을 구축하는 과정, 그것이 상상력이었다.

그러나 오늘날 상상은 의식 외부에서 훨씬 더 구체적이고 정교하게 펼쳐진다. 거대 은하계를 이루어나가는 동영상의 세계는 물질화되고 객체화된 상상의 세계다.

과거 구텐베르크 은하계에서 가장 뜨거운 상상의 지평은 문학이 대변했다. 하지만 소설이나 시가 서술하는 세계는 독자의 개입(읽기와 해석) 속에서 비로소 세부를 얻는 반추상의 세계다. 가령 "처참한 패배감을 삭히려 그 젊은이는 바람 사나운 바닷가를 한없이 걸었다" 같은 문장을 읽을 때 독자는 그 장면을 스스로 그려가야 한다. 하지만 영화나 드라마 감상에서는 그런 수고가 필요 없다. 장면 자체가 구체적으로 눈앞에서 전개되기 때문이다. 이것이 동영상에 익숙한 요즘 세대가 시와 소설을 어렵게 느끼는 이유다.

아날로그 시대의 게임과 디지털 시대의 게임을 구별하는 기준도 여기서 찾아야 한다. 장기나 바둑이 여는 허구의 세계는 다소 추상적인 데 반해, 비디오게임에서 참여자는 화면을 통해 열리는 가상현실에 직접 뛰어든다.[3] 상상의 세계는 의식 바깥의 '거기'에서 펼쳐진다. 이런 상상의 외재화는 양방향성이라는 디지털매체의 또 다른 특성에 의해 더욱 강화된다. 오늘날 광범위하게 퍼져가는 팬덤 문화는 수신자가 주어진 정보를 다시 가공하여 발신할 수 있는 디지털매체의 활용에 기초한다.

우리 시대에 무엇인가를 상상하고 즐긴다는 것은 타인과 더불어 공통의 관심을 나누는 활동이 되었다. 오늘날 시나 소설의 독자는 자기 방에 홀로 처박혀 책장을 넘기는 고립된 개인이 아니다. 오히려 다른 독자들과 의견을 나누며 새로운 이야기를 만들어가는 상호주관적 개인이다. 탈근대사회에서 일어나는 지식과 상상의 외재화는 이런 양방향 의사소통의 확산과 맞물려 더욱 가속화되는 추세다. 우리는 요즘 구텐베르크 은하계가 동영상 은하계로 빨려들어가는 모습을 목도 중이다.

장난감 놀이 모델의 상상 이론

최근 들어 상상을 놀이에 초점을 맞추어 설명하는 이론이 널리 시선을 끄는 이유는 이런 매체 환경의 변화와 무관치 않을 것이다. 놀이터야말로 참여자들의 상호 경쟁을 유발하는 가운데 상상을 외면화하는 탁월한 장소이기 때문이다. 현재 놀이 모델의 상상 이론을 대변하는 철학자는 미국의 켄달 월튼이다. 그의 대표작 『미메시스: 믿는 체하기로서의 예술』(1990)[4]은 아이의 놀이에서 출발하여 상상, 허구, 예술을 포괄적이고 체계적으로 설명한다.

예술철학 분야에서는 칸트의 『판단력비판』 이후 나온 걸작 중의 하나로 꼽히기도 하는 이 책의 핵심 테제는 간소하다. 예술적 재현(미메시스) 일반은 아이들의 가장pretense 놀이 혹은 믿는 체하기make-believe 게임의 연장선 위에 있다는 것이다. 인형을 품에 안고 엄마처럼 행세하는 아이, 수건을 망토처럼 두르고 배트맨을 흉내내는 아이, 숲속의 나무 그루터기를 곰이라고 가정하고 사냥하는 척하는 아이의 놀이가 예술 작품을 둘러싼 어른들의 놀이와 구조적으로 똑같다는 이야기다.

그림, 연극, 소설을 이해하기 위해 우리는 먼저 인형, 목마, 장난감 트럭, 그리고 테디 베어를 살펴보아야 한다. 재현적인 예술 작품이 뿌리내리고 있고 또 그러한 작품들에 의미를 부여하는 활동들은 아이들의 믿는 체하기 게임과의 연속선상에서 가장 잘 이해할 수 있다. 사실 나는 이러한 활동들을 믿는 체하기 게임 그 자체로서 간주해야 한다고 주장할 것이며, 인형과 테디 베어가 아이들의 게임에서 소도구prop의 역할을 하는 것과 마찬가지로 재현적인 예술 작품들이 그러한 게임에서 소도구로서 기능한다고 주장할 것이다.[5]

오늘날 널리 수용되고 있는 로제 카유아의 분류법에 따르면 놀이를 나누는 기본 범주는 아곤, 알레아, 미미크리, 일링크스다.[6] 아곤agon은 능력과 기술로 승부를 다투는 경쟁이고, 알레아alea는 주사위 놀이같이 행운을 거는 시합이다. 미미크리mimicry는 소꿉장난이나 가면놀이처럼 흉내와 가장을 핵심으로 한다. 일링크스ilinx는 번지점프에서 볼 수 있는 바와 같은 현기증 경험의 추구를 말한다. 이런 분류법을 돌아볼 때 월튼이 예술적 상상을 설명하기 위해 끌어들인 믿는 체하기 게임은 미미크리 놀이에 해당한다.

카유아는 미미크리를 설명할 때 곤충에게서 발견되는 의태擬態에 초점을 둔다. 이 불가해한 곤충의 의태 현상 — 가령 나뭇가지와 똑같은 모습으로 변하는 벌레의 몸이나 나비의 화려한 날개 문양 — 이 아이들의 흉내 놀이나 어른의 가면놀이로 진화했다는 이야기다. 이는 믿는 체하기가 생물학적 본능에 가까울 만큼 생래적일 수 있음을 암시한다. 흉내와 가장은 동물의 세계에서 가장 초보적이고 일반적인 현상인지 모른다. 그러나 월튼이 가장 놀이의 중심에 두는 것은 몸짓이 아니라 장난감과 같은 소도구다.

카유아에게 가장 놀이는 놀이꾼 자신이 스스로 가공의 인물이 되어 그것에 맞게 행동하는 일이다. 하지만 월튼에게 가장 놀이는 소도구를 매개로 상상하면서 허구적 세계에 참여하는 일이다. 월튼의 예술철학은 바로 이 점에서 분명한 특징을 지닌다. 소도구라는 외적 대상을 둘러싼 놀이에 초점을 맞추고, 그에 따라 상호주관적이고 육화된 상상을 전면으로 내세우게 된다. 이 점에서 월튼의 예술철학은 지식과 상상이 외재화하는 디지털 시대의 흐름에 잘 부합하는 것처럼 보인다.

우리는 아래에서 월튼의 주요 논점을 돌아보고 거기서 드러나는 몇 가지 빈 곳을 하위징아에서 위니코트로 이어지는 놀이학의 관점에서 보완할 예정이다. 그리고 그 보완 과정에서 장난감과 놀이터의 위상학적 특징, 그리고 놀이꾼의 상상력에 관한 서술의 기회를 찾을 것이다. 하지만 그전에 먼저 인간의 문화에서 놀이와 허구적 상상력이 차지하는 위상에 대해 생각해보자.

문화를 구성하는 허구적 요소

하위징아 이래 놀이학의 전통에서 문화는 놀이의 파생물이다. 그런데 놀이는 상상을 통해 허구적 세계에 거주하는 행위다. 카유아는 이렇게 말한다. "가상illusion이라는 말은 문자 그대로 놀이 안으로 들어가는 것in-lusio을 뜻한다. 모든 놀이가 가상이라고는 말할 수 없어도 그것은 적어도 약속에 의해 정해지고 몇 가지 점에서는 허구적인 하나의 닫힌 세계를 일시적으로 받아들이는 것을 전제로 한다."⁷ 그러므로 모든 문화적 현상은 놀이의 성격을 지니는 한 허구적 요소를 지닐 수밖에 없다.

놀이학의 전통을 떠나서 허구가 문화의 구성요소라는 주장은 생각보다 오래되었고 광범위하게 퍼져 있다. 이 주장에 따르면 예술과 종교, 그리고 과학마저도 가설적 허구as if의 논리에 의존한다. 이 점은 칸트의 『판단력비판』을 통해, 특히 목적론적 판단 — 목적을 설계하고 그 실현을 계획하는 능력 — 의 분석을 통해 명쾌하게 설명된 바 있다. 20세기에는 포퍼의 과학철학이 이런 입장을 과격하게 밀고 나갔다. 과학적 명제는 가설적 허구이되 한시적으로 반증 불가능한 허구라는 이야기다. 20세기 독일 문학을 대표하는 무질은 한 걸음 더 나아가 근대인의 삶의 태도로서 '가정적으로 살기'를 권장했다.

> 그의 기억에 남아 있는 소중한 생각 중에 '가정적으로 살기'라는 것이 있다. … 그는 사물의 질서가 그렇게 견고하지 않다는 점을 예감했다. 어떤 사물도, 자아도, 형식도 원칙도 확실하지 않았다. 모든 것은 불명확하지만 끊임없는 변화 속에 있었고 미래를 지배하는 것은 안정보다는 불안정이었으며 현재는 아직 도래하지 않은 하나의 가정에 불과했다. 성급한 결론을 내릴지 모르는 사실을 과학자가 신중하게 대하는 것을 나쁘게 보지 않

는다면, 세상에서 거리를 두고 관망하는 것보다 더 좋은 일이 있겠는가?[8]

모든 것이 불확실하고 유동적인 근대의 도시에서 '현재는 아직 도래하지 않은 하나의 가정에 불과'하다. 현재의 의미는 검증을 기다리는 과학적 명제처럼 미래에 판정될 하나의 가설과 같다. 도시인은 과학자 못지않게 가설적 허구의 논리에 따라 삶을 헤쳐나가야 한다. 하지만 '가정적으로 살기'는 이미 근대 이전부터 기독교인에게 익숙한 삶의 태도다. 기독교 교회의 창시자인 바울은 종말의 사건을 기다리는 기독교인에게 무엇이든 '마치 없는 것처럼' 살라고 가르쳤다. 이런 가르침은 보통 '호스 메hos me/as if not'의 윤리라 칭한다.

때가 얼마 남지 않았습니다. 이제부터 아내가 있는 사람은 아내가 없는 사람처럼, 우는 사람은 울지 않는 사람처럼, 기뻐하는 사람은 기뻐하지 않는 사람처럼, 물건을 산 사람은 그것을 가지고 있지 않은 사람처럼, 세상을 이용하는 사람은 이용하지 않는 사람처럼 사십시오. 이 세상의 형체가 사라지고 있기 때문입니다.[9]

바울에게 현재의 의미는 도래하는 미래 속에 가벼워지고 마침내 허구화된다. 이런 관점에서 보면 기독교 전통에서 과학, 예술, 종교를 포함한 문화 일반은 어떤 가설적 상상력과 허구에 대한 믿음에 바탕을 두고 있는 듯하다. 모든 문화적 현상은 '가정적으로 살기'의 서로 다른 형태이고, 그런 의미에서 문화의 세계는 믿는 체하기의 놀이터라 할 수 있다. 사실 서양철학의 출발점인 플라톤부터가 인간의 경험을 설명할 모델(이데아)을 현실 저편의 가설적 허구의 공간에 설정했다. 그리고 그 허구의 공간을 이상화하자마자 현실의 세계는 실재성을 잃어버리고 그림자로 전락했다.

플라톤-기독교주의 전통은 현실에 질서와 의미를 부여할 가능성을 가설적 허구의 차원에서 찾는다. 서양의 이상주의나 관념론 전통은 모델 구성적인 허구적 상상력에 기초한다. 그러므로 근대 과학혁명의 주역이었던 데카르트가 자신의 우주론을 '우화의 발명invention d'une fable'에 비유했던 것은 우연이 아니다. 과학적 세계상을 구축하는 일은 '상상의 공간들 속에' 이야기를 짓는 일과 다르지 않다는 것인데,[10] 이는 플라톤주의의 핵심을 있는 그대로 표현하는 비유라 하겠다.

게다가 근대과학의 태동기인 17세기는 셰익스피어나 라신 같은 위대한 극작가들이 활약하던 연극의 시대였다. 이런 문화적 배경 속에서 당시의 많은 교양인은 "세상을 무대에 비유하고 인간을 그 무대 위에서 연기하는 배우로 보았다."[11] 데카르트의 청년기 노트에 나오는 "가면을 쓰고 앞으로 나아간다lavartus prodeo"라는 유명한 잠언도 연극의 시대였던 당시의 분위기를 반영한다.[12] 우리가 사는 디지털 시대는 상상과 허구를 의식 바깥으로 외면화한다는 점에서 데카르트가 살았던 연극의 시대를 반복하고 있는 것처럼 보인다.

장난감과 육화된 상상력

이런 점을 염두에 두면서 이제 다시 월튼으로 돌아가보자. 이미 언급했던 것처럼 월튼이 가리키는 가장 놀이는 배우나 무대 자체보다는 가면 같은 소도구를 더 중시한다. 그래서 실제 세계와 분리된 믿음의 세계로, 어떤 관념에 기반한 추상적 세계로 향하지 않는다. 월튼의 가장 놀이는 어떤 외적 대상을 통해 구조화되는, 따라서 실제 세계와 맞물려 펼쳐지는 육화된 상상의 놀이다. 그렇다면 소도구는 어떤 식으로 육화된 상상의 세계를 낳는 것일까?

월튼은 소도구의 역할을 대략 세 가지로 정리한다. 첫째는 타인과 공유 가능한 상상을 촉발한다는 것이고, 둘째는 상상에 직접적이고 생생한 대상을 부여한다는 것이다. 그리고 셋째는 허구적 참fictional truth을 발생시킨다는 것이다. 이 세 가지 역할을 차례로 돌아보도록 하자.

먼저 촉발자prompter로서의 소도구.[13] 장난감은 우리의 상상을 일상과는 다른 낯선 영역으로 유도한다. 또한 배우가 무대에서 활용하는 프롬프터처럼 상상의 방향과 절차를 안내한다. 게다가 소도구를 매개로 한 유희는 무엇을 어떻게 상상해야 하는지를 구체적으로 지시한다. 책을 읽을 때처럼 반성과 숙고가 필요 없는 것이다. 즉각적이고 자동적인 반응을 촉발하기 때문이고, 이렇게 촉발된 상상은 언어를 통한 상상보다 더 자연스럽게 이어진다. 누구나 따라 하기 쉬운 방식으로 상상의 세계로 인도한다는 점이 장난감의 매력이다.

왜 사람들은 종종 소설이나 영화에 그토록 열광하는가? 이는 아이가 장난감을 좋아하는 이유와 같을 것이다. 즉 상상하는 일은 즐거운 일이다. 하지만 스스로 상상한다는 것은 꽤 어려운 일이다. 처음부터 끝까지 자기 혼자 사건을 지어내면서 일관된 상상을 전개하는 것은 아무나 할 수 있는 일이 아니다. 장난감이나 할머니의 옛날이야기는 아직 지능이 충분히 발달하지 않은 아이에게도 별 어려움 없이 상상의 즐거움을 맛보게 해준다. 소설이나 영화는 이런 장난감이나 옛날이야기의 대체물일 것이다.

장난감은 집단적 상상을 촉발한다는 점에서도 주목할 만하다. 아이는 혼자보다는 다른 아이들과 함께 놀기를 좋아한다. 혼자보다는 함께 상상하는 것이 더 큰 흥분을 유발하고, 따라서 더 큰 재미를 주기 때문이다. 스피노자의 '정서적 모방imitatio affectus'이란 개념이 말하는 것처럼 연민이든 공포든 모든 정서는 타인에게 전염되어 더 큰 강도의 정서를 유발한다. 소도구는 그것을 둘러싼 이들에게 유사한 상상을 유발한다. 그리고 그들 사이에 서로를 자극하는 놀이의 세계를 가져온다.

아이는 그런 집단적 형태의 놀이 속에서 사회성을 익힌다. 잘 노는 아이일수록 사회성 발달이 빠르다는 것이 교육심리학자들의 일반적 견해다. 게다가 아이들의 가장 놀이에는 사회적 규범이 반영되어 있다. 놀이터는 아이들이 사회적 규범을 익히는 중요한 장소다. 장난감의 대체물인 예술 작품도 마찬가지다. 예술 작품은 어른들이 유사한 상상의 세계를 공유하면서 서로의 가치를 확인하고 부추기는 사회적 연대의 원천으로 기능한다.

가장 놀이와 허구적 참의 발생

월튼이 지적하는 소도구의 두 번째 역할은 소도구가 상상의 직접적 대상이 된다는 데 있다.[14] 가령 봉제 인형을 가지고 노는 아이는 단지 아기를 상상하는 것이 아니라 그 인형 자체가 아기라고 상상한다. 속이 빈 통나무 안에서 소꿉놀이하는 아이는 단지 집을 상상하는 것이 아니라 그 통나무 자체가 집이라고 상상한다. 소도구는 상상 대상에 실체를 부여하고 그것이 눈앞에 생생하게 나타나게 만든다.

영화와 비교할 때 연극이 지닌 강점은 생생함이다. 배우가 관객 앞에서 직접 연기를 펼치는 덕분이다. 소도구는 연극배우처럼 상상의 유희에 직접 현전하여 생동하는 상상의 대상으로 기능한다. 이런 두 번째 역할은 앞서 언급한 첫 번째 역할 — 육화된 상상을 촉발하고 안내하는 역할 — 과 맞물려 있다. 그 두 가지 역할을 통해 소도구는 자연스럽고 활력적인 상상의 대상이자 그 자극제가 된다. 복잡한 반성이나 의도 없이 누구나 쉽게 참여할 수 있는, 그렇지만 동시에 현장감으로 가득찬 상호주관적인 상상의 공간을 연다.

그렇게 열린 상상의 공간은 보통 허구라 불린다. 월튼이 지적하는 소도구의 세 번째 역할은 그런 식으로 열린 허구에 참truth을 부여한다는 데 있다.[15] 정확히 말해서 이때 참이 되는 것은 허구 안의 명제, 가령 인형을 안고 엄마 흉내를 내는 아이가 말하는 "아기가 아프다" "엄마가 슬프다" 같은 명제다. 월튼에 따르면 이런 허구적 명제는 소도구 덕분에 참이 된다. 예술 작품에서도 마찬가지다. 가령 김홍도의 풍속화 〈서당〉에는 한 아이가 글을 외우지 못해 다른 아이들 앞에서 종아리를 맞고 울고 있다.

또 조너선 스위프트의 풍자소설 『걸리버 여행기』에서는 키가 6인치밖에 되지 않는 사람들이 사는 마을이 나온다. 이들은 달걀을 깨뜨리는 방식을 놓고 전쟁을 벌이기도 하는데, 이런 허구적 명제는 작품이 열어놓은 허구 속에서 참이다. 그리고 이런 작품을 감상하면서 느끼는 감정 또한 허구적인 동시에 참이다. (그런데 과연 감상자의 감정이 허구적일 뿐일까?) 그렇다면 소도구는 정확히 어떻게 허구의 세계를 열고 거기에서 성립하는 명제(사실)를 참되게 만드는가?

김홍도가 그린 장면을 허구로 만드는 것은 그림 자체 — 종이와 그 표면 위에 그려진 먹물선과 색 — 이다. 조너선 스위프트의 경우는 소설을 구성하는 — 하지만 기술적으로 배열된 — 단어들이다. 그런데 이런 물리적 성격의 소도구는 어떤 지시와 명령prescription의 힘을 지닌다. 장난감 트럭을 가지고 놀 때 아이는 아무렇게나 상상한다기보다 그 트럭이 제한하고 규정하는 범위 안에서 상상한다. 이와 마찬가지로 예술 작품 앞에서 감상자는 그것이 지시하는 방식에 따라 상상한다. 그러므로 소도구를 통해 주어지는 허구적 명제는 단순히 '상상되는' 명제가 아니라 '상상되어야 하는' 명제다.

이 점이 중요하다. 허구적 명제는 실제로 상상되든 아니든 특정한 방식으로 상상되어야 한다. 그런 명령은 소도구인 작품에서 온다. 그런데 명령이란 곧 규칙이다. 소도구는 자기 안에 특정한 상상을 지시하는 규칙을 포함한다. 물론 그 규칙에는 관습, 제도, 전통 등 다양한 요소가 함축되어 있다. 그리고 규칙은 참여자가 합의할 때만 효력을 발휘한다. 이상의 아이들도 똥 누기에 열중하기 전에 저희끼리 '뭔지 소곤소곤 모의하는 척'했다. 어떤 약정이 있을 때 놀이가 시작되고 허구적 세계가 열린다. 그리고 거기서 성립하는 명제는 누군가가 실제로 상상하든 말든 참된 의미를 지닌다. 이는 그 자체로서 객관적이고 독립적인 지위를 지닌다는 것과 같다.

> 소도구들은 허구적 세계와 그 내용에 일종의 객관성, 즉 인지자들과 그들의 경험으로부터의 독립성을 부여하는데, 이는 우리가 소도구들로 행하는 모험의 흥분에 크게 기여한다. … 허구적 세계는 실제 현실과 마찬가지로 '거기 밖에' 있으며, 우리의 선택에 따라, 그리고 가능한 정도까지 조사되기도 하고 탐험되기도 한다. 허구적 세계를 '사람들의 상상력이 꾸며낸 세계' 정도로 일축해버리는 것은 그것을 모욕하고 과소평가하는 일일 것이다.[16]

규칙에서 비롯하는 허구의 독립성과 마법성

그러므로 현실에 참과 거짓이 있는 것처럼 허구에도 참과 거짓이 있다. 현실의 참은 믿음의 대상이지만, 허구의 참은 상상의 대상이다. 믿음은 객관적 사실과 일치할 때 참이 된다. 하지만 상상은 무얼 어떻게 상상해야 하는지를 지시하는 규칙에 따를 때 참이다. 그리고 참이라는 의미에서 상상이 펼치고 거주하는 허구는 그것을 경험하는 사람과 무관하게 그 자체로 존재하게 된다. 호기심을 자극하고 모험을 유혹하는 객관적이고 독립적인 세계를 이루는 것이다.

이렇게 말할 때 월튼은 포퍼를 연상시킨다. 포퍼에 따르면 과학적 가설은 물리적 세계도, 심리적 세계도 아닌 제3의 세계에 속한다. 월튼에 따르면 참된 허구적 명제도 '거기 밖에' 있되 그 자체로 독립적인 제3의 세계를 이룬다. 그것은 어떤 규칙이 지배하는 모험과 창발의 공간이라는 점에서 독립적인 세계다. 가설적 상상의 상관 항인 허구적 명제는 그런 독립적인 세계에 속하는 한에서 참이고, 따라서 객관적이다.

사실 하위징아 이래 최근의 비디오게임 이론에 이르는 놀이학의 전통에서 끊임없이 강조되는 사항이 있다. 그것은 놀이에서 규칙이 차지하는 우월한 위상이다. 놀이를 놀이로 만들어주는 핵심이 규칙에 있다는 것이다. 이것을 인상적으로 표현하는 용어가 하위징아의 "매직 서클(마법의 동그라미)"[17]이다. 이 용어는 놀이가 시공간적으로 제한되어 있다는 뜻도 있지만, 이보다 중요한 뜻은 그다음에 온다. 즉 그 제한된 시공간적 울타리 안쪽은 규칙이 지배하는 장소이고, 그런 이유에서 독립적이며 게다가 마법적이기까지 하다.

왜 독립적인가? 이 동그라미 안에서는 누구라 해도 무조건 규칙에 복종해야 하기 때문이다. 놀이꾼에게 규칙은 신성불가침의 권위를 지닌다. 왜 마법적인가? 그것은 규칙이 놀이꾼이 경험하는 재미의 원천이기 때문이다. 놀이가 흥분과 모험의 도가니로 변모하는 계기는 어디에 있는가? 끊임없이 닥치는 도전(챌린지)과 그것을 넘어설 때 분비되는 쾌감에 있을 것이다. 그런데 놀이에서 도전을 계속 불러일으키는 것은 규칙이다. 규칙은 놀이꾼의 행위나 사고를 제한하는 소극적 기능도 있지만, 적극적인 기능이 더 크고 중요하다. 규칙은 놀이에 맥락을 부여하고, 해결할 문제나 극복해야 할 도전을 제공하며, 그 도전 극복에 필요한 수단을 허용한다.[18]

다시 정리하자면 놀이에서 허구적 세계가 열리고, 그렇게 열린 세계가 객관적이고 독립적인 공간으로 탈바꿈되는 일차적 요인은 규칙에 있다. 이에 더하여 규칙은 자신이 연 허구적 세계를 흥분과 모험으로 가득찬 마법의 세계로 만들어준다. 놀이에서 규칙이 개시하는 이런 두 가지 방향 — 허구의 독립성과 마법성 — 에 따라 우리는 월튼 이전의 다양한 놀이 철학을 다시 자리매김해볼 수 있을 것이다. 가령 독립성의 축에서 우리는 가다머의 놀이 존재론을, 마법성의 축에서는 리오타르의 일반 경기학을 만나게 된다.

가다머는 예술 작품의 존재 방식을 놀이의 존재 방식에서 찾았다. 그리고 놀이의 존재 방식을 유럽어 문법의 중간태 — 능동태와 수동태가 겹치는 중동태 middle voice — 로 집약했다. 이때 중간태는 자율적 존재 양태를 의미한다. 즉 놀이는 '스스로 도는 바퀴'(니체)처럼 그 어떤 것에도 의존하지 않는다. 스스로 주체이면서 대상이고 능동적인 동시에 수동적이다. 그러므로 놀이는 자기 이외의 다른 주체가 필요치 않다. "놀이의 원래 주체는 놀이꾼이 아니라 놀이 자체다."[19] 놀이꾼은 그 놀이에 참여하면서 비로소 태어난다. 놀이와 마찬가지로 예술 작품은 자기를 스스로 조형해가는 '이념적 형성체'로서 예술가와 독립된 자율성을 띤다.

리오타르의 일반 경기학에서는 놀이의 자율성보다는 놀이꾼의 경험에 방점이 놓인다. 여기서 비트겐슈타인의 '언어 놀이'는 장기

게임을 모델로 재해석된다. 즉 규칙에 따른 언어적 행보는 장기판 위의 전략적 행마와 유사하다. 특히 시적인 언어 놀이는 전혀 새로운 수手와 규칙을 찾는 창의적 모험에 해당한다. 리오타르는 과학적 발견의 논리를 이런 시적인 유희와 연결하여 설명하고 그것을 파랄로지paralogy라 부른다. 파랄로지는 서로 다른 언어 놀이 사이를 은유적 상상력을 통해 횡단하는 운동이다.[20] 이런 창의적 발견과 도전 극복을 통해 놀이판은 월드컵 축구장처럼 흥분과 열광으로 가득찬 마법의 공간으로 뒤바뀐다.

놀이의 주관적 본질인 재미

놀이의 자율성과 마법성이 모두 규칙에서 온다는 점을 생각할 때, 가다머의 놀이 존재론은 관념적인 언어유희로 다가온다. 지나치게 이상적인 놀이에 초점을 둔 나머지 규칙에 대한 고려가 약하기 때문이다. 가다머가 가리키는 중간태는 놀이가 그 정점 — 몰입의 상황 — 에서 도달하는 자율성을 현상학적으로 서술해주는 데는 적합한 개념이다. 하지만 그 자율성의 기원이나 생성 메커니즘을 구체적으로 설명하지는 못한다.

리오타르의 일반 경기학도 규칙의 전략적 사용이나 새로운 규칙의 발명에 초점을 두므로 여전히 일상의 놀이에서 멀어진다는 느낌이다. 고도의 상상력이나 창의적 재능을 지닌 놀이꾼에게는 적합하지만, 보통 사람들의 놀이에는 어울리지 않는 듯하다. 비트겐슈타인의 언어 놀이 개념은 일상언어에 바탕을 두고, 월튼의 미메시스

개념은 장난감 놀이를 모델로 한다. 이런 개념의 장점은 평범한 다수의 놀이에서 출발하여 높은 수준의 놀이까지 설명한다는 데 있다.

그러나 여기에도 역시 한계가 엿보인다. 특히 놀이의 주관적 조건에 별로 신경 쓰지 않는다는 점이 눈에 띈다. 규칙은 놀이의 객관적 조건이자 그 본질이지만, 이것이 놀이의 본성을 모두 설명하지는 못한다. 바울과 루터는 종교의 본질을 숭배 대상인 신에서 찾는 대신 주체의 믿음에서 찾았다. 신 — 유일신, 다신, 신령, 태양 등 — 은 종교의 객관적 본질이지만, 믿음은 종교의 주관적 본질이다. 이와 마찬가지로 애덤 스미스 이후의 경제학은 부富의 본질을 재화나 토지 같은 거래 대상에서 찾는 대신 인간의 노동력에서 찾았다. 상품이 경제적 가치의 객관적 본질이라면, 노동력은 그 주관적 본질이다.

규칙은 놀이의 객관적 본질에 해당한다. 규칙을 통해서 놀이는 자율성과 마법성을 동시에 갖춘 허구적 공간을 형성한다. 월튼에 따르면 놀이의 규칙은 장난감 같은 소도구에 의해 지시된다. 예술 작품도 감상의 유희를 규정하는 소도구다. 작품이 지시한 규칙에 따를 때 감상자가 허구적 명제에서 경험하는 정서는 허구적이되 참이다. 가령 공포 영화에서 괴물이 나타나 전면을 향해 뛰어들 때 관객들이 느끼는 공포는 우리가 비극을 통해 빠져드는 슬픔처럼 허구적인 동시에 참된 감정이다.

그러나 괴물이 으르렁대는 장면을 보면서 전혀 공포를 느끼지 않는 관객도 있다. 애써 만든 코미디인데 사람을 웃기는 데 실패하는 장면도 많다. 장난감은 잘 만들어졌음에도 아이에게 재미를 유발하지 못할 수 있다. 예술 작품도 마찬가지다. 기대만큼의 반응을 불러일으키지 못하고, 썰렁한 침묵만 맞이할 수 있다. 거꾸로 어떤 소도구는 비록 결함이 많아도 감흥을 일으키고, 마침내 그것을 둘러싼 가장 놀이를 몰입의 단계로 이끌 수 있다. 이상의 아이들은 장난감이 아예 없음에도 기어코 멋지게 장난하는 방법을 보여주었다.

이런 점을 생각할 때 놀이의 주관적 조건을 묻지 않을 수 없다. 칸트 같은 철학자나 융 같은 심리학자에게 묻는다면, 그것은 놀이꾼들의 관심에 있다고 할 것이다. 왜냐하면 이들에게 즐거움은 어떤 관심이 충족될 때 발생하기 때문이다. 가령 평소 권력에 관심이 없는 사람에게는 아무리 커다란 감투도 기쁨을 주지 못한다. 권력은 우리가 그것에 관심을 지닐 때만 기쁨의 원천일 수 있다. 부와 지식 등 다른 것도 마찬가지다. 관심의 대상이 될 때만 이런 것은 쾌감의 원천이 될 수 있다.

그렇다면 놀이꾼의 관심은 어디로 향하는가? 당연히 재미로 향할 것이다. 불꺼진 항구는 항구가 아닌 것처럼 재미없는 놀이는 놀이라 할 수 없고, 그런 의미에서 재미는 놀이의 주관적 본질에 해당한다. 이는 놀이학의 출발점인 하위징아가 이미 명확히 정식화한 점이다. 그는 놀이의 본질을 재미에서 찾았고, 재미의 정확한 의미를 옮기는 단어로는 영어의 fun을 꼽았다. 하지만 그는 이 단어에 대한 최종적 분석과 해명 가능성에는 의문을 던졌다.

놀이의 '재미'는 각종 분석과 논리적 해석을 거부한다. 그것을 하나의 개념으로 볼 때, 어떤 심리적 범주로 환원시키는 것은 불가능하다. 내가 아는 한 영어의 fun과 같은 의미를 가진 다른

단어들은 없다. … 아무튼 놀이의 본질을 규정하는 것은 바로 이 fun의 요소라 할 수 있다.²¹

욕망의 문제와 근대 인간학의 한계

하위징아가 놀이의 재미를 fun으로 정의하는 것은 놀이에서 경쟁agon의 요소를 중시하기 때문일 것이다. 하지만 카유아가 분류한 다양한 유형의 놀이를 생각할 때, 놀이꾼이 추구하는 재미를 그렇게 한 단어로만 옮길 수 있을지는 의문이다. 가령 비극에 참가하는 배우와 비디오게임에 열중하는 플레이어는 성질이 완전히 다른 재미를 구가하는 것이 아닐까? 하지만 놀이의 재미가 완전한 분석이 불가능한 개념이라고 말할 때 하위징아는 이미 우리에게 근대 인간학의 한계를 상기시키는 예언자처럼 보인다.

사실 문학과 예술을 포함한 근대의 인간 탐구는 그 마지막 발전 국면에서 어떤 한계에 부딪혔다. 더는 분석할 수 없는, 그러나 거기서 모든 것이 시작하는 듯한 지점을 계속 맴돌면서 앞으로 나아가지 못하는 형국이다. 어떤 지점인가? 그것은 인간의 죽음과 욕망을 둘러싼 물음이 들끓는 지점이며, 재미나 쾌락은 그런 욕망의 문제군에 속한다. 그런데 이런 문제군을 가장 먼저 발견하고 천착해온 분야는 무엇보다 정신분석, 특히 프로이트의 『쾌락원칙을 넘어서』 이후의 정신분석이다.

이 책은 쾌락 개념의 난해성을 제기하면서 출발하고 죽음충동의 가설을 통해 그것을 설명하는 사변적 성찰로 끝난다. 여기서는 이 주제를 재론할 여유가 없으므로 한 가지 관련 사항만 지적하고 넘어가도록 하자. 칸트나 융이 관심이라 하는 것을 프로이트는 충동Trieb이라 부른다. 쾌락은 충동 — 생명충동이나 죽음충동 — 의 만족에서 온다는 것이다. 그런데 충동은 순전히 신체적인 자극도, 순전히 심리적인 흥분도 아닌 그 중간의 현상이다. 즉 충동은 본능Instinkt이나 자극Reiz과 달리 육체적인 요소 이외에 정신적인 요소를 포함한다.

> 충동이란 말로 우리가 이해할 수 있는 것은 일단 몸속에 부단히 흐르는 자극의 근원을 상관 항으로 하는 심리적 대리자 이외의 아무것도 아니다. 이 점에서 충동은 외부의 개별적인 자극에 의해 성립하는 흥분과 대조를 이룬다. 그러므로 충동은 정신과 육체 사이의 경계에 놓여 있는 개념 중의 하나다.[22]

'정신과 육체의 경계'에 있는 충동, 그것의 기원은 신체 내적인 자극에 있다. 신체 내적 자극의 '심리적 대리자'가 충동이다. 그러나 이미 발생한 충동의 사후 전개는 생물학적 차원과 무관하며 오로지 심리적 차원에서 결정된다. 프로이트가 본능이란 말을 기피하고 충동이란 말을 선호했던 이유는 여기에 있다. 본능은 심리학적 용어라기보다는 생물학적 용어, 더 정확히 말해서 동물학적 용어다. 왜냐하면 그것이 가리키는 것은 '유전적으로 고정된 동물적 행동'이기 때문이다.

유전적으로 고정되었다는 것은 개체 간의 차이가 없음을 말한다. 동일 종種에 속하는 개체들은 거의 똑같은 행동양식을 보여준다. 식욕이든 성욕이든 그것들이 본능인 한에서 그것들의 대상과 목적, 그리고 해소 방식은 마치 유사 선험적으로 미리 정해져 있는 것처럼 보인다. 인간도 동물이므로 본능을 지닌다. 그런 한에서 생물학적 욕구에 대한 반응에서 개인 간의 편차가 잘 나타나지 않는다. 그러나 인간에게서 식욕이나 성욕을 일으키는 신체적 자극은 개인마다 서로 다른 전개 양상을 보인다.

인간은 동물과 달리 배가 가득차서 더는 들어갈 수 없음에도 계속 먹고자 하는 충동을 경험한다. 생식이나 생식기와 무관한 성생활을 좇기도 하는 것이 인간이다. 프로이트가 충동이란 말을 선호하는 것은 바로 이런 차이 때문이다. 누구에게나 유사할 것이라 가정된 신체적 자극이 심리-역사적 요인 때문에 개인마다 서로 다른 전개 양상을 보인다는 사실을 강조코자 한 것이다.

장난감 이전의 원초적 소도구

하위징아는 놀이의 재미를 충동 개념을 통해 설명하는 것에 반대했다.[23] 이는 — 프로이트의 영어 전집에서처럼 — 충동을 본능과 같은 것으로 보았기 때문이다. 그래서 재미의 원천을 본능으로 풀이하는 것은 생물학적 결정론이나 기계론적 결정론에 의지하는 너무 손쉬운 해결책이라고 냉소했다. 하지만 프로이트의 충동 개념의 정확한 의미를 알았다면, 그는 이 용어의 사용에 반대하지는 않았을 것이다. 그도 또한 놀이의 재미를 신체적인 자극과 정신적인 자극이 뒤섞인 복합적인 감정으로 보았기 때문이다.

하위징아에 따르면 놀이는 비물질적인 요소를 포함한다. 거기에는 모든 결정론을 초과하는 어떤 비합리적인 요소까지 들어 있다. 이런 정신적인 동시에 비합리적인 요소는 경쟁agon의 성분에서 비롯된다. 카유아가 우연alea의 놀이로 분류하는 주사위 놀이도 하위징아는 행운을 시험하는 경쟁으로 그린다. 그러므로 그의 책에는 경쟁적 충동, 아곤적 충동, 아곤적 요소, 아곤의 원칙 같은 용어가 자주 등장한다. 이런 용어법에서 충동은 프로이트가 원래 의도했던 뜻 — '정신과 육체의 경계'에 있는 충동 — 과 유사한 의미를 지닌다.

경쟁과 시합을 놀이의 핵심으로 본다는 점에서 하위징아의 놀이학은 리오타르의 일반 경기학의 선구라 할 수 있다. 하지만 하위징아가 일반 경기학의 선구인 이유는 무엇보다 놀이를 문화에 선행하는 것으로 본다는 점에서 찾아야 한다. 즉 놀이는 문화보다 오래되었으며 문화보다 보편적인 현상이다. 놀이는 문화 속의 한 영역이나 하위 형태가 아니라 거꾸로 문화가 놀이에 기초한 하위 현상이다. 놀이는 문화보다 우월하며, 문화의 모든 형태는 놀이의 요소를 지닌다.[24]

이런 관점에서는 놀이의 본성을 놀이 이외의 목적에 봉사하는 기능 — 가령 잉여에너지 발산, 모방 충동이나 긴장 해소, 유아교육과 훈련, 지배 욕망이나 폭력 충동의 배출 같은 기능 — 에서 찾는 시도는 옳지 않다. 그것은 문화에 대한 놀이의 우월성이나 놀이 자체의 자기 합목적성을 오인한 데서 비롯하는 시도다. 놀이는 자연에서 문화가 열리는 전환점이되 문화에 대하여 '절대적 독립성'을 지난다. 즉 놀이는 문화적 질서를 구성하는 진위, 선악, 미추의 이분법, 나아가 목적과 수단 같은 이항대립을 모두 초과한다.

하위징아에게 놀이는 모든 문화적 현상을 넘어서는 동시에 그것을 정초하는 어떤 초월론적 차원을 형성하는 것처럼 보인다. 이런 초월론적 형태의 놀이학은 20세기에 들어 리오타르의 일반 경기학만이 아니라 위니코트의 유아 정신분석에도 영향을 미쳤다. 위니코트는 하위징아의 직관을 받아들여 놀이는 정신분석에 선행하는 보편적 현상이라고 보았다. 그리고 정신분석은 결국 놀이 분석이고 정신 치료는 놀이를 통한 치료여야 한다고 주장했다.[25] 인간의 근본 특성이 놀이에 있다는 전제에서 나온 이야기다.

위니코트가 특히 우리의 관심을 끄는 이유는 그의 유아 정신분석이 월튼의 예술철학이 남긴 문제를 보완해준다는 점에 있다. 월튼은 장난감을 둘러싼 가장 놀이에서 출발하여 예술적 상상의 세계 일반을 체계적으로 설명했다. 그러나 놀이의 기원이나 놀이가 일어나기 위한 조건을 묻지 않았다. 이는 상상력 일반의 기원이나 조건을 묻지 않았다는 것과 같다. 게다가 가장 놀이나 미메시스의 주관적 조건에 대해서도 소홀했다.

위니코트는 시기적으로 월튼보다 앞서는 저자이지만, 월튼이 남긴 문제를 해결할 개념들을 미리 남겨놓았다. '과도 대상transitory object', '과도현상', '중간 영역intermediate area' 같은 개념이 그것이다. 이중에서 특히 과도 대상은 월튼이 중시했던 장난감이나 소도구와 관련된 것이어서 무척 흥미롭다. 즉 과도 대상은 장난감에 앞서는 원초적 소도구에 해당한다. 위니코트는 이런 독창적인 개념들을 통해 장난감 놀이의 기원과 그 조건을 설명할 뿐만 아니라 놀이터가 가지는 위상학적 특징까지 드러내기에 이른다.

놀이꾼의 무의식과 최초의 놀이터

그럼 과도 대상 개념부터 알아보자. 과도 대상은 아이의 발육 과정에서 엄지손가락과 장난감 사이에 위치한다. "이 최초의 소유물은 과거로는 자기성애적 현상 및 주먹과 엄지손가락 빨기와 관련이 있고, 미래로는 부드러운 동물 인형이나 사람 인형 및 딱딱한 장난감들과 관련이 있다. 그것은 외적 대상(엄마의 젖가슴)과 내적 대상(마술적으로 내사된 젖가슴) 모두와 관련이 있지만, 그 각자와는 다시 구별된다."[26]

정신분석에 따르면 인간의 성욕은 유아기의 자기성애 단계(구강기와 항문기)를 거쳐 청소년기를 지나면서 생식기 중심의 이성애 단계로 발달한다. 젖떼기 전의 유아는 성감대인 구강을 자극하기 위해 주먹과 엄지손가락을 빤다. 손이 자기성애 단계의 소도구다. 젖떼기 이후에 아이는 인형 같은 장난감을 가지고 논다. 과도 대상은 이 두 시기 사이에 아이가 불안을 방어할 때, 특히 잠들기 위해 사용하는 담요 조각, 모직물 보푸라기, 털 뭉치 같은 것들이다. 아이는 이런 것을 만지거나 감싸면서 위안을 얻는다. 이런 과도 대상은 유아가 소유하는 '최초의 자기 아닌 대상'이다.

그런 의미에서 과도 대상은 최초의 소도구다. 아이가 처음 소도구와 관계하는 '중간 영역' — 젖떼기 이전과 이후를 연결하는 이행기 영역 — 은 놀이다운 놀이가 시작되는 장소라는 점에서 각별한 의미를 지닌다.27 과도 대상은 장난감 이전의 장난감이다. 이 원초적 장난감은 어떤 대상이되 평범한 대상에 비할 때 여러 가지 주목할 만한 특징을 지닌다. 가령 평범한 대상이 외부 현실에 속한다면, 과도 대상은 외부성과 내부성을 모두 지닌다. 이때 외부적이라는 것은 현실 검사를 통해 수용된 객관적 대상임을 말한다. 반면 내부적이라는 것은 착각 속에 창조된 순수 주관적이고 관념적인 대상임을 말한다.

처음 태어난 아이는 자신과 엄마가 일체를 이룬다고 오인한다. 자신의 요구에 순응하는 엄마의 돌봄 속에서 무엇이든 떠올리는 대로 실현된다는 전능한 창조의 힘을 느낀다. 그러나 시간이 지남에 따라 엄마의 부재와 무응답을 종종 경험하면서 좌절을 겪고, 젖을 뗄 무렵에는 각성하여 외부 대상을 객관적으로 수용하기에 이른다. 그때가 혼자서 장난감을 가지고 놀 때다. 하지만 중간 영역에서 놀 때는 착각의 자장을 완전히 벗어나지 못한다. 아직 마술적 상상에 사로잡혀 있는 것이다.

그러나 아이는 성장해간다. 외부 대상을 있는 그대로 지각하지 못하는 무능의 상태에서 벗어나 점차 현실 인식과 수용의 능력을 길러간다. 중간 영역을 성공적으로 통과하는 과정에서 아이는 비로소 타인과 자신을 구별하게 되고 세계와 관계하는 법도 익힌다. 순수한 자기 관계에서 벗어나 대타 관계의 능력을 얻고 환경 속에서 자기를 인식하기 시작한다. 아이가 혼자서 장난감 기차를 가지고 놀 수 있는 조건은 그렇게 갖추어진다. 우리의 관점에서 덧붙이자면 혼자 노는 아이는 이제 — 착각에 사로잡힌 — 마술적 상상력의 주체가 아니라 — 규칙을 따르는 — 가설적 상상력의 주체다.

위니코트의 설명은 마치 월튼이 멈춘 곳에서 시작하는 듯하다. 장난감 놀이가 최초에 어디서 유래하고 어떻게 처음 가능해지는지, 아울러 타인과 함께할 수 있는 최초의 놀이터가 어디에 있는지를 서술하고 있기 때문이다. 여기에 덧붙일 점이 있다면, 그것은 과도 대상이 심리적 에너지(리비도)가 집중되는 대상이라는 중요한 사실이다. 무의식적 충동이 그 주위를 맴돌게 하는, 그래서 신경이 그리 쏠리게 만드는 힘을 지녔다는 점에서 과도 대상은 다른 평범한 대상과 구별된다.

월튼은 놀이의 주관적 본질과 관련된 문제를 소홀히 방치했다. 예술 작품이 왜 관심을 끄는 데 성공하거나 실패하는지를 크게 문제 삼지 않았다. 정신분석에서는 어떤 대상이 아우라를 띠고 나타날 수 있으려면 리비도 집중을 일으켜야 한다. 가령 똑같은 '장밋빛 스카프' 앞에서 어떤 사람은 다른 행인들과 달리 멈추어 서서 상념에 빠질 수 있다. 그 사람의 심리적 에너지를 빨아들여 그 주위로 소용돌이치게 만들기 때문이다. 예술 작품이 다른 대상과 구별되는 우월한 특징도 이런 점에서 찾아야 할 것이다.

하프 픽션 혹은 하프 리얼의 공간

칸트는 예술 작품을 작품답게 만들어주는 핵심 요소를 '감성적 이념esthetic idea'이라 했다. 이때 감성적 이념은 우리를 사로잡는 가운데 수많은 것을 생각하도록 자극하지만, 그 어떤 개념으로도 포착할 수 없고 그 어떤 말로도 도달할 수 없는 표상을 말한다.[28] 예술적 천재는 주어진 대상에 이런 감성적 이념을 불어넣어 상상이 새롭게 거주할 허구적 세계를 창시하는 능력을 말한다. 정신분석의 용어로 옮기면 그것은 감상자에게 리비도 집중을 유발하는 표상, 말하자면 어떤 '꼴리는' 장면을 연출하는 능력이다.

정신분석에서 리비도 집중을 일으키는 탁월한 대상은 과도 대상(위니코트), 부분 대상(멜라니 클라인), 대상 a(라캉) 등으로 개념화된다. 이런 개념이 가리키는 대상은 구순기 아이와 일체를 이루던 젖가슴(무한한 돌봄), 항문기 아이가 스스로 생산해낸 대변(엄마에게 보답하는 최초의 선물)과 직간접적인 상징 관계에 놓여 있다. 위니코트도 과도 대상의 사례로 똥을 거론하기도 한다.[29] 정신분석에서 똥은 예술 작품을 비롯한 모든 창의적 생산물의 상징이다. 이상의 수필에 나오는 아이들의 똥 누기 시합은 이런 관점에서 새겨야 할 것이다.

위니코트에 따르면 아이는 성장해가면서 과도 대상에서 벗어나 문화적 현상에 관심을 기울인다. 이때 중요한 것은 문화적 현상에 관심을 기울이는 능력이 중간 영역에서 발아한다는 점이다. 과도 대상은 아이에게 최초의 놀이 능력을 길러주고, 아이는 그렇게 길러낸 놀이 능력 위에 문화적 대상과 관계하는 능력을 쌓아간다. 하지만 이런 진전이 일어나기 위해서는 또 하나의 단계를 거쳐야 한다. 아이는 "누군가와 함께 있는 가운데 홀로 있는 단계"[30]를 넘어서야 한다.

아이는 혼자서 놀 때 엄마나 자신을 돌보는 타인이 함께한다고 가정한다. 이때 타인은 아이에게 자신의 놀이를 바라보고 비추는 거울이다. 이런 타인이 곁에 있다는 가정이 무너지면 아이는 혼자 놀 수 없다. 엄마가 있든 없든 아이가 혼자일 수 있으려면 아이의 마음에 엄마의 부재를 대신하는 내적 표상이 자리잡아야 한다. 혼자 놀기의 토대는 아이 안에 자리잡은 엄마의 이미지다. 중간 영역은 아이와 그의 마음에 내적 표상으로 자리잡기 전의 엄마 사이에 존재한다.

위니코트는 중간 영역을 놀이 능력과 문화적 능력이 자라나는 최초의 놀이터로 본다. "내가 이를 놀이터라고 부르는 이유는 여기에서 놀이가 시작되기 때문이다. 이 놀이터는 엄마와 아이 사이에 존재하는 어떤 잠재적 공간이다."[31] 왜 잠재적 공간인가? 두 가지 이유 때문이다. 하나는 가상과 실재를 구별하는 질문이 여기서는 제기되지 않는다는 데 있다. 다른 하나는 그곳이 불안정하나마 종종 어떤 마술적 경험이 일어나는 장소라는 것이다.

잠재적 공간에서는 대상이 주관적 가상인지 객관적 현실인지 따질 필요가 없다. 이런 의미에서 이 장소는 '도전받지 않는 경험의 중립지역' 혹은 '사적인 중간 영역'이다. 여기서는 주관성과 객관성이 나뉘지 않고 오히려 겹친다. 그것은 순수 가상도 순수도 실재도 아닌 하프 픽션 혹은 하프 리얼의 세계다. 중간 영역의 연장선 위에 펼쳐지는 문화적 공간도 마찬가지다. 그것은 절반은 허구이고 절반은 실재인 잠재적 공간이다. 문화적 공간은 최초의 놀이터와 마찬가지로 "인간이란 존재가 지닌 삶의 세 번째 부분"[32]이다.

최초의 놀이터는 '경험의 중간 지대'라 불리기도 한다. 모든 것이 이미 규정되어 있는 것도, 그렇다고 전혀 규정되지 않은 것도 아니기 때문이다. 이곳은 다양한 규정 가능성과 대안 가능성이 숨쉬는 역동적 공간이다. 딱딱하게 굳어진 상태가 아니라 분자의 운동이 활발한 상태의 공간. 아이는 이 잠재적 공간 속에서 놀고 상상하면서 어떤 이행을 연습한다. 착오에서 각성으로, 주관적 가상에서 객관적 지각으로 이행하는 연습을 반복하면서 현실적 삶의 주체로 성장한다. 그것은 곧 마술적 상상력의 주체에서 가설적 상상력의 주체로 거듭나는 과정이다.

놀이꾼의 하프 나르시시즘

놀이터라는 잠재적 공간은 분자의 운동이 활발한 규정 가능성의 공간일 뿐만 아니라 놀이꾼을 유혹하는 흥분의 공간이기도 하다. 하위징아는 놀이의 재미가 너무 복잡한 감정이어서 온전히 분석하기 어렵다고 보았다. 위니코트는 유사한 관점에서 좀더 적극적인 설명을 내놓는다. 흥미는 놀이꾼이 가상과 실재를 오가며 겪는 불안정한 마술적 경험에서 온다는 것이다. "놀이는 원래 신나며 또 불안정하다. 이러한 특징은 (환각에 가까운) 주관적인 아이의 마음과 객관적으로 지각하는 아이의 마음(실제적인 또는 공유된 현실) 사이에서 일어나는 상호작용의 불안정성에서 온다."[33]

여기서 프로이트의 『쾌락원칙을 넘어서』에 나오는 '포르트-다' 게임을 기억하자.[34] 이제 막 걸음마를 떼기 시작한 아이(프로이트의 외손자)는 엄마가 외출할 때 그 부재를 이겨내기 위해 실패를 던졌다

당기는 놀이를 발명한다. 실패를 끈에 묶어 침대 밑으로 던지면서 '오-!(fort, 저기)'라 외치고, 당길 때는 '아-!(da, 여기)'라고 소리친다. 두 외침의 반복은 부재와 현전의 반복이자 슬픔과 기쁨의 반복, 부정과 긍정의 반복이다. 이런 반복 놀이를 통해서 아이는 엄마의 외출과 출현을 스스로 장면화하면서 불안을 이겨내는 힘을 길러간다. 그리고 마침내는 그 드라마의 성격을 띠게 된 반복의 리듬 자체를, 혹은 그 극적인 리듬을 연출한 자기 자신을 즐기게 된다.

위니코트의 중간 영역에서 반복은 마술적 경험과 각성 사이에서 일어난다. 처음에 아이는 엄마(젖가슴, 무한 돌봄)와 일체를 이룬다는 착각 속에 전능한 힘을 느끼지만, 이런 마술적 가상은 오래가지 않는다. 그 완벽한 상태는 불안정성을 겪는 가운데 무너졌다 다시 회복되기를 반복한다. 놀이의 재미는 과도기 아이의 놀이를 구조화하는 이런 반복에서 온다. 각성의 순간을 지나 희망하던 마술적 가상이 다시 찾아오는가 하면 다시 절망이 닥친다. 절망과 희망이 반전을 거듭하는 드라마 속에서 아이는 희로애락의 주체로 단련되고, 마침내 외부의 조건 — 타인의 부재나 현전 같은 조건, 혹은 장난감의 질적 상태 같은 조건 — 과 무관하게 자기 스스로 놀이의 재미를 길어 올리는 단계로 나아간다.

중요한 것은 바로 이 점이다. 아이는 외부에서 주어진 자극 속에서 어떤 반복의 패턴을 발견하거나 만들어낼 때 자기 자신을 즐기는 놀이꾼이 된다. 대상을 즐기면서 자기 자신을 즐길 줄 알아야 참된 놀이꾼이다. 그런 이중적 즐김의 상태는 몰입이라 불리기도 한다. 하지만 우리가 강조하고 싶은 것은 그 몰입의 황홀경은 아이가 발견하거나 창조한 반복적 리듬 속에서 발생한다는 점이다. 어떻게 발생하는가? 능동과 수동이 하나가 되는 중간태 존재 방식의 전개와 더불어 발생한다. 거기서는 부정과 긍정, 슬픔과 기쁨, 상실과 회복, 도전과 극복이 단일한 리듬 속에서 교차하면서 어떤 역동적인 간격을 중심으로 결합한다.

놀이의 주관적 본질인 재미는 궁극적으로 그런 역동적 간격을 만드는 반복의 리듬에서 오는 것이 아닌가 한다. 그 반복의 리듬 속에서 놀이는 중간태를 띠면서 자율적 존재 방식을 획득한다. 그러나 그 반복의 리듬은 놀이 주체가 ― 능동적이거나 수동적인 종합을 통해 ― 스스로 발견하거나 창조해야 한다. 그런 발견이나 창조에 이를 때 놀이 주체는 자기 자신까지 즐기는 놀이꾼이 된다. 왜 자기 자신을 즐기게 되는가? 그것은 리비도 에너지 집중이 자기 자신으로 향하기 때문이다. 놀이는 과도 대상처럼 리비도 집중이 일어나는 대상과 함께 시작한다. 하지만 놀이가 절정에 이르기 위해서는 심리적 에너지가 놀이하는 주체 쪽으로도 몰려들어야 한다.

리비도 에너지 집중이 내부로만 향할 때는 나르시시즘이 발생한다. 놀이꾼은 밖으로 향하던 리비도가 자기 자신으로 역류하는 주체라는 점에서 나르키소스적이다. 그러나 그것이 병리적이지 않은 것은 심리적 에너지의 흐름이 양방향성을 띠기 때문이다. 놀이꾼의 리비도는 대상에 집중되는 동시에 자기로 집중된다. 이런 의미에서 놀이꾼은 '하프 나르시시즘'의 주체다.

사실 정신분석에서 나르시시즘은 자아의 주체성 형성에 필수적인 조건으로 여겨진다. 나르시시즘을 통해 심리적 에너지가 공급되지 않는다면 자아는 실체적 바탕도, 자신과 긍정적으로 관계하는 능력도 가질 수 없다. 나르시시즘은 자아에 주체적 자기 정립과 자기 존중의 능력이 갖추어지기 위해 꼭 필요한 리비도 경제다. 하지만 이것이 충분조건은 될 수 없다. 자아 안에 축적된 에너지가 '정상적인' 주체 형성의 밑거름이 되기 위해서는 먼저 승화의 단계를 거쳐야 한다. 성적인 성분이 정화되어 성적 목적 이외의 다양한 목적에 자유롭게 투입될 수 있는 중성적 에너지로 바뀌어야 한다.

그런 승화의 단계를 통과한다는 조건에서만 나르키소스적 자아는 원활하게 자기 관계와 대상 관계를 조율하는 주체, 나아가 현재의 경험에 원근법적 배경을 부여하는 주체로 발전할 수 있다. 하지만 승화의 단계로 접어들기 위해서 자아는 놀 줄 알아야 한다. 진짜 놀이꾼이 될 때야 나르시시즘에서 벗어나 하프 나르시시즘으로 진입하고, 자기도취와 대상도취가 균형을 이루며 서로 중화하는 단계로 이행할 수 있다. 그리고 마침내 자기 관계, 대타 관계, 원격 관계를 동시에 엮어가는 주체, 문화적 주체로 성장해갈 수 있다.

반허구의 전략

문화적 주체인 한에서 인간은 호모 사피엔스(생각하는 인간), 호모 파베르(제작하는 인간), 호모 루덴스(노는 인간), 호모 나란스(이야기하는 인간) 등으로 불린다. 그렇다면 인간에 대하여 생각, 제작, 놀이, 서사 중 어느 것이 근본적인 범주인가? 당연히 놀이학에서는 놀이를, 서사학에서는 서사를 바탕에 둔다. 그러나 이런 문제는 기본적으로 가설적 사변의 유희를 넘어서기 어려운 영역에 속하며, 따라서 확실한 설명은 처음부터 불가능할 것이다.

이런 전제 위에서 추측해보자면 그 네 가지 범주는 분리되어 있다기보다는 서로 끌어들이고 자극하고 변형하면서 하나의 가변적 전체를 이룬다고 해야 할 것이다. 즉 생각(뇌), 제작(손), 놀이(몸), 이야기(입과 귀)는 주어진 도전과 해결해야 할 문제에 따라 서로 다른 비율로 결합하는 인간의 능력일 것이다. 이것들은 문화보다 오래된 기원을 가진다 해도 문화 속에서 이합집산을 거듭하면서 비로소 분명한 형태를 취하거나 질적인 발전을 이어나가기도 할 것이다.

그러므로 그 네 가지 능력 사이에 위계 순서를 찾으려는 시도보다는 이것들이 나누어 갖는 공통의 성분이나 형식을 살피는 것이 나을 것이다. 우리는 이미 위에서 플라톤-기독교주의 전통에서 문화적 영역 일반이 가설적 허구 as if의 논리를 통해 전개되어왔음을 돌아보았다. 이런 관점에서 보자면 허구성은 모든 문화적 현상을 구성하는 기본적 요소로 다가온다. 마치 빵이 밀가루에 뿌린 효모를 통해 제맛을 얻은 것처럼 문화란 허구적 요소를 통해 새로운 질료와 무늬를 획득한 자연적 실재라 할 수 있다. 허구성은 향기 나는 문화를 빚어내는 이스트와 같다.

놀이학은 서사학 못지않게 상상과 허구의 역할을 중시하는 분야다. 게다가 문화의 기원과 발생을 포괄적으로 설명하는 강력한 가설을 제시했다. 하위징아도 그렇지만 특히 위니코트는 문화적 세계를 어린이의 놀이터와 구조적으로 똑같은 공간으로 간주한다. 그리고 그 놀이터를 주관적 허구성과 객관적 실재성이 공존하는 '잠재적 공간'임을 발견했다. 다만 문화적 인간은 최초의 놀이터(중간 영역)를 지배하던 마술적 상상력이 가설적 상상력으로 전환될 때 탄생할 뿐이다.

그러나 문화적 세계는 여전히 잠재적 공간인 놀이터와 구조적 동일성을 띠고, 이 점에서 하프 픽션 혹은 하프 리얼의 공간이다. 그런데 문화가 성숙하고 문명이 발전할수록 그 잠재적 공간은 허구적 요소, 상징적 요소, 가상적 요소를 더해가기 마련이다. 허구의 철학자 마르쿠아르트에 따르면 허구에 대한 이해 — 정확히는 허구와 실재의 관계에 대한 이해 — 는 시대마다 달라져왔다. 그런데 현대에 이르러 허구는 예술의 속성이라기보다 현실의 속성이 되어버렸다. 그리고 현실 자체가 허구적인 것으로 변모해갈 때 예술은 반허구의 길을 걸었다.[35]

이런 허구의 역사를 좀더 극적으로 표현한 것이 보드리야르가 네 단계로 요약한 이미지의 역사다.[36] 그 역사에 따르면 이미지는 처음에 실재를 반영하다가 감추고 그다음에는 변질시킨다. 이후 이미지는 실재의 부재를 감추다가 마침내 그 어떤 실재와도 무관한 것이 되어버린다. 자율적이고 자기 증식적인 이미지, 가상과 실재의 이분법을 초과하는 '시뮬라크르'가 되는 것이다. 이런 이미지image의 역사는 곧 상상imagination의 역사, 상상이 거주하는 허구의 역사이기도 하다.

이런 허구의 역사는 상상이 동영상과 가상현실을 통하여 물질화되는 디지털 시대의 문화에 대한 예언이었다. 그러나 문화를 구성하는 허구성의 함량이 과도해지고 상징적 허구에 거주하는 상상이 실재의 중력에서 벗어날수록 우리는 불안이나 권태에 빠진다. 외부와 차단된 집단적 나르시시즘의 공간에 갇히는 꼴이고, 세계의 의미가 곧 증발할 새벽안개처럼 운무雲霧화, 추상화하기 때문이다. 이상은 「이 아이들에게 장난감을 주라」를 개작한 글 「권태」(1936)에서 그 허구의 과잉을 '자의식 과잉'으로 옮겼다.

> 현대인의 특질이요 질환인 자의식 과잉은 이런 권태치 않을 수 없는 권태 계급의 철저한 권태로 말미암음이다. 육체적 한산閑散, 정신적 권태, 이것을 면할 수 없는 계급이 자의식 과잉의 절정을 표시한다.[37]

현대인은 자의식 과잉(나르시시즘)으로 인해 권태에 사로잡혔다. 그렇다면 어떻게 거기서 벗어날 것인가? 바로 이 점을 가르쳐준 게 똥 싸기 놀이를 발명한 시골 아이들이다. 현대성의 저편에 소외된 그들은 장난감이 없지만, 세상을 향해 엉덩이를 까고 똥을 갈기면서 놀이할 권리와 능력을 증명한다. 이상은 거기서 한 수 배운다. 차라리 극도의 소외가 '온몸에 의한 온몸의 이행'이라는 위대한 창작의 조건일 수 있음을 깨닫는다. 어른이 준 장난감 대신 자신의 온몸으로 장난감을 생산하는 아이들은 불가능의 조건을 딛고 전혀 새로운 놀이의 세계를 열었다.

이후 김수영은 침 뱉기 놀이를, 백남준은 피아노 깨기 놀이를 했다. 이런 것이 '온몸의 시학'이다. 허구의 결여는 야만을 낳지만, 허구의 과잉은 권태를 낳는다. 이상과 비슷한 시기에 하이데거는 권태를 주제로 강의했는데, 돌이나 동물은 권태 — 정확히는 '깊은 권태' — 를 모른다고 했다.[38] 왜 그런가? 세계가 없거나 빈약하기 때문이다. 이때 세계는 문화와 같은 말이다. 돌은 문화가 없고 동물은 문화가 가난하다. 하이데거는 오로지 세계를 문화적으로 조형해가고 따라서 의미의 차원에 발을 들여놓은 인간만이 권태를 느낄 수 있다고 강조한다. 이때 권태는 불안과 유사한 감정으로 문화가 무의미하게 현상할 때 인간에게 닥치는 근본 기분이다.

허구 과잉의 문화가 권태의 늪에 빠질수록 절박하게 필요한 것이 반허구의 전략이다. 1920년대 말에서 1960년대 말까지 서양의 예술을 선도한 전위주의적 실험 — 문학의 반서사, 회화의 반구상, 음악의 반화성 실험 — 은 가식화된 허구의 장막을 찢고 외부의 실재를 입증하려는 노력이었다. 유사한 시기 이상과 김수영에 의해 이 땅에서 태동한 온몸의 시학은 그런 전위주의적 실험 못지않게 반허구의 상상이 무엇인지 보여주었다. 이 점에서 그것은 상상이 '시뮬라시옹'의 논리에 빠지고 허구의 물결이 쓰나미처럼 몰려오는 디지털 시대에 우리가 다시 되살려야 할 유산임이 분명하다.

비디오게임 시대,
놀이를 어떻게 정의할 것인가?

성기현

"일반적으로 우리는 놀이가 예술·학문·운동과 같은
인간 문화의 다양한 영역 가운데 하나라고 생각한다.
그러나 놀이가 동물에서 인간으로 이어져온 것이라면,
따라서 인간이 만든 문화에 앞서는 것이라면
우리는 문화에서 출발해 놀이를 설명하는 것이 아니라
놀이에서 출발해 문화를 설명해야 할 것이다."

성기현은 서울대학교 미학과에서 박사학위를 받았다. 충북대학교 박사 후 과정 연구원과 서울대학교 인문학연구원 선임연구원을 거쳐, 현재 한림대학교 철학 전공 교수로 재직하고 있다. 현대 프랑스의 철학과 미학을 주로 연구하며, 특히 관심을 두고 있는 주제는 신체, 감성, 감정이다. 지은 책으로 『들뢰즈의 미학』(2019), 『프랑스철학과 정신분석』(공저, 2022), 『현대철학 매뉴얼』(공저, 2024) 등이 있고, 옮긴 책으로 『들뢰즈, 초월론적 경험론』(2016)이 있다.

들어가며

놀이는 어디에나 있다. 아파트단지의 놀이터에도, 학교 운동장에도, 지하철 승객의 휴대전화에도 놀이는 존재한다. 쉽게 동의할 수 있듯이 우리 시대의 놀이 문화에서 가장 두드러진 현상은 화면을 이용한 놀이, 즉 비디오게임의 등장과 확산이다. 여기서 비디오게임은 오락실에서 동전을 넣고 하는 아케이드게임arcade game, 플레이스테이션이나 닌텐도처럼 TV를 활용하는 콘솔게임console game, 퍼스널 컴퓨터로 하는 PC게임, 휴대전화나 태블릿으로 하는 모바일게임 등을 포괄적으로 일컫는다.

비디오게임의 원형이 등장한 것은 1958년의 일이다.[1] 미국 브룩헤이븐 국립연구소의 핵물리학자 윌리엄 히긴보텀은 레이더 화면과 유사한 오실로스코프oscilloscope에서 둥근 점을 주고받는 〈테니스 포 투Tennis for Two〉를 만들어 방문객들의 관심을 끌었다. 1961년에는 매사추세츠 공과대학의 연구원들이 만든 우주전쟁 게임 〈스페이스워!Spacewar!〉가 등장했고, 그 영향 아래서 비디오게임은 서서히 상업화되기 시작했다. 1972년에 설립된 최초의 비디오게임 개발사 아타리Atari가 탁구를 모티프로 한 아케이드게임 〈퐁!Pong!〉으로 큰 대중적 성공을 거둔 것이 그 대표적인 사례다.

1970년대 중반 콘솔게임이 등장하면서 비디오게임은 부모와 자녀가 함께 즐기는 가정적인 놀이로 변화했고, 1980년대에는 비디오게임의 새롭고 강력한 매체인 PC가 등장했다. 아케이드게임 기기나 콘솔게임 기기와는 달리 PC는 플레이어가 시간적 여유를 갖고 천천히 고민하면서 게임을 진행할 수 있는 환경을 제공했고, 이에 힘입어 어드벤처adventure 장르와 롤플레잉role-playing 장르의 게임이 인기를 끌기 시작했다. 1990년대 중반에는 월드와이드웹과 인터넷 브라우저, 스마트폰과 태블릿이 차례대로 등장하면서 온라인게임과 모바일게임이 크게 확산되었다. 2022년을 기준으로 볼 때 국내 게임시장을 주도하는 것은 단연 모바일게임으로, 그 비중은 60%에 육박한다(PC게임이 30% 정도, 콘솔게임이 5% 정도의 비중으로 그 뒤를 따른다).

비디오게임의 등장과 확산은 여러 측면에서 분석될 수 있다. 기술적 측면에서 그것은 2차 세계대전 이후 통신 기술의 급속한 발전, 시각적 표현이 가능한 모니터의 등장, 개인용 디지털기기의 광범위한 보급을 배경으로 한다. 비디오게임은 TV와 PC 모니터 등의 시청각 기기에 힘입어 놀이를 실제 공간에서 화면 속 공간으로 이동시켰고, 놀이를 하려면 정해진 시간과 공간에 사람들이 모여야 한다는 제약을 무너뜨렸다. 산업적 측면에서 그것은 슬롯머신slot machine과 같은 19세기의 동전 투입식 오락산업을 계승·확대한 것이다. 비디오게임의 등장에 발맞추어 이러한 오락산업은 술집 등의 유흥장을 넘어 오락실·PC방·가정집으로 빠르게 침투했고 그 경제적 규모도 엄청나게 커졌다. 2022년을 기준으로 세계 게임시장은 그 규모가 이미 2,000억 달러에 도달했으며, 미디어 산업군 전체에서 가장 빠르게 성장하는 분야로 손꼽힌다. 문화적으로 그것은 과학자들의 자유롭고 개방적인 사고방식에서 시작되었으며 시각적으로는 화려한 일본식 애니메이션에서 큰 영향을 받았다. 비디오게임은 한때 어린이들의 전유물로 여겨지기도 했지만, 오늘날에는 플레이어의 평균 연령이 30세를 넘어섰고 중장년층도 바둑과 화투 등 다양한 놀이를 비디오게임으로 즐기고 있다.

1970-80년대에 태어난 우리나라의 40-50대는 어린 시절 구슬치기·딱지치기·말뚝박기와 같은 전통적인 놀이를 하면서 자라났다. 그들은 프로스포츠가 출범하면서 축구와 야구가 전 국민적인 인기를 얻게 되는 과정을 지켜봤고, 텍스트 기반의 초라한 PC게임이 정교한 3차원 이미지로 발전하는 과정을 함께했으며, 오늘날에도 이런저런 모바일게임으로 여가를 즐기고 있다. 그런데 이렇듯 급격한 놀이 문화의 변화 과정을 돌이켜보면 우리는 놀이에 대한 전통적인 생각이 여전히 유효한 것인지 의문을 갖게 된다. 예컨대 소박한 나무 윷과 직접 그린 윷판으로 즐기던 윷놀이와 고성능의 게이밍 컴퓨터로만 구현할 수 있는 화려한 그래픽의 PC게임을 동일한 의미에서 '놀이'라고 부를 수 있는 것일까?

이 글은 비디오게임 시대에 놀이를 어떻게 정의해야 할지 체계적으로 검토해보려는 시도다. 먼저 우리는 네덜란드의 문화인류학자 요한 하위징아와 프랑스의 사회학자 로제 카유아가 제시한 놀이에 대한 전통적인 두 정의를 살펴볼 것이다. 다음으로 우리는 비디오게임의 등장과 확산이 이 전통적인 정의를 어떻게 변화시켰는지 검토할 것이다. 이와 관련해서 우리는 덴마크의 비디오게임 디자이너이자 게임 연구자인 예스퍼 율의 견해를 주로 참고할 것인데, 그는 『하프 리얼: 실제 규칙과 가상 세계 사이의 비디오게임』에서 보드게임에서 비디오게임에 이르는 다종다양한 놀이를 포괄하는 이른바 '고전적인 게임 모델Classic Game Model'을 제시한 바 있다. 이상의 논의를 통해 우리가 답하려는 것은 결국 '비디오게임 시대에 과연 놀이란 무엇인가?'라는 물음이다. 이 물음에 답함으로써 우리는 비디오게임의 등장과 확산이 놀이 문화에 가져온 변화를 이해하는 한편 오늘날의 놀이 문화가 지향하는 미래의 방향성도 가늠해볼 수 있을 것이다.

전통적인 놀이 정의: 요한 하위징아

인간의 다양하고 풍부한 문화는 어떻게 생겨난 것일까? 쉽게 답하기 힘든 이 물음에 하위징아는 하나의 흥미로운 가설을 제시하는데, 그것은 놀이가 그 원천일 수 있다는 것이다. 생각해보면 사실 놀이가 인간에게만 존재하는 것은 아니다. 우리는 강아지와 같은 동물들에게도 일종의 놀이가 존재한다는 사실을 알고 있다. 강아지는 자기 꼬리를 잡으려 뱅글뱅글 돌기도 하고, 다른 강아지를 자극해서 크고 작은 몸싸움을 벌이기도 한다. 인간이 그러하듯이 강아지도 이런 놀이를 통해 생기와 활력을 얻는다. 그리고 인간의 놀이가 그러하듯이 강아지의 놀이에도 일정한 규칙이 있다. 생사를 건 진짜 싸움이 아니라면, 맴을 돌거나 물고 할퀴는 강아지의 동작에는 일정한 수위와 방식이 존재한다.

일반적으로 우리는 놀이가 예술·학문·운동과 같은 인간 문화의 다양한 영역 가운데 하나라고 생각한다. 그러나 놀이가 동물에서 인간으로 이어져온 것이라면, 따라서 인간이 만든 문화에 앞서는 것이라면 우리는 문화에서 출발해 놀이를 설명하는 것이 아니라 놀이에서 출발해 문화를 설명해야 할 것이다. 하위징아의 『호모 루덴스』를 이끌어가는 것은 바로 이 놀라운 발상의 전환이다. 즉 "인간 사회의 중요한 원형적 행위들"에는 "처음부터 놀이의 요소가 가미되어 있었다"는 것이다.[2] 예컨대 연극에는 타인의 행동과 감정을 흉내내는 모방의 놀이가, 기하학에는 선과 도형을 만들고 결합하는 조합의 놀이가, 레슬링에는 몸을 부딪쳐 힘을 겨루는 경쟁의 놀이가 처음부터 가미되어 있었다.

놀이가 다양한 문화적 영역과 맺는 관계를 좀더 구체적으로 살펴보자. 우리는 일찍이 구석기 시대부터 인류가 색과 형태로 놀이하기를 즐겼다는 사실을 알고 있다. 이러한 놀이는 반복되면서 일정한 습관과 관례를 낳고, 그 습관과 관례는 다시 원근법遠近法과 같은 규칙의 성립으로 이어진다. 이렇게 만들어진 규칙은 그것을 따르는 예술가들에게 편안함을 제공하지만, 그의 창작을 일정하게 제약하기도 한다. 그로 인해 때로 예술적 대가大家의 탄생은 기존 규칙의 파괴와 새로운 규칙의 창조, 대중의 몰이해와 천재적 예술가의 고통을 수반하게 된다. 이상의 관점에서 보자면 우리는 미술이라는 영역 자체가 놀이에서 생겨났고 규칙과 그 규칙에서 벗어나는 자유 사이를 오가면서 발전했다고 말할 수 있다.

좀더 시야를 넓혀 생각해보면 사회적 삶을 좌우하는 법의 영역이나 정치의 영역에도 놀이의 요소가 적지 않다. 예컨대 법의 영역은 그것을 둘러싼 사람들 간의 다툼 자체가 놀이의 형식을 띠는데, 그것이 바로 소송이다. 여기에는 승부를 가르는 심판(재판관)이 존재하며, 법을 서로 다르게 해석하는 두 선수(검사와 변호사)가 경쟁을 벌인다. 이러한 경쟁은 경기장에 해당하는 특정한 공간(법원)에서, 운동경기의 유니폼과 같은 특정한 복식(법복)을 갖춘 상태로, 또 그 경기에만 유효한 특정한 태도와 말투로 이루어진다.

소송의 사례를 확대해서 심판을 국민으로, 경쟁하는 선수들을 대립하는 정치세력들로 바꾸어 생각해보면 우리는 민주주의라는 정치제도에도 놀이의 요소가 존재한다는 사실을 깨닫게 된다. 정상적인 민주주의국가의 경우 정치적 권력은 일정한 시점마다 새로운 경기(투표)에 붙여지고 그 경기의 승자에게 주어진다. 이런 경기에서는 기존의 집권 세력이 특별한 혜택을 누리는 것이 금지되며, 그로 인해 두 세력은 동등한 조건에서 경쟁할 수 있게 된다. 즉 각각의 정치세력은 동일한 기간 동안, 동일한 장소에서, 동일한 방법으로 국민을 설득해야 한다. 승부는 어떤 정치세력이 가장 많은 국민을 설득하느냐에 따라 결정되는데, 이러한 승부는 흥분과 좌절이 휘몰아치는 전 국민적인 스포츠 경기를 연상시킨다.

지금까지 우리는 하위징아가 어떤 이유에서 놀이를 다양한 문화적 영역의 원천으로 간주하는지 간략히 살펴보았다. 이제 그가 제시한 놀이의 정의를 본격적으로 분석해보기로 하자.

놀이의 형태적 특성을 요약해보자면 이러하다. [(1)] '일상' 생활의 바깥에서 벌어지고, '진지하지 않은' 성격을 갖고 있으며, 독립되어 있는 자유로운 행위이나, 놀이하는 사람을 완벽하게 몰두하도록 만든다. [(2)] 그것은 물질적 이해와는 상관없는 행위이고 아무런 이득도 제공하지 않는다. [(3)] 그 나름의 시간과 공간의 한계를 가진 놀이터 내에서, 고정된 규칙에 따라 일정한 방식으로 수행된다. [(4)] 사회적 집단의 형성을 촉진하고 그 집단은 은밀함 속에 자신들을 감추면서 위장과 기타 수단을 동원하여 평범한 세상으로부터 벗어나 있음을 강조한다.[3]

하위징아의 정의에 따르면 놀이의 첫 번째 특징은 그것이 누리는 자유와 독립성이다. 강제로 놀이하는 사람은 없다. 강제로 해야 한다면 그것은 놀이의 형태를 띠고 있을지언정 억압이나 구속에 불과할 것이다. 자신의 의지로 놀이할 때 우리는 일상적 공간에 있더라도 일상적 삶과는 구별되는 다른 차원으로 향한다. 거실에서 두 팔을 벌리고 '날아다닐' 때, 아이들은 자신이 그저 민호나 지은이라고 생각하지 않는다. 어른들이 보기에는 한없이 가볍고 무의미한 행위일지 모르지만, 슈퍼히어로가 된 그 순간에 몰입하면서 아이들은 어떤 해방감을 느낀다.

놀이의 두 번째 특징은 일상적 삶이 요구하는 물질적 이해관계에서 벗어나 있다는 것이다. 일상적 삶이란 먹고 자고 일하는 삶, 나와 내 가족의 물질적 필요를 충족시키려 애쓰는 삶이다. 따라서 집과 직장 사이를 쳇바퀴 도는 직장인에게 놀이는 무거운 의무의 족쇄에서 벗어나는 드물고 귀한 순간이다. 퇴근길에 들린 코인 노래방에는 청중도, 박수갈채도, 사례비도 존재하지 않는다. 그러나 그는 목소리를 가다듬어 가장 아름다운 소리를 내고, 자신의 것이 아닌 가사 속의 감정에 다가가며, 이를 통해 힘겨운 직장생활을 버티게 해줄 한동안의 위안을 얻는다.

세 번째 특징은 시공간적 제한과 규칙의 지배라는 놀이의 두 조건과 관련된다. 한편으로 놀이에는 시간과 공간의 제약이 존재한다. 축구는 전후반 각 45분이면 끝이 나고, 윷놀이는 어느 팀이든 윷말을 모두 출발점으로 돌려보내면 끝이 난다. 축구는 두 골대 사이의 경기장에서 이루어지고, 윷놀이는 윷판에서 벗어나지 못한다. 다른 한편으로 놀이에는 일상적 규칙과는 구별되는 놀이의 규칙이 존재하며, 이 후자의 규칙이 놀이의 시공간을 지배한다. 하위징아는 그것을 '매직 서클magic circle'이라고 불렀는데, 거기서는 마법처럼 일상적 삶의 규칙이 중지되고 놀이의 규칙만 작동하기 때문이다. 축구에서 필드플레이어는 손을 쓰지 못하고, 윷놀이에서 윷가락이 정해진 공간을 벗어나면 공격권을 넘겨주어야 한다. 놀이의 규칙은 분명하고도 엄격하며, 그로 인해 매직 서클은 하나의 이상적인 세계가 된다. 나이가 많든 적든, 돈이 많든 적든 그곳에서는 모두가 동일한 규칙을 따르기 때문이다.

하위징아는 마지막 네 번째 특징을 '비밀'과 연결시킨다. 어린 시절 친구들과 '아지트'를 만들어본 사람들은 쉽게 이해할 수 있듯이 놀이의 반복은 자신들만의 비밀을 지닌 놀이 공동체로 이어지곤 한다. 그리고 이런 공동체들은 때로 세상의 '평범함'에서 벗어나는 특별한 행동을 추구한다. 원시 부족이 성인식에서 가면假面을 활용하거나 고등학교 비밀 서클이 신입 회원들에게 자신의 물리적인 힘을 과시하라고 요구하는 것처럼 말이다. 하위징아가 보기에 놀이 공동체의 이런 비밀스러운 활동은 고대 로마의 농신제農神祭나 중세의 카니발과 같은 사회적 의례들과 연결된다. 예컨대 고대 로마의 농신제는 사투르누스Saturnus 신을 기리는 12월의 축제였다. 귀족·평민·노예가 함께 뒤섞이는 이 축제에서 귀족이 노예의 복장을 하는 가장假裝이나 노예가 귀족을 조롱하는 무질서는 매우 흔한 일이었다.

하위징아는 놀이의 주요한 특징들을 설득력 있게 제시했고, 이를 통해 놀이 연구의 굳건한 토대를 마련했다. 그러나 그의 놀이 연구를 이해할 때 주의해야 할 지점들도 존재한다.[4] 먼저 하위징아가 수행한 연구의 초점은 놀이 자체를 설명하는 데 있는 것이 아니라 놀이가 인간의 다양한 문화적 영역에 미친 영향을 설명하는 데 있다. 그런 이유로 그는 서로 다른 문화적 영역들이 하나의 동일한 놀이에서 생겨난 것처럼 묘사하며, 따라서 그것들을 체계적으로 분류하지도 않는다. 다음으로 그는 놀이를 물질적 이해관계와 무관한 것으로 상정함으로써 도박장·경마장·배팅batting 사이트 등에서 이루어지는 다양한 활동을 놀이에서 배제한다. 하지만 그 활동들이 엄연히 존재하고 많은 사람이 즐기고 있다는 점에서 이는 부적절하다고 할 수 있다. 마지막으로 그는 놀이를 비밀과 결부시키면서 사회적 의례들의 원천으로 내세우는데, 이 점은 재고할 필요가 있다. 예컨대 비밀 단체의 종교적 성사聖事는 비밀을 유지하고 계승하는 데서 성립하지만, 놀이는 그렇지 않다. 수건돌리기나 마피아게임처럼 비밀을 지키는 것이 아니라 그것을 폭로함으로써 진행되는 놀이들을 우리는 쉽게 떠올릴 수 있다.

전통적인 놀이 정의: 로제 카유아

모든 놀이를 단번에 설명할 수 없다는 것은 분명하다. 놀이가 얼마나 다양한지 잠시 생각해보자. 공기·딱지·카드·공 등 도구를 사용하는 놀이가 있는가 하면, 말뚝박기나 오징어 놀이처럼 맨몸으로 하는 놀이도 있다. 씨름이나 권투처럼 동적이고 때로는 위험한 놀이가 있는가 하면, 체스나 바둑처럼 정적이고 대체로 안전한 놀이도 있다. 놀이에 참여하는 인원도 다양하다. 스쿼시는 혼자서도 할 수 있지만, 탁구에는 적어도 두 사람이 필요하고, 축구나 농구에는 다수로 구성된 두 팀이 있어야 한다. 이처럼 놀이는 도구의 유무로도, 도구의 종류로도, '동적'/'정적'의 구별이나 '위험한'/'안전한'의 구별로도, 참여하는 사람들의 수로도 쉽게 구별되지 않는다. 이토록 다양한 놀이를 체계적으로 분류하려면 과연 어떻게 해야 하는 것일까?

카유아는 놀이의 종류에 따라 그것을 대하는 우리의 태도가 근본적으로 달라진다는 사실에 주목한다.[5] 예컨대 축구·탁구·체스 등의 놀이를 할 때 우리는 상대방과의 경쟁을 의식하면서 육체적이거나 정신적인 노력을 기울인다. 그에 반해 승패가 운이나 확률에 달린 사다리 타기나 홀짝 놀이를 할 때 우리는 승리를 기대하면서도 특별한 노력을 하지는 않는다. 노력한다고 해서 승패에 영향을 줄 수 없음을 잘 알고 있기 때문이다. 그렇다면 이러한 태도상의 변화를 기준으로 놀이를 체계적으로 분류할 수 있지 않을까?

이런 생각에 기반해서 카유아는 놀이를 다음의 네 종류로 나눈다. 첫째로, 아곤Agon. 아곤은 시합 혹은 경기를 뜻하는 그리스어로, 축구를 하거나 체스를 둘 때 우리가 경쟁적인 태도를 취한다는 사실을 가리킨다. 둘째로, 알레아Alea. 알레아는 요행 혹은 우연을 뜻하는 라틴어로, 슬롯머신을 당기거나 사다리 타기를 할 때 우리가 결과를 운이나 확률에 맡긴다는 사실을 가리킨다. 셋째로, 미미크리Mimicry. 미미크리는 흉내 혹은 모방을 뜻하는 영어로, 때로 우리가 다른 사람이나 사물이 된 듯이 느끼고 행동하면서 논다는 사실을 가리킨다. 넷째로, 일링크스Ilinx. 일링크스는 소용돌이를 뜻하는 그리스어로, 빠르게 회전하거나 낙차가 큰 운동을 거듭할 때 찾아오는 아찔한 현기증을 우리가 즐긴다는 사실을 가리킨다. 놀이동산은 일링크스의 천국이다. 그곳은 놀이하는 자의 안전을 보장하면서 일링크스에 속도와 낙차를 더할 수 있는 기구들로 가득차 있기 때문이다.

이러한 네 종류의 놀이를 함께 고려하면서, 카유아는 놀이의 정의를 모두 6개의 특징으로 제시한다. 그중 앞의 네 특징은 모든 놀이에 공통적인 것으로 간주된다.

(1) 자유로운 활동: 놀이하는 자가 강요당하지 않는다. 만일 강요당하면 곧바로 놀이는 마음을 끄는 유쾌한 즐거움이라는 성질을 잃어버린다.

(2) 분리된 활동: 처음부터 정해진 명확한 공간과 시간의 범위 내에 한정되어 있다.

(3) 확정되어 있지 않은 활동: 게임의 전개가 결정되어 있지 않으며, 결과가 미리 주어져 있지도 않다. 생각해낼 필요가 있기 때문에

어느 정도의 자유가 놀이하는 자에게 반드시 남겨져 있어야 한다.

(4) 비생산적인 활동improductive: 재화도 부도 어떠한 새로운 요소도 만들어내지 않는다. 놀이하는 자들 간의 소유권 이동을 제외하면 게임 시작 때와 똑같은 상태에 이른다.[6]

첫 번째와 두 번째 특징, 즉 '강요당하지 않은 자유로운 활동'과 '일상생활과 분리된 매직 서클 속에서의 활동'은 하위징아가 카유아에게 미친 영향을 분명하게 보여준다. 세 번째 특징인 '확정되어 있지 않은 활동'은 놀이의 결과가 미리 정해져 있지 않다는 사실을 가리킨다. 아곤에 속하는 씨름이든, 알레아에 속하는 슬롯머신이든, 미미크리에 속하는 슈퍼히어로 흉내든, 일링크스에 속하는 코끼리 코 돌기든 놀이할 때 그 결과는 항상 불확실한 상태로 남겨져 있다. 그리고 이러한 불확실성이야말로 놀이가 주는 즐거운 긴장감의 궁극적인 원천이다. "대단히 많은 훈련을 쌓았거나 너무 능숙하기 때문에 노력하지 않고도 반드시 이기는 자에게는 놀이란 더이상 재미있는 것이 되지 못한다."[7] 이와 관련해서 카유아는 '놀이'를 뜻하는 프랑스어 jeu의 두 의미를 분석한다. 한편으로 그 단어는 톱니바퀴와 같은 기계장치에서 부품들이 원활하게 작동하게 해주는 '맞물림의 여유'를 뜻한다. 다른 한편으로 그 단어는 같은 대본이나 같은 악보를 서로 다르게 표현하는 연기자나 연주자 나름의 '개인적인 스타일'을 뜻한다. 이러한 두 의미는 모두 '규칙 속에 존재하는 일정한 자유'를 가리키는 것으로, 그런 자유가 놀이가 주는 재미의 중요한 한 원천이라는 사실을 함축한다.

네 번째 특징은 놀이가 '비생산적인 활동'이라는 것이다. 물론 프로스포츠·연극·영화 등은 연봉·상금·출연료와 같은 경제적 이익을 제공한다. 하지만 아직 사회적으로 제도화되지 않은 순수한 놀이만을 고려한다면 놀이가 비생산적이라는 주장은 당연한 것으로 보인다. 놀이는 생산보다는 소비에 가깝다. 놀이할 때 우리는 여분의 시간을, 숨겨두었던 재치나 솜씨를 소비한다. 예술이나 정치는 작품이나 법안을 남기지만, 놀이는 그런 유의미한 결과물을 남기지도 않는다. '다시 한 판!'이라고 외칠 때마다, 앞선 놀이의 승리와 성취는 금세 잊히고 우리는 처음부터 다시 놀이를 시작한다. 다른 한편 놀이가 '비생산적'이라는 카유아의 주장은 그것이 '물질적 이해관계와 무관'하다는 하위징아의 생각을 겨냥한다. 복권·내기·도박 등이 보여주듯 놀이가 물질적 이해관계와 무관한 것은 아니며, 따라서 카유아는 하위징아가 배제했던 이런 활동들을 놀이에 포함시킨다. 그러면서도 그는 여기서 얻는 경제적 이익이 '생산적'인 것은 아니라고 말한다. "그곳에 있는 것은 소유권의 이동이지, 부富의 생산이 아니다."[8] 예컨대 도박을 할 때 우리는 자신이 지닌 부의 일부 혹은 전체가 다른 사람에게로 옮겨질 수 있다는 사실에 암묵적으로 동의한다. 카유아가 도박이 '비생산적'이라고 말하는 것은 도박에 참여한 한 개인의 부가 증가하거나 감소하더라도 도박판 전체의 부는 그대로 유지되기 때문이다.

계속해서 남은 두 특징을 살펴보자. 미리 말해두자면 (5)는 미미크리를 제외한 모든 놀이에 공통적이지만 (6)은 미미크리에만 해당된다. 따라서 우리는 아곤, 알레아, 일링크스가 (1), (2), (3), (4),

(5)의 다섯 특징으로 정의되는 데 반해, 미미크리는 (1), (2), (3), (4), (6)의 다섯 특징으로 정의된다고 말할 수 있다.

    (5) 규칙이 있는 활동: 약속에 따르는 활동이다. 이 약속은 일상의 법규를 정지시키고, 일시적으로 새로운 법을 확립하며, 이 법만이 통용된다.

    (6) 허구적인 fictive 활동: 현실 생활에 비하면 이차적인 현실 또는 명백히 비현실이라는 특수한 의식을 수반한다.[9]

    다섯 번째 특징에 해당하는 '규칙의 지배'는 하위징아도 강조했던 지점이다. 카유아는 놀이의 규칙이 '절대적'인 동시에 '자의적 恣意的'이라고 말한다. 한편으로 놀이의 규칙은 어떤 예외도 허용하지 않는다는 점에서 절대적이다. 체스나 바둑에서는 체스 말이나 바둑알을 한 번에 두 개씩 움직일 수 없고, 씨름을 하려면 누구나 재질과 길이가 같은 샅바를 매야 한다. 심지어는 도박판의 사기꾼이라도 겉으로는 규칙을 지키는 시늉을 해야 하는 것이다. 그러나 다른 한편으로 그토록 절대적인 규칙이 왜 지금과 같은 방식으로 결정되었는지, 왜 다른 방식이 되어서는 안 되는지 설명하기는 쉽지 않다. 태권도에서는 발을 사용하는데, 권투에서는 왜 그래서는 안 되는가? 바둑알은 바둑판 어디에 놓아도 상관없는데, 체스 말은 왜 그래서는 안 되는가? '그게 원래 규칙'이라고 말할 수 있을 뿐 더이상의 합리적인 설명을 제시할 수 없다는 것, 그것이 바로 자의적이라는 말의 의미다.

여섯 번째 특징인 '허구적인 활동'은 미미크리를 규칙을 따르는 다른 놀이들과 구별해준다. 소꿉놀이에서 쉽게 확인할 수 있듯이 미미크리에는 특정한 대상을 흉내내야 한다거나 특정한 방식으로 흉내내야 한다는 식의 엄격한 규칙이 존재하지 않는다. 하지만 그런 규칙을 대신하는 어떤 태도는 분명히 존재하는데, 그것은 놀이하는 자가 "허구fiction, 즉 마치 …인 것 같은comme si 감정"10에 사로잡힌다는 것이다. 주방장 역할을 맡은 아이는 재료를 손질하고 음식을 조리하며 손님을 대접하는 데 열중한다. 물론 그 아이는 자신이 진짜 주방장이 아니라는 사실을 잘 알고 있다. 하지만 주방장의 말과 태도를 흉내내는 데 몰입하면서, 그 아이는 일상적 삶에서는 얻지 못했던 새로운 행위와 감정에 도달하고, 그로부터 모종의 즐거움을 얻는다.

비디오게임 시대의 놀이 정의: 예스퍼 율

하위징아와 카유아가 전통적인 놀이를 정의했던 것과는 달리 율은 전통적인 놀이와 비디오게임을 동시에 설명할 수 있는 새로운 정의를 모색한다. 그에 따르면 비디오게임은 현실과 가상의 혼합물이다. 여기서 현실적으로 존재하는 것은 규칙이고 가상적으로 존재하는 것은 화면 속의 세계다. 비디오게임을 전통적인 놀이와 잠시 비교해보자. 예컨대 윷놀이의 목표는 다른 참여자보다 먼저 자신의 모든 윷말을 출발점으로 돌려보내는 것이다. 이를 위해서는 윷판에 그려진 말길을 따라 자신의 윷말을 이동시키는 한편, 다른 참가자들의 윷말을 잡아서 플레이를 지연시키는 등의 전략을 활용해야 한다. 윷놀이의 진행은 참가자들이 돌아가면서 네 개의 윷가락을 한 번에 던지는 방식으로 이루어지며, 윷과 모가 나오는 경우에만 한 번 더 던질 기회가 주어진다. 이 규칙은 윷놀이의 창시자가 고안하고 참가자들이 모두 동의하며, 그에 힘입어 이 놀이를 지배한다는 점에서 현실적이다. 윷놀이의 경우에는 이 규칙이 지배하는 놀이의 세계, 즉 윷판과 윷말로 이루어진 세계도 우리가 직접 만지고 다룰 수 있는 현실적인 것으로 주어진다.

이제 비디오게임의 경우를 살펴보자. 예컨대 시드 마이어의 〈문명Civilization〉에서 게임의 목표는 한 문명의 지도자가 되어 다른 문명들과의 경쟁에서 승리하는 것이다. 이를 위해서는 미리 설정된 기술과 문화의 발전 단계 — 이른바 테크놀로지 트리Technology Tree 혹은 테크 트리Tech Tree — 에 따라 자신의 문명을 발전시키는 한편, 외교·전쟁·우주 진출 등의 다양한 전략을 고려하고 최선을 선택해야 한다. 게임의 진행은 모든 문명이 한 번씩 돌아가면서 플레이하는 턴 방식으로 이루어진다. 여기서도 게임의 규칙은 개발자가 고안하고 참가자들이 모두 동의하며, 그에 힘입어 이 게임을 지배한다는 점에서 현실적이다. 그러나 이 규칙이 지배하는 놀이의 세계는 PC·태블릿·휴대전화 등의 화면 속에만 존재한다는 점에서 가상적이다. 〈문명〉에 등장하는 호수·강·숲·산 등의 지형, 그 위에 지어진 건물들, 지도자들의 복장과 얼굴 등은 실제의 지형·건물·인물을 모방한 것이다. 하지만 화면 속에만 존재하고 화면을 끄면 사라져버린다는 점에서 그것들은 현실과 엄연히 구별된다. 누군가 이 게임을 두고 이렇게 말한다고 가정해보자. '전쟁을 일으켜 다른 모든 문명을 제압하면 이순신 장군이 이끄는 한국 문명이 최종적인 승리를 거두게 된다.' 이 문장은 '하프 리얼'이다. 다시 말해 그것은 현실과 가상을 동시에 말한다. 여기서 현실은 게임을 지배하는 규칙(전쟁을 통한 승리)이고, 가상은 게임 속의 세계(이순신 장군이 이끄는 한국 문명과 그 외의 다른 문명들)다.

비디오게임이 이렇듯 현실적 규칙과 가상적 세계를 결합한 것이라면, 하위징아와 카유아의 전통적인 놀이 개념은 그것을 설명하기에 충분한 것일까? 한편으로 우리는 율이 말하는 '규칙의 지배'를 하위징아와 카유아가 앞서 강조했다는 사실을 이미 살펴본 바 있다. 하위징아는 놀이가 '고정된 규칙에 따라 일정한 방식으로 수행된다'고 말했고, 카유아도 놀이가 '일상의 법규'와 구별되는 '새로운 법을 확립'하고 그 법만을 따른다고 지적했다. 아울러 두 사람은 이러한 규칙이 '일정한 시간과 공간의 한계(매직 서클)' 안에서만 유효하다는 점에도 주목했는데, 비디오게임도 이와 다르지 않다. 우리가 잘 알고 있듯이 비디오게임은 특정한 입력장치(조이스틱, 키보드와 마우스, 터치 조작이 가능한 화면과 손가락 등)를 활용해서 PC·태블릿·휴대전화 등의 화면에서만 플레이된다. 말하자면 비디오게임의 '매직 서클'은 그 디지털기기들의 화면인 셈이다.

그러나 다른 한편으로 율은 카유아가 말하는 '규칙을 따르는 놀이'와 '허구적인 놀이'의 양자택일이 비디오게임에는 적용되지 않는다고 말한다. 카유아에 따르면 "놀이에는 규칙을 지니면서 또 동시에 허구인 것은 없다. 오히려 규칙을 지니든가 허구이든가 둘 중의 하나이다."11 그러나 율이 보기에 비디오게임은 현실적 규칙인 동시에 가상적 세계다. 플레이어의 시점과 게임 화면의 시점을 일치시켜 비행기나 자동차를 직접 조종하는 1인칭 비디오게임을 떠올려보자. 여기서 미미크리의 특징인 '마치 파일럿이나 레이서인 것 같은 감정'은 다른 놀이들의 특징인 '제한된 시간과 공간을 지배하는 규칙'과 동시에 작용한다. 1인칭 비디오게임만큼 강력한 미미크리를 촉발하는 것은 아니지만, 〈문명〉과 같은 전략 게임에서도 플레이어는 '특정 문명의 지도자'라는 역할을 맡은 상태로 게임의 가상 세계에 진입한다.

　이러한 공통점과 차이점을 염두에 두면서, 이제 율이 제시한 놀이의 정의를 구체적으로 살펴보기로 하자. 여기서 율은 놀이play가 아니라 게임game이라는 용어를 사용한다. 이는 그가 놀이는 '형식에 제약이 없는 활동free-form activity'을 두루 포괄하는 용어로, 게임은 '규칙에 기반한 활동rule-based activity'을 한정하는 용어로 이해하기 때문이다.

　[(1)] 게임이란 규칙에 기반한 체계로, 가변적이고 정량적定量的으로 측정될 수 있는 결과outcome를 갖는다. [(2)] 게임에서는 각기 다른 결과에 상이한 가치가 부여되는데, 플레이어는 결과에 영향을 미치기 위해 노력을 기울이고, 결과에 정서적 애착을 느낀다. 그리고 [(3)] 플레이어의 활동에 따른 귀결들consequences은 협의할 수 있다negotiable.12

　이 정의는 (1) 게임의 규칙과 결과, (2) 플레이어와 게임, (3) 게임과 그 바깥의 세계라는 세 주제를 담고 있다. 먼저 (1)과 관련해서 율은 게임을 '규칙에 기반'한 것으로 한정한 뒤 그 결과가 가변적이고 정량적으로 측정될 수 있다고 덧붙인다. 결과가 '가변적'이라는 말은 플레이어의 노력에 따라 결과가 달라질 수 있다는 뜻이다. 앞서 카유아는 항상 승리하는 사람에게는 놀이가 더이상 재미를 주지 못한다고 말한 바 있는데, 여기서 율은 그 생각을 이어받고 있는 셈이다. '정량적'이란 '정성적定性的'과 대비되는 말로, 게임의 결과가 주관적인 질적 평가에 의해서가 아니라 객관적인 양적 평가에 의해서 결정된다는 뜻이다. 축구의 경우를 생각해보자. 우아한 볼 터치나 재치 있는 속임수 동작은 경기에 매력을 더해주지만, 그것이 승부를 결정짓는 것은 아니다. 승부는 오로지 골로 결정되며, 이는 골을 더 많이 넣은 팀이 형편없는 졸전을 벌였더라도 마찬가지다. 피겨스케이팅figure skating이나 아티스틱 스위밍artistic swimming의 경우 평가에 예술성과 같은 주관적인 요소들이 가미되어 있어 객관적인 평가가 상대적으로 어렵다. 따라서 이런 스포츠에서는 그런 요소들을 최대한 세분화하고 체계적인 점수표를 제시함으로써 가급적 평가를 정량화하고자 한다. 이러한 '결과의 정량화'는 디지털기기들이 게임과 큰 친화성을 갖는 이유를 짐작할 수 있게 해준다. 가능한 모든 경우의 수를 미리 프로그래밍한 뒤 그에 따른 결과를 완전히 정량화하여 제시할 수 있다는 점에서, 디지털기기들은 게임에 최적화된 도구라고 할 수 있다.

율의 정의에서 (2)는 플레이어와 게임의 관계를 다룬다. 게임의 이러저러한 결과들은 서로 다른 가치 평가들과 관련된다. 예컨대 승리는 기쁨·환희·희열을 주는 긍정적인 것으로 평가되지만, 패배는 슬픔·짜증·무력함을 주는 부정적인 것으로 평가된다. 플레이어는 승리를 추구하고 패배를 기피하며, 따라서 게임에 관한 정보를 찾고 동료 플레이어들의 조언을 얻는 등 자신의 기량을 향상시키고자 한다. 이렇듯 시간과 노력을 기울이는 과정에서 플레이어는 자연스럽게 자신이 승리를 통해 기쁨을 얻으리라 기대하게 된다. 그런데 여기에는 한 가지 흥미로운 역설이 있다. 플레이어는 승리를 원하지만, 너무 쉽게 승리하기를 원하지는 않는다. 그런 승리에는 큰 가치가 없고, 따라서 굳이 노력해서 얻을 필요가 없으며, 얻는다 해도 기쁨이 덜하기 때문이다.

마지막으로 (3)은 게임과 그 바깥의 세계 사이의 관계를 다룬다. 전통적인 놀이 정의들은 이 둘을 분명하게 분리하곤 했다. 예컨대 카유아는 게임과 그 바깥의 세계를 놀이의 영역과 직업의 영역으로 나누면서, 프로스포츠 선수들은 놀이의 즐거움과는 무관하게 직업에 종사하고 있을 뿐이라고 말했다.[13] 그러나 율이 보기에 두 영역을 나누는 경계는 그리 뚜렷하지 않다. "게임은 실제 삶에 속하는 귀결들을 선택적으로 부여받을 수 있다는 사실에 의해 특징지어진다. [그 귀결들의] 현실적인 할당은 게임별·장소별·사람별로 협의될 수 있다."[14] 농구의 경우를 생각해보자. 한 경기의 결과는 '협의'를 통해 경제적 이익과 같은 '실제 삶에 속하는 귀결들'을 부여받을 수도 있고 그렇지 않을 수도 있다. 프로 경기에는 이미 상당한 연봉과 상금이 걸려 있지만, 아마추어 경기라 하더라도 사람들이 동의하기만 한다면 내기를 걸거나 상금을 부여하는 일은 얼마든지 가능하다. 이 경우 게임의 결과(72:93이라는 스코어)는 게임을 넘어 실제 삶에 속하는 귀결(10만 원의 판돈)을 갖게 된다. 프로스포츠라는 것 자체가 사실은 이런 과정을 통해 생겨난 것은 아닐까? 전설적인 비디오게임 〈스타 크래프트Star Craft〉의 사례를 생각해보자. 1990년대 말에서 2000년대 초에 이르는 기간 동안 〈스타 크래프트〉는 친구들의 술 내기나 밥 내기에서 작은 상금을 걸고 PC방에서 주최하는 소규모 대회들을 거쳐 대기업이 전문 선수단을 운영하는 프로스포츠로 성장했다. 이러한 과정은 하나의 게임이 어떻게 놀이의 경계를 넘어 하나의 산업으로 발전해가는지를 요약적으로 보여준다.

나가며

율은 '고전적인 게임 모델'을 통해 전통적인 놀이와 비디오게임을 동시에 설명할 수 있는 새로운 정의를 제시하고자 했다. 하지만 그가 스스로 인정하듯 이러한 정의가 모든 게임을 포괄하는 것은 아니며, 특히 다양한 비디오게임이 등장하면서 이러한 정의의 경계에 위치하거나 그 경계를 넘어서는 사례들도 점점 늘어나고 있다. 지금까지 우리는 몇몇 학자의 논의를 통해 놀이를 정의하고자 했지만, 이러한 시도가 놀이를 특정한 경계에 가두어놓으려는 것은 아니다. 기존 정의의 경계를 넘어서는 사례들은 그 자체로 중요한 가치를 갖는다. 그런 사례들은 오늘날 비디오게임이 지향하는 방향성, 더 나아가서는 오늘날 놀이 자체가 지향하는 방향성을 보여주는 소중한 지표指標이기 때문이다. 여기서는 그 주요한 방향성을 몇 가지 언급하는 것으로 이 글을 마무리하고자 한다.

첫째로, 비디오게임은 놀이의 시간적·공간적 한계를 점차 확대하고 있다. 한편으로 〈포켓몬 고 Pokémon GO〉와 같은 증강현실 Augmented Reality(AR) 게임은 화면에 갇혀 있던 매직 서클을 해방시켜 우리 삶의 현장들 자체가 게임의 일부가 될 수 있음을 보여준다. 스마트 안경 등 새로운 기술적 매체가 확산될 경우, 게임과 현실은 더 빠른 속도로 융합될 것으로 보인다. 다른 한편으로 오늘날 온라인 기반의 비디오게임들은 플레이어의 접속 여부와는 무관하게 365일 24시간 자신의 가상 세계를 유지하는 경우가 많다. 이러한 게임에서는 일시적이고 국지적인 승리와 패배가 반복될 뿐, 최종적인 승리는 원칙적으로 존재하지 않다고 할 수 있다. 이러한 변화는 율의 게임 정의에서 첫 번째 측면('가변적이지만 정량화될 수 있는 결과')과 세 번째 측면('협의를 통해 경제적 이익과 같은 현실적 귀결을 부여할 수 있음')에 영향을 미친다. 결과의 가변성이 끝없이 이어지므로 정량화된 결과가 최종적으로 제시되지 않고, 최종적인 결과가 없으므로 현실적인 귀결을 부여할 기준도 상대적으로 모호하기 때문이다.

둘째로, 비디오게임은 놀이를 대하는 플레이어의 태도를 크게 변화시키고 있다. 한편으로 전통적인 놀이와 과거의 단순한 비디오게임에서는 플레이어가 간단한 규칙을 숙지한 뒤 게임을 주도적으로 플레이할 수 있었다. 하지만 오늘날의 비디오게임, 예컨대 거대한 가상 세계를 탐험하는 방식의 롤플레잉게임에서는 플레이어가 세세한 규칙들을 잘 이해하지 못한 상태로 게임을 시작하고 플레이를 해나가면서 점차 그 규칙을 파악하는 경우가 많다. 다른 한편으로 비디오게임의 플레이가 상당 부분 자동화되면서 승리를 위한 플레이어의 노력도 그 양상이 크게 달라졌다. 과거에는 플레이어가 조이스틱이나 키보드로 유닛의 플레이를 일일이 지정해야 했다. 하지만 오늘날에는 많은 유닛을 자동으로 움직이게 설정할 수 있으며, 인공지능의 발전에 따라 이러한 경향은 더욱 강화될 것으로 보인다. 이러한 변화는 율의 정의 중 두 번째 측면, 즉 '게임의 결과에 대한 플레이어의 감정적 애착'을 약화시킬 가능성이 있다.

게임의 규칙

현영종

"활동 그 자체를 목적으로 하는 플레이,
이러한 자기목적적 플레이를 통해 플레이어는 자신을
해방한다. "인간은 인간인 한에서 놀이하며,
인간은 놀이하는 한에서만 완전한 인간이다.""

현영종은 서울대학교 컴퓨터공학과를 졸업하고, 같은 학교 철학과 대학원에서 스피노자에 대한 연구로 박사학위를 받았다. 현재는 서울대학교 학부대학에서 강의교수로 일하고 있다. 지은 책으로 『감정의 유물론과 예술』(공저, 2020), 『행복에 이르는 지혜』(공저, 2024)가 있고, 옮긴 책으로 『스피노자와 표현 문제』(공역, 2019)가 있다.

서론

게임의 시대다. 프리미어리그 축구 팬은 밤새워 응원한다. 게임 〈리그 오브 레전드(롤)〉의 결승전 시청자 수가 5,000만 명을 넘어섰다고 한다. 서바이벌이나 두뇌 게임을 소재로 하는 예능프로그램도 많다. 지하철에서 게임을 하느라 스마트폰을 붙잡고 있는 직장인의 모습도 익숙하다. 이제 일상도 게임이 된 것은 아닐까. 오늘의 도전 과제는 무엇일까? 앞으로 어떤 테크 트리를 타야 하는가? 어떻게 하는 것이 빠르고 쉬운가? 장비를 갖추고 스펙을 쌓으며 경기에 나갈 준비를 한다. 우리의 삶이 오징어 게임 같다.

그런데 게임이란 무엇일까? 놀이play와 구별되는 게임game은 현대 사회의 주요 현상임이 분명하지만, 게임의 정의는 아직 논란 중이다. 사실 비디오게임의 역사는 짧다. 최초의 상업용 게임, 아타리사의 〈퐁Pong〉은 72년생이다. 최초의 한국산 게임인 〈신검전설〉은 87년에 출시되었다. 게다가 게임의 진화 속도도 빨라서, 최근에는 VR 게임 같은 새로운 형식의 게임이 나오고 있다. 하지만 게임에 관한 학술적 연구는 1990년 후반에 뒤늦게 시작했으며 게임의 본질에 대한 논쟁은 2000년대 초기까지 이분법적 구도로 진행되었다.[1]

서사학적 연구narratology는 게임을 신화, 소설, 영화와 같은 서사의 확장으로 간주한다. 이 관점은 기존의 풍부한 서사학 이론을 통해 게임을 연구할 수 있다는 장점이 있다. 대표적 연구자인 자넷 머레이는 게임을 인터랙티브 내러티브로 간주한다.[2] 반면에 놀이 개념에서 출발해서 게임을 서사와 구별하고자 하는 게임학ludology이 있다.[3] 이 관점에서는 게임을 사이버 텍스트로 간주한 에스펜 올셋, 시뮬레이션으로 규정한 곤살로 프라스카, 규칙과 가상의 조합으로 생각한 에스퍼 율 등이 잘 알려져 있다.[4] 우리는 양쪽 진영의 입장을 모두 고려하되, 규칙을 게임의 핵심으로 생각하는 게임학의 이론을 주로 검토하고자 한다.

우선 게임과 놀이를 구별해보자. 사회학자 카유아는 놀이를 두 종류로 구별한다.[5] 파이디아paidia와 루두스ludus다. 그리스어로 전자는 유희, 어린이다움을 뜻하고, 후자는 투기, 시합, 경기를 의미한다. 이 두 종류의 놀이를 구별하는 기준은 규칙의 복잡성이다. 소꿉놀이와 같은 어린이의 놀이에는 규칙이 거의 없다. 반면에 스포츠 게임의 규칙은 복잡하다. 게임학자 프라스카는 카유아의 이 구별을 활용한다. 게임은 복잡한 규칙을 가진 놀이, 루두스라는 것이다.

물론 게임에는 규칙 이외의 부분도 있다. 게임학에 의하면 게임은 세 부분으로 구성된다. 규칙, 플레이, 문화다.[6] 다른 말로 표현하면 이는 게임의 형식, 경험, 맥락이다. 그런데 엄격히 말해서 플레이는 플레이어와 게임의 상호작용이고, 문화는 게임과 다른 사회적 요소의 상호작용이다. 플레이와 문화는 게임 외적 요소이고, 게임 자체에 해당하는 것은 규칙이다. 플레이와 문화는 차후 과제로 남겨두고 우리는 이렇게 묻고자 한다. 게임의 규칙이란 무엇인가? 규칙은 어떤 특성을 가지는가? 그리고 그것은 어떤 효과를 만들어내는가?

놀이와 게임

게임의 상위 범주인 놀이를 먼저 검토해보자. 네덜란드의 문화 연구자 하위징아는 『호모 루덴스』에서 놀이를 이렇게 정의했다.

놀이는 특정 시간과 공간 내에서 벌어지는 자발적 행동 혹은 몰입 행위로서, 자유롭게 받아들여진 규칙을 따르되 그 규칙의 적용은 아주 엄격하며, 놀이 그 자체에 목적이 있고 '일상생활'과는 다른 긴장, 즐거움, 의식을 수반한다.[7]

놀이는 자유롭지만 엄격한 규칙을 따르며 일상과 구별되는 활동이다. 어쩔 수 없이 하는 놀이는 더이상 놀이가 아니다. 또 놀이는 언제든지 그만둘 수 있어야 한다. 하기 싫은데 해야 하고 그만두고 싶은데 그만둘 수 없다면 그것은 노동이다. 누구의 강제도 없이 스스로 선택한 활동이라는 것이 놀이의 첫 번째 특징이다.

그런데 놀이의 규칙은 엄격해야 한다. 규칙의 권위가 무너지면 놀이가 멈추기 때문이다. 그렇다고 해서 규칙의 엄격함이 놀이의 자율성과 모순인 것은 아니다. 규칙의 권위는 어디서 나오는가? 놀이 자체에서 나온다. 그것은 누구의 명령이 아니다. 놀이 참가자는 놀이 하기 위해서 규칙에 자발적으로 동의할 뿐이다.

놀이는 예외적 시공간을 창조한다. 휘슬이 울리고, 무대의 막이 오르고, 공익 광고가 끝날 때 우리는 놀이터 안으로 입장한다. 놀이터에서는 모두가 걱정거리를 잊고 시간 가는 줄 모른다. 하위징아는 이러한 놀이터를 마법의 동그라미magic circle라고 표현했다. 마법사가 땅 위에 동그라미를 그린다. 동그라미는 분리된 시공간이다. 외부의 그 누구도 동그라미 안에 영향력을 발휘하지 못한다. 불안, 책임, 욕망 등 삶의 모든 무게가 마법의 동그라미 안에서 사라진다.

게임도 놀이의 하나로서 놀이의 특성을 공유한다. 자율성, 엄격성, 예외성을 지닌다. 하지만 게임은 복잡한 규칙을 가진 놀이, 즉 루두스이기 때문에 놀이 일반과 구별된다. 규칙이 없는 놀이인 파이디아는 "즉흥과 희열의 원초적인 힘"에 의해 추동된다. 반면에 게임-루두스는 "이유 없는 어려움을 추구하는 경향"으로 간주된다.[8] 대가를 바라지 않는 어려움은 규칙의 제한에 의해 생겨난다. 교육학자 피아제의 놀이 분류도 이와 유사하다. 피아제에 따르면 놀이는 3단계로 나타난다. 어린아이는 몸을 움직이는 것 자체가 즐겁다. 감각과 운동 중심의 흥미 놀이이다. 놀이터에서 친구와 함께 놀 나이가 되면 소꿉놀이와 같은 상징 놀이를 한다. 그리고 마지막으로 다양한 고도의 놀이가 있다. 각 단계는 사회화 과정과 맞물려 있다. 이 틀에서 게임은 고도의 놀이에 해당할 것이다. 통상적으로 게임을 유치하다고 생각하지만, 사실 게임은 고도로 발달한 놀이이다. 사회화가 안 된 어린아이의 놀이에는 승패가 없다고 한다. 그래서 누가 이겼느냐고 물으면 아이들은 질문을 이해하지 못한다. 그러나 고도의 놀이인 게임에는 경쟁과 승패가 포함되어 있다. 따라서 게임은 진지함과 치열함을 동반한다.

게임학에 의하면 게임의 핵심은 규칙이다. 게임은 규칙을 중심으로 하고, 플레이와 문화가 이를 바깥에서 감싸는 구조를 갖는다.

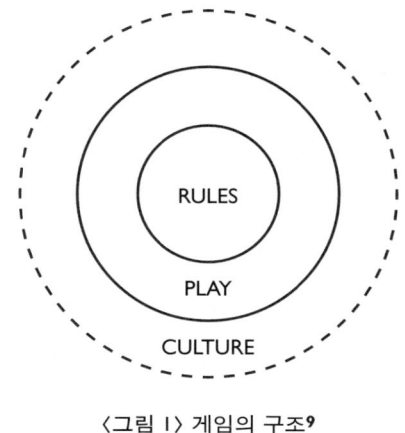

〈그림 1〉 게임의 구조[9]

    규칙은 게임의 형식form이다. 수학적 수식으로 서술될 수 있다. 플레이는 경험이다. 경험은 게임과 플레이어 사이, 혹은 플레이어 사이의 상호작용이다. 마지막으로 점선으로 표시된 열린 원에 해당하는 문화는 사회적 맥락이다. 게임 이외의 다른 사회적 요소가 게임에 맥락을 제공한다. 문화는 게임의 외부 요소이고, 규칙은 게임의 내부 요소이다. 플레이어는 그 중간에 있다. 질료matter도 게임의 내부 요소일 것이다. 하지만 그것이 구조도에 표시되지 않은 이유는 규칙에 비해 상대적으로 덜 중요하기 때문이다. 형식은 다양한 질료를 통해 현실화될 수 있다. 그리고 이 질료는 대체 가능하다. 예를 들어서 체스 게임에서 말의 이동 규칙과 승리 규칙은 바꿀 수 없지만 질료에 해당하는 체스판이나 말은 교체할 수 있다. 심지어 종이에 손으로 그린 체스판을 사용해도 게임에 아무런 지장이 없다.
    게임학의 게임 구조도에는 서사가 탈락되어 있다. 그런데 서사학적 연구는 서사를 게임의 본질로 간주한다.10 서사란 "허구나 실제 사건 또는 행위를 묘사하기 위해서 만들어진 이야기와 그 구성체"11다. 좀더 구체적으로는 이야기 그 자체(스토리)와 이야기하기(스토리텔링)로 구성되어 있다. 게임의 이야기는 신화나 소설의 그것과 별반 다르지 않다. 추구, 발견, 추적, 모험, 구출, 탈출, 수수께끼의 범주에서 크게 벗어나지 않는다. 실제로 한국의 온라인 게임의 부흥을 일으킨 게임도 만화를 원작으로 했다. 넥슨의 〈바람의 나라〉와 엔씨소프트의 〈리니지〉는 각각 만화가 김진과 신일숙의 같은 제목의 만화를 원작으로 삼았다. 하지만 게임의 이야기하기에는 기존 서사 작품과는 다른 측면이 있다. 플레이어는 게임을 감상하는 것이 아니라 직접 플레이를 한다. 이러한 특이성을 "인터랙티브 스토리텔링"이라고 지칭한다. 이야기하기 방식의 변화는 이야기도 변화시킨다. 기존의 이야기가 선형적인 데 반해 게임의 이야기는 다선형적이다. 플레이어의 선택에 따라 이야기의 가지가 여러 갈래로 뻗어나가기 때문이다.

　　게임의 독자적 영역을 강조하는 게임학자에게 맞서 서사학자는 텍스트 역시 미결정적이라고 주장한다. 예컨대 문학작품도 다양한 방식으로 해석될 수 있고, 독자 역시 자신만의 관점으로 텍스트를 읽는다. 그러나 문학 텍스트의 모호성과 게임 표현의 다양성은 질적으로 다르다.12 "문학이론가들이 독자의 능동적 역할을 아무리 강조한다고 하더라도, 그 기차는 안나 카레니나를 칠 것이다."13 문학 텍스트는 독자에게 사건을 제시하지만, 게임은 플레이어에게 규칙과 도전 과제를 제공한다. 독자는 능동적으로 사건을 해석할 수 있지만 사건 자체를 바꿀 수는 없다. 반면에 플레이어는 그 자신이 사건을 구성하는 요소가 된다.

게임은 고정된 텍스트가 아니라 시뮬레이션이다. 시뮬레이션은 플레이어에게 직접적인 경험을 할 수 있는 기회를 준다. 소설이나 영화를 보고 자동차 운전을 배우기는 어렵다. 하지만 운전면허 응시자들은 〈가상현실 실내 운전연습장〉에서 시뮬레이션으로 경험을 쌓는다. 텍스트를 감상하는 관객과 자신이 직접 뛰는 선수는 완전히 다른 체험을 한다.

책이나 영화와는 달리, 게임은 우리가 우선순위를 정하고 결정을 내릴 것을 요구한다. 책과 영화는 사건들에 대한 이야기를 들려준다. 게임은 이와는 달리 우리에게 과제를 던진다. 요컨대 게임은 이야기보다는 프로그래밍과 더 많은 유사성을 지닌다.[14]

살은 없고 뼈대만 남은 게임, 이야기가 없는 게임이 있다. 카드게임, 보드게임, 퍼즐 게임과 같은 추상 게임이 여기에 속한다. 서사학 연구는 이에 대해 어떻게 생각할까? 이들은 서사가 없는 게임은 없다고 본다. 블록을 쌓아 제거하는 〈테트리스〉에 대해 자넷 머레이는 이렇게 비평한다. 〈테트리스〉는 "1990년대 미국인들의 과중한 삶들에 대한 완벽한 실연, 즉 어쨌든 우리의 과중한 스케줄에 적응해야 하고 다음에 있을 맹공격에 대비한 대책을 마련하기 위해 책상을 말끔히 치워 놓아야 한다는 사실에 주목할 것을 요구하는 업무들의 지속적인 폭격에 대한 완벽한 상연"[15]이다. 머레이의 말처럼 〈테트리스)는 현대적 삶의 재현일 수 있다. 그러나 이 비평이 정당하다고 해서 서사가 게임의 필수 조건이 되는 것은 아니다. 앞서 살펴본 게임의 구조도에 따르면 이 비평은 게임의 외부에 존재하는 게임의 맥락에 대한 것이기 때문이다.

그럼에도 불구하고 서사를 갖춘 게임이 늘고 있는 것은 사실이다. 특히 컴퓨터 기술의 발전에 따라 비디오게임에 화려한 영상과 음악이 동원되고 있다. 신기술은 규칙보다는 서사에 적용되고 있다. 서사에 기초한 게임에서 서사는 어떤 역할을 담당하는가? 게임학자 율에 따르면 서사는 규칙과 결합하여 작동한다. 게임 개발자는 서사를 먼저 구상하고 규칙을 만들고 규칙을 통해 서사를 구현한다. 플레이어가 마주치는 순서는 그 반대다. 플레이어는 게임에서 서사를 먼저 경험하고 서사를 통해 게임 규칙을 습득한다.[16] 대체로 플레이어는 규칙을 숙지하지 않은 상태에서 게임을 시작한다. 플레이어는 실험적으로 이것저것을 해보면서 규칙을 깨닫는다. 플레이어에게 서사는 좋은 실마리가 된다. 먼저 할 일과 갈 곳을 서사에서 찾는다. 그러나 서사는 어디까지나 보조다. 율의 지적처럼, 플레이어는 게임 진행에 익숙해질수록 서사 내용은 무시하게 된다. 가령 게임을 다시 할 때 스토리를 설명하는 화려한 '컷신cutscene'[17]은 건너뛴다. 효율적인 플레이에 중요한 것은 규칙이지 서사가 아니기 때문이다. 따라서 게임의 핵심은 서사가 아니라 규칙이다.

규칙의 정의, 특성, 효과

규칙의 정의

게임의 규칙이란 무엇인가? 규칙의 기본 역할을 통해 내린 정의는 다음과 같다. 규칙은 "플레이어의 행위를 제한"하는 것이다.[18] 규칙의 제한에 의해 할 수 있는 것과 할 수 없는 것이 결정된다. 이를 작동 규칙이라고 부르는데, 플레이 순서, 이동하는 경로, 이용할 수 있는 수단 등이 이에 해당된다. 게임의 최종 목표도 규칙에 따라 결정된다. 이러한 목표 규칙은 작동 규칙과 연관되어 있다. 방법과 목표는 연계되기 때문이다. 그런데 여기서 방법은 목표를 성취하기에는 비효율적인 것이어야 한다. 손을 사용하지 못하거나 금을 넘어서는 안 되는 등의 "쓸데없는" 제한이 있을 때 게임의 재미가 산다. 재미있는 플레이, 다시 말해 의미 있는 플레이는 규칙의 제한에서 나온다.

제한은 적극적이다. 헤겔을 참조하자면 "모든 규정은 부정이다Omnis determinatio est negatio". 규정은 경계terminus를 세우는 일이다. 흙바닥에 경계선을 그리면 안과 밖이 생긴다. 그때 반칙과 반칙이 아닌 것이 생겨난다. 그래서 제한은 의미와 방향을 만드는 적극적인 것이다. 또 제한은 역동적이다. 왜냐하면 그것은 어포던스affordance(행동유도성)를 제공하기 때문이다.[19] 이는 심리학 용어로 행위자, 환경, 행위라는 세 요소 간의 관계에 의해서 나타나는 가능성을 뜻한다. 예를 들어 눈앞에 있는 무릎 높이의 딱딱한 바위는 '앉을 수 있는 가능성'을 만든다. 이는 바위의 물리적 특성과 신체의 특성이 만나서 만들어낸 객관적 가능성[20]이다. 그러므로 규칙은 제한을 통해서 경계 설정과 의미 부여, 그리고 행위 유도의 기능을 수행한다.

규칙의 특성: 명확성과 절대성

무엇이 게임 규칙이 될 수 있는가? 게임 규칙이 되기 위한 조건은 무엇인가? 예스퍼 율은 컴퓨터공학 개념인 알고리즘을 참조하여 규칙의 조건을 설명한다.[21] 알고리즘은 입력 자료를 토대로 원하는 출력을 유도하는 규칙의 집합이다. 알고리즘이 갖추어야 할 첫 번째 조건은 명확성definiteness이다. 다양한 해석의 여지를 주는 모호성이 없어야 한다. 그리고 알고리즘은 오직 그 자체로 이해할 수 있어야 한다. 요리 레시피는 명확성을 갖추지 못했기 때문에 알고리즘이 될 수 없다. "적당히 간을 맞추세요"라는 지시는 모호하기 짝이 없다. 소금을 넣어야 하는가, 간장을 넣어야 하는가? 얼마만큼의 분량을 넣어야 하는가? 경험과 지식을 갖춘 숙련된 요리사만이 이 레시피를 이해할 수 있을 것이다. 규칙은 알고리즘처럼 명확해야 하며 탈맥락화되어 있어야 한다.

그런데 게임에도 암묵적인 규칙이 있는 것으로 보인다. 스포츠 게임에는 스포츠맨십이라는 암묵적 규칙이 있다. 그것은 규범적이고 관습적이다. 축구 경기 중에 부상자가 발생하면 라인 밖으로 공을 차서 경기를 잠시 중단해야 한다. 온라인 게임에는 설명서에는 없는 관습적 규칙도 많다. 〈스타크래프트〉에서 패배를 피할 수 없는 상황이 되면 "GG"라고 입력하면서 패배를 인정해야 한다. "좋은 게임이었습니다Good Game"라는 의미의 GG는 다른 온라인 게임에서도 통용되는 에티켓이 되었다. 패배가 눈앞에 있을 때 시간을 끌지 않고 조기 패배 선언을 해야 하는 것이다. 그러나 엄밀히 말해서 게임의 구조에서 암묵적인 규칙은 규칙보다는 문화에 속한다고 봐야 할 것이다.

게임 규칙은 절대적이다. 게임을 하기로 했다면 규칙을 따라야 하고, 규칙에 동의할 수 없다면 게임을 포기해야 한다. 웹사이트에 가입하는 상황과 유사하다. 회원 가입을 하려면 약관에 동의하거나, 동의하지 않으려면 가입을 포기해야 한다. 다른 선택지는 없다. 일단 게임이 시작되면 규칙을 어기는 것도 불가능하다. 마치 자연의 법칙과 같다. 인간이 만든 법은 위반할 수 있지만 물리법칙을 거스른다는 것은 불가능하다. 게임 속에서 규칙은 자연법칙과 같은 절대성을 갖는다. 그래서 플레이어는 규칙의 이유에 대해 질문할 수 없다. 왜 규칙이 이래야 하는가? 물을 수도 따질 수도 없다. 그것은 규칙이기 때문이다.

게임은 규칙의 이러한 특성 때문에 정합성을 확보한다. 게임 이야기에는 모순과 틈이 많다. 닌텐도의 〈슈퍼 마리오〉 게임에서 "왜 마리오의 생명은 세 개일까?"[22] 미숙한 플레이 때문에 게임 캐릭터인 마리오가 게임 중간에 죽었다. 그런데 마리오는 두 번이나 더 부활한다. 현실에서는 있을 수 없는 일이다. 그러나 이러한 이상한 설정을 플레이어는 받아들인다. 왜냐하면 그것이 규칙이기 때문이다. 게임의 규칙이 만든 상상력은 현대의 영화나 드라마에도 영향력을 발휘하는 듯하다. 주인공은 과거로 회귀하고, 신적인 능력을 갖는다. 왜 이러한 상황이 발생했는지 작가는 설명할 필요가 없다. 서사가 게임화되고 있다.

규칙의 효과: 재미와 창발성

게임을 왜 하는가? 재미있기 때문이다. 그런데 게임은 왜 재미있을까? 도전 과제(챌린지)를 극복하는 과정이 재미있기 때문이다.[23] 과제는 바로 규칙에서 나온다. 재미의 원천이 규칙이라는 말은 역설적으로 보인다. 우리는 대개 규칙을 방해물로, 재미는 자유에서 비롯된다고 여기기 때문이다. 금기 위반이 주는 희열도 있지만 게임 규칙은 다른 방식으로 재미를 제공한다. 규칙은 기본적으로 목표 성취를 늦춤으로써, 즉 욕망의 지연을 통해서 쾌를 만들어낸다.

규칙과 과제가 어떻게 재미를 유발하는지에 대해 심리학자 칙센트미하이는 "몰입flow" 개념을 통해서 설명했다.[24] 몰입은 "삶이 고조되는 순간에 물 흐르듯 행동이 자연스럽게 이어지는 느낌을 표현한 말"[25]이다. 고도로 집중하면 주변 소음이 더이상 들리지 않는 순간이 있다. 시간의 흐름, 심지어 자기 자신까지 잊어버리는 이러한 마음의 최적 상태를 몰입이라고 부른다.

그런데 칙센트미하이에 따르면 몰입은 불안과 지루함 사이에 존재한다.

실력을 초과하는 어려운 과제는 불안을 느끼게 한다. 가진 실력에 비해 과제가 지나치게 쉬우면 지루하다. 쉽지는 않지만 아주 버겁지도 않은 과제가 주어질 때 몰입을 할 수 있다. 재미는 이러한 몰입에서 나온다는 것이다. 게임 디자이너는 적당한 난이도의 과제를

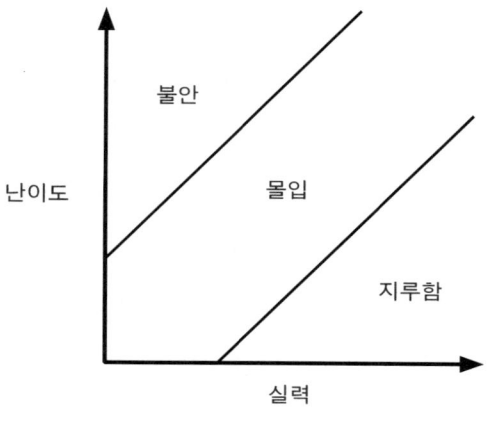

〈그림 2〉 몰입의 영역[26]

중요시한다. 규칙을 통해 난이도를 조정하고 플레이어가 몰입 채널 안에 위치하도록 하는 것을 최우선 목표로 삼는다.

그런데 숙련도가 높아지면서 처음에는 재미있던 과제에서 지루함을 느낄 수 있다. 그래서 게임은 적절한 시점에 조금 더 어려운 도전 과제를 지속적으로 제공해야 한다. 이 과정이 반복되면서 플레이어는 점차 더 어려운 과제에 도전하게 되고, 그러면서 능력이 성장하게 된다. 저명한 게임 개발자인 라프 코스터는 이 현상에 주목하여 게임의 재미는 학습이라고 주장했다.[27] "내가 정의하는 재미란, 학습 목적으로 패턴을 흡수하고 있을 때 두뇌가 보내는 피드백이다." 학습을 통해 능력이 증가하면 기쁨이 동반된다. 게임의 재미는 성장의 기쁨이다. 이런 재미는 연습과 학습 자체에서 느끼는 것이지, 숙달된 기술을 사용하는 것에서 느끼는 것이 아니다. 따라서 게임 플레이는 그로 인한 이득이 아니라 플레이 자체가 목적인 자기목적적 활동으로 분류될 수 있다.

게임의 재미를 더하는 또 다른 요소는 창발성emergence이다. 플레이어는 예측하지 못한 상황에 대한 기대를 품는다. 물론 모든 게임이 창발성을 중요하게 여기는 것은 아니다. 도전 과제의 성격에 따라 게임은 두 종류로 분류된다. 우선 진행성 게임progression이 있다. 이 게임의 과제는 게임 디자이너에 의해 미리 고안된다. 이 게임에서는 정해진 스토리라인이 중요하다. 반면에 도전 과제가 자연적으로 발생하도록 설계된 창발성 게임이 있다. 때로는 게임 개발자도 예상하지 못한 과제가 게임 도중에 나타나기도 한다. 카드 게임 중에 발생하는 온갖 상황을 카드 게임을 기획한 사람이 예상하지는 못했을 것이다. 최근 자유도가 높은 게임들이 흥행에 성공하면서, 창발성 게임이 더 주목받고 있다.

창발emerge이란 "불쑥 솟아오르다"는 뜻이다. 하위 요소에 없던 성질이 상위 시스템에서 나타나는 것을 창발 현상이라고 한다. 생명체는 단백질, 핵산, 탄수화물 등으로 구성되어 있다. 그런데 생명은 각 요소로는 환원될 수 없는 그 이상의 것이다. 집단 지성도 창발성의 좋은 예다. 꿀벌 한 마리는 똑똑하지 않다고 한다. 그런데 꿀벌 집단은 놀라운 능력을 보여준다. 거주지를 이동해야 할 때, 수만 마리의 꿀벌 집단은 마치 하나의 고등 지성체인 것처럼 판단하고 행동한다. 이때 꿀벌 개체에 대한 연구나 개체들의 능력에 대한 통계는 집단 지성을 연구하는 데 도움이 되지 않는다. 전체는 부분의 합 이상의 것이며, 부분으로 환원될 수 없기 때문이다.

복잡계 시스템 연구는 창발성이 단순한 규칙에서 나온다는 점에 주목했다. 구성 규칙 자체는 단순하지만 그것들이 상호작용할 때 규칙으로 구성된 전체는 복잡한 시스템이 된다. 바둑은 단순한 규칙과 복잡한 시스템의 비대칭성이 도드라지는 게임이다. 〈한국기원〉의 공식 바둑 규칙은 12개의 조항으로 구성되어 있다. 하지만 현대의 가장 뛰어난 인공지능도 바둑의 모든 수를 예측할 수는 없다. 하나의 바둑알은 그 주변의 다른 격자 공간과 관계를 맺는다. 그런데 이러한 단순한 관계가 서로 얽히면서 복잡도가 기하급수적으로 증가하고 예측 불가능한 시스템이 나타나게 된다.

복잡한 시스템의 창발성은 예측 불가능성을 갖는다. 이 특성은 준안정적이다. 고정될 정도로 안정적인 것도 아니고 완전한 혼돈도 아니다. 수학자 크리스토퍼 랭턴은 시스템을 고정된 시스템, 주기적 시스템, 복잡한 시스템, 혼돈 시스템으로 분류했다. 고정된 시스템은 단순한 시스템이다. 요소들 간의 관계가 고정되어 있기 때문에 시스템도 변하지 않는다. 주기적 시스템에는 변화가 있다. 하지만 그것은 밀물-썰물과 같은 동일한 패턴의 반복이다. 혼돈 시스템은 말 그대로 카오스이다. 거기에는 텔레비전의 백색 화면처럼 어떤 패턴도 존재하지 않는다. 그런데 주기적 시스템과 혼돈 시스템 사이에 복잡한 시스템이 있다. 복잡한 시스템은 질서정연하지만 예측 불가한 어떤 것이다.

단순한 규칙들의 집합에서 규칙 각각에는 포함되어 있지 않은 패턴이 불시에 생성된다. 플레이어는 이러한 예측 불가능성을 다양성, 새로움, 놀라움으로 받아들인다. 게임을 반복해서 플레이하게 만들려면 이러한 매력이 반드시 필요하다.

규칙의 명암: 순응과 이탈

게이미피케이션gamification이라는 신조어가 있다. 게임이 아닌 것들을 게임 요소를 이용하여 게임화하려는 시도다. 게이미케이션에 의해 진지한 것들이 엔터테인먼트가 된다. 정보는 인포테인먼트가 되고, 정치는 폴리테인먼트, 교육은 에듀테인먼트가 된다. 언어의 영역에도 게임이 이미 깊숙하게 들어와 있다. 우리는 좋은 물건을 구했을 때는 "득템"했다며 좋아하고, 분란을 일으켜 관심을 끄는 자를 보면 "어그로"를 끌지 말라고 비난한다.[28]

게이미피케이션에 대한 우려의 목소리도 있다. 게임 규칙의 절대성이 문제를 야기한다는 것이다. 게임에서 이기고 싶다면 규칙을 따라야 한다. 규칙에 대한 이의 제기는 애초에 불가능하거나 시간낭비로 간주된다. 게임에서 지면 사회 구조를 반성하는 대신 자신의 탓으로 돌리는 경우가 대다수다. 게이미케이션은 순응하는 인간을 만든다. "신자유주의에 최적화된 게임형 인간"[29]은 규칙을 비판적으로 상대화하는 능력을 상실했다.

하지만 게임화된 현실과 게임은 다르다. 게임은 마법의 동그라미, 즉 현실로부터 유리된 예외적 시공간을 만든다.

현대의 일상에서 사회적 역할을 하는 사람을 진짜 놀이를 하는 사람과 혼동한다면 이는 오해다. 사회적 역할을 하는 사람은 호모 에코노미쿠스이자 호모 소시올로지쿠스다. 다시 말해 합리적으로 계산하는 시장 참여자이자 사회적으로 이미 정해져 있는 역할에 끼어져 있는 시민이다. 이에 반해 진짜로 놀이를 하는 사람은 호모 루덴스다. 그는 가능성을 꿈꾼다는 점에서 사회적 역할이라는 놀이를 하는 사람과 구분된다. 간단히 표현하자면, 호모 소시올로지쿠스는 소외된 인간이고, 호모 루덴스는 자유로운 개인이다.[30]

소꿉놀이에서 엄마나 아빠의 역할을 맡는 것처럼 우리는 현실에서 역할놀이를 하고 있다. 가족에서는 부모나 자식으로, 학교에서는 교사나 학생으로, 회사에서는 관리자나 직원으로 각각의 규칙에 따라 다른 가면을 쓰고, 주어진 임무에 걸맞은 처신을 한다. 우리가 머무를 자리를 마련해주고 울타리가 되어 주는 관습의 가면 덕분에 우리는 안도의 한숨을 쉴지도 모른다. 하지만 가면은 프로크루스테스의 침대와 같다. 역할이라는 틀에 나를 맞춰야 하고, 역할 속에서 나는 내가 아닌 자가 된다. 게임화 여부와는 상관없이 현실에서는 소외를 피할 수 없다.

그러나 게임 시작 버튼을 누를 때 플레이어는 궤도에서 이탈한다. 휘슬이 울리고 장막이 올라갈 때 우리는 게임 규칙이 만든 예외적 시공간에 진입한다. 플레이어는 게임 규칙에 복종하지만 규칙의 권위는 게임 자체에서 나온다. 이는 자유로운 복종이다. 플레이어는 단지 약속을 했기 때문에 약속을 지키는 주권적 개인이다.[31] 생존에 대한 불안과 성공에 대한 갈망이 아니라 재미에 대한 기대가 게임 플레이를 추동한다. 게임이라는 마법의 동그라미에서 삶의 무게는 사라지고 플레이어는 플레이에 몰입하게 된다. 활동 그 자체를 목적으로 하는 플레이, 이러한 자기목적적 플레이를 통해 플레이어는 자신을 해방한다. "인간은 인간인 한에서 놀이하며, 인간은 놀이하는 한에서만 완전한 인간이다."[32]

게임:
가상 세계를 플레이하는 학습 시스템

최근정

"게임 플레이는 결과보다 과정으로서 더욱 의미가 있다.
그것이 '각종 동작의 행위 집합체로 이루어진
일련의 학습경험'이기 때문에 그러하다."

최근정은 한국외국어대학교, 미국 뉴욕주립대학교 석사를 거쳐서 이화여자대학교에서 교육학 박사학위를 받았다. 서울대학교 교육종합연구원 연구원으로 경희대학교, 이화여자대학교, 서울대학교 등 다수의 대학에 출강하며 한국연구재단과제를 수행하고 있다. 주 관심은 포스트-평생학습론과 평생교육 철학 분야이다. 옮긴 책으로 『도시를 학습하다』(2025), 『확장학습 연구』(공역, 2024)가 있다.

우리는 가상현실virtual reality의 원형을 신화, 제식, 연극, 놀이 등에서 찾아볼 수 있다. 신화나 종교적 의식은 신 앞에서 이루어지는 인간의 가장 성스럽고 진지한 연기play이자 놀이라 할 수 있는데, 이들은 대리적 체험이나 모방 행위를 통해 실제 현실을 보완하는 역할을 하였다. 호이징아는 제식이 가장 성스럽고 최고의 진지함을 가졌지만, 그럼에도 제식이 놀이일 수 있는 이유는 놀이의 성격 자체가 가장 숭고한 행위를 드러내기 때문이라고 말한다. 진지함은 놀이를 배제하려고 하지만, 놀이는 진지함을 잘 포섭하기 때문에 놀이 개념 그 자체는 진지함보다 더 높은 질서 속에 놓인다.[1] 이러한 신화와 제식의 형식성은 대리적 가상이나 모방이라는 체험을 통해 상징적 기호 체계를 공유하며 이러한 행위의 반복을 통해 의식의 집을 짓는다. 이 글은 가상현실의 원형인 놀이와, 더 나아가 오늘날 디지털 게임 문화가 어떻게 인간 의식의 발달과 진화를 도울 수 있었는가에 대해 교육학적 관점에서 살펴보는 것을 목적으로 한다.

진짜 같은 가짜, 가짜 같은 실제

《내러티브 총서 02》『일꾼과 이야기꾼』에서 김상환은 플레이가 지닌 큰 특성 중 하나인 가상현실과 관련된 개념들을 크게 두 부류 — 잠재적인 것the virtual과 가상성 — 로 나누고 가상현실에 접근하는 네 가지 모델 — 생물학적, 논리학적, 실존적, 광학적 모델 — 로 분류하였다. 그는 이렇게 분류한 이유로 가상현실과 관련된 가상 개념은 하나가 아니며, 가상현실의 배후에 고대 그리스에서 시작된 뒤

나미스dynamis 개념의 역사가 숨어 있기 때문이라고 보았다.² 가상현실에 접근하는 그의 네 가지 모델은 가상 세계가 얼마나 다양하게 표상될 수 있는지를 보여준다. 특히 라이프니츠의 논리적 모델인 가능성의 실재화가 '순간적 사건'에 불가하다면, 생물학적 모델에서 들뢰즈의 현실화 역량은 '복잡성이 증가하는 비유기적 조직화의 과정'이라는 점에 주목하자.

플라톤 이후 전통 형이상학은 놀이 세계의 가상성에 대해 의미 없는 것, 진지하지 않은 것, 사실이 아닌 것, 가짜, 즉 시뮬라크르simulacre라는 이미지를 부여하였다. 그러나 생물학적 모델에서 시뮬라크르, 가상의 것the virtual은 잠재적인 것the potential이자 가능한 것the possible이 된다. 근대 데카르트 이후 인간 이성의 능력이 가장 우월한 힘으로 기능하였다면, 이제는 인간 지능을 모방하고 대리적 체험을 가능하게 하는 가상의 것들, 인공적 세계가 힘을 보유하게 될 것이다. 인간은 디지털화된 가상 세계에서 실제의 자신을 대리적으로 체험하고 참조하면서 가상의 현실을 경험한다. 가상과 현실의 경계가 사라지면서, 인간은 각종 디지털 사물 기계의 자극에 반응하는 자기를 참조하며 스스로를 조직화한다. 이쯤 되면 무엇이 진짜이고 무엇이 가짜인가라는 의문이 생긴다.

인간의 신경계 작동은 공간을 모두 포착하는 것으로 느낄 수 있지만, 사실 신경계의 폐쇄적 작동으로 인해 지각은 외부 실재를 직접 파악하지 못한다.³ 이 때문에 우리는 우리가 경험하는 모든 것이 사실상 가짜인지 진짜인지 또는 가상인지 실제인지 구별하지 못한다. 스피노자는 신체를 한때 자극하여 변화시켰던 외부 사물이 지금은 존재하지 않더라도 우리 정신은 신체의 활동이 반복될 때마다 사물을 현존하는 것으로서 관찰한다고 말한다.[4] 지금은 존재하지 않는 것을 현존하는 것으로 고찰할 수 있는 이 능력 덕분에 이야기 꾸미기가 가능해진다. 그러므로 우리는 가상현실에 대해 현재 경험하지만, 가짜에 불과하다고 말하고, 엄밀하게 현실이라 할 수는 없지만 사실상 현재의 경험이라 말한다. 이렇듯 스피노자와 현대 뇌인지과학자들의 논증에 따르면 우리 이성은 신체가 하는 일을 알 수 없으며, 단지 그 변화 중 일부를 '자기만의 방식으로', '자신의 이전 경험을 바탕으로', '과거의 기억과 조합하여' 해석할 뿐이다. 인간 신체는 우리가 그것을 느끼는 대로 존재한다.

"세계에서 가장 이해할 수 없는 것은 세계가 이해할 수 있다는 것이다." 이 말은 우주 속 시공간의 세계를 수리과학적 이성으로 파악하고자 했던 아인슈타인의 말이다. 세계를 이해하고자 했던 인간 이성은 스스로를 주체라고 믿고 객체라고 믿는 '세계'와 마주하게 된다. 이 기이한 배경 도법scenography은 인류를 합리주의 마법[5] 속에 오랫동안 가두어 두었다. 합리주의 마법 속 이성은 가상과 현실, 가짜와 진짜를 구분할 수 없다. 원본에서 벗어난 이미지가 자신을 다르게 복제하고 증식하는 이와 같은 사태를 두고 보드리야르는 시뮬라시옹simulation이라 불렀다.[6] 디지털 시대는 현실 세계와 가상 세계, 두 경계의 모호함을 지각 이미지로 재생산하는 탈근대적 서사들의 세계이다. 이 세계에서는 인간도 하나의 시뮬라시옹일 뿐이다.

특히 인간과 사물의 경계가 불분명한 디지털 세계의 서사는 이전의 서사와 다르다. 르네상스 이후 서사는 가상현실을 통해 실제 현실의 문제를 이해하고 실천하도록 도왔다. 1990년대에 등장한 웹소설이나 웹툰의 가상 세계 또한 실제 현실의 갈등을 환기하는 역할을 하였다. 그러나 디지털 세계의 서사는 가상과 현실이 혼재하며 서로를 재구성한다. 실제 세계의 경험이 가상공간의 체험과 만나면서 또 다른 '마법 공간magic world'이 열리는 것이다. 이는 이전 도법으로는 그릴 수 없는 전혀 다른 세계이다. 예스퍼 율은 가상 세계와 실제 규칙 사이에 존재하는 게임의 세계를 '하프 리얼'이라고 불렀고, 플레이어가 게임을 하며 반복적으로 경험하게 되는 특별한 공간을 '매직 서클'이라 불렀다.[7]

매직 서클은 게임의 경계를 설정하는 개념으로서, 실제 게임이 발생하는 공간보다 더 큰 공간을 가리킨다. 컴퓨터 화면에서 게임이 플레이되고, 입력장치를 통해 매직 서클이 구현되고 플레이가 반복될수록 게임 공간은 매직 서클 안에 자리하게 되는데, 실제the actual 와 가상the virtual은 이 과정에서 서로의 세계에 투영된다. 게임은 가상 세계를 제시하고, 실제 게임은 그 가상 세계의 일부에서 플레이된다. 거기서는 무엇이 진짜이고 무엇이 가짜인지 구별하기가 쉽지 않다. 이 과정에서 인간은 각종 디지털 사물 기계와 연결되면서 신체의 변용을 경험한다. 디지털 사물 기계와의 불일치와 비대칭성을 경험할 때마다, 인간의 신체는 이전의 '나'가 아닌 또 다른 '나'와 마주하게 된다. 게임을 플레이하면 할수록, 게임에 몰입하면 할수록 플레이어는 더는 독립된 '나'로 자기 신체를 경험할 수 없고, 디지털 사물 기계들과 조응하는 또 다른 신체를 마주하게 된다. 능숙한 플레이어는 개인전을 하지 않는다. 이상하게 들릴 수 있지만 이 말은

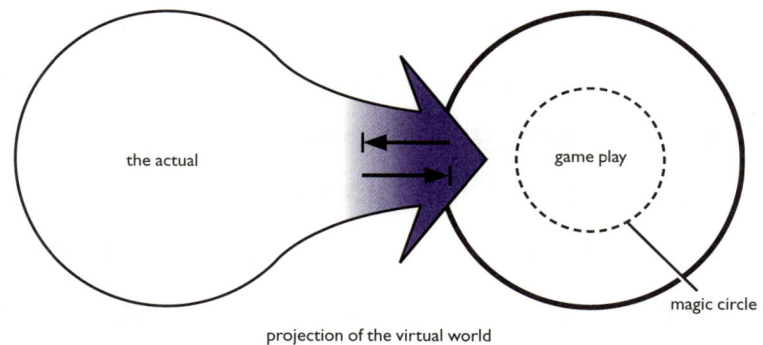

〈그림 1〉 인간, 사물, 기계의 시뮬라시옹

게이머만이 놀이의 주체가 아니라는 의미이다. 게이머 신체 혼자만의 개인전이 아니라 인간, 사물, 기계와 연결된 신체의 팀전이라는 것이다. 합리주의 마법의 세계관에서는 인간만이 놀이의 주체가 되었다. 하지만 디지털 마법의 세계에서는 인간만이 놀이의 주체라 할 수 없다.

알고리즘적 규칙과 플레이의 비대칭성

게임은 알고리즘적 게임 규칙과 그것을 즐기는 플레이어와의 상호작용이다. 게임은 비형식적 경험을 제공하는 형식적 시스템이다.[8] 알고리즘적 규칙이 시스템이라면, 창발적인 것은 비형식적 경험이다. 게임 플레이어는 규칙을 통해 플레이를 이어간다. 규칙이 게임적 요소를 배가하기 때문이다. 그 과정에서 플레이어는 게임이 제공하는 도전 과제, 즉 챌린지를 해결하면서 즐거움을 얻고 성취감을 느낀다. 만일 규칙이 없다면, 체스 말의 움직임도 의미가 없으며 체크메이트도 만들 수 없다. 체스 게임의 규칙은 체스 말들의 움직임을 제한하고 통제한다. 규칙은 플레이어의 행동을 제한하거나 제약하는 방식으로 적용된다. 그러나 규칙은 행위를 금지하는 듯 보이지만, 허용된 행위에 의미를 부여하고, 이 부여된 의미가 플레이어의 행동을 의미 있게 유도한다. 이와 같은 방식으로 규칙은 게임 안에서만 의미가 있는 잠재적 행동을 제공하며 게임의 구조를 이룬다.

알고리즘적 규칙은 플레이어의 미학적, 감정적, 경제적 가치 등 현재 맥락의 여러 측면을 무시하고 선택된 맥락에만 관련된다. 게임 플레이어는 처음에는 알고리즘적 규칙을 따르는 듯하다가 어느 순간 규칙을 벗어나 독자적으로 플레이한다. 레시피대로 정확히 계량하며 요리한다 해도 음식의 제맛을 내는 일은 쉽지 않다. 레시피는 간단명료하지만, 실제 요리는 간단하지 않다. 규칙의 단순함과 플레이의 비대칭성은 시스템이 갖는 복잡성이다. 시스템이 복잡해지는 것은 많은 단순한 요소가 동시에 비대칭적 또는 탈맥락적으로 상호작용하기 때문이다. 그러나 한편으로 이러한 복잡성은 시스템적 요소가 끊임없이 다양한 방법으로 상호작용할 수 있도록 해주는 조직화를 통해 가능해진다.

복잡성 과학은 창발성emergence 개념을 통해 이러한 비대칭성이 어떻게 일어나는지에 대해 설명한다. 창발성은 낮은 수준의 요소들 간의 상호작용을 통해 만들어지는 상위 수준의 패턴을 의미한다. 무리지어 이동하는 철새 떼에는 리더가 존재하지 않으며, 의식은 두뇌 세포 간, 즉 물질 간의 상호작용의 결과이다. 책을 읽는 동안 우리

뇌의 어떤 세포도 의식적이지 않으며, 생각하는 의식은 뇌세포 간의 상호작용을 통해 만들어지는 창발적 현상일 뿐이다. 부연하자면 창발성은 부분 활동들이 하나의 전체 행동으로 통합되지 않으며, 부분들의 합이 전체보다 더 크다는 것을 의미한다.

사물 기계에 해당하는 게임과 알고리즘도 하나의 시스템이지만 그것을 플레이하는 인간도 하나의 시스템이다. 그렇다면 창발성은 시스템의 비대칭성이나 플레이 경험에서 비롯되는 또는 주관적인 경험의 비대칭성인가? 아니면 게임 플레이 자체를 시스템으로 봐야 하는가? 게임을 플레이하는 경험은 그 자체로 학습의 과정이다. 플레이어는 게임의 순서도와 같은 게임트리를 읽고 규칙을 접하는 수준에서 플레이 전략을 스스로 적용해보며, 계산이나 분석을 통해 직접 리그를 시뮬레이션해보며, 그리고 규칙과 대상이 다양한 방식으로 조합되어 예상치 못한 플레이가 전개되면서 그 상황의 새로움이나 놀람을 경험하며 학습 한다.

게임은 흥미로운 선택의 연속이다. 그 흥미로운 선택들은 모두 차별적이고, 플레이어는 그 정보를 퍼즐에 맞게 선택할 수 있어야 한다. 창발성 게임에 해당하는 퍼즐은 복잡한 문제들로 플레이어에게 당혹감을 준다. 복잡한 해법이 숨어 있어 플레이어는 도전적으로 퍼즐을 즐기게 된다. 그 과정에서 플레이어는 현행 과제의 요소들을 효율적으로 배치하며 자신만의 시퀀스를 만들고 전술을 완성한다. 가령 게임 스킬을 습득할 때 시퀀스를 처리하는 정보와 전술을 처리하는 정보는 질적으로 다르다. 어떤 것을 더 효율적으로 하느냐보다 처리된 정보의 양을 어떻게 효율적으로 수행하는가가 즐거움의 원천이다.

처음에는 게임 속 세상의 가상 세계가 중요한 환경이었지만, 게임의 챌린지는 여러 전술을 통해 게임 수행의 즐거움을 자주 경험하게 될 때마다 성취된다. 그리고 챌린지의 성취는 플레이어로 하여금 더 좋은 자신만의 다양한 장기나 이야깃거리, 즉 레퍼토리를 진행하게 한다. 대개 진행성 게임에서 챌린지는 명시적으로 제시되지만, 창발성 게임의 게임 규칙에서는 챌린지가 계속 새롭게 제시된다. 그러므로 창발성 게임에서 플레이어는 레퍼토리를 확장하지 않으면 챌린지를 해결하지 못한다. 창발성 게임의 놀라움은 인간의 사유 방식에서 발생하지만, 컴퓨터는 놀라지 않는다. 능숙한 플레이어는 '정보를 의미 있는 묶음으로 만드는 청킹chunking' 방식을 쓰면서 이런 상황을 맞이하게 된다.

플레이어에게는 보호하거나 공격해야 하는 것들이 있다. 게임의 패턴은 트레이드오프 trade-off 상황에서 어떤 설정을 하느냐에 따라 달라진다. 패턴은 느슨하고 변화하고 다양하기 때문이다. 플레이어가 게임할 때 게임 레벨을 정하는 단순한 방식이 제시되기도 하나 세이브 기능이 있어 플레이어의 긴장감을 낮추는 세팅도 있다. 이러한 세이브 기능을 통해 어려운 단계를 극복하고 연마할 수 있다. 한편 퍼즐과 같은 게임 유형은 시스템 레벨을 세이브할 수 없다. 이러한 시스템이 제공하는 챌린지는 게임의 모든 것을 설명해 줄 수 없다. 오히려 반복되는 사소한 과제들이 매혹적일 수 있다. 그래서 게임의 재미는 단순히 챌린지로 설명될 수 없다.

정확히 챌린지의 어떤 요소가 플레이어에게 매혹적인지 단정할 수 없다. 그러나 한 게임에서 제시되는 챌린지들 사이에는 유사성이 있어야 한다. 한 게임 안에 여러 챌린지가 있어도 그것을 극복하는 기초적인 플레이 방법은 또한 일관적이어야 한다. 게임의 알고리즘적 규칙은 독창적이지 않고 단순하지만, 이 단순한 규칙이 예술적이고 창발적일 수 있으며, 챌린지의 예측 불가능성과 복잡성을 증가시킨다. 게임의 이러한 측면들이 서로 영향을 주기 때문에 게임은 즐거움을 줄 수 있다.

이러한 논점에서 보면 교육은 비형식적 학습경험을 제공하는 형식적 시스템이라 할 수 있다. 디지털 시대의 교육이나 학습은 어떠한 모습이어야 할까? 시스템이 없는 개인의 독학은 가능한가? 개인의 학습에 관한 관심이 증가하면서 기존 학교 시스템에 대한 거부감이나 불안감을 호소하는 목소리가 늘어나고 있다. 그러나 게임이 그러하듯이 교육 또한 그러하다. 교육 시스템은 게임의 알고리즘적 규칙과도 같다. 게임을 플레이하는 것은 근본적으로 학습을 경험하는 것이다. 그것은 게임이 제공하는 챌린지를 극복하는 데 필요한 스킬을 배우는 것이기 때문이다. 스킬은 연습을 많이 할수록 더 많이 향상된다. 게임에 흥미를 유발하는 챌린지가 있다면 플레이어는 챌린지를 극복하기 위한 스킬을 어떻게 향상할까? 플레이어는 게임하는 동안 게임 규칙의 적용을 받지 않는 가상 세계 요소를 분별할 수 있는 능력을 배운다.

대부분의 재미있는 게임은 플레이어의 레벨에 맞게 지속적으로 챌린지를 제공함으로써 플레이어로 하여금 자신의 스킬을 향상시킬 수 있도록 돕는다. 그리고 플레이어는 이러한 환경 속에서 자신이 원하는 방식으로 미션을 완수할 수 있다. 프로이트는 『쾌락원칙을 넘어서』(1920)에서 모든 생명은 자신이 원하는 방식으로 죽기를 원한다고 쓰고 자신의 고유한 방법으로 죽음충동을 제시한다. 이와 마찬가지로 플레이어는 무언가 차별화된 스킬이나 방법을 통해 타인과 구별되는 모습을 게임 플레이에서 보여준다. 이것은 생의 진부함을 넘어서고자 하는 것으로, 바로 인간이 학습을 통해 부단히 자신의 진부함에서 벗어나고자 하는 것과 같은 원리이다. 플레이어는 게임을 통해 자신만의 레퍼토리를 선보이고자 하며, 이전의 진부함을 넘어서고자 노력한다.

지속적이고 반복적인 연습만이 복잡한 사태를 단순하게 볼 수 있는 통찰을 제공하며 상위 레벨의 창조를 가능하게 한다. 그 경계에서 청킹이 시작된다. 청킹은 독보적인 능력이다. 상위 레벨의 청킹을 통해 플레이어는 자신만의 레퍼토리를 확장하거나 개선하고, 판에 박힌 플레이를 방지하고 진부함을 넘어선다. 청킹 스킬은 다른 플레이어가 상대적으로 느린 정보처리 속도를 가지고 있는 기본 요소들을 결합해 상위 레벨의 더미chunk를 만듦으로써 정보처리 속도를 향상하는 방법이다. 체스나 바둑기사는 수를 찾는 자신만의 방대한 양의 정보 더미를 가지고 있기에 상황을 이해하는 데 많은 시간을 필요로 하지 않는다. 그들은 이 많은 양의 청크를 획득하기 위해 많은 연습을 했을 것이다. 현재 형세만이 아닌 변화의 추이를 미리 보는 능력, 이러한 판세를 읽는 능력은 다른 이들에게 복잡하게 보이는 것을 단순화한다.

가상 세계를 플레이하는 학습 시스템

청킹 능력은 산발적이었던 반복적 경험이 모종의 패턴을 형성하는 국면을 의미하며, 플레이어의 이러한 규칙 찾기는 반복적 경험을 통해 형성되는 자기조직화self-organizing 이다. 복잡한 것을 단순화하여 판세를 꿰뚫어 보는 이 능력은 플레이어에게 몰입 경험을 제공함으로써 또다시 패턴화하고, 자기조직화하는 것을 돕는다. 자기조직화는 '혼돈의 가장자리edge of chaos'에서 외부의 통제와 조정 없이도 체계와 구성요소 또는 주어진 환경과의 상호작용을 통해 평형상태를 벗어나, 지속적으로 진화해 가는 과정이다.[9] 게임의 판세는 이러한 청킹, 자기조직화 과정을 통해서 이전보다 조금 더 복잡한 구조와 기능을 갖게 되는데, 역설적이게도 이때 플레이어의 잠재된 능력이 창발되며 확장된다.

창발은 게임의 복잡성 증가, 즉 복잡한 게임시스템의 특성을 가장 잘 설명해 주는 핵심 개념이다. 일반적으로 창발은 체계를 구성하는 요소들 간의 복잡한 상호작용에 의해 우연적으로 구조화나 조직화가 일어나는 현상을 의미한다. 특히 창발이라는 말은 폴라니가 암묵적 지식tacit knowledge[10]의 창출 과정을 설명하면서 자주 사용한 개념이다. 반복적 시행착오에 의한 미세한 감각 균열이 시작되는 곳, 바로 이 '혼돈의 가장자리'에서 이전과 다른 새로운 앎이 창발된다. 이처럼 앎이라는 창발적 현상은 체계 외부에서 강요되는 것이 아니라 체계 내부의 구성요소들이 되먹임feedback loof 과정, 상호작용 과정에서 내부적으로 발현되는 것이다. 왜냐하면 자기조직화는 체계의 진화 과정을 지원하고 촉진하는 체계 내부에서 일어나는 자생적이고 자발적인 현상이기 때문이다.

게임은 현실 세계에 있는 플레이어가 가상 세계를 플레이하며 자기조직화하는 학습 시스템이다. 이 시스템에서 플레이어의 반복적 경험은 암묵적 지식을 창출한다. 이러한 지식의 창출과 학습 프로세스에서의 창발은 사전에 정해진 방향으로 일어나는 것이 아니라 다양한 학습 구성요소 간의 역동적인 상호작용 과정에서 우연히 불연속적으로 일어난다. 여기서 우연이라는 변수가 학습 과정에서 중요한 역할을 한다는 사실은 매우 중요하다. 학습을 통한 앎은 계획과 의도에 따라 일사불란하게 일어나는 현상이 아니라 문제나 도전 과제와 씨름하면서, 거기에서 발생하는 다양한 사태를 경험하는 과정이다. 이와 같이 '혼돈의 가장자리'를 넘어서게 되는 순간에 드러나는 창발적 현상과 그 누적적 효과가 패턴화되는 사태가 바로 자기조직화의 과정이다. 그러므로 암묵적 지식과 그 의미는 사전에 알 수 없고 학습 시스템 내부의 다양한 구성요소 간의 상호작용과 자기조직적 학습 과정에서 창발된다고 보아야 한다.

자기조직적 학습 과정을 촉발하는 또 하나의 중요한 특성은 바로 게임의 규칙이다. 게임은 역설적이며, 모순적 구조를 지닌다. 왜냐하면 게임의 규칙이 제약과 새 영역의 활동 가능성을 동시에 가져다주기 때문이다. 규칙은 플레이어에게 반복적 경험을 제공하기도 하고 제한하기도 하지만 동시에 행동을 유도해 주는 특성도 있다. 일단 적용된 규칙은 명확하고 절대적이다. 규칙은 분명히 제한을 가하지만 우리는 제한 속으로 들어가야 하며 그로부터 플레이가 시작된다. 그러한 제한은 또 다른 영역을 열어주며 그 영역 안에서 즐거움과 창발성이 나타난다. 규칙은 행위의 자유를 제한하는 것에 그치지 않고 플레이어의 행위에 적절한 콘텍스트를 제공해 준다. 예컨대 멀티플레이 게임에서 플레이어들은 허용된 행위 말고는 다른 행위를 할 수 없도록 제한을 받지만, 규칙이 잠재적인 움직임과 앞으로 일어날 사건을 구별해주며 의미를 더하고 게임의 행동을 가능하게 한다. 규칙은 일어날 수 있는 잠재적인 행동, 어포던스affordance를 제공해 준다.

'어포던스'란 특정 대상이 가지고 있는 본질적이고 외면적인 속성이 우리에게 제공하는 무언가를 말한다.11 그렇다면 특정 대상의 속성을 우리는 어떻게 지각할 수 있는가? 신체는 어떻게 대상 또는 세계를 지각하는가? 지각 이론에 대한 생태학적 접근에 따르면 생명체와 환경은 공발생적concurrent이며 환경은 생명체에게 다양한 어포던스를 제공하고, 생명체는 자신에게 만족을 주는 어포던스를 직접 지각한다. 우리는 이 무언가, 즉 어포던스를 통해 여러 가지 행동을 하게 된다. 예를 들면 공은 우리에게 던지거나 차거나 끌어안거나 하는 행동 중 하나를 선택하여 행할 수 있는 여러 경우의 수를 제공한다. 바로 공에 대한 우리의 이러한 '행동 가능성'을 어포던스라고 한다.

지각은 정신적인 행위만도 신체적인 행위만도 아니다. 지각은 개인의 의식 무대에서 나타나는 현상이 아니라 행동의 성취이다. 그것은 단일 신체의 인지 경험을 의미하는 것이 아니라 사물들을 경험하는 것이자 환경과 접촉을 유지하는 것이다. 그렇기에 지각은 단순한 앎이 아니라 마주하는 사물 기계 등을 포함한 세계에 대한 앎을 의미한다. 지각의 연속적인 행위는 자아의 공동 지각을 포함한다.[12] 결국 지각은 고립될 수 있는 단순한 의식 현상이 아니라 외견상 분리된 것으로 보이는 신체와 마음 그리고 어포던스를 하나의 동시적 순환 고리로 연결하는 생태학적 행위라고 볼 수 있다.

신체가 물질과 관계 맺는 방식

〈그림 2〉 불가능한 사물impossible object은 기존의 기하학적 배치의 일반적 모습으로 보인다. 그러나 자세히 살펴보면 이미지들이 서로 연결되지 않는다는 것을 발견하게 된다. 그렇다면 이 그림이 전하는 메시지는 무엇일까?

이 그림은 지각이 작동하는 방식과 우리의 생각에 커다란 오류가 있음을 시사한다. 주관적 경험 세계에서 우리는 감각이 내면세계가 외부 세계의 모방이라고 상상하는 경향이 있다. 그러나 실상은 그렇지 않다. 이 작품을 이해하려면 지각이나 감각된 것에 대한 또 다른 추론이 필요하다. 뇌는 이 세계를 언뜻 보고 단편적으로 상상할 수밖에 없기에 이 작품을 보면서 기묘하다는 느낌과 함께 알 수 없는 답답함을 느낀다. 왜 그럴까? 실제로 이차원 평면의 이미지를 보고 있는 우리 뇌는 동시에 삼차원을 떠올린다거나 그것에 대한 해석을 할 수 없기 때문이다.

신체에 기록되는 단일 감각경험은 빈약하다. 감각 체계를 통과한 정보의 대부분은 다른 감각 정보를 종합한 뇌의 '해석' 과정을 거

〈그림 2〉 불가능한 사물13(출처: google image)

치는데, 이 과정에서 정보는 풍성하게 '꾸며진다'. 감각 지각에 의한 주의력은 충분치 않기에 주의 깊게 보지 않은 정보나 기억은 쉽게 사라져 버린다. 따라서 현실 세계에 대한 우리 뇌의 이해와 인식은 보고 느끼는 만큼 충만하거나 총괄적일 수 없다. 우리 신체는 '세계'를 제대로 지각할 수도 알 수도 없다. 감각 또는 지각할 뿐인데, 우리는 뇌를 통해 안다고 여긴다. 뇌를 통해 안다는 것은 불가능하며, 뇌를 통해 안다고 말하는 것 자체가 모순이다. 뇌는 그 지점을 통과하는 모든 감각 신호를 이어주는 통신소 역할을 할 뿐이다.14

베르그손은 인간이 '세계'를 이해하는 방식으로 물질에 주목하였는데, 특히 물질과 인간 정신의 관계를 해명하기 위해 뇌를 포함한 신체의 기능과 역할에 주목했다. 인간의 정신이나 의식은 다른 신체들과 접속하고 그것들에 대한 앎을 얻어야 하는데 그 이유는 '세계'를 모르는 데서 오는 불안과 두려움 때문일 것이다. 그러므로 신체의 자유를 확보하고 보존하기 위해 물질과 우리 정신이 맺는 여러 관계 양상을 정확히 아는 것이 필요하다. 어떤 대상에 대해 주의attention 집중해야 할 때 얼굴 근육이 움직인다. 이러한 지각 작용은 지각이 외부 세계와 관계 맺는 신체운동에 기초하며 순수사유 작용이라 볼 수 없다. 뇌가 표상 기관이 아닌 것처럼 지각도 사유가 아닌 운동에 속한다.

앞서 설명했듯이 우리 신체를 둘러싸고 있는 객체들은 그것들에 대한 내 신체의 행동 가능성을 반영한다. 사과가 놓여 있을 때, 우리 신체는 다가가 집어먹을 수도 있으며, 칼을 사용하여 자를 수도 있다. 지각이란 바로 내 신체의 잠재적이거나 가능한 행위들의 운동 작용이다. 특정 물질이 지닌 본질적이고 외현적인 속성이 우리 신체에 무언가를 제공한다. 이와 같이 물질은 마주하는 신체와 관계하며, 신체도 마주하는 물질과 관계를 맺는다. 게임이라는 경험의 세계는 어떤 관계 속의 결합을 의미하는데, 그것은 인간, 사물, 기계의 동맹일 수밖에 없다.

모든 관계는 서로 배타적인 객체들을 하나의 인접한 현실적 표현으로 나타내는 물질과의 연결과 수축 작용을 동반한다. 신체가 다른 객체들을 물질에 대한 자신의 현실적 경험으로 수축할 때, 바로 지각 작용에 의한 학습이 발생한다. 물질에 대한 지각 작용에 의해 신체의 학습 과정은 물질 및 신체와의 하나의 작용 과정으로 보아야 한다. 디지털 게임의 마법 공간에서 인간 신체는 사물 기계의 물질성과 조우한다. 학습은 물질성을 지닌 사물 기계와 인간이 만나 서로를 변용시키는 작용이자 신체가 새로운 정체성을 획득하는 과정이다. 산소와 수소가 물을 구성하지만 산소가 수소의 구성요소가 아니듯 학습 과정에서 우리 신체는 하나의 풍경으로 지각되지만 신체의 각각에 대한 풍경은 아니다.

《내러티브 총서 03》『이야기꾼과 놀이꾼』에서 장태순은 인간에서 사물로까지 서사적 정체성 개념을 확장하고자 하였다. 그에 따르면 이 세계는 고립된 낱낱 객체들의 세계라기보다 자극을 주고받는 크고 작은 변화 속에서 자기생산하는 autopoetic 존재자들의 세계가 된다. 반복하는 규칙의 구성적 수동성과 지각적 종합들이 만들어낸 질서의 배후에는 인간에서 사물로까지 확장되는 '우리'라는 비인격적 페르소나가 존재한다.[15] 집합적 주체로서 물질을 지각하는 '우리'는 비인간을 포함하는 비인격적 페르소나이다. 인간은 '나'로서 자신을 직접 경험할 수 없고 오직 집합적 주체로서 '우리'를 경험할 뿐이다. 들뢰즈에 따르면 관계는 객체들의 특성이 아니고, 관계는 언제나 그 항들의 외부에 있다.[16] 관계가 존재자들의 외부에 있기에 존재자들은 자신들의 내적 관계 속에 표현들 사이의 내부적 차이를 포함한다. 그러므로 인간 경험 속 모든 존재자와의 관계는 그것들이 초험적 주체 및 그 범주들과 맺은 관계들로 환원될 수 없다. 이러한 방식으로 모든 신체는 자기를 조직한다.

신체는 다른 신체를 수축시키는 습관이 있다. 관계가 맺어지거나 향유될 때마다 그런 습관이 단적으로 표출된다. 특히 인간을 포함한 의식을 가진 존재자들의 경우는 더욱 그러하다. 플레이어와 게임이 그러하듯 인간과 인공지능의 연결 접속의 관계 또한 수축이다.

수축시키는 습관은 창조적이다. 수축시킨다는 것은 다른 존재자들을 하나의 경험으로 끌어들인다는 것이다. 이것이 과정으로서의 학습이다. 신체는 차이를 반복의 원리로 흡수한다. 수영할 때 신체는 자신의 특이점 중 일부를 물의 특이점들과 결합하고 이 과정에서 나타나는 차이를 반복의 원리로 삼는다. 이 반복은 한 물결과 한 몸짓에서 다른 한 물결과 다른 한 몸짓으로의 차이를 포함하면서 그런 차이를 그렇게 구성된 반복적 공간을 통해 전달한다. 들뢰즈는 이와 비슷한 방식으로 아이가 걸음마를 배우는 과정을 설명한다. 아이는 신체의 현행적 코드를 참조하여 주의하며 걷는다. 그러면서 실제 활동의 진전과 실패를 관장하고 보상하는 다른 객체들을 경험한다. 학습은 감춰진 채로 있는 무언가에 익숙해지는 과정이다.

게임 플레이는 결과보다 과정으로서 더욱 의미가 있다. 그것이 '각종 동작의 행위 집합체로 이루어진 일련의 학습경험'이기 때문에 그러하다. 게임의 규칙을 경험하는 자유 속에서 체계적인 특정 경험이 창발된다. 대개 우리는 규칙이 구조를 이루는 형식이라고 생각한다. 그래서 규칙은 명료하게 제시되고 엄격하게 유지된다. 플레이어가 게임을 플레이할 때 규칙은 전반적인 경험의 일부이다. 플레이어는 규칙에 따라 게임 플레이를 하지만, 동시에 서사적 플레이의 구조에 영향을 미친다. 플레이어가 움직이는 방식, 플레이어가 마주하는 도전, 적들과 아군들이 반응하는 방식, 레벨의 실제적 배치까지 이 모든 요소는 '플레이어의 전술과 움직임의 제약'이자 '행동의 가능성'이 된다.

게임을 플레이하는 과정은 학습의 과정과 다름없다. 규칙은 제한과 제약을 통해 플레이어에게 챌린지를 제공하며 플레이어는 챌린지를 해결하는 과정에서 향상시킨 스킬과 반복적 몰입 경험을 통해 재미와 즐거움, 더 나아가 자아존중감과 성취감을 획득한다. 게임 플레이는 사물 기계, 물질과 관계하는 신체의 학습이며, '우리'라는 집합적 페르소나들의 향연과도 같다. 게임 플레이는 인간과 비인간 — 게임 프로그램, 알고리즘, 컴퓨터, 플레이어, 스킬 등 — 집합적 행위자의 학습 배치이다. 게임은 플레이어라는 인간 행위자만이 아닌 물질성을 지닌 복수 페르소나들의 집합적 학습의 과정이다.

디지털 게임이라는 마법의 세계에서 행위 주체는 근본적으로 복수적이고 파편화되어 있다. 각각의 '나'는 그것과 공존하는 더 큰 시간 속에 모든 '나들'의 일반적 통일체로 자신을 재현한다. 플레이하며 경험되는 각각의 나는 그것들과 공존하는 더 큰 시간 속에 특정 기억이 된다. 이러한 방식으로 더 큰 시간 속에 플레이어는 게임을, 게임은 플레이어를 학습하며 서로를 조금씩 성장, 진화, 발전시킨다. 게임을 하며 플레이어는 변화되고 성장하며, 플레이어에 의해 게임도 진화, 발전한다.

미주

「서론 상상력이란 무엇인가?: 그 다양한 유형과 역할들에 대하여」
(본문 13-67쪽)

1   상상력 개념의 복잡성과 분류의 난해성에 대해서는 Amy Kind (ed.), *The Routledge Handbook of Philosophy of Imagination*, London: Routledge, 2016의 편집자 서론, 그리고 같은 저자의 논문 Amy Kind, "The Heterogeneity of the Imagination", *Erkenntnis* 78: 141-159, 2013 참조.
2   이 글에서 『순수이성비판』의 인용은 일반적 관행에 따라 초판(A)과 재판(B)을 기준으로, 『판단력비판』은 아카데미 전집 판(V권)을 기준으로 한다.
3   임마누엘 칸트, 『순수이성비판』, 백종현 옮김, 서울: 아카넷, 2006, B151. "상상력은 대상의 현전 없이도 그것을 직관에 표상하는 능력이다." 임마누엘 칸트, 『실용적 관점에서의 인간학』, 백종현 옮김, 서울: 아카넷, 2014, §25, 181쪽. "상상력은 대상의 현전 없이도 직관하는 능력으로 생산적이거나 재생적이다."
4   이런 관점을 제시한 빼어난 해석으로는 Olivier Chèdin, *Sur l'esthétique de Kant*, Paris: J. Vrin, 1982 참조. 이 책의 저자는 상상력의 자율화는 『판단력비판』에서 분석되는 취미판단 속에서 '상상력과 지성의 자유로운 유희'가 일어날 때, 특히 그 유희 속에서 상상력이 지성의 역할을 흡수할 때 성립한다고 본다. 그러나 우리는 칸트가 취미판단보다는 천재의 상상력과 숭고의 체험을 분석하는 대목이 결정적인 전환점이라 생각한다. 그리고 이 점에서 우리는 칸트가 상상력을 이성과의 관계에서 언급하는 대목을 중시하는 해석에 공감한다. 이런 해석의 사례로 Sarah L. Gibbons, *Kant's Theory of Imagination*, Oxford: Clarendon Press, 1994 참조. 하지만 이 멋진 저작은 『판단력비판』의 후반부 주제인 목적론적 판단 분석을 다루지 않아 아쉬움을 준다.
5   프리드리히 헤겔, 『믿음과 지식』, 황설중 옮김, 서울: 아카넷, 2003, 51-52쪽.
6   『판단력비판』에는 '관념연합 법칙에 따르는 상상력'과 '판단력의 도식화 원리를 따르는 상상력'을 날카롭게 대립시키는 대목이 있다(V269). 여기서 문제는 자연의 숭고를 상상하는 두 가지 방식을 마주 세우는 데 있다. 전자는 물리적 법칙에 예속된 상

상이다. 반면 후자는 도덕적 자유를 환기하는 상상으로 인간의 이념적 감수성을 드러낸다. 상상력을 관념연합 법칙이 지배하는 경험의 차원이 아니라 경험을 가능케 하는 선험적 차원에서 탐구한다는 것이 칸트의 특징이다.

7   Friedrich W. J. Schelling, *Vorlesungen über die Methode des akademischen Studiums*, Hamburg: Tredition, 2012, 1장 참조. 이에 대한 창의적인 논의로는 Jean-François Courtine, *Extase de la Raison: Essais sur Schelling*, Paris: Galilé, 1990에 실린 논문 "Le déploiement schellingien de l'unité: de l'*universio* à l'*universitas*", 1978 참조.

8   『판단력비판』 §77, V406-409 참조. '직관적 지성'은 부분의 직관 속에서 전체의 진리(종합적 보편성)를 파악하므로 우연을 모른다. 하지만 '논변적 지성'에게는 부분의 진리(분석적 보편성)를 통해 전체의 직관으로 나아가므로 모든 게 우연투성이일 수밖에 없다.

9   『순수이성비판』, A97. "이것[=영혼의 자발성]은 모든 인식에서 필수적으로 나타나는 세 겹짜리 종합의 바탕이다. 즉 직관에서 — 마음의 변양인 — 표상들을 포착하는 종합, 표상들을 상상에서 재생하는 종합, 그리고 표상들을 개념에서 재인하는 종합의 근거다. 이 세 가지 종합이 이제 주관의 세 가지 인식 원천으로 우리를 인도한다. 이 주관적 인식 원천들이 … 모든 경험을 가능하게 한다."(A97) 이 인용문을 시작하는 주어는 '이것'인데, 연구자들 사이에서 논란이 많은 표현이다. 우리는 '영혼의 자발성'으로 옮긴다. 칸트 자신은 전후 문맥에서 마음이 지닌 자발성의 바탕이 불투명하다는 점을 강조한다. 세 가지 종합이 유래하는 자발성의 기원을 찾는 문제 — 혹은 근원적 상상력의 유래를 찾는 문제 — 는 "전인미답의 길"(A98)로 들어서는 일이며, 따라서 모호함을 감수할 수밖에 없다는 것이다.

10 질 들뢰즈, 『의미의 논리』, 이정우 옮김, 서울: 한길사, 2000 참조. 세 가지 종합의 논리가 들뢰즈 철학 전반을 관통하고 있음을 보여주는 문헌으로 조 휴즈, 『들뢰즈와 재현의 발생』, 박인성 옮김, 서울, 도서출판 b, 2021 참조.

11 앙리 베르그손, 『물질과 기억』, 박종원 옮김, 서울: 아카넷, 2005, 2장의 '주의 도식schème d'attention' 부분 참조.

12 다른 예를 들면 양 개념은 하나의 단위가 연속적으로 더해져서 나오는 수로, 질 개념은 변이하는 강도의 등급으로 도식화된다. 인과성 개념은 두 항 사이의 잇따르는 시간성을 통해, 필연성은 임의의 대상이 모든 시간에 걸쳐 현존한다는 표상을 통해 도식화된다. 의식의 선험적 개념들은 이런 식으로 도식화되어 감성적 표상과 결합하게 된다. 『순수이성비판』, A142-145 참조.

13 마르틴 하이데거, 『칸트와 형이상학의 문제』, 이선일 옮김, 서울: 한길사, 2001, 특히 3장 참조. 그 외 『이정표 2』, 이선일 옮김, 서울: 한길사, 2005에 실린 「칸트의 존재 테제」 참조.

14 르네 데카르트, 『정신지도규칙』, 이현복 옮김, 서울: 문예출판사, 1997, 규칙 12, 규칙 14 참조. 데카르트는 여기서 인게니움을 '상상력의 도움을 받는 지성'으로 또 대수적 부호나 보편적 상징을 수립하는 능력으로 정의한다. 이에 관한 상세한 논의로 Michell Fichant, *Science et Métaphysique dans Descartes et Leibniz*, Paris: PUF, 1998의 첫 번째 글 "L'ingenium selon Descartes" 참조.

15 데카르트의 해석기하학과 관련지어 상상력을 논의하는 사례로 Dennis L. Sepper, "Descates", in Kind (ed.), op. cit., pp. 27-39; Andrew Arana, "Imagination in Mathe-

matics", in Kind (ed.), op. cit., pp. 463-477 참조.

16 이때 반성은 '기술적' 혹은 '예술적'이라 불린다. 『판단력비판』「첫 번째 서론」, XX213-214. "반성적 판단력은 … 주어진 현상들을 도식적으로 처리하지 않고 기술적으로 처리한다. 말하자면 한낱 기계적으로, 마치 도구처럼 지성과 감각들의 지도 아래에서 처리하지 않고, 예술적으로 자연을 하나의 체계 안에서 합목적적으로 정돈한다."(임마누엘 칸트, 『판단력비판』, 백종현 옮김, 서울: 아카넷, 2009, 601)

17 『판단력비판』「첫 번째 서론」, XX223-224. "하지만 똑같은 표상에서 두 인식능력의 어느 하나가 다른 것을 촉진하거나 방해하고, 그렇게 함에 따라 마음의 상태를 촉발할 수 있다. 그런 한에서 두 인식능력의 관계는 한낱 주관적으로도 고찰될 수 있고, 그러므로 느낄 수 있는 관계로 고찰될 수 있다. 그런데 이 감정은 대상의 감성적 표상은 아니지만, … 주체의 상태에 대한 감성적 표상이다. … 감성적 감각-판단에서 쾌-불쾌의 느낌은 대상의 경험적 직관을 통해 직접 발생한다. 그렇지만 심미적 반성 판단에서 그 느낌은 판단력의 두 인식능력, 즉 상상력과 지성의 조화로운 유희를 주체 안에서 일으키는 감정이다."(『판단력비판』 한국어판, 612-613. 강조는 원문)

18 마르틴 하이데거, 『근거율』, 김재철 옮김, 서울: 파라아카데미, 2020, 마지막 두 강의 참조.

19 『판단력비판』§12, V222. "이 쾌감은 자신 안에 원인성을 가진다. 즉 표상 자신의 상태 및 인식능력들의 용무를 더이상의 의도 없이 보존하는 원인성을 가진다. 우리는 아름다운 것을 음미하면서 머무른다. 왜냐하면 이 음미는 자기 자신을 강화하고 재생산하기 때문이다."(강조는 원문)

20 Chèdin, op. cit., pp. 272-275 참조.

21 '감성적 이념'은 감성적 직관과 이성의 이념을 결합하는 표상이다. 이와 유사한 사태로는 '감성의 이상'(『순수이성비판』, A568-571)과 '미의 이상'(『판단력비판』, §17, V232-235)이 있다. 이런 개념들의 연관성에 대한 설명으로는 Gibbons, op. cit., pp. 98 이하 참조.

22 플라톤의 세 대화편, 『메논』 99a-e, 『파이드로스』 244a-245a, 『이온』 533d-536d 참조.

23 고대 그리스에서 영감 시학의 전통은 엠페도클레스와 플라톤이, 기술 시학의 전통은 소피스트가 대변하며, 아리스토텔레스와 호라티우스는 두 전통을 종합하여 서양 미학의 표준을 만든다. 이에 대해서는 Joachim Engels, "Ingenium", in ed. G. Ueding, Historisches Wörterbuch der Rhetotik 4, Tübingen: M. Niemeyer, 1998, pp. 387-388 참조.

24 『판단력비판』§50, V319. "취미는 [천재의] 사상 내용 안에 명료함과 질서정연함을 투입하는 가운데 이념들을 견고하게 만든다. 이념들이 지속적이면서도 보편적인 찬동을 얻을 수 있고, 다른 사람이 계승할 수 있으며, 계속 진보하는 문화의 능력을 지닐 수 있도록 해주는 것이다."

25 『판단력비판』§49, V317. "천재는 본래 어떠한 학문도 가르쳐줄 수 없고 어떠한 근면으로도 배울 수 없는 행운의 관계에서 성립한다. 그 행운의 관계 속에서 천재는 주어진 개념에 대한 이념들을 찾아내는가 하면 이 이념들을 위한 표현을 꼭 집어내는바 그 표현을 통해 이념이 일으킨 주관적인 마음의 조율 상태Gemütsstimmung가 다른 사람에게 전달될 수 있는 것이다."

26 『판단력비판』「심미적 반성적 판단의 해설에 대한 주해」, V274. "왜냐하면 상상력은 감성적인 것의 너머에서는 자기가 의지할 수 있는 아무런 것도 발견하지 못함에도 불

구하고 바로 자기의 경계를 제거함으로써 자기가 무제한적임을 느끼게 되기 때문이다. 그러므로 저러한 경계 제거는 하나의 무한한 것의 현시로서, 이 현시는 소극적인 현시에 불과할 수밖에 없지만, 역시 마음을 확장하는 것이다."

27 『판단력비판』 §27, V257. "그러므로 자연의 숭고에 대한 감정은 우리 자신의 사명에 대한 존경이다. 우리는 이 존경을 일종의 절취subreption — 즉 우리의 주관 안에 있는 인간성의 이념에 대한 감정 대신에 객관에 대한 감정으로 뒤바꾸는 조작 — 를 통해 자연의 객체에 대해 표명한다. 이것은 우리 인식능력의 이성적 규정성이 감성의 최대 능력보다 우월함을 명료하게 보여준다."(강조는 원문)

28 임마누엘 칸트, 『학부들의 다툼』, 백종현 옮김, 서울: 아카넷, 2021, 2절 6항 참조.

I부 상상력 이론

「철학과 상상력: 사르트르를 중심으로」(본문 71-95쪽)

1 장 폴 사르트르, 『상상력』, 지영래 옮김, 서울: 기파랑, 2010, 127쪽. 이 책의 인용은 Jean-Paul Sartre, *Imagination*, Paris: PUF, 1989와 대조하여 수정하였으며, 이 책을 인용할 경우 인용문 뒤에 괄호를 넣고 약칭(IMO)과 함께 인용 쪽수를 표기한다.

2 장 폴 사르트르, 『상상계』, 윤정임 옮김, 서울: 기파랑, 2010, 319쪽. 이 책의 인용은 Jean-Paul Sartre, *L'imaginaire: Psychologie phénoménologique de l'imagination*, Paris: Gallimard, 1964와 대조하여 수정하였으며, 이 책을 인용할 경우 인용문 뒤에 괄호를 넣고 약칭 (IMA)과 함께 인용 쪽수를 표기한다.

3 사르트르는 알제리 독립운동(1954-1962)을 공개적으로 지지하며 프랑스의 식민주의적 억압을 강하게 비판했다. Jean-Paul Sartre, *Situations V: colonialisme et neo-colonialisme*, Paris: Gallimard, 1964는 이를 대표하는 예이다.

4 장 폴 사르트르, 『실존주의는 휴머니즘이다』, 박정태 옮김, 서울: 이학사, 2009, 29쪽.

5 같은 책, 33쪽.

6 같은 책, 43쪽 참조.

7 같은 책, 44쪽.

8 같은 책, 72쪽.

「기술적 상상력과 발명의 사유」(본문 123-148쪽)

1 빌렘 플루서, 『피상성 예찬: 매체 현상학을 위하여』, 김성재 옮김, 서울: 커뮤니케이션북스, 2004, 159쪽.

2 야콥 폰 윅스킬이 1934년 『동물들의 세계와 인간의 세계』에서 이 개념을 제시했다. 진드기, 달팽이, 까마귀 등 인간을 비롯한 모든 생명체는 객관적인 자연환경이 아니라 각자의 생존 조건에 따라 고유한 의미와 가치를 갖는 자신만의 둘레세계에 산다. 시몽동은 이 둘레세계를 생명체만이 아니라 기계에게도 확장시켜 적용하며, 생명체든 기계든 모든 개체의 존재 조건으로서 개체와 분리될 수 없는 '연합 환경milieu associé'이라고 정의한다. 자신의 연합 환경 없이 생명체가 생존할 수 없듯이 기술적 개체

도 자신의 존재 조건이 되는 연합 환경의 발명 없이 작동할 수 없다. 가령 스마트폰은 앱, 전기, 인터넷, 와이파이 등과 분리되어 작동할 수 없으며, 스마트폰의 발명은 이러한 환경의 발명과 동시에 이루어진다.

3 G. Simondon, *L'Individuation à la lumière des notions de forme et d'information*, Grenoble: Millon, 2005. p. 26.
4 질베르 시몽동, 『기술적 대상들의 존재양식에 대하여』, 김재희 옮김, 서울: 그린비, 2011, 112쪽.
5 김재희, 『시몽동의 기술철학』, 서울: 아카넷, 2017, 76-77쪽.
6 G. Simondon, *Imagination and Invention(1965-1966)*, Translated by Joe Hughes and Christophe Wall-Romana, Minneapolis: University of Minnesota Press, 2022, p. 276.
7 시몽동, 앞의 책, 356쪽.
8 Simondon, *L'Individuation à la lumière des notions de forme et d'information*, p. 514.
9 Simondon, *Imagination and Invention(1965-1966)*, p. 171.
10 라투르는 네트워크를 구성하는 존재자로서 '행위자actor'의 인간 중심적 뉘앙스를 피하고 인간과 비인간을 포괄할 수 있는 중립성을 강조하기 위해 '행위소actant'를 사용하기도 한다.
11 브뤼노 라투르, 『존재양식의 탐구』, 황장진 옮김, 고양: 사월의책, 2023, 323쪽.
12 같은 책, 327쪽.
13 같은 책, 322쪽.
14 같은 책, 335쪽.
15 같은 책, 337쪽.
16 같은 책, 335쪽.
17 브뤼노 라투르, 『판도라의 희망』, 장하원, 홍성욱 옮김, 서울: 휴머니스트, 2018, 289쪽.
18 같은 책, 298-299쪽.
19 같은 책, 300쪽.
20 같은 책, 342쪽.
21 같은 책, 334쪽.
22 이 글은 김재희의 「기술적 상상력이란 무엇인가?: 시몽동과 라투르를 중심으로」(『철학연구』 제146집, 2024)를 수정 보완한 것임을 밝혀둔다.

「미적 경험과 상상력」(본문 149-174쪽)

1 Jacques Rancière, *Malaise dans l'esthétique*, Paris: Galilée, 2004, pp. 45-46.
2 사실 칸트는 (1) 무관심한 만족감(질), (2) 개념 없는 보편성(양), (3) 목적 없는 합목적성(관계), (4) 개념 없는 필연성(양태)이라는 네 측면에서 미적 판단을 분석한다. 이후의 논의를 염두에 두면서 여기서는 랑시에르의 칸트 해석을 따라 첫 번째와 세 번째 측면을 '이중의 중지'로 요약한다. 랑시에르가 왜 다른 두 측면에 주목하지 않는지는 별도의 연구가 필요한 주제이지만, 여기서 우리는 그의 한 인터뷰를 간략히 참고할 수 있다(https://blogs.mediapart.fr/thierry-briault/blog/251115/entretien-avec-jacques-ranciere-sur-la-plastique-et-le-sens-commun, 최종 검색일: 2024. 11. 23).

이 인터뷰에서 랑시에르는 자신이 생각하는 공통감을 '판정 능력'이나 '공동체를 지향하는 성향'이라는 칸트적 의미와 구별하는 한편, '감각계의 분할'과 결부시킨다. 이 경우 공통감은 더이상 보편적이거나 필연적인 것이 아니며, 지배적인 감각계의 분할에서 벗어날 때 다른 공통감들이 구성될 수 있음을 함축한다. 감각계의 분할에 대한 보다 자세한 설명은 이하의 논의를 보라.

3   크리스티안 헬무트 벤첼, 『칸트 미학』, 박배형 옮김, 서울: 그린비, 2012, 105쪽.
4   돈 애즈, 『살바도르 달리』, 엄미정 옮김, 서울: 시공사, 2014, 163-164쪽.
5   임마누엘 칸트, 『판단력비판』, §49; 김상환, 『왜 칸트인가』, 서울: 21세기북스, 2019, 179쪽에서 재인용.
6   프리드리히 실러, 『프리드리히 실러의 미적 교육론』, 윤선구·이경희·조경식·하선규·한진이 옮기고 씀, 서울: 대화출판사, 2015, 111쪽.
7   같은 책, 151쪽(강조는 원문).
8   같은 책, 69-70쪽.
9   같은 책, 42-44, 54-56쪽.
10 같은 책, 135쪽.
11 같은 책, 256쪽(번역 일부 수정).
12 이하 이 용어와 관련된 설명은 박기순, 「옮긴이 해제: 랑시에르의 무대 개념과 평등주의」, 자크 랑시에르, 『아이스테시스: 미학적 예술체제의 무대들』, 박기순 옮김, 서울: 길, 2024, 449-454쪽 참조.
13 Rancière, op. cit., p. 47.
14 "칸트의 분석에서 자유로운 유희와 자유로운 가상은 질료에 대한 형식의 권력을, 감성에 대한 지성의 권력을 중지시킨다. 프랑스혁명이라는 맥락 아래서 실러는 칸트의 이러한 철학적 제안을 인간학적이자 정치적인 제안들로 바꿔놓는다. '질료'에 대한 '형식'의 권력은 대중에 대한 국가의 권력이고, 감각적 계급에 대한 지성적 계급의 권력이며, 자연적 인간에 대한 문화적 인간의 권력이다."(Ibid., p. 46)
15 자크 랑시에르, 『프롤레타리아의 밤』, 안준범 옮김, 서울: 문학동네, 2021, 10쪽.
16 자크 랑시에르, 『해방된 관객』, 양창렬 옮김, 서울: 현실문화, 2016, 87쪽. 이 대목은 19세기 한 프랑스 노동자의 문장을 재인용한 것이다.
17 같은 책, 31쪽.

2부 정보화 시대의 상상력

「인공지능은 상상하는가?」(본문 177-204쪽)

1   Cameron Buckner, *From Deep Learning to Rational Machines*, New York: Oxford University Press, 2023.
2   Ibid.
3   Ibid.
4   Amy Kind (ed.), *The Routledge Handbook of Philosophy of Imagination*, London: Routledge, 2016; Leslie Stevenson, "Twelve Conceptions of Imagination", *British Journal of Aesthetics*

43(3): 238-259, 2003.
5 Jerry Fodor, *The Modularity of Mind*, The MIT Press, 1983.
6 Amy Kind, "Putting the Image Back in Imagination", *Philosophy and Phenomenological Research* 62(1): 85-109, 2001. .
7 Kendall L. Walton, *Mimesis as Make-Believe*, Cambridge, MA: Harvard University Press, 1990, p. 13.
8 Susanna Schellenberg, "Belief and Desire in Imagination and Immersion", *The Journal of Philosophy* 110(9): 497-517, 2013.
9 Shen-yi Liao and Tyler Doggett, "The Imagination Box", *Journal of Philosophy* 111(5): 259-275, 2014.
10 Elizabeth F. Loftus, *Eyewitness Testimony*, Cambridge, MA: Harvard University Press, 1979; Elizabeth F. Loftus, Jacqueline E. Pickrell, "The Formation of False Memories", *Psychiatric Annals* 25(12): 720-725, 1995.
11 Daniel L. Schacter, Donna Rose Addis, Dennis Hassabis, Victoria C. Martin, R. Nathan Spreng, and Karl K. Szpunar, "The Future of Memory: Remembering, Imagining, and the Brain", *Neuron* 76(4): 677-694, 2012.
12 Endel Tulving, "Memory and consciousness", *Canadian Psychology* 26(1): 1-12, 1985.
13 Dorothea Debus, "Mental Time Travel: Remembering the Past, Imagining the Future, and the Particularity of Events", *Review of Philosophy and Psychology* 5(3): 333-350, 2014; "Imagination and Memory", in Amy Kind (ed.), *The Routledge Handbook of Philosophy of Imagination*, London: Routledge, 2016, pp. 135-148.
14 Buckner, op. cit.
15 Luciano Floridi, "AI as Agency Without Intelligence: on ChatGPT, Large Language Models, and Other Generative Models", *Philosophy & Technology* 36(1), 2023.
16 천현득, 「챗GPT의 인식론적 위험: 이해가 필요 없는 세상을 꿈꾸는가?」, 『철학과 현실』 137: 101-116, 2023; 「대형 언어 모형은 이해를 가지는가?」, 『철학사상』 90: 75-105, 2023.
17 Luciano Floridi and J. W. Sanders, "On the Morality of Artificial Agents", *Minds and Machines* 14: 349-379, 2004.
18 천현득, 「챗GPT의 인식론적 위험: 이해가 필요 없는 세상을 꿈꾸는가?」.
19 Anil R. Doshi and Oliver P. Hauser, "Generative AI enhances individual creativity but reduces the collective diversity of novel content", *Science Advances* 10(28): eadn5290, 2024.
20 Doshi and Hauser, op. cit.
21 Rhiannon Williams, "AI can make you more creative — but it has limits", *MIT Technology Review*, 2024에서 재인용.

「디지털 시대의 영화적 상상력」(본문 205-229쪽)

1 Steven Shaviro, *Post Cinematic Affect*, Winchester, UK: Zero Books, 2010, p. 2.
2 D. N. Rodowick, *What Philosophy Wants from Images*, Chicago and London: The University of Chicago Press, 2017, p. 4.

3 데이비드 노먼 로도윅, 『디지털 영화미학』, 정헌 옮김, 서울: 커뮤니케이션북스, 2012, 44-45쪽.
4 앙드레 바쟁, 『영화란 무엇인가?』, 박상규 옮김, 서울: 시각과 언어, 1998, 19쪽.
5 같은 책, 22쪽.
6 Noël Carroll, *Theorizing the Moving Image*, Cambridge: Cambridge University Press, 1996, p. 50.
7 로도윅, 앞의 책, 49-50쪽.
8 Carroll, op. cit., p. 28.
9 로도윅, 앞의 책, 56쪽.
10 같은 책, 194쪽.
11 위와 같음.
12 위와 같음.
13 같은 책, 195-196쪽 참조.
14 질 들뢰즈, 『시네마 2: 시간-이미지』, 이정하 옮김, 서울: 시각과 언어, 2005, 332-333쪽.
15 Gilles Deleuze, *Deux Régimes de Fous*, Paris: Les Éditions de Minuit, 2003, p. 195.
16 들뢰즈, 앞의 책, 11쪽(필자 번역 수정).
17 조혜영, 「영화의 죽음: 포스트필름 영화의 존재양식에 대한 연구」, 중앙대학교 첨단영상대학원 박사학위논문, 46쪽.
18 Deleuze, op. cit., p. 199.
19 이러한 문제 상황은 톰 거닝에 의해서도 지적되었다. 거닝은 영화이론에서 사실주의와 지표성을 분리해서 고려해야 할 필요가 있다고 지적한다. Tom Gunning, "Moving Away from the Index: Cinema and the Impression of Reality", *Differences*, 18(1), 2007, pp. 29-52.
20 질 들뢰즈, 『시네마 1: 운동-이미지』, 유진상 옮김, 서울: 시각과 언어, 2002, 22쪽 참조.
21 로도윅, 앞의 책, 196쪽.
22 Nicolas Negroponte, *Being Digital*, New York: Alfred Knopt, 1995, p. 71.
23 Anne Friedberg, *The Virtual Window: from Alberti to Microsoft*, Cambridge, Massachusettes; London, England: The MIT Press, 2009, p. 238.
24 Ibid., pp. 5-6 참조.
25 이전 아날로그 영화 시대에도 필름과 시네마는 구분되는 개념이었다. 단순하게 말하자면 필름은 개별적인 작품을 지칭하며, 시네마는 필름을 둘러싸고 있는 제도, 관습, 수용, 문화 전반을 포함하는 넓은 외연의 개념이라고 구분해서 볼 수 있다. 더군다나 현재의 상황은 개별적 필름의 경우 예전과는 물질적 기반부터 달라지고 있으며, 영화를 둘러싸고 있는 관습이나 제도, 문화 등도 전반적 미디어 환경의 급격한 변화로 인해 이전과 엄청난 차이를 보인다. 그러므로 시네마에 대한 재정의가 필요하다고 할 수 있다.
26 Friedberg, op. cit., p. 203.
27 배치assemblage/agencement는 많은 이질적 항으로 이루어져 있는 다양체이며, 이 다양체는 이질적 항들 사이의 연결liaisons, 관계들relations을 만든다. Gilles Deleuze and

Claire Parnet, *Dialogues*, London: Athlone Press, 1987, p. 69.

28 Yvonne Spielmann, "Conceptual Synchronicity: Intermedial Encounters Between Film, Video and Computer" in *Expanded Cinema: Art, Performance, Film*, edited by A. L. Rees, Duncan White, Steven Ball and David Curtis, London: Tate Publishing, 2011, p. 194.

29 Paul Haynes, "Networks are Useful Description, Assemblages are Powerful", *Ingenio Working Paper Series* N° 2010/01, Valencia: Universidad Politécnica de Valencia, 2010, p. 9.

30 Gene Youngblood, *Expanded Cinema*, Clarke, Toronto and Vancouver: Irwin & Company, 1970.

31 Teresa Rizzo, "Expanded Television: Making Sense of Gene Youngblood in a digital age", *Australian Journal of Communication* 40(3), 2013, p. 87.

32 Youngblood, op. cit., p. 78.

33 들뢰즈, 『시네마 2: 시간-이미지』, 417-418쪽 참조.

34 G. Deleuze, and F. Guattari, *A Thousand Plateaus: Capitalism and Schizophrenia II*, translated by B. Massumi, University of Minnesota Press, 1987, p. 406.

35 J. Macgregor Wise, "Assemblage", in *Gilles Deleuze: Key Concepts*, edited by Charles J. Stivale, Montreal & Kingston Ithaca: McGill-Queen's University Press; 2005, p. 77.

36 Deleuze and Guattari, op. cit., p. 257.

37 Wise, op. cit., p. 78.

38 Graham Livesey, "Assemblage" in *The Deleuze Dictionary*, edited by Adrian Parr, Edinburgh: Edinburgh University Press, 2010, p. 19.

39 Ibid.

40 Deleuze and Guattari, op. cit., p. 254.

41 Ibid.

42 Ibid.

43 이러한 동영상 클립의 특성들 중 볼거리의 특성을 초기 영화를 내러티브 중심이 아니라 볼거리를 중심으로 분석했던 톰 거닝의 논의와 연결시켜 유튜브 비디오를 새로운 볼거리의 영화New Cinema of Attractions로 영화로 분석하는 흥미로운 연구가 있다. Teresa Rizzo, "YouTube: the New Cinema of Attractions", *Scan: Journal of Media Arts Culture*, 5.1 2008 참조. 또한 공유의 특성을 기반으로 이루어지는 새로운 영화 실험들이 있다. 소위 시네마 2.0이라 불리는, 수많은 사용자와 생산자가 동시에 참여하여 만들어내는 웹 시네마Web Cinema가 그것이다. 이에 대한 보다 자세한 논의는 Andrew Clay, "Cinema 2.0: A Swarm of Angels" in *The ArtBook* volume 17 issue 1 february 2010 참조.

44 J-D. Dewsbury, "The Deleuze-Guattarian Assemblage: Plastic Habits", *Area* 43(2), Royal Geographical Society, 2011, p. 150.

45 이지영, 『BTS 예술혁명』, 파주: 동녘, 2022, 255쪽.

「상상하는 지성과 픽션」(본문 231-250쪽)

1 최문규, 「낭만주의와 상상력의 해방」, 『상상력과 지식의 도약』, 서울: 이학사, 2015, 67쪽 참조.

2 Dustin Stokes, "Imagination and Creativity" in Amy Kind, *The Routledge Handbook of Philosophy of Imagination*, Routledge, 2016.
3 이 일화는 사실이 아니라는 것이 학계의 정설이다. 죽음을 앞둔 뉴턴은 자기 조카가 자신의 전기를 쓴다고 하자 이 이야기를 꾸며서 말해주었다고 한다(이상욱, 『과학은 이것을 상상력이라고 한다』, 서울: 휴머니스트, 2019, 172쪽).
4 James Engell, *The Creative Imagination: Enlightenment to Romanticism*, Harvard Univ., 1981, vii-viii 참조.
5 Dorthe Jørgenson, "the Philosophy of Imagination", in Tania Zitoun, *Handbook of Imagination and Culture*, Oxford Univ., 2017, p. 21. 이와 유사하게 하이데거는 '영혼의 능력'으로서의 상상력과 '초월적 능력'으로서의 상상력을 두 가지 전통적인 상상력 개념으로 제시한다(김동규, 「하이데거 상상력의 위상 변천: 상상력의 조건부 귀환」, 『범한철학』 70, 2013).
6 Thomas M. Alexander, *The Human Eros: Eco-ontology and the Aesthetics of Existence*, Fordham Univ., 2013, p. 194.
7 "네 가지 지적인 상태들이 혼에 생기는 것으로 이해해주게나. 맨 윗 것에 대해서는 지성에 의한 앎noesis을, 둘째 것에 대해서는 추론적 사고dianoia를, 셋째 것에 대해서는 믿음pistis을, 그리고 마지막 것에 대해서는 상상eikasia을 배당하게나."(플라톤, 『국가』, 박종현 옮김, 파주: 서광사, 2006, 445쪽(511e))
8 같은 책, 637쪽(607b).
9 플라톤, 『메논』, 이상인 옮김, 서울: 아카넷, 2019, 49쪽(81c).
10 플라톤, 『향연』, 강철웅 옮김, 서울: 이제이북스, 2010, 144쪽(211b).
11 아리스토텔레스, 『영혼에 관하여』, 유원기 옮김, 서울: 궁리, 2001, 210쪽(427b).
12 김상환, 『왜 칸트인가』, 서울: 21세기북스, 2019, 186쪽.
13 임마누엘 칸트, 『실용적 관점에서의 인간학』, 백종현 옮김, 서울: 아카넷, 2014, VII167-8.
14 자크 랑시에르, 『픽션의 가장자리』, 최의연 옮김, 파주: 오월의 봄, 2024.
15 Francisco Suárez, *On Beings of Reason*, Milwaukee: Marquette University Press, 1995.
16 스피노자, 「편지 12」, 『스피노자 서간집』, 이근세 옮김, 파주: 아카넷, 2018.
17 Andrew Arana, "Imagination in mathematics" in Kind, op. cit., p. 463.
18 Denis Diderot and Jean le Rond d'Alembert, *L'Encyclopédia*, 1765, p. 561.
19 René Descartes, *The Philosophical Writings of Descartes* 3, Cambridge Univ. Press, 1984, p. 2(AT10.157).
20 "고대 기하학은 도형에 대한 고려에 집착하여 상상력을 크게 지치게 만들지 않고서는 지성을 실행시키지 못한다."(르네 데카르트, 『방법서설』, 이현복 옮김, 서울: 문예출판사, 2004, 168쪽(AT6.17-8), 번역 수정)
21 Kind, op. cit., p. 473에서 재인용.
22 신칸트주의자 카시러는 칸트의 철학이 비유클리드 철학과 모순되지 않음을 보이고자 했다. 가상점에 대한 논변은 이러한 정당화 중에 등장한다.
23 다비드 힐베르트·슈테판 콘-포센, 『기하학과 상상력』, 정경훈 옮김, 파주: 살림, 2012, 4-5쪽.
24 Godfrey-Smith, "Models and Fictions in Science", *Philosophical Studies* 143, no.1, 2009.

25 Toon, "Imagination in Scientific Modeling" in Kind, op. cit.에서 제시된 추상적 모델 도식은 모델 기술, 모델 시스템, 대상 시스템Target System으로 구성되어 있다. 엄밀히 말하면 대상 시스템이 적확한 표현이지만, 이해를 돕기 위해 대상 시스템 대신에 "세계"라는 단순화된 표현을 사용했다.
26 켄달 L. 월튼, 『미메시스』, 양민정 옮김, 성남: 북코리아, 2019, 40쪽.
27 질 들뢰즈, 『경험주의와 주체성』, 한정헌 옮김, 서울: 난장, 2012, 226쪽.
28 김동규, 앞의 글에서 재인용. 김동규에 따르면 하이데거는 칸트의 상상력 개념을 현대적 개념으로 변천시킨다. "하이데거는 상상력 개념에서 근대적 주체철학 내지 인간 중심적 흔적을 지우고자 한다. 그리고 그는 상상을 새롭게 존재사건 내지 트임을 통해서 새롭게 규정한다."(같은 글, 153쪽)
29 김상환 외, 『이야기꾼과 놀이꾼』, 서울: 이학사, 2023, 15-16쪽.
30 Spinoza, *Œvres IV*, PUF, 2020, E2P17S.

「교육의 상상: 학습 체계로의 진화」(본문 251-274쪽)

1 Amy Kind (ed.), *The Routledge Handbook of Philosophy of Imagination*, London: Routledge, 2016, 366쪽.
2 애덤 스미스, 『도덕 감정론』, 김광수 옮김, 서울: 한길사, 2016.
3 Kind, op. cit., pp. 401-403.
4 가스통 바슐라르, 『물과 꿈: 물질의 상상력에 관한 시론』, 이가림 옮김, 서울: 문예출판사, 1980, 28쪽.
5 레프 비고츠키, 『사고와 언어』, 이병훈 외 옮김, 서울: 연암서가, 2021, 253쪽.
6 존 듀이, 『민주주의와 교육』, 이홍우 옮김, 서울: 교육과학사, 1887.
7 존 듀이, 『인간본성의 행위』, 최용철 옮김, 서울: 도서출판 봄, 2020.
8 Brent Davis, Dennis Sumara, and Rebecca Luce-Kapler, *Engaging Minds: Changing Teaching in Complex Times*, Taylor & Francis, 2015 참조.
9 '교육의 학습에 관한 담론Discourses on Learning in Education'. learningdiscourses.com 사이트에서 추가 내용을 확인할 수 있다.
10 한숭희, 『평생 학습이 창조한 세계』, 서울: 교육과학사, 2023.
11 같은 책, 8장 참조.

3부 게임과 상상력

「놀이꾼의 상상력」(본문 277-317쪽)

1 이상, 『이상 문학전집 3』, 김윤식 엮음, 서울: 문학사상사, 1993, 117-120쪽.
2 장프랑수와 리오타르, 『탈근대의 조건』, 유정완 옮김, 서울: 민음사, 1992, §1 참조.
3 제스퍼 주울[예스퍼 율], 『하프 리얼: 가상 세계와 실제 규칙 사이에 존재하는 비디오 게임』, 장성진 옮김, 서울: 비즈앤비즈, 2014, 12, 164-165쪽.
4 켄달 월튼, 『미메시스: 믿는 체하기로서의 예술』, 양민정 옮김, 성남: 북코리아, 2019.

최근의 영미권의 상상 관련 연구 성과를 소개하는 책 Amy Kind (ed.), *The Routledge Handbook of Philosophy of Imagination*, London: Routledge, 2016에 실린 34개의 글 중 절반 이상이 월튼의 책을 인용하고 있어서 그의 광범위한 영향력을 실감할 수 있다.

5   월튼, 앞의 책, 40쪽.
6   로제 카이와, 『놀이와 인간』, 이상률 옮김, 서울: 문예출판사, 2018, 40-57쪽 참조.
7   같은 책, 47쪽.
8   로베르트 무질, 『특성 없는 남자 2』, 안병률 옮김, 고양: 북인더갭, 2013, 62절, 122-123쪽.
9   『고린도 전서』 7:29-31.
10 René Descartes, *Le Mond ou Traité de la lumière*, Oeuvres, Vol. XI, Paris: Vrin, 1974, pp. 31, 48.
11 요한 하위징아, 『호모 루덴스』, 이종인 옮김, 고양: 연암서가, 2018, 39쪽.
12 René Descartes, *Praeambula*, Oeuvres, Vol. X, Paris: Vrin, 1974, 212쪽.
13 월튼, 앞의 책, 53-57쪽.
14 같은 책, 58-61쪽.
15 같은 책, 72-82쪽.
16 같은 책, 82쪽.
17 하위징아, 앞의 책, 47쪽.
18 주울, 앞의 책, 15, 33, 85쪽.
19 한스 게오르크 가다머, 『진리와 방법 1』, 이길우 외 옮김, 서울: 문학동네, 2000, 197쪽. 좀더 자세한 논의로는 김상환, 「이야기꾼과 놀이꾼」, 김상환 외, 『이야기꾼과 놀이꾼』, 서울: 이학사, 2023, 36-38쪽 참조.
20 파랄로지는 "지식 화용론에서 두는 하나의 수手" "언어 놀이의 새로운 수, 심지어 새로운 규칙의 발명"을 가리킨다. 리오타르, 앞의 책, §14 151쪽, §13 137쪽. 좀더 자세한 논의는 김상환, 「탈근대의 가치와 서사: 리오타르의 『포스트모던의 조건』 다시 읽기」, 김상환 외, 『이야기꾼과 놀이꾼』, 서울: 이학사, 2023, 95-101쪽 참조.
21 하위징아, 앞의 책, 34-35쪽.
22 Sigmund Freud, *Drei Abhandlungen zur Sexualtheorie*, Gesammelte Werke, Bd. 5, Frankfurt am Main: Fischer, 1942, 32쪽.
23 하위징아, 앞의 책, 33, 59, 334쪽.
24 같은 책, 31, 36-39, 64, 83-85, 101, 112쪽 참조.
25 도널드 위니코트, 『리딩 위니코트』, 한국정신분석학회 옮김, 서울: 눈출판그룹, 2015, 318, 321-322, 333쪽. 우리는 이 책에 실린 두 논문 「과도 대상과 과도 현상」, 「놀이: 이론적 진술」에 주로 의존한다. 그 밖에 도널드 위니코트, 『놀이와 현실』, 이재훈 옮김, 서울: 한국심리치료연구소, 1997에 실린 두 글 「놀이: 창조성과 구원」, 「문화 경험의 위치」 참조.
26 위니코트, 『리딩 위니코트』, 166쪽.
27 같은 책, 165, 329쪽.
28 임마누엘 칸트, 『판단력비판』, 백종현 옮김, 서울: 아카넷, 2009, §49, B193쪽.
29 위니코트, 『리딩 위니코트』, 160쪽.
30 같은 책, 329쪽.

31　같은 책, 329쪽.
32　같은 책, 152쪽.
33　같은 책, 335쪽.
34　지그문트 프로이트, 『쾌락원칙을 넘어서』, 박찬부 옮김, 서울: 열린책들, 1997, §3 참조.
35　Odo Marquard, "Kunst als Antifiktion-Versuch über den Weg der Wirklichkeit ins Fiktiven", Wolfgang Iser ed., Funktion des Fiktiven, Poetik und Hermeneutik Bd. 10, München: W. Fink, 1983, pp. 35-54.
36　장 보드리야르, 『시뮬라시옹』, 하태완 옮김, 서울: 민음사, 1992, 27쪽.
37　이상, 앞의 책, 146쪽.
38　M. Heidegger, *Die Grundbegriffe der Metaphysik*(1929-30년 겨울 강의), *Gesamtausgabe*, Bd. 29/30, Frankfurt am Main: Klostermann, 2004, 특히 2부 참조.

「비디오게임의 시대, 놀이를 어떻게 정의할 것인가?」(본문 319-343쪽)

1　이하 게임의 역사에 대한 서술은 다음을 참조한 것이다. 나보라, 「게임의 역사」, 이동연 외, 『게임의 이론』, 파주: 문화과학사, 2019, 51-79쪽.
2　요한 하위징아, 『호모 루덴스』, 이종인 옮김, 서울: 연암서가, 2018, 37쪽.
3　같은 책, 53쪽.
4　로제 카이와, 『놀이와 인간: 가면과 현기증』, 이상률 옮김, 서울: 문예출판사, 2018, 26-29쪽 참조.
5　같은 책, 37쪽. 이하에서 살펴볼 카유아의 하위징아 비판은 사실 놀이에 대한 자신의 견해를 시사하는 것이기도 하다. 즉 그는 놀이의 배후에 있는 여러 서로 다른 욕구에 주목하면서 놀이 자체를 체계적으로 분류하고, 물질적 이해관계와 결부된 우연 놀이를 그 분류에 포함시키며, 사회적 의례와 같이 이미 다른 방식으로 제도화된 영역들을 배제하면서 놀이 자체에 주목한다.
6　같은 책 34쪽(강조는 원문).
7　같은 책, 31쪽.
8　같은 책, 28쪽(강조는 원문).
9　같은 책, 34쪽(강조는 원문).
10　같은 책, 32쪽.
11　카이와, 앞의 책, 33쪽.
12　Jesper Juul, *Half-Real: Video Games between Real Rules and Fictional Worlds*, Cambridge, Massachusetts; London, England: The MIT Press, 2005, p. 36(강조는 원문). 여기서 율은 '결과'와 '귀결'을 구별해서 사용한다. 결과는 게임의 승패를 결정하는 점수를 말하고, '귀결'은 그 승패로 인해 얻게 되는 경제적 이득이나 사회적 명성 등을 가리킨다.
13　카이와, 앞의 책, 28쪽.
14　Juul, op. cit., p. 41(강조는 원문).

「게임의 규칙」(본문 345-364쪽)

1 윤태진, 『디지털 게임문화연구』, 서울: 커뮤니케이션북스, 2015, 4-6쪽.
2 자넷 머레이, 『인터랙티브 스토리텔링』, 한용환, 변지연 옮김, 서울: 안그라픽스, 2001.
3 Ludology는 놀이ludus에서 파생된 말로, 곤잘로 프라스카의 1999년 논문 「게임학이 서사학을 만나다Ludology Meets Narratology」부터 게임학이라는 의미로 사용되기 시작했다(제스퍼 주울, 『하프 리얼』, 장성진 옮김, 비즈앤비즈, 2014, 29쪽). 이와 관련된 단어 "Game Study"는 "게임 연구"로 번역하기로 한다.
4 에스펜 올셋, 『사이버텍스트』, 류현주 옮김, 서울: 글누림, 2007; 곤살로 프라스카, 『억압받는 사람들을 위한 비디오게임』, 김겸섭 옮김, 서울: 커뮤니케이션북스, 2008; 주울, 앞의 책.
5 로제 카이와, 『놀이와 인간』, 이상률 옮김, 서울: 문예출판사, 2018, 38-39쪽.
6 Katie Salen, Eric Zimmerman, 『게임디자인 원론 1』, 윤형석, 권용만 옮김, 서울: 지코사이언스, 2010, 218-226쪽.
7 요한 하위징아, 『호모 루덴스』, 이종인 옮김, 서울: 연암서가, 2018, 80쪽. 인용문은 놀이에 대한 두 번째 정의다. 첫 번째 정의보다 간략화되어 있다.
8 카이와, 앞의 책, 57쪽.
9 Salen, Zimmerman, 앞의 책.
10 게임학자 율은 서사학 연구의 문제점 중 하나로 서사의 정의가 다양하고 지나치게 광범위하게 쓰이고 있음을 지적한다. "내러티브(서사)라는 용어가 너무나 많은 모순적인 의미를 내포하고 있고, 많은 다양한 이론과 관련이 있기 때문에 특정한 맥락에서 세부적으로 다루어지지 않는다면 사실상 내러티브가 무엇인지를 규정하기는 매우 어렵다."(주울, 앞의 책, 194쪽)
11 천정환, 「게임과 문학」, 『게임의 이론: 놀이에서 디지털게임까지』, 파주: 문학과학사, 2019.
12 올셋, 앞의 책 19쪽.
13 프라스카, 앞의 책, 128쪽.
14 노르베르트 볼츠, 『놀이하는 인간』, 윤종석, 나유신, 이진 옮김, 서울: 문예출판사, 2017, 20쪽.
15 프라스카, 앞의 책, 25쪽에서 재인용.
16 주울, 앞의 책, 202쪽.
17 게임 플레이 중간에 사건 발생, 스토리 진행 등을 설명하기 위해서 삽입된 장면이다. 게임 엔진을 활용하여 만들기 때문에 게임 플레이 장면과 동일하지만, 플레이는 못하고 감상만 할 수 있다
18 Katie Salen, Eric Zimmerman 『게임디자인 원론 2』, 윤형석, 권용만 옮김, 서울: 지코사이언스, 2011, 35쪽.
19 어포던스의 정의와 사례는 양선이, 「어포던스 형이상학과 행화주의 감정 이론을 통해서 본 노년 우울감」, 『근대철학』 vol. 23, 2024 참조.
20 이는 행위자가 판단하는 가능성이 아니다. 행위자, 대상, 환경의 관계에 의해 자연스럽게 발생하는 가능성이라는 점에서 객관적 가능성이다.

21　율은 컴퓨터과학의 노벨상이라고 불리는 튜링상을 수상한 도널드 커누스의 고전 『컴퓨터 프로그래밍의 예술』을 참조하여 다섯 가지 조건을 제시한다. 그 다섯 가지 조건은 유한성, 명확성, 입력, 출력, 유효성이다(주울, 앞의 책, 89쪽).
22　같은 책, 160쪽.
23　사람들이 게임에서 재미를 느끼는 이유는 다양하다. 여기서는 규칙이 만드는 도전 과제에서 도출되는 재미에 주목하고자 한다. 게임의 재미 이론에 대한 포괄적인 소개는 브라이언 업튼, 『플레이의 미학』, 김동훈 옮김, 서울: 에이콘출판, 2019, 6장에 제시되어 있다.
24　몰입flow는 몰입immersion과는 다르다. 몰입immersion이란 "허구적 세계를 현실처럼 느끼게 되는 감정"이다(윤태진, 앞의 책, 6장 참조). 몰입immersion은 이야기를 향한 욕망에서 시작된다. 반면에 몰입flow의 동기나 조건은 서사와 무관하다. 과제의 난이도와 실력의 조화, 명확한 목표, 즉각적인 피드백이 있을 때 몰입flow가 시작된다.
25　미하이 칙센트미하이, 『몰입의 즐거움』, 이희재 옮김, 서울: 해냄, 2021, 38쪽.
26　미하이 칙센트미하이, 『몰입의 기술』, 이삼출 옮김, 서울 : 더불어책, 2003.
27　라프 코스터, 『라프 코스터의 재미이론』, 안소현 옮김, 서울: 디지털미디어리서치, 2005, 54쪽.
28　류종화, 「떼껄룩처럼, 게임에서 유래된 인싸 단어 TOP5」, 『게임메카』, 2019. 6. 20.
29　임태훈, 「게이미피케이션 사회」, 『게임의 이론: 놀이에서 디지털게임까지』, 파주: 문화과학사, 2019, 354쪽.
30　볼츠, 앞의 책, 218쪽.
31　프리드리히 니체, 『선악의 저편, 도덕의 계보』, 김정현 옮김, 서울: 책세상, 2002, 397쪽.
32　프리드리히 쉴러, 『미학 편지』, 안인희 옮김, 서울: 휴먼아트, 2012.

「게임: 가상 세계를 플레이하는 학습 시스템」(본문 365-385쪽)

1　요한 하위징아, 『호모 루덴스』, 이종인 옮김, 고양: 연암서가, 2018, 109쪽 참조.
2　김상환 외, 『일꾼과 이야기꾼』, 서울: 이학사, 2022, 321-359쪽 참조.
3　"우리가 이 시각의 전 체계가 엮여져 있는 모양새를 보다 자세히 들여다본다면, 이 순차적 정보의 흐름에 대한 설명은 근거가 없는 것임을 알 수 있다. … 시각통로를 순차적 정보처리 단계로 이해하는 것은 전적으로 잘못이다. 순차적 처리 방향과 반대의 정보흐름을 확인할 수 있다."(프란시스코 바렐라 외, 『몸의 인지과학』, 석봉래 옮김, 서울: 김영사, 2013, 165쪽)
4　스피노자, 『에티카』, 황태연 옮김, 서울: 비홍출판사, 2015, 121-123쪽. 특히 정리17 참조.
5　브뤼노 라투르, 『존재양식의 탐구』, 황장진 옮김, 고양: 사월의책, 2023, 180-181쪽.
6　장 보드리야르, 『시뮬라시옹』, 하태환 옮김, 서울: 민음사, 1992, 25-27쪽.
7　제스퍼 주울, 『하프리얼』, 장성진 옮김, 서울: 비즈앤비즈, 2014, 207쪽.
8　같은 책, 155쪽.
9　스튜어트 카우프만, 『혼돈의 가장자리: 자기조직화와 복잡성의 법칙을 찾아서』, 국형태 옮김, 서울: 사이언스북스, 2002.
10　마이클 폴라니는 지식을 크게 형식적 지식과 암묵적 지식으로 나누었다. 형식적 지식

은 객관적이고 이성적인 지식, 즉 책을 통해 배울 수 있는 지식으로 명시적 지식이라고도 한다. 대개 문자나 언어로 표현되며 데이터화된다. 암묵적 지식은 몸에 체화되어 겉으로 드러나지 않지만, 오랜 반복적 작업이나 경험을 통해 터득하는 기술과 노하우와 같은 것이다. 여러 번의 반복된 시행착오를 통해 얻은 감각적, 경험적 지식, 즉 넘어지며 배우는 자전거 타기 기술 등이 이에 해당한다(마이클 폴라니, 『암묵적 영역』, 김정래 옮김, 서울: 박영스토리, 2015, 1장 참조).

11 K. S. Jones, "What is an affordance?", *Ecological Psycology* 15(2) : 107-114.
12 James J. Gibson, *The Ecological Approach to Visual Perception*, Psychology Press, Taylor & Francis Group, 1986, pp. 239-240 참조.
13 〈불가능한 사물〉은 스웨덴 화가 오스카 로이터스바르드의 작품으로 이차원 그림에서는 보일 수 있으나, 삼차원 공간에서는 존재할 수 없는 사물을 의미한다. 닉 채터, 『생각한다는 착각』, 김문주 옮김, 서울: 웨일북, 2021, 2장 참조.
14 "뇌는 일종의 중앙 전화국과 다른 것일 수 없다. 뇌의 역할은 〈연락을 보내거나〉 연락을 기다리게 하는 것이다. 뇌는 자신이 받은 것에 어떤 것도 덧붙이지 않는다. … 이처럼 뇌의 역할은 때로는 받아들인 운동을 선택된 반응 기관으로 인도하는 것이고, 때로는 이 운동에 운동 노선들 전체를 열어놓아, 자신 안에 있는 가능한 모든 반응을 그려보게 하고, 여러 갈래로 분산시키면서 자기 자신을 분석하게끔 한다. 다시 말해 뇌는 받아들인 운동과 관련해서는 분석 도구이고, 행사된 운동과 관련해서는 선택 도구인 것처럼 보인다." (앙리 베르그손, 『물질과 기억』, 김재희 옮김, 서울: 살림, 2018, 189-192쪽 참조)
15 장태순, 「사물의 서사와 창의성」, 『일꾼과 이야기꾼』, 서울: 이학사, 2022, 252-260쪽 참조.
16 질 들뢰즈, 『시네마 1: 운동-이미지』, 유진상 옮김, 서울: 시각과언어, 2002.

참 고 문 헌

가다머, 한스 게오르크, 『진리와 방법 1』, 이길우 외 옮김, 서울: 문학동네, 2000.
김동규, 「하이데거 상상력의 위상 변천: 상상력의 조건부 귀환」, 『범한철학』 70, 2013.
김상환 외, 『이야기꾼과 놀이꾼』, 서울: 이학사, 2023.
김상환 외, 『일꾼과 이야기꾼』, 서울: 이학사, 2022.
김상환, 「이야기꾼과 놀이꾼」, 김상환 외, 『이야기꾼과 놀이꾼』, 서울: 이학사, 2023.
김상환, 「탈근대의 가치와 서사: 리오타르의 『포스트모던의 조건』 다시 읽기」, 김상환 외, 『이야기꾼과 놀이꾼』, 서울: 이학사, 2023.
김상환, 『왜 칸트인가』, 서울: 21세기북스, 2019.
김재희, 「기술적 상상력이란 무엇인가?: 시몽동과 라투르를 중심으로」, 『철학연구』 146: 119-147, 2024.
김재희, 『시몽동의 기술철학』, 서울: 아카넷, 2017.
나보라, 「게임의 역사」, 이동연 외, 『게임의 이론: 놀이에서 디지털게임까지』, 파주: 문화과학사, 2019.
데카르트, 르네, 『정신지도규칙』, 이현복 옮김, 서울: 문예출판사, 1997.
듀이, 존, 『민주주의와 교육』, 이홍우 옮김, 서울: 교육과학사, 1887.
듀이, 존, 『인간본성의 행위』, 최용철 옮김, 서울: 도서출판 봄, 2020.
들뢰즈, 질, 『경험주의와 주체성』, 한정헌 옮김, 서울: 난장, 2012.
들뢰즈, 질, 『시네마 1: 운동-이미지』, 유진상 옮김, 서울: 시각과언어, 2002.

들뢰즈, 질, 『시네마 2: 시간-이미지』, 이정하 옮김, 서울: 시각과 언어, 2005.
들뢰즈, 질, 『의미의 논리』, 이정우 옮김, 서울: 한길사, 2000.
들뢰즈, 질, 『차이와 반복』, 김상환 옮김, 서울: 민음사, 2004.
라투르, 브뤼노, 『존재양식의 탐구』, 황장진 옮김, 고양: 사월의책, 2023.
라투르, 브뤼노, 『판도라의 희망』, 장하원, 홍성욱 옮김, 서울: 휴머니스트, 2018.
랑시에르, 자크, 『프롤레타리아의 밤』, 안준범 옮김, 서울: 문학동네, 2021.
랑시에르, 자크, 『픽션의 가장자리』, 최의연 옮김, 파주: 오월의 봄, 2024.
랑시에르, 자크, 『해방된 관객』, 양창렬 옮김, 서울: 현실문화, 2016.
로도윅, 데이비드 노먼, 『디지털 영화미학』, 정헌 옮김, 서울: 커뮤니케이션북스, 2012.
리오타르, 장프랑수와, 『탈근대의 조건』, 유정완 옮김, 서울: 민음사, 1992.
마뚜라나, 움베르또 R.·프란시스코 J. 바렐라, 『자기생성과 인지: 살아있음의 실현』, 정현주 옮김, 서울: 갈무리, 2023.
머레이, 자넷, 『인터랙티브 스토리텔링』, 한용환, 변지연 옮김, 서울: 안그라픽스, 2001.
무질, 로베르트, 『특성 없는 남자 2』, 안병률 옮김, 고양: 북인더갭, 2013.
바렐라, 프란시스코 외, 『몸의 인지과학』, 석봉래 옮김, 서울: 김영사, 2013.
바슐라르, 가스통, 『공기와 꿈: 운동에 관한 상상력』, 정영란 옮김, 서울: 이학사, 2000.
바슐라르, 가스통, 『물과 꿈: 물질의 상상력에 관한 시론』, 이가림 옮김, 서울: 문예출판사, 1980.
바쟁, 앙드레, 『영화란 무엇인가?』, 박상규 옮김, 서울: 시각과 언어, 1998.
박기순, 「옮긴이 해제: 랑시에르의 무대 개념과 평등주의」, 자크 랑시에르, 『아이스테시스: 미학적 예술체제의 무대들』, 박기순 옮김, 서울: 길, 2024.
베르그손, 앙리, 『물질과 기억』, 김재희 옮김, 서울: 살림, 2018.
베르그손, 앙리, 『물질과 기억』, 박종원 옮김, 서울: 아카넷, 2005.
벤첼, 크리스티안 헬무트, 『칸트 미학』, 박배형 옮김, 서울: 그린비, 2012.
보드리야르, 장, 『시뮬라시옹』, 하태완 옮김, 서울: 민음사, 1992.
볼츠, 노르베르트, 『놀이하는 인간』, 윤종석, 나유신, 이진 옮김, 서울: 문예출판사, 2017.
비고츠키, 레프 세묘노비치, 『사고와 언어』, 이병훈 외 옮김, 서울: 연암서가,

2021.

사르트르, 장 폴, 『상상계』, 윤정임 옮김, 서울: 기파랑, 2010.

사르트르, 장 폴, 『상상력』, 지영래 옮김, 서울: 기파랑, 2010.

사르트르, 장 폴, 『실존주의는 휴머니즘이다』, 박정태 옮김, 서울: 이학사, 2009.

Salen, Katie·Eric Zimmerman, 『게임디자인 원론 1』 윤형석, 권용만 옮김, 서울: 지코사이언스, 2010.

스미스, 애덤, 『도덕 감정론』, 김광수 옮김, 서울: 한길사, 2016.

스피노자, B., 『에티카』, 황태연 옮김, 서울: 비홍출판사, 2015.

시몽동, 질베르, 『기술적 대상들의 존재양식에 대하여』, 김재희 옮김, 서울: 그린비, 2011.

실러, 프리드리히, 『프리드리히 실러의 미적 교육론』, 윤선구·이경희·조경식·하선규·한진이 옮기고 씀, 서울: 대화출판사, 2015.

아리스토텔레스, 『영혼에 관하여』, 유원기 옮김, 서울: 궁리, 2001.

애즈, 돈, 『살바도르 달리』, 엄미정 옮김, 서울: 시공사, 2014.

양선이, 「어포던스 형이상학과 행화주의 감정 이론을 통해서 본 노년 우울감」, 『근대철학』 vol. 23, 2024.

업튼, 브라이언, 『플레이의 미학』, 김동훈 옮김, 서울: 에이콘출판, 2016.

올셋, 에스퍼, 『사이버텍스트』, 유현주 옮김, 서울: 글누림, 2007.

월튼, 켄달, 『미메시스: 믿는 체하기로서의 예술』, 양민정 옮김, 성남: 북코리아, 2019.

위니코트, 도널드, 『놀이와 현실』, 이재훈 옮김, 서울: 한국심리치료연구소, 1997.

위니코트, 도널드, 『리딩 위니코트』, 한국정신분석학회 옮김, 서울: 눈출판그룹, 2015.

윅스퀼, 야콥 폰, 『동물들의 세계와 인간의 세계』, 정지은 옮김, 서울: 도서출판b, 2012.

윤태진, 『디지털 게임문화연구』, 서울: 커뮤니케이션북스, 2015.

이상, 『이상 문학전집 3』, 김윤식 엮음, 서울: 문학사상사, 1993.

이상욱, 『과학은 이것을 상상력이라고 한다』, 서울: 휴머니스트, 2019.

이지영, 『BTS 예술혁명』, 파주: 동녘, 2022.

임태훈, 「게이미피케이션 사회」, 『게임의 이론』, 파주: 문화과학사, 2019.

장태순, 「사물의 서사와 창의성」, 『일꾼과 이야기꾼』, 서울: 이학사, 2022.

조혜영,「영화의 죽음: 포스트필름 영화의 존재양식에 대한 연구」, 중앙대학교 첨단영상대학원 박사학위논문, 2013.
주울, 제스퍼[예스퍼 율],『하프 리얼: 가상 세계와 실제 규칙 사이에 존재하는 비디오게임』, 장성진 옮김, 서울: 비즈앤비즈, 2014.
채터, 닉,『생각한다는 착각』, 김문주 옮김, 서울: 웨일북, 2021.
천현득,「대형언어모형은 이해를 가지는가?」,『철학사상』90: 75-105, 2023.
천현득,「챗GPT의 인식론적 위험: 이해가 필요 없는 세상을 꿈꾸는가?」,『철학과 현실』137: 101-116, 2023.
최문규,「낭만주의와 상상력의 해방」,『상상력과 지식의 도약』, 서울: 이학사, 2015.
칙센트미하이, 미하이,『몰입의 기술』, 이삼출 옮김, 서울 : 더불어책, 2003.
칙센트미하이, 미하이,『몰입의 즐거움』, 이희재 옮김, 서울: 해냄, 2021.
카우프만, 스튜어트,『혼돈의 가장자리: 자기조직화와 복잡성의 법칙을 찾아서』, 국형태 옮김, 서울: 사이언스북스, 2002.
카이와, 로제,『놀이와 인간: 가면과 현기증』, 이상률 옮김, 서울: 문예출판사, 2018.
칸트, 임마누엘,『순수이성비판』, 백종현 옮김, 서울: 아카넷, 2006.
칸트, 임마누엘,『실용적 관점에서의 인간학』, 백종현 옮김, 서울: 아카넷, 2014.
칸트, 임마누엘,『판단력비판』, 백종현 옮김, 서울: 아카넷, 2009.
칸트, 임마누엘,『학부들의 다툼』, 백종현 옮김, 서울: 아카넷, 2021.
코스터, 라프,『라프 코스터의 재미이론』, 안소현 옮김, 서울: 디지털미디어리서치, 2004.
폴라니, 마이클,『암묵적 영역』, 김정래 옮김, 서울: 박영스토리, 2015.
프라스카, 곤살로,『억압받는 사람들을 위한 비디오게임』, 김겸섭 옮김, 서울: 커뮤니케이션북스, 2008.
프로이트, 지그문트,『쾌락원칙을 넘어서』, 박찬부 옮김, 서울: 열린책들, 1997.
플라톤,『국가』, 박종현 옮김, 파주: 서광사, 2006.
플라톤,『메논』, 이상인 옮김, 서울: 아카넷, 2019.
플라톤,『이온, 크라튈로스』, 천병희 옮김, 파주: 숲, 2014.
플라톤,『파이드로스』, 김주일 옮김, 서울: 아카넷, 2020.
플라톤,『향연』, 강철웅 옮김, 서울: 이제이북스, 2010.

플루서, 빌렘, 『피상성 예찬: 매체 현상학을 위하여』, 김성재 옮김, 서울: 커뮤니케 이션북스, 2004.
하위징아, 요한, 『호모 루덴스』, 이종인 옮김, 서울: 연암서가, 2018.
하이데거, 마르틴, 『근거율』, 김재철 옮김, 서울: 파라아카데미, 2020.
하이데거, 마르틴, 『이정표 2』, 이선일 옮김, 서울: 한길사, 2005.
하이데거, 마르틴, 『칸트와 형이상학의 문제』, 이선일 옮김, 서울: 한길사, 2001.
한숭희, 『평생학습이 창조한 세계』, 서울: 교육과학사, 2023.
헤겔, 프리드리히, 『믿음과 지식』, 황설중 옮김, 서울: 아카넷, 2003.
휴즈, 조, 『들뢰즈와 재현의 발생』, 박인성 옮김, 서울: 도서출판 b, 2021.
힐베르트, 다비드·슈테판 콘-포센, 『기하학과 상상력』, 정경훈 옮김, 파주: 살림, 2012.
「떼껄룩처럼, 게인에서 유래된 인싸 단어 TOP5」, 『게임메카』, 2019. 6. 20.
『고린도 전서』 7:29-31.

Alexander, Thomas M., *The Human Eros: Eco-ontology and the Aesthetics of Existence*, Fordham Univ., 2013.

Arana, Andrew, "Imagination in Mathematics", in Amy Kind (ed.), *The Routledge Handbook of Philosophy of Imagination*, London: Routledge, 2016.

Buckner, Cameron, *From Deep Learning to Rational Machines*, New York: Oxford University Press, 2023.

Carroll, Noël, *Theorizing the Moving Image*, Cambridge: Cambridge University Press, 1996.

Chèdin, Olivier, *Sur l'esthétique de Kant*, Paris: J. Vrin, 1982.

Clay, Andrew, "Cinema 2.0: A Swarm of Angels" in *The ArtBook* volume 17 issue 1 february 2010.

Courtine, Jean-François, *Extase de la Raison: Essais sur Schelling*, Paris: Galilé, 1990.

Davis, Brent, Dennis Sumara, and Rebecca Luce-Kapler, *Engaging Minds: Changing Teaching in Complex Times*, Taylor & Francis, 2015.

Debus, Dorothea, "Imagination and Memory", in Amy Kind (ed.), *The Routledge Handbook of Philosophy of Imagination*, London: Routledge, 2016, pp. 135-148.

Debus, Dorothea, "Mental Time Travel: Remembering the Past, Imagining the Future, and the Particularity of Events", *Review of Philosophy and Psychology* 5(3):

333-350, 2014.

Deleuze, Gilles and Félix Guattari, *A Thousand Plateaus: Capitalism and Schizophrenia* II, translated by B. Massumi, University of Minnesota Press, 1987.

Deleuze, Gilles and Claire Parnet, *Dialogues*, London: Athlone Press, 1987.

Deleuze, Gilles, *Deux Régimes de Fous*, Paris: Les Éditions de Minuit, 2003.

Deleuze, Gilles, *L'image-Movement*, Paris: Les Éditions de Minuit, 1983.

Deleuze, Gilles, *L'image-Temps*, Paris: Les Éditions de Minuit, 1985.

Descartes, René, *Le Mond ou Traité de la lumière*, Oeuvres, Vol. XI, Paris: Vrin, 1974.

Descartes, René, *Praeambula*, Oeuvres, Vol. X, Paris: Vrin, 1974.

Dewsbury, J-D., "The Deleuze-Guattarian Assemblage: Plastic Habits", *Area* 43(2), Royal Geographical Society, 2011.

Diderot, Denis and Jean le Rond d'Alembert, *L'Encyclopédia*, 1765.

Doshi Anil R. and Oliver P. Hauser, "Generative AI enhances individual creativity but reduces the collective diversity of novel content", *Science Advances* 10(28), eadn5290, 2024.

Engell, James, *The Creative Imagination: Enlightenment to Romanticism*, Harvard Univ., 1981.

Engels, Joachim, "Ingenium", in ed. G. Ueding, *Historisches Wörterbuch der Rhetorik* 4, Tübingen: M. Niemeyer, 1998.

Fichant, Michell, *Science et Métaphysique dans Descartes et Leibniz*, Paris: PUF, 1998.

Floridi, Luciano and J. W. Sanders, "On the Morality of Artificial Agents", *Minds and Machines* 14: 349-379, 2004.

Floridi, Luciano, "AI as Agency Without Intelligence: on ChatGPT, Large Language Models, and Other Generative Models", *Philosophy & Technology* 36(1), 2023.

Fodor, Jerry, *The Modularity of Mind*, The MIT Press, 1983.

Freud, Sigmund, *Drei Abhandlungen zur Sexualtheorie*, Gesammelte Werke Bd. 5, Frankfurt am Main: Fischer, 1942.

Friedberg, Anne, *The Virtual Window: from Alberti to Microsoft*, Cambridge, Massachusettes; London, England: The MIT Press, 2009.

Fukushima, Kunihiko, "Neocognitron for handwritten digit recognition", *Neurocomputing* 51: 161-180, 2003.

Gibbons, Sarah L., *Kant's Theory of Imagination*, Oxford: Clarendon Press, 1994.

Gibson, James J., *The Ecological Approach to Visual Perception*, Psychology Press, Taylor & Francis Group, 1986.

Gunning, Tom, "Moving Away from the Index: Cinema and the Impression of Reality", *Differences* 18(1), 2007.

Haynes, Paul, "Networks are Useful Description, Assemblages are Powerful", *Ingenio Working Paper Series* N˚ 2010/01, Universidad Politécnica de Valencia, Valencia, 2010.

Heidegger, M., *Die Grundbegriffe der Metaphysik*(1929-30년 겨울 강의), *Gesamtausgabe* Bd. 29/30, Frankfurt am Main: Klostermann, 2004.

Jones, K. S., "What is an affordance?", *Ecological Psycology* 15(2): 107-114.

Jørgenson, Dorthe, "the Philosophy of Imagination", in Tania Zitoun, *Handbook of Imagination and Culture*, Oxford Univ., 2017.

Juul, Jesper, *Half-Real: Video Games between Real Rules and Fictional Worlds*, Cambridge, Massachusetts; London, England: The MIT Press, 2005.

Kind, Amy (ed.), *The Routledge Handbook of Philosophy of Imagination*, London: Routledge, 2016.

Kind, Amy, "Putting the Image Back in Imagination", *Philosophy and Phenomenological Research* 62(1): 85-109, 2001. https://doi.org/10.1111/j.1933-1592.2001.tb00042.x.

Kind, Amy, "The Heterogeneity of the Imagination", *Erkenntnis* 78(1): 141-159, 2013.

Liao, Shen-yi and Tyler Doggett, "The Imagination Box", *Journal of Philosophy* 111 (5): 259-275, 2014.

Livesey, Graham, "Assemblage" in *The Deleuze Dictionary*, edited by Adrian Parr, Edinburgh University Press: Edinburgh, 2010.

Loftus, Elizabeth F., *Eyewitness Testimony*, Cambridge, MA: Harvard University Press, 1979,

Loftus, Elizabeth F., Jacqueline E, Pickrell, "The Formation of False Memories", *Psychiatric Annals* 25(12): 720-725, 1995.

Marquard, Odo, "Kunst als Antifiktion-Versuch über den Weg der Wirklichkeit ins

Fiktiven", Wolfgang Iser ed., *Funktion des Fiktiven*, Poetik und Hermeneutik Bd. 10, München: W. Fink, 1983.

Negroponte, Nicolas, *Being Digital*, New York: Alfred Knopt, 1995.

Nussbaum, M., "Education and Democratic Citizenship: Capabilities and Quality Education", *Journal of Human Development* 7(3): 383-395, 2006.

Nussbaum, M., *Not for Profit: Why Democracy Needs the Humanities*, Princeton, NJ: Princeton University Press, 2010.

Rancière, Jacques, *Malaise dans l'esthétique*, Paris: Galilée, 2004.

Rizzo, Teresa, "Expanded Television: Making Sense of Gene Youngblood in a digital age, *Australian Journal of Communication* 40(3), 2013.

Rizzo, Teresa, "YouTube: the New Cinema of Attractions", *Scan: Journal of Media Arts Culture* 5.1, 2008.

Rodowick, D. N., *What Philosophy Wants from Images*, Chicago and London: The University of Chicago Press, 2017.

Sartre, Jean-Paul, *Imagination*, Paris: PUF, 1989.

Sartre, Jean-Paul, *L'imaginaire: Psychologie phénoménologique de l'imagination*, Biblothèque des Idées, Paris: Gallimard, 1964.

Sartre, Jean-Paul, *Situations V: colonialisme et neo-colonialisme*, Paris: Gallimard, 1964.

Schacter, Daniel L., Donna Rose Addis, Dennis Hassabis, Victoria C. Martin, R. Nathan Spreng, and Karl K. Szpunar, "The Future of Memory: Remembering, Imagining, and the Brain", *Neuron* 76(4): 677-694, 2012.

Schellenberg, Susanna, "Belief and Desire in Imagination and Immersion", *The Journal of Philosophy* 110(9): 497-517, 2013.

Schelling, Friedrich W. J., *Vorlesungen über die Methode des akademischen Studiums*, Hamburg: Tredition, 2012.

Sepper, Dennis L., "Descates", in Amy Kind (ed.), *The Routledge Handbook of Philosophy of Imagination*, London: Routledge, 2016.

Shaviro, Steven, *Post Cinematic Affect*, Winchester, UK: Zero Books, 2010.

Simondon, G., *Imagination and Invention(1965-1966)*, Translated by Joe Hughes and Christophe Wall-Romana, Minneapolis: University of Minnesota Press, 2022.

Simondon, G., *L'Individuation à la lumière des notions de forme et d'information*, Grenoble:

Millon, 2005.

Simondon, G., *L'Invention dans les Techniques Cours et Conférences*, Paris: Seuil, 2005.

Spielmann, Yvonne, "Conceptual Synchronicity: Intermedial Encounters Between Film, Video and Computer" in *Expanded Cinema: Art, Performance, Film*, edited by A. L. Rees, Duncan White, Steven Ball and David Curtis, London: Tate Publishing, 2011.

Spinoza, *Œvres IV*, PUF, 2020. E2P17S.

Stevenson, Leslie, "Twelve Conceptions of Imagination", *British Journal of Aesthetics* 43(3): 238-259, 2003.

Stokes, Dustin, "Imagination and Creativity" in Amy Kind (ed.), *The Routledge Handbook of Philosophy of Imagination*, London: Routledge, 2016.

Suárez, Francisco, *On Beings of Reason*, Milwaukee: Marquette University Press, 1995.

Toon, "Imagination in Scientific Modeling" in Amy Kind (ed.), *The Routledge Handbook of Philosophy of Imagination*, London: Routledge, 2016.

Tulving, Endel, "Memory and consciousness", *Canadian Psychology* 26(1): 1-12, 1985.

Walton, Kendall L., *Mimesis as Make-Believe*, Cambridge, MA: Harvard University Press, 1990.

Williams, Rhiannon, "AI can make you more creative—but it has limits", *MIT Technology Review*, 2024.

Wise, J. Macgregor, "Assemblage", in *Gilles Deleuze: Key Concepts*, edited by Charles J. Stivale, McGill-Queen's University Press: Montreal & Kingston Ithaca, 2005.

Youngblood, Gene, *Expanded Cinema*, Clarke, Toronto and Vancouver: Irwin & Company, 1970.